兰州大学"双一流"建设资金人文社科类图书出版经费资助

赵维玺 著

从边史到疆臣

魏光焘评传

中国社会科学出版社

图书在版编目（CIP）数据

从边吏到疆臣：魏光焘评传/赵维玺著 . —北京：中国社会
科学出版社，2018.4

ISBN 978 - 7 - 5203 - 2395 - 6

Ⅰ.①从…　Ⅱ.①赵…　Ⅲ.①魏光焘（1837 - 1916）—
评传　Ⅳ.①K827 = 52

中国版本图书馆 CIP 数据核字（2018）第 085204 号

出 版 人	赵剑英
责任编辑	吴丽平
责任校对	赵雪姣
责任印制	李寡寡

出　　版	中国社会科学出版社
社　　址	北京鼓楼西大街甲 158 号
邮　　编	100720
网　　址	http://www.csspw.cn
发 行 部	010 - 84083685
门 市 部	010 - 84029450
经　　销	新华书店及其他书店

印　　刷	北京明恒达印务有限公司
装　　订	廊坊市广阳区广增装订厂
版　　次	2018 年 4 月第 1 版
印　　次	2018 年 4 月第 1 次印刷

开　　本	710 × 1000　1/16
印　　张	23.75
字　　数	370 千字
定　　价	92.00 元

凡购买中国社会科学出版社图书，如有质量问题请与本社营销中心联系调换
电话：010 - 84083683

序

赵维玺在新著《从边吏到疆臣：魏光焘评传》即将出版之际，嘱我写个序。而我关注赵维玺的湘军研究，已经有十好几年了。他的专著《湘军集团与西北回民大起义之善后研究》《左宗棠与近代甘肃社会》相继问世，还发表了二十几篇相当不错的论文。显示了作者孜孜不倦、开拓奋进的足迹。读完刚杀青的《从边吏到疆臣：魏光焘评传》，感慨万分。终于有一部建立在确凿史实基础上的学术专著，公允评述魏光焘的历史功绩了。

在光绪朝的封疆大吏中，魏光焘可谓声名显赫。他曾护理新疆巡抚，一任陕西巡抚，继而陕甘总督、云贵总督兼云南巡抚、两江总督、闽浙总督。四个总督辖区，按现在的省区面积计算，达413万平方公里。陕甘总督的辖区相当于现在的陕甘宁青新五省区，面积296.6万平方公里，是全国最大的总督辖区。两江总督辖江苏、安徽、江西三省，位高权重，向为南国疆臣之首。奇怪的是，这样一个生前功勋卓著的大人物，死后却寂寂无闻，似乎被历史雪藏了。更有甚者，在史无前例的"文化大革命"中，魏光焘被掘坟开棺，陵墓随葬品被掠夺一空。而今只剩下断垣残碑，荒草芜蔓的墓园。其故居亦成了大杂院，凋敝破败，令参观者黯然伤神。

原因何在？是在一段相当长的时间里，人们对历史的认识发生了问题。曾国藩创建湘军，将国家从血流成河的大动乱中拖出来，继而推动洋务运动，引导国家走上近代化的道路。这样一个关乎国家命运的大人物，尚且被无情地判为"汉奸刽子手"，遭万千国人唾骂。他的追随者，如左宗棠、魏光焘等，又何能幸免？

直到20世纪80年代，改革开放的大潮，涤荡着传统的历史观念，评价历史人物的尺度随之发生变化。2002 年，魏光焘故居被确定为省级文物保护单位。2003 年，魏光焘陵墓被邵阳市政府列为市级文物保护单位。魏光焘研究开始起步。窃以为，在现今研究魏光焘的学者中，赵维玺是成绩最好的一个。从 2006 年搜集魏光焘传记资料开始，中间发表过《魏光焘与新疆建省》《魏光焘与清末云南新政》《魏光焘与云南中外交涉》等论文。《从边吏到疆臣：魏光焘评传》，应是维玺十多年辛勤耕耘的结晶。

该书全景式地再现了魏光焘波澜壮阔的一生，为我们认识魏光焘和他所处的时代，提供了可信的最基本的史实。

其一，魏光焘是一位有强烈的国家民族观念的英雄，他一生的最大贡献，就是为国家守卫边疆。在西北，他依据条约，强力抗争，收回了被俄国侵占的帕米尔部分领土。甲午战争，魏光焘率旧部三千奔赴辽东，在雪天冰地中坚守牛庄，与大股来扑之日寇激战竟日。牛庄虽败，但将军敢与外敌血战到底的英雄气概却令朝野上下为之动容。英、法殖民者觊觎西南边疆的路矿权益和领土，魏光焘与之反复交涉，坚定维护了国家利益。东南海疆更是各国列强激烈争夺的地区。魏光焘主政两江、闽浙期间，与各国谈判，争回上海黄浦江口岸之特权及疏通河道之自主权。在处理金法郎案时，力争使国家少受损失。处理苏报案时，能极力维护国家之司法主权。

其二，魏光焘是一位勤于治事、精于理财、政绩卓异的行政长官。他在西北为官三十年，为使烽火连天的陕甘新恢复和平，走上有序治理的轨道，倾注了全部心血。

1868 年，魏光焘率武威军五营，随左宗棠赴西北征战。1871 年起，任平庆泾固兵备道 10 年。平凉地区战乱甫息，百废待举。魏光焘修筑道府衙署、城楼坛庙，创盐厘各局，招屯垦，行牧政，使回、汉人民渐复和平生活。又动员驻军劈山凿石架桥，平治至兰州驿路千里，夹道植柳百万余株。大批军需物资通过陕甘大道源源运往前方，有力支援了左宗棠收复新疆的战事。

1884 年新疆建省，魏光焘为首任布政使，又护理巡抚三年。他不辞劳苦，尽心竭力，落实由左宗棠提出的建省方案。设郡县，定官制，修城廓，建衙署，举军政，订饷章，整顿邮传，兴立学校，开矿铸钱，屯田畜牧，绘图勘界，缔约通商各政，皆有条不紊，次第举办。龚自珍、左宗棠的建省夙愿得以实现，也奠定了新疆永为中国领土的坚实基础。

1896 年，魏光焘任陕西巡抚，筹兴关中水利，建格致文武各学堂，仿照西法训练新军，整修官道，种柳修桥。总督陕甘时，恰逢庚子事变。魏光焘妥善应对，幽燕炮火连天，关中风平浪静，为两宫西狩提供了安全的落脚处。

魏光焘主政云贵、两江、闽浙的时间虽很短，却能雷厉风行推广新政，整饬吏治、财政，兴办实业，兴修水利，设警察局，编练新军，充实武备，加强海防，留下实实在在的政绩，使地方气象为之一新。

其三，魏光焘维系社会稳定，不是单靠武力与行政强制力，同时还深信教育教化在社会治理中的功能。重修庆阳府文庙大成殿，重修多处关帝庙，即是期望借助文武两圣的神威安定地方。平凉柳湖书院、新疆博达书院、江宁三江师范学堂等，经他倾注心血培植，均成长为人才辈出的名校。他还创办过许多新式中小学堂、武备学堂，派遣过很多留学生。

魏源是魏光焘的叔祖，他的《海国图志》，是鸦片战争后一部划时代的巨著。此书很快传入日本，辗转翻印，成了日本维新运动的催化剂，但在中国却很少有人问津。许多守旧官僚和文人认为《海国图志》离经叛道，主张将其销毁。为使该书孤本不致久而失传，也为弘扬魏源的爱国主义思想，魏光焘于 1876 年重刊了《海国图志》100 卷本。就是有名的平庆泾固道署刊本，有左宗棠的序，成了流行最广且最具权威的版本。

传记的生命在于真实可信，传记的灵魂在于能充分发掘传主的思想，展示其精神世界。这两点，赵维玺大体上都做到了。相信他的书能为晚清边疆治理史研究及政治外交史、思想文化史研究提供有用的材料与观点。

是为序。

徐万民

2018 年 2 月 5 日于博雅西园

目　　录

第一章　家世与早期经历

魏光焘，原名光邴，字迁善，一字尊善，号芝香，自号石龙山人，晚年号老庄，别署湖山老人。道光十七年十月三十日（1837 年 11 月 27 日）生于湖南邵阳隆回县金潭乡。

隆回的魏氏家族，最早可以推及至元代。开基祖为魏万一，居住于江西吉安泰和县。① 元朝末年，农民起义军和元军在江西泰和一带展开激战。为了躲避战乱，魏万一的母亲携带子女向湖南善化一带迁移。在迁移过程中，历尽了艰辛，饱受了战争带来的巨大创伤。据魏氏后裔魏斌在《魏家煅的小铁匠》一文中描述：

> 元朝末年，元军和反元起义军在江西泰和一带激战。由于当地百姓参加起义军者众多，元军见汉人便杀。一个元军头目看到一个妇人带着一群孩子逃跑，孩子们大的十来岁，小的连走路都还摇摇晃晃，逃跑的速度之慢可想而知。让这个元军头目惊讶的是：这个手无寸铁的妇人一点都不惊慌，她不向元兵下跪，也不夺路而逃，而是面不改色地、坚定地带着孩子们向前走着。元兵堵住他们的去路，举起手中的大刀，妇人和孩子们也都是一副大义凛然的样子，毫无惧色。元军头目动了恻隐之心，制止了一场在他们看来是微不足道的杀戮。如果放他们走，他们也会被其他的元兵所杀，因为元军在当地接到的命令就是屠杀汉人。不远处有个像鹅颈一样的土丘，土丘后面是稻田，元军头目叫妇人带着孩子们躲在那里，并插标加以保护。元兵没有再进插了标记的稻田去杀妇人和小孩，一些

---

① 吴兴勇：《魏氏家族研究》，《邵阳学院学报》2004 年第 3 期。

别的逃难者见状，也逃入田中，一起躲过一劫。这位临危不惧的妇人就是万一公的母亲。①

魏万一举家迁至湖南善化后，迫于生计，学会了铁匠和炉匠的手艺。

明朝永乐年间，魏万一与其弟魏万二又携眷西迁。"兄弟两人轮流挑着炉匠的家当：化铁用的火炉、风箱、装着煤炭的口袋、铁片、锤子、钳子、锉刀等工具和两张小板凳……一路补锅打铁，向西而去。"②先到邵阳的魏家桥，继续前行，到达今天的隆回县。

隆回位居湘中偏西南，清时属邵阳县辖境。据《嘉庆一统志》的记载，明洪武五年（1372）曾在此设立隆回巡检司，管理该地方事务。清朝建立后，沿袭了明代的制度。魏万一行至隆回金潭镇，始定居于此，世代生息繁衍。此即为隆回魏氏家族之大略来源。

魏光焘是魏氏家族中的第17代后裔，近代著名思想家魏源族孙。家境贫寒，少年丧父，兄弟6人，以光焘居长，在母亲李氏的辛勤抚育下艰难成长。少年时代的魏光焘很早就肩负了养家的重担。为了生计，或入山砍柴，或下河淘沙金，也曾做过厨工。③过着食不果腹的艰辛生活。尽管如此，魏光焘依然没有放弃读书上进的梦想，平时勤于学习，每至废寝忘餐。④据说魏光焘12岁的时候，有次邻家大叔请客，乡中私塾先生在座，魏光焘也被请去帮忙。席间，先生为了助兴，曾随口吟诵一联："手捧米筛团团转。"让其他人对出下联，在场的客人都未能对出下联。魏光焘一旁稍加思索，即吟出了下联："脚踩楼梯步步升。"私塾先生和在座的客人无不叹服魏光焘的才思敏捷。关于其下河淘金的事迹，曾有人神话般地叙述道：

---

① 魏斌：《魏家煅的小铁匠》，载欧阳文邦主编《网住那缕缕乡情》，湖南师范大学出版社2010年版，第10页。

② 同上。

③ 沃丘仲子：《近代名人小传》，崇文书局1923年版，第23页。

④ 魏联石：《记先父魏光焘二三事》，载中国人民政治协商会议邵阳市委员会文史资料委员会《邵阳文史资料》第3辑，1984年版，第82页。

金潭的金水河，盛产沙金，人们天天去河里淘金。每当午庄公去淘金时，大伙儿就收获不少。如果午庄公哪天没去，大伙儿就淘不到多少沙金，甚至一点儿也淘不到。大伙儿正不得其解，如是有人提醒大家说："为什么午庄伢子在时，大伙儿就能淘得很多沙金，他不在，金子也没有了，真怪！真怪！"

从此，同村人都喜欢和午庄公一起去淘金，哪怕午庄公坐在河边，沙金产量也是收获可观。①

咸丰元年（1851），太平天国起义爆发。东南各省烽火遍地，清政府派往镇压的诸多将领丧师失地，难以遏制蓬勃发展的农民起义。于是曾国藩的湘军应运而生，担负起了拯救风雨飘摇中的大清王朝的使命。咸丰六年（1856），19 岁的魏光焘奉母命弃学从戎，开始了军旅生涯。魏光焘有一堂兄魏瀛②，在江西吉安府天华山湘军将领曾国荃幕府中参赞军务，魏光焘遂赶赴曾国荃军营。曾国荃见魏光焘徒步千里投效，极为钦敬。委派他管理钱粮、军装等事务。③ 追随曾国荃转战各地，与太平军作战。

咸丰九年（1859）七月，曾国荃率湘军攻破江西吉安府城。魏光焘因功受到保举，以从九品选用。④ 收复吉安后，湘军将领蒋益澧函招魏光焘赴广西镇压太平军，魏光焘又赶至蒋益澧军营效用。蒋益澧见魏光焘虽然年轻，但治政、理事皆有章法，遂命其管理营中军装支应，遇有军事方面的困惑，经常征询魏光焘的意见。可见，蒋益澧对其十分信任。不久，蒋益澧委任魏光焘办理营务，兼管督兵和太平军作战，这进

---

① 魏先槐：《下河淘金》，载魏治寰《辉煌人生——魏光焘生平纪事》，大众文艺出版社 2007 年版，第 34 页。

② 魏瀛，邵阳人，生员。随往江西镇压太平军，叙教谕。寻保知县，加同知衔。主管江西吴城厘局事，署上高知县。旋办粮台事务。攻陷江宁后，授建昌知府，年余调赣州。任内疏浚福、寿二沟，纂修府志，立义学，厘定书院章程，建牛痘局、保安局、育婴堂。尝监鲍超霆字军转运，以鲍军攻陷嘉应州，加道员衔。又以助潜饷加三品衔。卒于官。

③ 魏光焘遗著：《湖山老人述略》，载中国人民政治协商会议邵阳市委员会文史资料委员会《邵阳文史资料》第 7 辑，1987 年版，第 102 页。

④ 中国第一历史档案馆：《清代官员履历档案全编》第 3 册，华东师范大学出版社 1997 年版，第 688 页。

一步拉近了他与蒋益澧的关系，从此其职位一步步得以提升。

咸丰十年（1860）五月，魏光焘因援剿平乐府出力，奉旨以县丞补拔，并赏戴蓝翎。咸丰十一年（1861）正月，攻克贺县有功，解广西省城石达开大股之围，以知县补用，并赏加知州衔。同治二年（1863），攻克浔州府城得力，以知州尽先补缺。①

浔州府城收复后，清兵的进军目标指向了贵县。当时贵县有一巨酋黄鼎凤，排行老三，人称黄三，拥兵数万强悍势力盘踞平天山。平天山位居覃塘北面，分大平天和小平天，东为大平天，西为小平天。两山峭绝，壁立千仞，仅一路可通，险要地势，一夫当关，万夫莫开。黄三在天平寨营建防御工事，挖壕沟，立重栅，设巨炮，储备粮草弹药，扼守覃塘以为犄角，凭借险要地势，负隅顽抗，清军屡攻不克。② 此时左宗棠在浙江作战，急需增援，请求将魏光焘调赴浙江援应。军情紧迫之时，魏光焘毅然向蒋益澧请命，愿意只身赴黄三营寨说其来降。蒋益澧对魏光焘的这种舍身赴难的精神愈加钦佩，故派魏光焘、四川前布政使陈俦和一名姓蔡的镇标同赴黄三营帐劝降。魏光焘经通禀后，黄三已知其来意。魏光焘等人面见黄三时，其部属"怒目环视，刀皆出鞘，声隆隆然"。③ 对此情景，他极为镇静，坦然向黄三示以诚信，并对其陈述利害得失。黄三此时亦虑及孤巢难守，心有所动。为了坚定其归诚的决心，魏光焘在黄三营寨中独宿三日，以示不疑。黄三终于被魏光焘的诚意所折服，决定率部归降。魏光焘晚年回顾这段历史的时候，曾描述道：

> 犹记归营时，黄部数万皆跪送。马队万余，左右排列。从军在马上有立者，卧者，倒坐横陈者，亦可见其骑术精锐。④

这是魏光焘早年崭露头角时较为得意的一笔。此次事件，也反映出魏光焘过人的胆略和应变之才。

---

① 《清代官员履历档案全编》第 3 册，第 688 页。
② 广西民族学院民族研究室：《壮族历史人物传》，广西人民出版社 1982 年版，第 92 页。
③ 《湖山老人述略》，第 102 页。
④ 同上。

　　黄三归降后，蒋益澧率魏光焘由湖南行兵，进入浙江境内。蒋益澧入浙增援之时，左宗棠正与太平军在衢州府龙游县相持，因连续数月围攻县城不下，心中极为焦虑。蒋益澧建议暂时放弃龙游，攻打太平军精悍部队萃聚的汤溪，以孤立太平军的势力，切断其后援力量。左宗棠采纳了蒋益澧的意见，集中兵力奋力攻破汤溪，太平军的精英部队严重受挫，士气大为低落。左宗棠乘胜一鼓围攻龙游，很快收复。就在左宗棠收复龙游的同时，魏光焘随从蒋益澧趁势攻克金华、兰溪、义乌以及富阳等郡县，进逼省城杭州。

　　据守杭州的太平军将领钱桂仁在城外筑石垒、竖立木栅，连营数十里，用以抵抗清军，皆被蒋益澧的部队夷为平地。仅剩武村门外的二十余座石垒尚未攻克。此时，蒋益澧命令部队攻城，但因垒中太平军部队兵多且悍，担心其抄击攻城的清军。遂命魏光焘率士兵在距离西湖岳王庙山布阵排列，以牵制太平军，按照预定计划执行。

　　中午时分，突然有一黄鹿从草丛中跑出，士兵很快用枪歼灭。不久，又有一野猪跳出，也被士兵击毙。魏光焘对部下说："神示我矣！垒贼必多趋城，急击之，必怯而走。"[1] 士兵皆为之振奋。于是，魏光焘会合分统徐文秀等人，督率士兵攻破太平军前垒，用火攻乘势分路猛击。太平军在魏光焘部的猛烈攻击下，惊慌失措，纷纷弃垒奔逃，自相践踏，被清军追击，阵亡 1 万多人。魏光焘部在攻破石垒的当晚驻扎在于垒中，以合长围。城中的太平军因失去屏障，连夜准备突围。魏光焘率部连续攻打三昼夜，钱桂仁看到大势已去，只好出降，杭州城被清军占领。

　　清军各部进城后，争先抢掠财物和妇女。唯有魏光焘一军，将太平军所遗 10 余处军械和 100 万石粮谷封存，作为军用。其余所剩物资，全部用来接济难民。杭州收复后，蒋益澧分军攻克余杭县，进围湖州府城。命魏光焘招募土勇一营，驻防安吉县，阻止太平军向安徽流窜的通道。湖州城失守后，太平军余部奔溃，一部经过安吉县，魏光焘率队渡河截击，击毙逃窜的太平军首领，其余尽皆归降。其他逃窜的太平军余众，也在刘典的截击下，全部被剿灭。至此，浙江全境

----

① 《湖山老人述略》，第 102 页。

被清军收复。

浙江平定后，魏光焘留于湖州，办理善后事务。同治四年（1865）十月二十八日，左宗棠奉命入闽援刘，本日自杭启行，取道衢州、浦城。将援闽部队分为三路：中路提督黄少春、副将刘明珍出仙霞岭赴建宁；西路帮办福建军务刘典、记名按察使王德榜由江西建昌赴汀州；东路提督高连陞、知府魏光焘由宁波乘轮船赴福州，总计 2 万多人。① 占据漳州的太平军将领侍王李世贤率兵进犯，与高连陞、魏光焘的部队在乡水桥一带展开激战，太平军屡次失利。高连陞派魏光焘分队夜袭长泰县城，已得复失。三天后，高连陞再次约同魏光焘攻打，由于太平军兵力众多，众寡悬殊，又为太平军所败，并被其层层围困。魏光焘情急之中，"冲马突围而出，敌军跟追至山埠，相隔丈许，前山阻，岩高数十丈，马忽腾空跃下，敌惊愕不敢穷亿，合队而返。"② 之后，魏光焘约会楚皖军合力围攻，切断太平军饷道，侍王李世贤阵亡，收复了长泰县城和漳州府城。率部先行进入府城，严禁各军烧杀抢掠，城中百姓尽皆感戴。经左宗棠等保奏，以道员留闽浙，遇缺即补。十月，因攻克浙江武康等城池多处，赏给"扬勇巴图鲁"名号。

同治五年（1866）正月，魏光焘率部由上杭县星驰追剿太平军，驻扎于永定一带。刘典的部队也从龙岩州横截而来，一起会同进攻太平军，移军于武平县的崖前地方。这时，驻守嘉应州的太平军将领汪海洋率大股部队前来进犯，魏光焘和提督黄少春的楚军并力夹击，双方血战一昼夜，太平军战败而退。清军进扎分水岭，屡战得胜。之后乘胜收复广东镇平县，进兵嘉应州。果军五营和太平军相遇，因仓促应战，清军溃败。清军将领朱克敏临战畏缩而逃，致使太平军长驱直扑。当时魏光焘疾病初愈，仅领一营断后，尽力遏制太平军的攻击。清军且战且退，双方相持约数时之久，始将太平军击退，收兵回营。不久，清军各路援兵汇集，合围嘉应城。在塔子坳、分水乡等地大败太平军汪海洋部。汪海洋作战失利，在战斗中阵亡。接着，魏光焘会同各路清军，昼夜环

---

① 浙江省通志馆编，浙江省地方志编纂委员会整理：《重修浙江通志稿》第 12 册，方志出版社 2010 年版，第 7826 页。

② 《湖山老人述略》，第 103 页。

攻，破其城而俘获谭体仁及数万太平军，福建、广东的太平军得以镇压。

汪海洋残部的覆灭，标志着这场持续十余年之久的太平天国农民起义运动彻底失败。

第二章　平庆泾固道任内

第一节　致力于地方文化建设

左宗棠奉命督师陕甘后，于同治七年（1868）檄调魏光焘进入陕甘作战。

魏光焘在繁忙的军事之余，对于甘肃的文化建设事业也备极重视。

同治七年（1868）戊辰，魏光焘率部转战于陕北一带。不久又行军驻防西安、凤翔，移兵鄜州和洛水，一路经过环县和庆阳。戎马倥偬之余，并未忘记对百姓的劝化，对当地市民谕以礼仪，试图从文化方面稳定战后地方秩序。同治八年（1869）夏，魏光焘率部分巡陇东。庆阳自遭战火侵袭后，"附城一带，杳无人迹，城内荒草成林，骨骸堆积，奇禽猛兽相聚为薮"①。景象十分凄惨。为此，魏光焘大力抚恤地方百姓，招徕流亡百姓开垦业已荒废的土地。在魏光焘的实力经营下，庆阳一带的农业生产逐渐得以复苏。庆阳一带安定后，魏光焘将该地的文化建设提上了日程。他看到庆阳大成殿在战火中"殿府丘墟，鞠为茂草"②，感触颇深，曾慨叹："呜呼！此斯文托命之原也。海内云扰二十年，次第廓清，庆中兴而垂亿万世麻者，我朝圣圣相承，一本斯道以维之也。郡初复，百废俱兴，矧文庙重祀，曷可忽乎？"③于是和地方官员谢大舒一同上书陕甘总督左宗棠，请求在大成殿旧址上予以重修，为当地的文化发展创造良好的环境。获得左宗棠的首肯后，魏光焘开始着

---

① 惠登甲撰，马啸校释：《庆防纪略》卷下，天津古籍出版社 2011 年版，第 95 页。
② 魏光焘：《重修大成殿碑记》，载张精义纂修，刘文戈审校《庆阳县志·卷之三·建置志》，甘肃文化出版社 1995 年版，第 195 页。
③ 《重修大成殿碑记》，第 195 页。

手重建。因庆阳初定后，地方经济维艰，经费无从筹措。故魏光焘首倡捐资，庆阳地方官员宁州知州杨大年、安化知县周继盛、正宁知县黄绍薪、环县知县余甫勋、合水知县廖绍铨亦先后踊跃慷慨解囊，筹集经费。然后，魏光焘派副将刘洪胜和训导牛步月为监修，召集工匠负责修建。一应建筑材料木石等物，均由魏光焘派其部属搬运。在地方人士和将士的通力合作下，重建大成殿工程很快在4月内顺利竣工。

固原的庙学，始建于明代成化年间，初修规模很小。至明弘治年间，总治三边军务、户部尚书秦纮重新增修。新修的庙学：广二十五丈，袤五十丈，建成大成殿八楹，崇五寻，戟门、棂星门各三间，崇二寻，两庑各计五间，崇二寻。① 之后因固原屡受战火侵袭，许多建筑不同程度地遭到了毁坏，文庙亦未能幸免。魏光焘担任平庆泾固道期间，目睹固原文庙被毁的惨状，极为痛心。但因军务迫急，无暇顾及重建之事。同治十年（1871）春，湘军攻破金积堡。陕甘总督左宗棠此时亦急于振兴固原的文教事业，命魏光焘一面办理战后安抚事宜，并指示其遵循庆阳旧有章程，对该地的文庙予以重修。魏光焘和固原提督雷正绾商议后，决定以知州萧明才和训导魏兴万负责文庙工程，派副将刘洪胜督饬将士参与修建，于同治十年（1871）四月落成。

此次重修，规模较前有很大扩展，南北至关街，东至石宅，西至旧庆祝宫；前为万仞宫墙照壁，东角门曰"礼门"。外有墙，嵌有"文武官员至此下马"长方石一。西角门曰"义路"，门外墙嵌石亦如东门。第一级中建牌坊、石砌之泮池，左右以"忠孝""乡贤"二祠翼之；而文武官厅，亦兼隶焉。② 并设置了祭祀古代圣贤的牌位。第二级中建大成殿，正中至圣先师孔夫子神位，前明系塑像，清易之于木牌。左右辅以四配：东复圣颜子，述圣子思子；西宗圣曾子，亚圣孟子；十二哲：东闵子骞，冉子雍，端木子赐，仲子由，卜子夏，有子若；西冉子耕，宰子予，冉子求，言子偃，颛孙子师，朱子熹。③

关于重建固原文庙的主旨，魏光焘指出：

① 政协固原县文史资料委员会：《固原文史资料》第6辑，1997年版，第29页。
② 宁夏史料丛刊：《民国固原县志》，宁夏人民出版社1992年版，第348页。
③ 同上。

斯道之在天下，文武不可偏废。昔炎宋抑武右文，群贤迭出，学术远迈汉唐。然立国不竞，终宋之世，西夏一隅不能定，而其他尚武力不尚道德之朝，又往往学废民乱，二者均失。我朝学校同符三代，每征弗庭，必告先师，勒石太学，在泮献馘之典，周以后二千余年独能举行，化愚顽于圣武神功之中，意深远也。固原古萧关，关中北镇河陇、银夏，数为内患。晋永嘉以后，没于氐、羌。唐广德、广明间，为土蕃陷。明河套犯边时，有门户之虞，外寇迭乘，治日恒少。我朝德威所暨，北越瀚海而遥，此方攸谧二百年，近小丑跳梁，今复转乱为治者，夫亦曰维之以道而已。道也者，人心之存亡所系，天下之盛衰所关，昧忠孝节义之大，不务实修，徒知文骋词章，武矜技勇，虽承平无事，君子隐以为忧，甚负国家作育人才之意。①

固原文庙经过重修后，规模较前有了很大改观，为当地儒学文化的发展和人才的培养，起到了重要作用。

魏光焘任平庆泾固道期间，还以补救世道人心为宗旨，对一些地区的关帝庙进行了修复和重建。

平凉以西70里的三关口，相传为宋代杨家将驻守之地，系军事要冲，关口原有关帝庙毁于兵火，仅剩断壁残垣。魏光焘会同固原提督雷正绾试图重修，但因战争尚在进行，军务繁忙，无暇顾及。战后，魏光焘主政陇东，开始了大规模善后活动，除安置迁移回民、修治道路外，着手重建寺观庙宇。鉴于地方经费维艰、百姓困顿，他首倡捐廉，筹集经费，令部将彭兰亭重建三关口关帝庙，并在庙内配祀两杨将军神位。当时有人提出质疑："关帝精忠贯日月，祠祀遍瀛寰，洵足万古也。若杨将军者，士人悉多附会，果何说之是从？"② 魏光焘认为此举不仅关乎祭祀问题，而是关乎世道治乱根本所在。至于《宋史》中所载杨琼和杨政之事，理应从正邪分途的角度来看待，不必专注于微末事迹的考证。他说："此关帝庙也，浩气攸归，百灵效命。使两将军

---

① 魏光焘：《重修文庙记》，载马福祥《朔方道志·艺文》。
② 魏光焘：《重修三关口关帝庙记》，载宁夏史料丛刊《民国固原县志》，第1003页。

者，冥承帝君英威，潜昭临察。正者扶之，邪者黜之，亦天地福善祸淫之道。上帝无私，视所简在。若能捍大患、御大灾，数著灵异，固于世道人心大有补救，尤亟宜崇祀也。又何必凿求其解，致疑为无名之歆格耶？"① 可见，魏光焘所关注的已非对史实的精微考据，而注重于世道人心的补救和社会风化的培植。

六盘山雄踞陇东，蜿蜒耸拔，道路崎岖，历代皆非常重视其军事地位。山巅庙儿坪原有关帝庙，创建年月已不可考。战后，固原提督雷正绾和平庆泾固道魏光焘商议后，决定筹集经费，筹集工料，以湘军武威后旗镇军邹冠群具体负责，开始修建。在旧有关帝庙基础上，增建了厦房六间，山门一座，其他工程一应具备。完工后，魏光焘提出"以因为创"，做好后期维护，并对继任者寄予了期许和厚望。他说："天下当为之事，有举而不可废也，大抵如是。虽然，六盘冲要，隆替何常？今日之因乎？前以为创者，安必他日之创乎？后者不以为因耶？则继此式廓修葺，踵事增华，当有不仅享其成者。吾方将虑其后，惕惕焉属望于后之人。"②

由以上可见，魏光焘力图通过恢复传统的儒家道统，达到教化民众之功效，而且以儒家道统作为治理边区的重要手段。文庙重建的动机，不外以文治补武力之缺失，以古代宁夏地区文治的疏忽作为当今治理边荒之区的借鉴，采用文武并治之术，保持边陲地区的持久稳定。

魏光焘在甘肃文化建设方面，值得一提的还有对恢复甘肃科举事业的贡献。

甘肃科举考试，曾一度停止。左宗棠率兵肃清甘肃中路后，署理泾州直隶州知州邵杜向平庆泾固道魏光焘禀请修建泾州考棚，以供科举考试之用。泾州地区尽管作为直隶州，但一直未设置独立的考棚，长期以来泾州地区的士人需赶赴平凉，依附平凉考棚应试，给泾州地区的读书士子造成困难。于是，泾州全境绅民经过公议后，决定捐资建立考棚。魏光焘将此情向左宗棠汇报后，获得批准。于是，魏光焘派人在泾州城东勘定地址，传集当地工匠进行修建。在修建过程中，总计费用工料钱

---

① 魏光焘：《重修三关口关帝庙记》，载宁夏史料丛刊《民国固原县志》，第 1003 页。
② 同上书，第 1004 页。

4800 串，泾州各地绅民踊跃捐资，其中泾州捐钱 2000 串，灵台县 1400 串，崇信县 600 串，镇原县 800 串，保障修建的顺利进行。魏光焘委派泾州训导苏亮节监造，地方绅士杨驹等人经理其事。于同治九年（1870）十一月兴工，同治十年（1871）十二月竣工。历时一年，建成考棚大小 74 间，除堂号外，南北两棚 500 多号。①足以满足泾州地区士人应考之用。考棚建成后，左宗棠命魏光焘等地方官员负责补办同治元年和五年的院试，并预备同治八年和九年的岁试。泾州考棚的创建，为该地区士人应试提供了极大便利，也为泾州地区文化的恢复与发展奠定了基础。

为了发展甘肃的文化教育事业，左宗棠于同治十三年（1874）上奏清政府，请求陕甘分闱，以便为甘肃士人创造更多科举入仕的机会。光绪元年（1875），清廷下旨允准陕甘分闱，两省分别举行乡试。甘肃因历史原因，汉、回杂居的情况较为普遍，汉、回士人长期各在本籍应试，汉、回考生同棚考试，根据考试情况一体录取。甘肃回族长期以来对于汉文化的重视程度不够，因而在考试中很难获中。加之一些陕西籍回民被安置于甘肃各府厅州县，许多回族考生在本籍参加考试，录取考生中也有不少聪颖之士。但在陕甘分闱后的两科乡试中，甘肃境内的回族考生竟无一人获中。这种情况严重打击了回族考生的积极性，他们"虽私怀愧厉，不敢存侥幸之心；然罢燥秋风，独抱向隅之感"②。而在战后安置回民的地区中，平凉、庆阳、泾州和固原人数最多，也是回族考生比较集中的地区。对此，魏光焘深感责无旁贷，理应为广大回族考生赢得更多的机会，于是他会同甘肃布政使崇保和甘肃按察使史念祖联名向左宗棠禀请，对于回族考生在科举方面量情予以优待。而当时的兰州府知府也督同各府县教官传集绅士会议，各府县教官和绅士都认为：

> 甘省地处西陲，前因风气甫开，文风不无轩轾。向设丁字、聿左、聿右、聿中字号举额五名，原因边隅寒畯艰于进取，故定以中

---

① 《左宗棠全集》第五册，第 193 页。
② 《左宗棠全集》第六册，第 651 页。

额，俾免尽付沉沦。今回民读书应试人数日增，似应仿照聿中、聿左之例，一科另编字号取中一名，一科归入大号取中，以励士气而普皇仁，于舆情尤为允协。①

于是，左宗棠决定顺应民情，向清政府上奏，请求对回族考生乡试进行变革，回卷照一科另编字号之例取中一名，一科归入大号合试取中，以俾其观感奋兴，力图上进。② 经部议后允准施行。这种变革无论从兴教劝学还是移风易俗方面来说，不仅为广大回族考生提供了更多的入仕机会，对于边陲少数民族也起到了化育和劝导的作用。

第二节 调整行政建置

甘肃自乾隆年间置省后，管辖地域辽阔。因对平凉和宁夏地区的军事机构进行了裁撤，给政府的管理造成了诸多不便。尤其是平凉以北一带，和宁夏所属灵州交界，中间地域辽阔，广袤八九百里。山谷丛杂，向来是逃犯藏身的最好处所。该地设立的固原州和盐茶厅，因管辖范围较广，难以有效治理。为了维持平凉、庆阳和宁夏地区的持久稳定，左宗棠决定在该地添设县治、调整行政区划。经过慎重考虑后，他指示魏光焘对于固原地区的行政区划进行勘察。

魏光焘经过考察后，发现固原城以北 240 里的地方有一下马关，该地东面和环县相接，向南通往固原，北面直达灵州，西部和盐茶厅管辖地方相连，地理位置十分重要。下马关的关城西面紧靠罗山，西南有泉水流出，流经城北，经过韦州、惠安各堡，然后汇入黄河。东、南、北三面有几十里平原地带，土地肥沃，既可以作为重要的农业耕作区，也能够成为重要的牧养区。魏光焘建议在此地方设立县治，便于管理和控制。此外，为了慎重起见，魏光焘还对这一地带的地图进行了仔细研究，发现下马关距离元代设立的豫旺城（后为预旺）仅有 30 里之遥，

---

① 《左宗棠全集》第六册，第 652 页。
② 《甘省回生乡试拟编列字号分科取中折》，台北故宫文献特刊：《宫中档光绪朝奏折》第一辑，台北故宫博物院 1974 年印行，第 525 页。

都是军事地位比较重要的地区。而下马关在土地资源方面又比预旺城更加优越。下马关砖城周围5里，高3丈，在此设立县治，也可以节省许多建设经费。此外，下马关西面110里处为灵州管辖的同心城，魏光焘提议在此设立巡检驻扎，归新设的知县管辖，专门负责缉捕事宜。

固原在明代为陕西卫所驻地，清代陕甘总督曾一度以为治所。该州以前隶属平凉府管辖，魏光焘对地形考察后，认为应将平凉府属固原州升为直隶州，仍隶平庆泾道管辖。州城西南硝河城地势险要，属于重要关隘，在此设立固原直隶州判，并对州判的职权作了详细说明："仿照隆德县庄浪乡县丞例，划明界址，专城分治，所辖命盗、词讼、钱粮、赋役，分由新设州判就近验勘征收，而由固原州总其成。"[①] 固原州城东北路与新设下马关知县划分地址相连，划归固原直隶州管辖。提升后的固原直隶州，州判分治西南，知县分驻东北，固原直隶州居中控驭，改变以往建置稀疏的状况。

盐茶同知的改变也是建置调整的一个重要方面。此前平凉同知分驻海城，但仍以盐茶同知名之，负责钱粮、诉讼等民间事务。魏光焘考察地形后，认为：

> 盐茶同知所驻之地，东距平凉府城三百九十里，而盐茶辖境西北一带，地势阔远，距靖远县交界各处又百数十里，汉回杂处，平凉府既难兼辖，即盐茶同知亦每有鞭长莫及之虞。且衔系盐茶，职司民社，名实殊不相副。[②]

因此决定撤销平凉盐茶同知，改为知县，将所属照磨改为典史，同时添设训导一员，专司教化之职。并在盐茶同知管辖打拉池地方，设立县丞，划分界址，将所辖地区的命盗、词讼、钱粮、赋役等一切民政事务归其管理。[③]

---

① 左宗棠：《奏为盐茶固原接壤地址辽阔政令难行请分别升裁添设县治事》，《军机处录副奏折·光绪宣统朝》，档号：03-4698-036，同治十二年五月，中国第一历史档案馆，未刊。

② 左宗棠：《奏为盐茶固原接壤地址辽阔政令难行请分别升裁添设县治事》。

③ 同上。

魏光焘的建议获得了左宗棠的支持，左宗棠将固原行政建置调整情况向清政府做了汇报，经过允准后实施。

陇东地区历来是甘肃重要的行政建置之一。该地以原为主，山原交错，地势辽阔。在众多的山原中，以董志塬为最。当地俗语中有"八百里秦川不如董志塬边"的说法，可见董志塬的面积之广。该地南面从泾河北岸贾家门泊起，北至驿马关、大乐涧、景山等处止，袤几300里。东界马连河、赤城，西包萧金关、泉水镇，广逾200里。汉代时曾在董志塬设立彭阳县管辖，隋代改为彭原县。唐朝武德元年将县治升级为州，称为彭原州，贞观初年仍然以彭原命名。宋代时又改为彭阳，并设立了彭原县管辖，其旧址在清代一直存在。据一些相关资料的说法，蒙古兵和金兵作战的太昌原，也就是彭原的旧地。明代时彭原改县为镇，嘉靖年间曾修筑堡垒以备防卫。清代时彭原分别隶属于安化、宁州和镇原三地管辖，该处在地理位置上与陕西相连，土地肥沃，灌溉便利，农业生产比较发达，加之交通便利，贸易也较为繁荣。周围广袤数百里，四距沟深，属于军事要区。同治初年，陕西回民起义爆发后，董志塬为回民起义军所攻占，在该地垦殖，势力较大，以之作为军事据点，与清军进行对抗。左宗棠率湘军经过十余年的征战，始将该地平定。

同治八年（1869），左宗棠因董志塬地区一直未设官管理，征收钱粮和刑事案件的办理无从着手，给当地百姓带来了很大不便，遂派观察萧伯祯在董志塬办理善后。萧伯祯到任后，安抚流亡百姓，赈济难民，并和地方官员商议在董志塬地区增置官员进行管理。同时，命魏光焘督饬庆阳太守谢大舒等人，"周历相度，划疆定界，采旧堡北三里，拟筑新城，置安化分县"①。为了进一步加强对董志塬地区的管辖，左宗棠奏请朝廷，在董志塬旧有经制外委的基础上，添设县丞一员，会同经制外委共同管理。并对辖境范围进行了详细划分：

> 兹据勘得安化县所辖董志镇地方，旧设有经制外委一员。拟添设县丞一员驻扎于此，会同巡缉，庶资控驭而重地方。其辖境董志

①　魏光焘：《创建董志分县丞碑记》，载张精义纂修，刘文戈审校《庆阳县志·卷之二·舆地志下》，第140页。

镇，西至何家畔二十里，交镇原县界；南至李家城、三不同三十五里，交宁州界；东至齐家东庄七十里，北至司官寨五里，东北至罗家寺四十里，东南至秦红咀五十里，西北至孙家沟十五里，均交安化印官地界；西南至何家畔二十五里，交镇原县界。①

辖境划分后，总计该地民屯地1814顷60亩8分，每年征收民屯地丁银1856两，夏秋粮948石4升，全部拨归董志塬县丞管辖征收，以专责成。并在该地添设乡学训导一员，仿照隆德县分驻庄浪县丞学额之例，从安化县原设学额内拨给三名，统归知县考取，以振兴该地的文教。此外，将县丞定为繁要之缺，名称为"董志县丞"，由甘肃省在佐杂人员内挑选升调，以期人地相宜。该地训导由朝廷责令各部遴选，以符合定制。

左宗棠的建议获得清廷允准后，命魏光焘负责办理。魏光焘筹集经费和建筑材料，派镇固营管带官范朝海、刘乾福、岳正南等挑选士兵进行修建。从同治十三年（1874）八月开始，至光绪四年（1878）秋季竣工。修建后的董志县城，其规模为："城环以壕深，堞五百三十有二，炮台十二，内建文武庙各一，县丞署一，并衙祠、仓库、学署一，外委署一。"②

董志塬县城的创建，改变了长期以来该地行政机构缺失的状况，对于加强陇东地区的管理起到了重要作用，而且也为该地区的社会稳定创造了良好条件。魏光焘在碑记中还对地方官员提出了殷切期望：

> 县丞、贰佐，职也，而任则专城，钱谷司之，刑名理之，体制几与县坊。当此兵荒以后，莅新城而膺民社，居者畋尔田，何以抚此遗孑；来者依吾宇，何以安此边氓。偕训导以崇文，振兴攸赖；协汛弁而备武，捍卫惟资。生聚教训，盖其责不綦重矣。惟赖良吏，相继拊循，飔气薿薱，蒸蒸日上，以为国家之光。夫保障嘉

---

① 左宗棠：《奏为勘明安化、定州、镇原三州县分辖董志塬地方拟设县丞驻扎事》，《军机处录副奏折·光绪宣统朝》，档号：03-4658-008，中国第一历史档案馆，未刊。

② 魏光焘：《创建董志分县丞碑记》。

猷，不恃有城高池深之险，而恃有固结不可解之心；不恃有临危应变之才，而恃有郅治弭乱之术。政分大小，官别尊卑，而上下感应之理，一而已矣。履斯任者，使各尽乃心，各循厥职，仁育义正，沦髓洽肌。行则阴阳雩雩，天时顺也；疆理疃疃，地气凝也；风节矫矫，人心同也。通生茂育，含和吐气；萎荼以振，即或有不测之虑，众志相孚，咸知亲上死长之义；弹丸黑子，永固金汤，庶不负昔之凿斯筑斯而今之成斯也已。[1]

第三节　改善交通与环境

宁夏三关口，古称金佛峡。自古以来即为西北通往中原的咽喉之道，地理位置十分重要。魏光焘赴任以前，该地的地理环境极为荒凉。"峭壁夹流，石径耸立"就是该地环境恶劣的最好写照。由于地域荒凉，长期以来这条交通要道上野兽出没，加之"春冬则冰凌滑折，夏秋则雨潦汹涌。而地冲要，往来如织，马篷车轮，辄事倾陷"[2]。给过往商旅和行人带来了极大不便。此外，三关口是左宗棠大军后方运输的一条重要粮运通道，而关隘狭窄、环境险恶势必会影响到西征部队的粮饷转运和输送。因此，修筑拓展南坡旧道，凿高铺低，便于车马行人通过，尤其是便于西征部队行军和粮饷辎重的运输。[3]

光绪元年（1875）春，魏光焘决定改善三关口地区的交通环境。在经费紧张的情况下，他首先倡导捐资，筹集经费，并准备修建工具，开始动工。在修建过程中，魏光焘派部属督饬士兵加紧施工，历时四个月落成。从三关口安国镇南岸向西修筑，"凿石辟山，扼者坦修，陉者凸平，蜿蜒而达关口者三十里。"[4] 一直修到瓦亭而止，将崎岖不平的小路修建成一条通衢大道。从此，出塞入关的行人，基本免除了道路阻滞的担心。此路修整后，陕甘学政吴大澂采风路经此地，曾撰写碑记，记载了魏光焘修路的经过。但魏光焘仍对此路的交通状况心有余悸。光

① 魏光焘：《创建董志分县丞碑记》。
② 魏光焘：《增修三关口车路记》，载王学伊《固原州志·艺文志》，宣统元年刊本。
③ 薛正昌：《宁夏境内丝绸之路文化研究》，甘肃教育出版社2014年版，第47页。
④ 魏光焘：《增修三关口车路记》。

绪三年（1877），他在繁忙的公务之余，亲自策马乘骡对此路进行了全面考察，发现经过此地的骑马行旅，仍是十分危险。于是，命令湘军将士对于道路崎岖者整修。有人以环境恶劣、任务艰巨为辞，他反驳说："凡为民役者，必恤民力。而顺民情，难易非所记也。"① 由总兵朱正和督任其事，龙恩思为助手，招募工匠，通力合作，经费从官俸支取。沿三关口北旁，向南开辟石根，"叠石为栏，顺其水性，依水成浍"②，建成一条康庄大道。"路长二百寻，高及二寻，沟深逾四尺，缭以护垣，两轨并驱如裕也。"③ 魏光焘指出修建这条大道的目的是："吁嗟乎世路，多出于艰险，人情每忽于安处，今勉增筑之。俾毋阻前行，不敢谓恤民力、顺民情，使艰险而归于安处也。"④

此次车路修建过程中，朱正和与龙恩思为主要督造者，总兵萧玉元，副将魏发沅、杨玉兴，参将邹冠群、彭馥桂、岳正南、罗吉亮、徐有礼等分别督率士卒参与筹办，成为车路迅速完工的重要保证。车道建成后，御史杨重雅任职甘肃，路经此地，对车道和湘军将士的贡献给予了较高评价："光绪丙子奉移桂檄，重出是关，见夫平平荡荡。向之巉岩奇仄者，今且如砥如矢矣。读吴学使摩崖记，知观察以治军暇，用军士平之。益叹观察之善将兵，且益叹伯相之善将也。"⑤

1911 年，袁大化出任新疆巡抚，途经三关口时，在其所著《抚新纪程》中，对魏光焘修建此路的情况进行了描述和简要评价。他指出："从前路在山上，光绪元年魏午庄光焘被兵陇东，督师开道，砌石山麓，行者称便。"⑥

1916 年，在湖南督军署任职的衡阳人谢彬接受北洋政府财政部的委派，前往新疆及当时直属中央的阿尔泰特别区调查财政。途经瓦亭时，看到魏光焘修建后的瓦亭，曾记述道：

---

① 魏光焘：《增修三关口车路记》。
② 同上。
③ 同上。
④ 同上。
⑤ 宁夏固原县志办公室整理：《民国固原县志》，宁夏人民出版社 1992 年版，第 1006 页。
⑥ 袁大化：《抚新纪程》，甘肃人民出版社 2002 年版，第 169 页。

三关口，一名金佛峡。高峰夹水，宽仅二丈，擅一夫当关之胜，为自来战守要隘。有董少保故里碑，立于道左。有关帝庙，兼供杨延昭像，土人因呼六郎庙。过庙，迎面石壁高耸，上泐"峭壁奔波"、"山水清音"、"山容水韵"等字。昔时驿道沿山脊行，旅行多苦之。清光绪初，邵阳魏午庄驻兵平凉，督师四万，役夫八千，以数月之力，砌石山麓，自三关口迄瓦亭驿，二十里始庆安途。①

会宁为甘肃东部重要属邑，县东张陈堡至古城翟家所，为车道必经之路。该地山冈逶迤，中惟坑堑，并有河流从东流入狭谷地带，左旋右搏，蜿蜒曲折。夏秋之季，山洪骤然暴发，泛滥汹涌，遇到冲击，后果不堪设想。冬春冰雪挡道，路面光滑泥泞，"寸进尺退，一日之间，数见倾陷"②。

光绪二年（1876），平庆泾固道魏光焘巡视此道后，对该地交通环境深有感触。他向左宗棠禀报后，左宗棠批示："据禀拟改修会宁至翟家所车路情形，详明周妥，可期有成。此路迂回倾险，役车艰阻，商旅苦之。果能一律修治完善，洵行人之福也。"③ 魏光焘遂以自己岁俸所入充建设之用，并倡导捐廉，以为集资，率将士千余人昼夜无间加紧修建。所部屯军"循山凿石，铲去廉利，填塞洼坎"④。从翟家所开始，到张陈堡为止，在旧路背面开通一条长达二十余里的新道，又在董家沟、白家沟、古城子沟诸野水通川处建造三座大桥，黑耶沟建造一座小桥。由于湘军将士的共同努力，工程在月余内完竣。左宗棠大为赞赏，并将建造之桥命名为"平政桥"。有人对此提出了质疑，认为："孟子平政之说，就役民而言；会邑之治道建桥，所役者军。公以此义当之，有说乎？"⑤ 左宗棠从战后体恤民瘝的高度进行了诠释：

---

① 谢彬：《新疆游记》，新疆人民出版社 2013 年版，第 38—39 页。

② 左宗棠：《会宁平政桥碑记》，载白银市地方志编纂委员会李金财、白天星总校注《靖远会宁红水县志集校·会宁县志续编卷之十二》，甘肃文化出版社 2002 年版，第 740 页。

③ 《平庆泾固道魏光焘禀拟改修会宁至翟家所车路由》，《左宗棠全集·批札》，第 386 页。

④ 左宗棠：《会宁平政桥碑记》，《靖远会宁红水县志集校·会宁县志续编卷之十二》，第 740 页。

⑤ 同上书，第 741 页。

凡厥庶民，修桥治道，力役有征，农隙为之，其常经也。若夫役不可已，而民力不足举之。商旅俱病，又适当征调络绎，军事旁午，驿传攸经，而乃脱辐没踝，灾及行役，将若之何？会宁乱后，遗黎仅存。魏君慨民力之艰，不得已以屯军代役也，其恤民也。役师人之力修桥治道，而人欣然如营其私，事以速蒇，军不知劳。其兵民之杂处相安，抑可知也。修桥治道，会宁休息有年，丁男蕃衍，足任斯役，异时缮其坍圮，补其缺坏，有不待催呼而自亟者。追维始事之功，不益晓然平政之义矣哉！①

程履丰也对魏光焘修建平政桥给予了高度评价，他说："会宁非公所辖地，而修桥治道，无畛域之分，其政之平益可想见。桥成，而舆人交颂，行旅皆愿出于其途。"②

魏光焘担任平庆泾固道期间，还对重要地区的军事要隘进行了重修。

瓦亭位于陇东边陲，系甘肃东部重要关隘，为历代经营西北防务者所重视。魏光焘指出："自来守土，先保障之策，关隘为重。瓦亭者，据陇东陲，为九塞咽喉，七关襟带，北控银夏，西趋兰会，东接泾原，南连巩秦，诚冲衢也。"③ 东汉建武初年，隗嚣兵犯陇东，朝廷派大将牛邯屯兵瓦亭以拒。晋太元十二年（387），蒲登与姚苌相持，也驻兵于此。唐至德元年（756），肃宗驾幸灵武，瓦亭为牧马所。宋建元年间，金兵攻陷泾原，刘锜退屯瓦亭，整顿军伍。抗金名将吴玠曾与金兵在瓦亭展开会战。

左宗棠曾率湘军戡靖西北两路，也在瓦亭"设重防，通馈运"④，将其作为平定西北的重要军事据点。战后，防务有所松弛，瓦亭也渐被忽视。光绪三年（1877），魏光焘因该地防务重要，向左宗棠禀报后，决定重修。他招募工匠，准备工料，饬令所部武威后旗、新后旗伐木锤

---

① 左宗棠：《会宁平政桥碑记》，《靖远会宁红水县志集校·会宁县志续编卷之十二》，第741页。
② 程履丰：《雪泥鸿爪》，抄本，甘肃省图书馆西北文献部藏。
③ 魏光焘：《重修瓦亭碑记》，载王学伊《固原州志·艺文志》。
④ 同上。

石，会同工匠规复旧制。因该关原有规模破败不堪，"周七百四十七步，坍塌五百四十余步，窨洞堞楼，悉倾圮无存"①。于是重新加厚基址，增其规模，拓展长度和宽度，"新筑六百九十五步有奇，补修一百八十八步有奇，依山取势，高二丈七八尺至三丈六七尺不等，面阔丈三尺底，倍之为门三：曰镇平，曰巩固，曰隆化。上竖敌楼雉堞五百二十四，墩台大小八座，水槽七道"②。经过重修后，瓦亭面貌焕然一新，规模壮观，防务坚固，也为地方百姓提供了便利，诸如通邮驿、聚井间、塞险要等，均在较短时间内告成。此次修建工程的重大意义，魏光焘作了说明："夫德政不修，徒凭山川之阻，负隅自固，几何不为地利愚，而侈谈仁义，弃险不守，俾寇乘其疏长驱深入，在昔失策者，更不知凡几，是故先生疆理天下，亦未尝不严司莞键，隐树藩篱，崇关山之险，为闾阎之卫也。"③

"左公柳"的故事在西北家喻户晓，历来传为美谈。但对于大力提倡种植并身体力行者恐怕很难有人知其详情。其实，在左宗棠的西征部队中，对于"左公柳"的种植有着巨大贡献的当属魏光焘了。

从有关文献记载可知，甘肃历史上曾经是林茂草多和较为富庶的地区。由于历代战争的破坏和乱砍滥伐，致使生态环境极其恶化。而生态环境的恶化造成水土流失严重，水土流失又导致了甘肃自然灾害的频发和百姓的贫困。西北各地当时遭受了战火的侵袭，其中甘肃陇东一带遭祸最烈。魏光焘率部驻守陇东期间，沿途目睹了所属各县荒凉萧条的景象，乡间"穴处蜂房，气象荒凉，无修竹茂林之盛"④。对此深有感触。于是向当地百姓问及种树一事，地方父老答以山高土冷，不易种植。魏光焘说："古者五亩之宅，树墙下以桑，通衢之旁，植杨以表道，其所由来久矣！"⑤ 其时正当春季，万物萌芽之际，魏光焘劝告陇东地区的百姓选择当地适宜种植的树木，无论桑树、榆树、柳树和桃李枣杏等类，凡是容易成活者，均在地畔、河边和道路两旁进行栽植。充分利用

① 魏光焘：《重修瓦亭碑记》，载王学伊《固原州志·艺文志》。
② 同上。
③ 同上。
④ 慕寿祺：《甘宁青史略·正编》卷23，兰州俊华印刷厂1948年版，第100页。
⑤ 同上。

有限的土地，"或五尺一株，或一丈一株，不使地有空间"①。为了鼓励当地百姓种植树木的积极性，魏光焘还给当地百姓分析了栽植的好处。他指出：

> 较之田亩所种，不纳税租，不烦耕耨，不忧水旱，因地之力而坐收厚利，所以佐五谷之不足，供梁栋之用，资爨薪之需，制器物，荫行路，此天地间自然之利也。②

此外，魏光焘以明代成化年间陕西巡抚马文升驻扎庆阳时期派地方官员薛禄择地种树的史实，反驳了那种认为西北气候寒冷不宜种树的论调。他说：

> 巡抚陕西提督军务马文升，按部至庆阳，遂命同知薛禄择地所宜，树如椿楸榆柳，植道两旁，邮舍复遍植桃杏。上地凿池，下地掘井，以资灌溉。甫三年，树皆成荫，行人忘暑。夫庆阳地极西陲，风土苦寒，道路从古无树，而文升广栽遍种，史册传为美谈。③

考究魏光焘在陇东一带栽植树木的情况，最早应当始于同治十二年（1873）。陇东一带，规复后经过数年的善后经营，农业生产已逐渐得到恢复，往昔荒芜的土地也已开垦。于是，左宗棠下令各地驻防部队夹道种植柳树，以改变甘肃的环境面貌，试图重现一派太平景象。魏光焘在陇东大力贯彻左宗棠的意旨，派人在各地搜集柳枝，运往陇东地区栽植。种植伊始，因地方百姓愚昧无知，常有游民偷拔和牲畜任意践踏之举，致使所种树木干枯腐朽，少有存活者。为了维护种树的成效，魏光焘命令部属对业已枯死的树木加以补栽，并按时进行灌溉。同时颁发毁坏树木禁令，安排士兵进行守护。魏光焘的种树活动，从同治十二年（1873）开始一直延续到光绪四年（1878），大约六年时间。在其驻防

---

① 慕寿祺：《甘宁青史略·正编》卷23，兰州俊华印刷厂1948年版，第100页。
② 同上。
③ 同上。

区域内，自泾州瓦云（今泾川县飞云镇）至瓦亭，隆德至静宁界石铺。其间瓦亭至隆德，界石至会宁城东，六百多里的驿道上植树不下 20 万株。所植树木之多，史无前例。当然，在植树过程中，魏光焘所费心血和遇到的困难，也是难以想象的。经过数年的艰苦而精心的种植与管理，"左公柳"才得以"郁青青以蔽茂，纷冉冉而陆离，已有可观"①。魏光焘看到环、庆一路"左公柳"的郁郁葱葱，长势喜人，一派生机盎然的景象，其内心的喜悦之情溢于言表。他对于甘肃地区环境的改善充满了信心和期望：

> 再越数年，纵不逮淮徐之桐，海岱之松，荆衡之怃干恬列贡物，积蓄久而菁华发，当亦绿荫夹道。居者、行者相与游憩于其间，社稷河山皆为之生色。②

魏光焘的期望，后来的确如愿以偿。在他的带动和倡导下，各地驻防部队纷起响应，掀起了种树的高潮。管带精选营总兵杨德明，于同治十年（1871）在南二十里铺起至大湾止栽种杨柳；管带精选左营提督蔡光武于同治十二年（1872）在清水沟起至瓦亭、六盘山顶止，栽种杨柳；管带精选营游击李万贵于同治十三年（1873）在清净沟隆德界，西至大湾栽种杨柳。魏光焘离开甘肃后，当地驻防部队的种树热潮仍未减退，一直持续至清末。有资料显示：

> 成光裕：中营参将。于光绪六年会同前左右后城守各营在五里铺、牛营、青石嘴等处分段栽种杨柳；
> 张大雄：管带楚军右旗总兵。于光绪八年在瓦亭以南平凉交界等处栽种杨柳；
> 胡起云：管带精选右旗参将。于光绪九年在六盘山和尚铺一带栽种杨柳；

---

① 魏光焘：《武威军频年种树记》，载甘肃省地方志编纂委员会《甘肃省志·公路交通志》，甘肃人民出版社 1993 年版，第 1093 页。

② 同上。

魏恭斌：管带精选右旗都司。于光绪十五年在蒿店以西六盘山跟栽种杨柳；

刘璞：管带精选左旗总兵。于光绪十五年在旧六盘庙儿坪栽种杨柳；

凌维翰：管带精选左旗都司。于光绪十六年在蒿店大路两旁接平凉界内栽种杨柳；

张祥会：知州。于光绪二十三年谕令各堡农约及时栽种杨柳；

萧承恩：知州。于光绪二十五年会同城守营在清水河一带栽种杨柳；

张元森：知州。于光绪二十六年在北海子栽种杨柳；

金恒林：管带常备军金塔协镇。于光绪三十年在东岳山大路两旁栽种杨柳；

吴璨昭：管带巡防马队游击。于光绪三十一年在黑城堡一带栽种杨柳。①

除大力倡导种树外，魏光焘还昭示了自己的栽植经验和方法，也为后人种树提供了可资借鉴的材料。光绪四年（1878），他在《武威军频年种树记》中写道：

夫树木亦多术矣。乘时而莳，不先不后，必顺其天也。抟植而种，勿助勿忘，必致其性也。辨曲直以为弃取，度燥湿以勤变调，审孳息以笃栽培，仿虞衡以严防卫，于是人事尽而地灵萃。天道允从，雨日润暄，风雷散动，则木之硕且茂，寿且蕃，将有不期然而然者。坚韧之质，栋梁之器，廊庙之材皆于是乎出。虽然坯胎不容或坏，长养尤不容稍疏，倘竭心力缔构于前，后人罔知爱惜，其不至于摧折也几何。②

这段言简意赅的文字，精辟地说明了种树的要领，那就是要掌握时

---

① 王学伊：《固原州志》。

② 魏光焘：《武威军频年种树记》，《甘肃省志·公路交通志》，第1093页。

令，选好树苗，根据树木的性质和土壤条件，精心种植。此外，还要注意做好长期维护工作，以免功亏一篑。

正是由于魏光焘的精心经营与维护，以及左宗棠的西征部队在运兵西北期间的广泛栽种，"左公柳"成为甘肃一道亮丽的风景线。左宗棠于光绪六年（1880）从哈密东返京师，沿途看到所种柳树郁郁葱葱、长势喜人的情景后，按捺不住内心的喜悦，欣慰之情自难言表。在给杨昌濬的书信中生动地描述道："所种之树，密如木城，行列整齐。栽活之树，皆在山坡高阜……道旁所植榆柳，业已成林。自嘉峪关至省（兰州），除碱地沙滩外，拱把之树，接续不断。"① 为了表彰魏光焘在陇东一带植树造林的盛举，左宗棠于光绪六年（1880）四月给清政府的奏折中曾特意请求予以嘉奖。他在奏疏中说：

> 自陕西长武县界起，至会宁县东门外止，计程六百里，节年共种植成活树二十六万四千余株；柳湖书院种活树一千二百余株；平庆泾固道署内外种活树一千余株；环县属境种活树一万八千余株；董志县城及镇原县境种活树一万二千余株。②

清末民国时期的一些官员、学者、记者或赴任西北，或考察西北时，对于"左公柳"的记载不胜枚举。但这些游记中，大多仅是对左宗棠经营西北的赞誉之词，而魏光焘对于"左公柳"栽植与维护所花费的精力和心血，无论从哪方面来说，都是不容忽略的。方孟希在其《西征续录》中叙述道："十四日，至高家洼尖。又四十里至泾州。枯杨夹道，疏密成行，魏方伯光焘所植也。"③

魏光焘于光绪四年（1878）所作的《武威军频年种树记》的碑文，原置于平凉北门内西侧的平庆泾固盐法兵备道署，1949 年后存放于平凉市政府院内。这也是魏光焘在甘肃留下的一份珍贵的历史资料。

由于魏光焘在甘肃任职期间政绩卓著，故深受左宗棠所推崇。左宗

---

① 《与杨石泉》，《左宗棠全集·书信三》第十二册，第 610 页。
② 中国第一历史档案馆：《光绪朝朱批奏折》第 103 辑，中华书局 1995 年版，第 147 页。
③ 方希孟：《西征续录》，甘肃人民出版社 2002 年版，第 102 页。

棠在给杨昌濬的书信中说："兰州东路种树、架桥、开荒、除道，无不美备，缘午庄、莲池、纬堂所部防营员弁兵勇均以勤民为急，历时既久，不懈如初，故克此臻。午庄心精力果，诸所营造，尤期久远。"① 又说："午庄创建柳湖书院，规模宏敞，间架整齐，新植嘉树成林，尤称胜境。"② 光绪六年（1880），甘肃按察使史念祖奉旨进京陛见，所遗按察使一职为甘肃刑名总汇，职务极为重要。左宗棠以魏光焘"才品尤长，实心任事"③，向朝廷奏举以平庆泾固道魏光焘接署甘肃按察使一职。后又接任甘肃布政使之职。

魏光焘在甘肃按察使和布政使任内，还维修了甘肃省城兰州的莲花池景点，使之成为兰州一大名胜。

明清之际被称为兰州八景之一的"莲池夜月"，周围面积甚广，其地内阻长城，外倚黄河。"方其盛时，花木之茂，鱼鸟之繁，亭台楼榭之错出，为兰州第一。"④ 这一名胜在同治兵燹中惨遭破坏。战后，该地"荒草蔓延，四顾荒凉，惟有樵童牧竖往来其间"⑤。魏光焘就任甘肃按察使后，久闻莲池盛名，于公事之暇前往游览。看到黄河浩浩荡荡、波如明镜的美景后，也为莲池的荒芜深感遗憾。为了让兰州八景之一的莲池重新恢复昔日的名胜，魏光焘率先倡导捐资购置林木，相度形势，经营基址。新建了一座龙王庙，东西院各一所，螺亭一座，来清阁一座，四明亭一座。池中垒石为舟，其旁皆种植莲花，周围栽种杨柳数百株。在莲池的最东边建造了木质牌坊一座，并挂立了牌匾，上书"小西湖"三字。

莲池经过重修后，气象为之一新。游人进入后，一望殿阁辉煌，互相掩映，树木郁郁葱葱，别是一番景致。每年春夏风和日丽之时，兰州的男女老幼接踵而至，"士女云集，画舫鳞鳞"，热闹非凡。时人曾评

---

① 《与杨石泉》，《左宗棠全集·书信三》第十二册，第 610 页。

② 同上。

③ 《左宗棠全集》第七册，第 554 页。

④ 杨昌濬：《小西湖记》，载中国人民政治协商会议兰州市委员会文史资料和学习委员会《兰州文史资料选辑·第二十一辑·兰州古今碑刻》，兰州大学出版社 2002 年版，第 170 页。

⑤ 金文同：《创修莲花池庙宇记》，《兰州文史资料选辑·第二十一辑·兰州古今碑刻》，第 172 页。

价说：

> 迁人骚客相与登高作赋，临流咏诗，唱酬赠答，娱目聘怀，莫不喜相告曰："非方伯魏公之力不及此。"吾因之有感矣，自西陲不靖以来，身历行间，划奇策、握胜算，而鲸跋于以悉乎？此后黼黻皇猷，润色太平，固国家之柱石，为圣天子之所依赖，其所以铭彝鼎而被管弦，将有不可胜纪者。区区是举，何足为公奇，然而即此一端，亦可以见公之奋发有为也。①

1982 年，兰州市委、市政府将"小西湖"东端河湾淤积地大约 300 余亩辟建为综合性公园。现有湖水、亭阁、小山、草坪、绿树、花卉等风景点，是广大市民和游人休憩和赏景的佳地。

---

① 金文同：《创修莲花池庙宇记》，第 172 页。

第三章　经略新疆

光绪二年（1876），左宗棠驻军肃州，刘锦棠率老湘军分批出塞。闰五月，各路军队在古城会齐。六月，刘锦棠和金顺的部队在阜康会师，由此拉开了一场轰轰烈烈的收复新疆的战斗。因前期准备充分，战事进展十分顺利。首先收复了古牧地，然后乘胜攻克乌鲁木齐、迪化州、昌吉、呼图壁和玛纳斯北城。左宗棠命令刘锦棠布置后路，进兵南路的达坂城；张曜取道七克腾木，徐占彪由木垒河一边搜捕，一边行兵。各路大军在辟展会师，合力进兵吐鲁番。九月，攻占了玛纳斯城，新疆北路得以肃清。光绪三年（1877）三月，徐占彪会同张曜部将孙金彪攻克了辟展、鲁克沁、哈拉和卓城，又会合湘军部将罗长祜收复了吐鲁番满、汉城，刘锦棠攻克了达坂和托克逊两座城池。

清军收复吐鲁番，南疆门户洞开，对于阿古柏匪帮而言，其灭亡已为时不远了。也就在此刻，阿古柏势力内部的矛盾日渐尖锐，进一步加剧了其败亡。光绪三年（1877）五月二十九日，阿古柏为部下所杀，其子海枯拉背着父亲的尸体向西逃窜，最后被其兄伯克胡里杀死。就在战事行将结束之时，左宗棠开始考虑战后新疆的治理问题。他在给清廷的奏折中，陈述了自己对新疆善后问题的看法。他把新疆治理问题上升到保卫京师的高度，也就是他的一句著名论断："重新疆者所以保蒙古；保蒙古者所以卫京师。"① 他断言要维持新疆长治久安的局面，莫过于战后在新疆建立和内地一样的行省制度。左宗棠的这一主张后来被清政府所采纳，也是他收复新疆后的又一重大贡献。

---

① 《左宗棠全集》第六册，第649页。

新疆北路肃清后，左宗棠命刘锦棠迅速由托克逊进兵。很快即收复了卡喇沙尔和库车等地。接着又攻克了阿克苏、乌什等城。随即叶尔羌、和阗、英吉沙尔、喀什噶尔等地也被刘锦棠的部队所占领。阿古柏余部和流窜至新疆的白彦虎武装大部被清军所剿灭，所剩残部逃往中亚。至此，新疆南路也彻底平定。

新疆南路的收复，标志着左宗棠用兵新疆取得了全面胜利。

新疆收复后，鉴于有清一代新疆治理的得失，清廷采纳了左宗棠的建议，决定放弃原有的治边之策，于光绪十年（1884）新疆改设行省。推行包括废除伯克制、行政区划调整、更定官制、军事力量整合等一系列体制改革，以期实现新疆治理的内地化、一体化，加强对新疆的控驭。

光绪十年（1884）五月，清廷因时势所迫，需才孔亟，故谕令大学士、六部九卿，各直省将军、督抚保奏人才，以供廷选之用。左宗棠接奉谕旨后，向朝廷举荐了四位人选。分别是：出使俄英大臣、都察院左副都御史、承袭一等毅勇侯曾纪泽；头品顶戴、浙江布政使德馨；头品顶戴、江宁布政使梁肇煌；最后一位即是甘肃布政使魏光焘。他在奏折中说：

> 甘肃布政使魏光焘，从征浙、闽、粤东、陕甘，办理营务，统领武威军，卓著劳绩。蒙恩简授甘肃平庆泾固道，升任甘肃藩司。该司才识稳练，器局阔远，治兵治民，均著成效。①

此外，左宗棠还极力推举魏光焘堪备督抚之选。而且向朝廷保证："倘任用不效，或有过失，臣愿一同受罚。"② 由此可见左宗棠对魏光焘的信任程度之深。

新疆建省后，刘锦棠捧檄首宰斯土，为第一任新疆巡抚。魏光焘为首任新疆布政使。

---

① 《左宗棠全集》第八册，第457—458页。
② 同上。

第一节　协助新疆建省

一　规划新疆建置

魏光焘调补新疆布政使后，向清廷奏请进京陛见。获得准许后，遂动身迎折北上，此时魏光焘以母亲年老，加之新疆地气严寒，不便迎养，欲送母南下回归湖南故里。行至湖北樊城，接到清廷"不必来京觐见"的谕旨。于是致信六弟魏光宸，速由湖南邵阳赶赴樊城，迎护老母回籍。自己则由陕甘出关赴任。

魏光焘于光绪十一年（1885）四月二十六日到达新疆省会迪化（乌鲁木齐）。新疆巡抚刘锦棠已于四月初二先行抵达。由此，二人开始筹商具体的建省事宜。

刘锦棠早已深知魏光焘的治军和理政才能，为了充分发挥其优长，使其成为自己创建行省过程中的得力助手，遂于光绪十一年（1885）五月十三日上奏清廷。请求委任魏光焘担任总理刘锦棠军营务。他在奏疏中说：

> 藩司魏光焘以道员统兵，转战关陇，懋著战功，尤能尽心屯垦。嗣在甘肃藩司任内，经督臣委综关内防军营务，治军转饷，悉协机宜。于边地情形，亦极熟悉。该藩司现抵新任，应即檄委总理臣军营务，以资臂助。①

从刘锦棠的奏折可以看出，他对魏光焘的才识亦是极为肯定和赞赏。

因备受刘锦棠信任和倚重，魏光焘很快即投身于繁忙的建省事务中了。

首先是设官建制。刘锦棠委任魏光焘做出具体方案，魏光焘经过深思熟虑和精心策划后，提出了如下规划：

将迪化直隶州升级为迪化府，设立知府1员，治理迪化城。增置迪

---

① 杨云辉点校：《刘锦棠奏稿·卷九》，岳麓书社2013年版，第290页。

化县知县 1 员，作为附郭首县，和迪化州原有所属的昌吉、绥来、阜康、奇台五县，均隶属迪化府辖治，遇事由该府核转。迪化州原管之户籍、田赋、驿刑、考试及地方一切事宜，概归迪化县经理。此外藩司衙门首领各有司职，拟请设布政使经历 1 员。又库大使 1 员，专司库务，库拟请名新裕。至镇迪道既兼刑名，应请设道库大使兼按司狱 1 员。迪化府首领，应设府经历兼司狱 1 员。迪化城旧有巡检 1 员，为稽查弹压而设。现既建置省会，情形不同，拟请即裁该巡检一职，改设府经历。迪化县应设县典史 1 员，专司监狱督捕，拟请即改迪化州吏目为县典史。学官则迪化州原设学正 1 员，兼管所属各县学务，今升州为府，拟请升学正为府学教授，照旧兼管所属各县学事。一俟将来学校大兴，再议添设以省靡费。以上各缺，应定为何项缺分，俟设定后，再行拟议办理。仍恳照吉林新设各缺，酌补一次成案，由外拣补一次，庶于地方有裨。①

魏光焘改设、添设官员的规划获得了刘锦棠的允准，由刘锦棠上奏清廷后，经过吏部议奏后，奉旨准行。

新疆哈密厅设有哈密通判一职，历来归甘肃安肃道管辖。新疆收复后，左宗棠在规划新疆建省时，曾向朝廷上奏，提议将哈密及镇迪道划归新疆巡抚统辖。但因当时善后诸务较繁，无暇顾及。之后，刘锦棠曾奏设甘肃新疆巡抚、布政使，折内声明设立新疆巡抚一员，驻乌鲁木齐，管辖哈密以西南北两路各道厅州县。建省后，刘锦棠和魏光焘均经抵任哈密办事，并奉旨撤销哈密帮办大臣一职。哈密地区回族事务的管理，左宗棠曾奏准按照吐鲁番之例，由哈密通判兼管。经过数年的办理后，哈密汉回各族咸称便利。此次对于哈密通判的管辖问题，刘锦棠与魏光焘经过商议后，决定将通判一职，划归镇迪道管辖，遇事由该道核转，以专责成。对于改隶后哈密厅的管理问题，魏光焘查阅《赋役全书》后，发现该厅一直未设书办，一切回族事务和命盗词讼案件，悉由哈密通判经理，故急需增置办事人员，以保证该厅行政机构的正常运转。为此，魏光焘向刘锦棠提议，划归镇迪道管辖后的哈密厅，应仿照前乌鲁木齐理事通判例，添设书办 2 名，并原设各役 42 名，工食银两

① 《刘锦棠奏稿·卷九》，第 302—303 页。

及本官廉俸公费等项，均请照理事通判章程支给，以资办公。其哈密巡检一职，亦请照辟展巡检开支，俾归一律。①

库尔喀喇乌苏地区，新疆建省前曾设立领队大臣1员，管理库城、精河、土尔扈特游牧和屯田事宜。并设有库城粮员1人，精河粮员1人，由史部拣派人选管理户口和粮食事务。新疆变乱后，粮员暂由外委署理。库尔喀喇位于新疆西路要冲地带，东距迪化城690里，距离绥来城350里。西达伊犁至精河界250里，北通塔城，至塔城界330里。新疆收复后，常有游民和商旅来往于此，兼有土尔扈特游牧百姓杂出其间，社会秩序的稳定极为重要。而该地的领队大臣自新疆收复后业已裁撤，这给当地的管理带来了诸多不便。于是，魏光焘向刘锦棠提议，仿照乾隆四十八年（1783）裁改粮员、设立同知旧制，改设库尔喀喇乌苏抚民同知1员，管理该地的户籍、田赋和刑事案件，并兼管土尔扈特百姓游牧事宜。②精河西与伊犁接壤，距离伊犁220里，东面离库尔卡喇界址175里。该地曾设立典史管理，后来改为粮员统辖。因管辖范围过于辽阔，魏光焘建议裁撤粮员，设立分防驿粮巡检1员，管理户粮、驿站和缉捕等事宜，仍然隶属于同知管辖，遇事由同知核转。镇迪道以前所辖喀喇巴尔噶逊粮员1名，机构设于迪化南面的180里之地。原来管理的户口和百姓，本由迪化分拨。新疆收复后粮员一职空缺已久，户民均由迪化州管理。刘锦棠在新疆建省后奏请将迪化州升级为府，并增设迪化县作为附郭首县，因喀喇巴尔噶逊距离迪化县治较近，一切事务，迪化县亦可兼顾。于是魏光焘请准刘锦棠，将喀喇巴尔逊粮员之职裁撤。

光绪十二年（1886），为了进一步完善库尔喀喇乌苏地区的行政建置，魏光焘和镇迪道恩纶联名向刘锦棠禀请在该地添设照磨和司狱官员，以便进一步加强对该地区的管理。他们认为：

> 库尔喀喇乌苏为通伊犁、塔尔巴哈台冲道，改设同知，经管地方户口、田赋、刑案，事务殷繁，所有缉捕，须有专员经理。设遇

① 《刘锦棠奏稿·卷九》，第307—308页。
② 同上书，第317页。

同知因公出境，或下乡勘验案件，亦可借资弹压。请仿照南疆各同知之例，添设库尔喀喇乌苏同知照磨兼司狱一员，管理监狱缉捕，以资佐理。①

刘锦棠也认为库尔喀喇乌苏军事地位极为重要，故奏请朝廷，在该地设立同知照磨兼司狱，协助同知办理地方事务。

关于新疆建省后伊犁的官员设置问题，刘锦棠曾于光绪十二年（1886）上疏，请求增设伊塔道1员，驻扎伊犁，兼管塔城事务。清廷谕令刘锦棠将伊塔道府官员增设的详细情况进行覆奏。刘锦棠派布政使魏光焘和镇迪道恩纶对伊犁地区九城进行了全面、细致地考察。其中西六城分别为：惠远、绥定、拱宸、广仁、瞻德、塔勒奇。自乾隆年间设置伊犁将军管辖以来，将军、参赞驻扎惠远城。但伊犁自遭同治兵燹后，旧城颓废，重建新城。伊犁将军衙署和兵房未能齐备，只好暂住于绥定。魏光焘等提议惠远新城重建后，作为满城，仿照内地驻防之例，仍以伊犁将军移驻此地。将伊犁厅升为府，裁撤抚民同知，设立知府1员，治所设于绥定城。设附府知县1员，为绥定县，管辖广仁、瞻德、拱宸和塔勒奇四城。伊犁东三城为宁远、惠宁、熙春，其中以宁远形势最为扼要，属回屯的主要据点，曾设粮员进行管理。战后该地商业比较发达，俄国领事亦驻扎于此。为了加强控驭和管理，魏光焘请求设立宁远县知县1员，治所设于宁远城，归伊犁府辖制。

在伊犁和塔城地区设置伊塔道，以守兼巡，为兵备道，督饬所属水利、屯田、钱粮、刑名等事务。并负责稽查卡伦，兼管通商事宜，作为冲、繁、疲、难要缺，驻扎宁远，与宁远知县同城，府道东西分驻。与俄国界址相连的霍尔果斯，因军事防务极为重要，又有索伦各旗在此分屯，距离县城较远。魏光焘建议裁撤原有巡检一职，设立伊犁府分防通判1员，驻守霍尔果斯，管理旗务、中俄交涉和督捕弹压等一切事宜。广仁为伊犁地区的交通要道，民族众多，主要由惠宁城巡检负责维持治安。主张将惠宁城巡检改为广仁城巡检，隶属于绥定县。博罗塔拉为伊塔适中之地，是察哈尔百姓游牧的主要场所，耕地较多，西面邻近俄

---

① 《刘锦棠奏稿·卷九》，第379—380页。

国，地理位置重要。应在此设立杂职 1 员，招集百姓在此屯垦，并负责督捕弹压等事，并开通驿道，以便和伊犁、塔城声气相连。精河曾设立粮员，于光绪十一年（1885）刘锦棠奏请改设巡检，隶属库尔喀喇乌苏同知管辖。该地作为伊犁后路要冲地带，西南出登努斯口，可以直达宁远。应该设立精河直隶厅抚民同知 1 员，隶属于伊塔道。以前设立的精河巡检移驻博罗塔拉，归精河同知节制。

除详细设置伊塔道主要官员外，魏光焘还具体布置和规划了一些下级官员，那就是：

> 拟裁旧设之惠远城巡检，改设伊犁府经历兼司狱一员；裁绥定城巡检，改设绥定县典史一员；裁宁远城巡检，改设宁远县典史一员。并增设伊塔道库大使一员，精河同知照磨兼司狱一员，以资分任。仍留旧设伊犁理事同知，随将军驻惠远城办理旗务。塔尔巴哈台理事通判，拟改为塔城直隶厅抚民同知，仍兼理事衔，管理民屯、旗务及地方一切刑名事件。仍设同知照磨兼司狱一员，同为伊塔道所有。①

二 恢复新疆经济

新疆自乾隆朝平定后，曾在天山南北屯军设戍，一直延续至晚清时期。但因新疆位居边陲地区，地瘠民贫，军队开支长期以来依赖东南各省协饷接济。光绪十一年（1885），户部因财政支绌，要求各省以开源节流作为缓解财政压力的主要途径。刘锦棠接奉谕旨后，派布政使魏光焘就户部指定各条，对新疆开源节流问题会同文武官员详细商讨后，开列了 24 条关于恢复和发展新疆经济的举措。

魏光焘所列 24 条中，涉及开源的主要内容有新疆盐务、茶务、矿务、洋药捐输、沙田、牙帖捐输、商号汇兑等方面。涉及节流的主要有核减公费开支、裁减厘局经费、核减关税、减少军队开支、停止不急工程等项。这些条款中，有新疆急需整顿者，也有因各种原因碍难办理者，魏光焘均详细加以说明。

---

① 《刘锦棠奏稿·卷十二》，第 407 页。

新疆幅员辽阔，除戈壁外，尚不乏膏腴沃土。但自同治兵燹以后，农业经济遭受了巨大破坏，田地荒芜，人口大量逃亡。收复后，刘锦棠曾大力招集流亡百姓，举办屯垦，收到一定成效。天山南路维吾尔族地区，较为富庶，荒地尚属不多，而北路镇迪道各地区，虽经刘锦棠力为兴办，但开垦熟地数目仍不理想，田赋征收的缺口很大，百姓依然处于困顿境地。战后新招垦户，也多为家境贫寒者。为了改变这种状况，刘锦棠认为："非有公中酌借成本，不足以广招徕。"① 于是，饬令布政使魏光焘体察情形，悉心筹划，酌情拟定屯田章程，为顺利屯田提供了良好条件。

光绪十三年（1887），魏光焘基于对新疆状况的深入分析，因地制宜，制定了切实可行的屯垦章程。其具体内容如下：

> 每户给地六十亩，由公中借给籽种粮三石，制办农具银六两，修盖房屋银八两，耕牛两头，合价银二十四两。或父子共作，或兄弟同居，或雇伙结伴，均按以二人为一户，并月给盐菜银一两八钱，口粮面九十斤。自春耕起按八个月计算，通计每户银粮牵算共需借给成本银七十三两一钱。定限初年还半，次年全缴。设遇歉收，查明酌展。缴本之后，按亩升科，启征额粮。自第三年始征半，次年全征。仍仿营田之制，十户派一屯长，如营中什长之制；五十户派一屯正，如营中百长之制；每屯正五名，派一委员管理。凡请领成本、督查农工一切事宜，地方官责之委员，委员责之屯正，屯正责之屯长。仍十户出具连环保结，互相纠察，层层钤束，以免领本潜逃，耗费旷功及滋事不法诸弊。其屯正、屯长每名仍准领地六十亩，借给成本一如户民之例。惟每月另给屯正银四两，屯长银二两。仍按八个月计算，但免扣还，以示奖励。②

魏光焘制定的这一屯垦章程，是战后恢复农业生产的一项重要举措。该章程为垦户提供了生产、生活资料等发展农业生产的必要条件，

---

① 《刘锦棠奏稿·卷十二》，第407页。
② 同上书，第394页。

同时对垦户的管理也更加严密。在优惠条件吸引下，章程颁布不久，即有"土、客一千九十户"百姓报垦落户。① 其后，直隶、山东一带的大批逃难百姓携眷来到新疆，在镇迪道和伊塔道所属各地垦荒种田，为当地农业生产的发展起到了重要作用。

新疆建省后，因设官建置、修建城垣、改革军队，需用经费浩大。地方政府每年就地筹款，收入极为有限，财政入不敷出。为了缓解财政压力，刘锦棠于光绪十一年（1885）上奏清廷，派人在哈密和古城两处，设立税务局，征收百货税。又在新疆南路各城，会同地方官员查明出产货物，然后酌情照章收税纳课。经过两年后，"哈密、古城两局，每岁收银二万余两"②。但南路各城的土产货税收入仍然未有较大起色。刘锦棠派魏光焘进行查实后，主要在于新疆地域辽阔、奸商偷税漏税所致。为了打击奸商的不法行为，刘锦棠决定在省城乌鲁木齐设立税务总局，委派人员试办，兼管稽查哈密、古城各局报销事宜。并在西路的绥来县，南路的吐鲁番厅设立分局，征收西路货税，兼理稽查，防止偷税漏税情形的出现。

光绪七年（1881），中俄双方签订《中俄伊犁改订条约》。其中规定有："俄民在伊犁、塔尔巴哈台、喀什噶尔、乌鲁木齐及关外之天山南北两路各城地方贸易，均不纳税。"③ 之后，俄方根据条约中的相关规定，在新疆伊犁、塔城、喀什噶尔、吐鲁番着手设立领事，妄图独占对新疆的贸易。当时新疆收复不久，百废待兴，物资奇缺，俄国商人利用这一有利时机，加上不平等条约中所规定的优惠条款，大肆向天山南北各城进行渗透，获取了巨大的经济利益。正如《新疆图志》所载：

> 俄人以光绪七年条约准其在伊犁等处及天山南北路各城贸易暂不纳税之文，视新疆为无税口岸，奔走偕来，如水赴壑，进口货值由二十余万骤增至百二三十万。④

---

① 朱寿朋：《光绪朝东华录》第四册，中华书局 1958 年版，第 2466 页。
② 《刘锦棠奏稿·卷十三》，第 426 页。
③ 袁大化修，王树枏、王学曾等纂：《新疆图志·交涉三》，上海古籍出版社 1992 年版，第 296 页。
④ 同上。

俄国商人由于拥有免税特权，无疑在与新疆的中国商人竞争中处于优势地位，这导致当时的新疆商务出现了巨大反差："同一货品，俄货独见畅销；同一商民，而俄人独占优胜。"① 此外，许多俄国商人在不平等条约的掩护下，进入新疆境内，勾引和包庇中国不法商人，肆行逃税。一些俄国商人"将原领旧票卖与商民，或引商民车辆同行，希图蒙混。一经分局查明照章收税，俄商即称不守条约，捏报俄官，纷纷照会查办"②。其欺诈手法严重扰乱了新疆的正常贸易，政府税收亦因之颇受影响。

俄国商人以不平等条约为护身符，不仅享有免税特权，而且借机扰乱新疆的税收。对此，魏光焘请求刘锦棠上奏朝廷，由总理衙门照会俄国驻京公使，与俄国议定税则，以免双方因商务而屡起争端，也可以给中国商人提供平等竞争的机会。魏光焘的建议虽未引起清政府的重视，但也反映出了他在事关国家利益方面所持的态度。后因继任新疆巡抚陶模的再次上疏奏请："若免俄税而收华税，不特华商受困，且受俄商包揽之权，应将华商税停止。"③ 清政府最终同意了停止向中国商人征税的规定。

三 战后城垣建设

新疆南北各地城垣，在同治战乱中深受重创。如古城，兵燹中更是遭到了毁灭性地打击。据资料显示：

> 清朝同治年间，战祸频繁，古城一带，城堡营寨多次陷落。兵将大都殁于战乱，男女老幼贫民百姓，亦遭杀害。官衙民舍、粮食财物毁于兵燹战火，无以计数。古城市街焚成焦土，孚远城邑毁为废墟。④

乌鲁木齐满城在战火中亦受创甚巨。光绪二年（1876）夏秋之交，

---

① 谢彬：《新疆游记》，新疆人民出版社1990年版，第286页。
② 《刘锦棠奏稿·卷十三》，第426页。
③ 《宫中档光绪朝奏折》第七辑，第433—434页。
④ 刘燕斌：《奇台县城史话》，《奇台文史资料》第1辑，1991年印刷，第19—20页。

刘锦棠率部攻克乌鲁木齐后，亲历了满营被毁的惨状："其时满城倾圮，瓦砾荒凉，未见旗丁一人。"[1] 乌鲁木齐城垣门楼、门洞和四隅角楼，均在兵燹中坍塌。

新疆收复后，刘锦棠认为"城垣为屏蔽所关"[2]，为了加强新疆的防务，大力重建南北各地城垣。修建城垣的过程中，魏光焘力任其事，不辞辛劳，参与规划和筹集经费，为新疆的城垣建设做出了贡献。

光绪七年（1881）春，乌鲁木齐提督金运昌调集在防马步各营，分段修筑乌鲁木齐城垣。将城墙四围加高培厚，四门城楼、四隅角楼、四城门洞、南北月城门洞也一并修建完竣。新疆建省后，迪化州城被确立为新疆省城。该地原有满、汉两城，仅西北方向建有城墙相连，而东南一带，城墙时断时续，不相连属，且城墙高度和厚度依然不足。魏光焘向刘锦棠请求修建新疆省城，刘锦棠亦深感：

> 迪化系新疆北路，旧有两城，形势悉皆狭隘。今既定为省治，自应量加修葺，扩而充之，庶地宜民居参相得也。[3]

于是，令魏光焘选派人员勘查迪化州城，并对修建情况作了具体规划："将汉城东北之便门及满城之南右门，一律划平，即于满城之东南隅起接至汉城南门止，展筑城基，使两城合而为一。并于旧城三面增高培厚，使与新筑城深一律完固。"[4]

镇迪道所属吐鲁番厅，为新疆南北咽喉重地，城垣长期未加修整。新疆收复后，吐鲁番城城门、瓮洞、腰角、城楼，均已坍塌不堪，四面城深垛墙，也已倾圮，难资捍卫，急需修理整顿，以加强该地区的防卫。绥来为省城乌鲁木齐之西门户，西通伊犁，北达塔城，地当冲要之区，军事地位十分重要。县城曾于光绪二年（1876）被攻占，清军围攻时，城池多被开花炮击损，仅剩断壁残垣。后虽经驻防部队将城身稍事修葺，但因多年雨雪所侵，裂毁极为严重。时任吐鲁番同知向魏光焘

---

① 《刘锦棠奏稿·卷八》，第382页。
② 《刘锦棠奏稿·卷十》，第434页。
③ 同上书，第345页。
④ 同上。

禀报，请求修筑吐鲁番和绥来县城垣。并因战后地方经费困难，故选派当地驻防士兵担任此项工程的修建工作。但因修建所需木料，均须从伊拉湖山北采运，路程七百余里，路途遥远，往返约需半月，一切建筑材料昂贵。为此，经魏光焘请准刘锦棠后，令吐鲁番同知将城垣修建费用随时奏报，工程完竣后核实报销，保证了两地城垣建设的顺利进行。之后，新疆北路古城、哈密、吐鲁番、绥来四城以及巡抚和布政使衙署均先后落成，进一步加强了战后新疆地区的防务。

魏光焘在新疆布政使任内，协助刘锦棠统摄新疆全局，尽职尽责，于治政、理事成效卓著，在新疆建省的过程中发挥了重要作用，获得了刘锦棠的高度信任和倚重。刘锦棠两次给清廷的奏折中均对魏光焘予以高度评价。一次是在光绪十三年（1887）因病奏请开缺回籍省亲时，在奏疏中提道：

> 臣本粗才，惟知军旅。如察吏安民、劝学屯田诸要政，举无所知。到任以来，幸赖督臣谭钟麟启发于前，藩司魏光焘举行于后，始得稍免愆尤。该藩司久在行间，习于兵事，历官内地，吏治尤其所长，所定科条，臣但能画诺。①

光绪十四年（1888），魏光焘布政使一职任满，例应进京陛见述职。但刘锦棠以魏光焘责任重大，上奏请求暂缓陛见。在奏疏中，充分肯定了魏光焘担任新疆布政使后的政治才干。他说：

> 臣查藩司魏光焘器识闳通，当新疆改设行省之初，事务极繁，创始匪易。该司在任三载，于用人理财诸要政，殚竭荩悃，因地制宜，罔不措置裕如，悉臻妥善。且素娴军旅，洞达边情。臣派兼管营务兵制饷章，力求整顿，深资臂助。臣自膺疆寄，病苦侵寻，现复陈情开缺回籍医治。藩司责任綦重，未便遽易生手。②

---

① 《刘锦棠奏稿·卷十三》，第345页。
② 《刘锦棠奏稿·卷十四》，第498页。

第二节　护理新疆巡抚

光绪十三年（1887）二月，新疆巡抚刘锦棠因病奏请开缺，赏假一年，回籍省亲。清廷以新疆行省初建，地方紧要，加之屯田、遣勇各事，尚须妥筹经理。故允准给予刘锦棠赏假三个月，并加恩赏给人参八两，让其安心调理，毋庸开缺。①

三月假期已满，但刘锦棠之病仍未痊愈，于是再次奏请续假。清廷又给其赏假两个月。十二月，刘锦棠复又奏请开缺回籍，但清廷依然没有同意，继续赏假四个月进行调理。光绪十四年（1888）七月、十二月刘锦棠先后两次上疏，呈请开缺回籍省亲。他在奏疏中说："现在边陲无事，藩司魏光焘于应办一切，均能措理裕如。"②并于折内举荐魏光焘护理新疆巡抚事务。清廷终于为刘锦棠的孝心所打动，于光绪十四年（1888）十二月下谕：

> 刘锦棠奏，恳恩展假回籍省视祖母一折，览奏情词恳切，自应勉如所请，刘锦棠著赏假六个月，准其回籍省亲，假满即行回任，以资倚畀。甘肃新疆巡抚著魏光焘暂行护理。③

光绪十五年（1889）二月，刘锦棠派人将甘肃新疆巡抚关防转交魏光焘，魏光焘接任新疆巡抚印篆，由此开始了魏光焘两年之久的护理新疆巡抚时期。

一　料理"满营迁并"后续问题

关于新疆"满营迁并"一事，最早还应追溯至光绪九年（1883）。时任乌鲁木齐都统恭镗于五月上奏清廷，以巴里坤"著名寒瘠，饷运

---

① 中国第一历史档案馆：《清实录·德宗实录》卷240，光绪十三年三月甲寅，中华书局1986年版。
② 《刘锦棠奏稿·卷十五》，第512页。
③ 《清实录·德宗实录》卷263，光绪十四年十二月乙巳。

艰难"① 为由，建议将巴里坤满营移驻乌鲁木齐，该地所遗屯田，全部交由巴里坤镇标绿营管理。此外，因古城为北路咽喉重地，该地满营人数过少，难以防守，故请求从归化城满营中挑选部分官兵，携带眷属移驻古城，以加强古城的防务。

清廷对于恭镗的提议甚为重视，曾下谕：乌鲁木齐都统恭镗奏，参酌时势，拟请将巴里坤满营移扎乌鲁木齐，归并一城，并请另拨满营填扎古城，以重防务。下部议。② 这是有见于史籍的关于新疆"满营迁并"的最早记载。恭镗的这一主张，当时因建省之议未定，事务繁杂而暂时搁置。

新疆建省后，刘锦棠向朝廷提议将乌鲁木齐、巴里坤满营迁并古城，获得清廷允准。

为了顺利完成乌鲁木齐、巴里坤满营士兵迁移，刘锦棠派布政使魏光焘发放了迁移经费，具体规定如下：

> 护领给车七辆，协领五辆，佐领、防御每员给车三辆，账房折银一两二钱，日给盐菜银一钱四分。骁骑校及各世职笔帖式，每员给车二辆，账房折银四钱，日给盐菜银一钱，官眷不另给车，大口日给盘费银一钱二分，小口六分，日给粳米折价银一分二厘五毫。前锋领催马步兵役人等每三名给车一辆，账房各折银四钱，日各给盐菜银五分。兵眷及孀妇孤女每三名给车一辆，大口日给盘费银一钱二分，小口六分，日各给粟米折价银八厘三毫。孀妇孤女各给恤银一两。幼丁每三名给车一辆，日各给盘费银六厘。前项盘费、盐菜、米折等项银两，均查照程站，乌鲁木齐各旗按六日核发巴里坤各旗，按十一日算给。③

光绪十四年（1888）春，古城衙署、兵房等业已告竣，负责修建的工程局委员向刘锦棠呈请尽快将满营迁徙古城。刘锦棠令魏光焘给予

---

① 《奏请巴里坤满营移扎乌鲁木齐归并一城并另拨满营填扎古城事》，中国第一历史档案馆：《军机处录副奏折·光绪宣统朝》，档号：03-6018-035，光绪九年五月二十八日。
② 《清实录·德宗实录》卷165，光绪九年六月戊寅。
③ 《宫中档光绪朝奏折》第四辑，第442页。

迁移官兵拨发盘费、车辆和盐菜等，并给其借支俸饷，以便顺利迁移。同时古城城守尉德胜派署右翼防御伊克精额带领乌鲁木齐满营两起官兵、眷属、军装车辆首先由乌鲁木齐向古城进发，德胜则率同书吏、戈什人等随后起程，先后于六月初四、初七、初九、十、十一日等到达古城防所，各按旗色方向安置，完成了迁徙。

刘锦棠离任后，"满营迁并"尚有部分后续工作亟待解决，其中比较重要就是官员的设置。

"满营迁并"后的官员设置，因刘锦棠业已奏明朝廷，暂按 6 旗设置。所有佐领、防御、骁骑校等官员，均由巴里坤旧补实缺及乌鲁木齐、古城补用官员中择优选用。魏光焘和古城城守尉德胜经过详细考查后，确定了官员人选：新设镶黄正白旗佐领员缺，以四品花翎、实缺佐领雅尔杭阿；防御员缺，以五品蓝翎、实缺防御琦辙图；骁骑校员缺，以五品蓝翎、实缺骁骑校恒麟分别署理。镶白正蓝旗佐领员缺，以四品蓝翎、实缺佐领哈隆阿；防御员缺，以蓝翎、防御庆福；骁骑校员缺，以五品军功、实缺骁骑校倭仁布分别署理。正黄正红旗佐领员缺，以花翎、即补协领文裕；防御员缺，以四品花翎、即补防御都成额；骁骑校员缺，以五品军功、即补骁骑校景文分别署理。镶红镶蓝旗佐领员缺，以四品花翎、即补佐领多贵；防御员缺，以五品军功、补用防御怀塔奔；骁骑校员缺，以六品蓝翎、即补骁骑校福隆阿分别署理。左翼蒙古四旗佐领员缺，以三品花翎、即补协领德克吉本；防御员缺，以五品蓝翎、即补防御苏克敦；骁骑校员缺，以五品蓝翎、即补骁骑多印分别署理。右翼蒙古四旗佐领员缺，请以四品花翎、即补佐领富尼善；防御员缺，以五品军功、即补骁骑校伊克精额；骁骑校员缺，以六品蓝翎、即补骁骑校连奎分别署理。①

乌鲁木齐、巴里坤各满营迁并古城后，根据清廷旨意，新设古城满营设为 6 旗，并将原有巴里坤各旗人员分别进行了裁撤。裁撤人员中，其中佐领札勒哈苏、双兴 2 人，年逾 60；佐领桂英，防御额勒和布、伊勒图堪 3 人，年逾 50；防御文明，年逾 50。他们均以年老为由请求退休。魏光焘派兼理布政使兼按察使衔镇迪道恩纶查阅了光绪朝《大清会

---

① 《宫中档光绪朝奏折》第四辑，第 442 页。

典事例》，其中规定有：

> 内外三品以下官员，老病告休，经出征打仗，杀贼捉生受伤，有一二等功绩者，年至六十以上，以可否赏给全俸请旨；五十以上，以可否赏给半俸请旨。未经杀贼捉生受伤，及未经打仗得有功牌者，年至六十以上，以可否赏给半俸请旨；五十以上，以可否赏给半俸之半请旨。虽经出征，并未打仗，亦未得有功牌者，即原品休致，毋庸给予俸禄；其年仅四十以上，患病告休，虽出征，杀贼捉生受伤，得有功牌，亦止许原品休致，毋庸给予俸禄。①

　　"满营迁并"后所裁撤的佐领以下官员中，前任新疆巡抚刘锦棠业已给予了钱粮补助。但这些官员大多屡立战功，其中不乏登陴固守、力捍凶锋之士。员缺改裁后，他们深感锋镝余生，已属万幸，况且年老衰迈，担心贻误戎行，遂先后呈请告休。为了表示对这些被裁人员的体恤，魏光焘奏请朝廷，"将巴里坤满营裁缺，佐领札勒哈苏、双兴、桂英，防御额勒和布、伊勒图堪、文明等六员均以原品休致，照例分别支食全半俸银"②。这对稳定当时新疆局势及军务善后起到了重大作用。
　　"满营迁并"过程中，刘锦棠曾给迁移官兵发放了迁移经费，但从巴里坤、乌鲁木齐迁移到古城的广大官兵，自从经过新疆大规模的战乱后，元气未能恢复，加之携眷迁移，经济状况极度窘迫。刘锦棠为了解决迁移官兵的经费，曾饬令布政使魏光焘拟定了迁移官兵预支薪俸和借款的计划。具体规定是：

> 佐领以下各官，预支半年俸廉；乌鲁木齐兵丁二百七十一名，预支一季饷银；巴里坤兵丁六百九十五名，预支两季饷银，由俸饷内分别划扣。惟各兵丁贫窘尤甚，车薪杯水，仍属不敷，而寅食卯粮，碍难再给。因复酌借乌鲁木齐兵丁银各十两，巴里坤兵丁银各

①　昆冈：《钦定大清会典事例》卷259，光绪二十五年石印本。
②　《奏为裁撤佐领扎勒哈苏等员年老请休呈请分别赏食全俸半俸事》，中国第一历史档案馆：《军机处录副奏折·光绪宣统朝》，档号：03-5250-073，光绪十五年五月初九。

十二两。俟支款扣毕，再将借款分限划还。古城官兵二十七员，亦各借银六两，炮手步甲五名，各借银三两，一体照扣。①

预支薪俸和借款的举措对于改善迁移官兵的生活起到了重要作用，也是稳定军心的有力保证。但迁移士兵对于在薪俸内扣款的规定颇有微词，于是联名向时任古城城守尉德胜恳请免于扣款。德胜将其意见转呈魏光焘。为了进一步改善广大迁移官兵的经济状况，魏光焘在给朝廷的奏疏中，从满营官兵的实情出发，陈述了自己的主张。

首先，他从历史的角度追溯了满营士兵世代戍边、报效国家的情况后，并历数了新疆战火中他们所经历的困苦和磨难，以及他们为收复新疆所做出的贡献。他说：

> 该兵丁世受国恩，穷边远戍。自逆回蠢动，乌鲁木齐、古城满兵散亡殆尽，其收集归旗者，皆流离困苦之余，巴里坤城幸克，保全各兵丁，近剿远援，伤亡不少。②

其次，魏光焘又对新疆收复后满营士兵面临的困境进行了分析。他指出：

> 勘定后，地方瘠苦，荒歉频遭，其存者亦属积困待苏之众，而时会所值，忽议迁移各兵丁，携持保报，先后赴防，舍旧营新，倍形支绌，前项支借银两，虽暂为补苴罅漏之谋，实隐负剜肉医疮之痛。③

最后，魏光焘详细分析了在俸饷内扣除预支薪俸和借款的严重后果，并请求朝廷从改善士兵生计和稳定边疆的角度出发，将士兵预支和借款部分分作三年扣除，借以舒缓广大士兵的生计困难。他在奏疏

---

① 《奏为预支新疆满营迁并官兵俸饷银两请分作三年划扣事》，中国第一历史档案馆：《军机处录副奏折·光绪宣统朝》，档号：03-6115-080，光绪十五年五月初六。
② 同上。
③ 同上。

中说:

> 现在迁并既定，额饷只有此数，若令一并扣还，将前项未清，新亏又启，弥缝无计，必事推延，积岁累年，终无了局，甚非所以仰体朝廷优待戍卒之意。臣查乌鲁木齐、巴里坤兵丁及古城官兵、炮手、步甲，共借银一万一千二百二十七两，饷项关重，何敢妄为渎陈，而以已借之款，分恤兵丁，则一厘一毫，皆有裨于生计。仰恳天恩俯准，将各该兵丁前项借款一律免扣，由臣归入旗营经费项下造销，俾得渥沐皇仁，共图生聚，长卫边陲。其乌鲁木齐、巴里坤官兵预支俸廉银并恳恩准，由臣饬司分作三年划扣，以纾其力。①

清政府对于魏光焘的这一建议表示了首肯，同意佐领以下等官预支半年薪俸，分作三年扣还。

二 塔城改制

新疆塔尔巴哈台地区，地理位置上与俄国毗邻，省内与库尔喀喇乌苏、精河、玛纳斯、奇台、古城一带相连，为西北边疆重镇。该地交通发达，实为新疆省城门户。对于这一军事要隘，清政府虽派驻2000名汉兵防守，但大半皆为虚额，实际守兵仅有1000多人。加之军饷不能到位，士兵中鱼龙混杂，平时疏于操练，战斗力虚弱不堪，"间以索饷为辞，屡聚谋变"②。

光绪十三年（1887），塔城绥靖中、左、右三营士兵，于六月二十七日夜同时哗溃，杀死中营营官陈明德，煽动左、右两营同时溃变，逼近行台，施放枪炮，损坏大门官厅。领队图瓦强阿闻变，迅速率领索伦营官兵前来接应，并请求新疆巡抚刘锦棠速派队伍协同兜剿，以防西窜。刘锦棠闻报，立派提督汤彦和星夜驰赴西湖防所，调集所部各营，迅速准备，并加派老湘军步队二旗、寿字马队一旗，续往西湖统归调

---

① 《奏为预支新疆满营迁并官兵俸饷银两请分作三年划扣事》，中国第一历史档案馆：《军机处录副奏折·光绪宣统朝》，档号：03－6115－080，光绪十五年五月初六。

② 《宫中档光绪朝奏折》第五辑，第561页。

遣。又由省城迪化附近抽调马队数旗，饬赴古城一带，会同蜀军马队"不时侦探，若该溃勇窜向布伦托海，即由古城前进"①。同时，刘锦棠飞咨科布多参赞大臣预先防范，以免溃勇流窜。刘锦棠虑及新疆西北沿边一带防兵力量较为薄弱，为了防范溃勇奔窜，进入俄国境内，他和署理伊犁将军锡纶经过商议后，由锡纶速派统领一员，督带队伍，取道博罗塔拉，直抵绥靖城，遏制溃勇西窜入俄之路。刘锦棠妥善布置后，于二十八日派人安抚哗溃士兵，经过再三开导后，哗溃士兵表示愿意接受招抚。

尽管此次事变在刘锦棠的剿抚兼施的策略下得以迅速平息，但塔城地区的社会稳定依然是建省后十分突出的问题。继光绪十三年（1887）士兵哗变后，光绪十四年（1888）胡来有等谋叛、光绪十五年（1889）王占魁等谋叛之事，严重影响到塔城地区的社会稳定。此事引起了陕甘总督杨昌濬和新疆巡抚刘锦棠的高度重视，也成为塔城改制的重要缘由。

关于塔城改制之议，最早应追溯至光绪十年（1884）新疆建省前夕。当时刘锦棠曾试图就伊犁驻军问题提出某些改革意见，但遭到时任伊犁将军金顺的反对。他说："若将伊犁领队大臣员缺全行裁议，则各营旗兵无专管大臣，恐难约束。……旧制未可尽行更张也。"② 反对在伊塔地区进行任何官制改革。光绪十一年（1885），金顺因部队哗变而去职，锡纶署理伊犁将军。刘锦棠趁伊犁将军职务交替之际，又提出设置伊塔道的问题。但不久清廷以色楞额继任伊犁将军，色楞额以"伊犁远居边要，巡抚碍难遥制"为由，再次反对刘锦棠的改制方案，提出地方文武仍由伊犁将军和副都统专辖。对此，刘锦棠会同陕甘总督杨昌濬、新疆布政使魏光焘一致反驳说："伊犁距省太远，巡抚碍难遥制。查南路之阿克苏道，距省二千余里，远于伊犁约将一倍，喀什噶尔道距省四千余里，远于伊犁约且数倍。伊犁距省不过一千四百余里，已难遥制，然则南路两道所属又将如何？且塔尔巴哈台之距伊犁，与伊犁之距省城，正相等耳！

① 《刘锦棠奏稿·卷九》，第429页。
② 奕䜣：《平定陕甘新疆回匪方略》卷95，光绪二十二年敕撰。

将军能制塔尔巴哈台之地，岂巡抚独不能制伊犁之地？"① 并上奏清政府说："今既建省设官，则伊塔无容独异，盖同此边疆，必须联为一气。而巡抚统辖全境，尤应并计兼筹，若以伊塔一隅之地，划疆而理，不特事涉分歧，且恐形势扞格，贻误必多。"② 故请求将伊犁、塔尔巴哈台等处文武，均归新疆巡抚管辖。清廷尽管在此问题上同意了刘锦棠等人的意见，伊犁、塔城等地文武官员从此接受新疆巡抚节制。但塔城地区的实际管理权仍然掌握在塔城参赞大臣手中，这也为后来新疆巡抚和塔城参赞大臣争夺该地的管辖权埋下了伏笔。

魏光焘护理新疆巡抚后，为了维护塔尔巴哈台地区的稳定，从统筹全局的角度出发，向清政府提议将塔城改归新疆巡抚管辖。但时任塔尔巴哈台参赞大臣额尔庆额对此表示异议。此时亦正当其督饬兵勇修建塔尔巴哈台城垣，任务繁重，额尔庆额恐因改隶之事影响工程进展，因而力主暂缓。他在奏折中说：

> 现在各营员弁勇夫，或勤奋督催，或辛苦力作，数月以来，已收得半之功，实难骤易生手，若遽将地方改归巡抚专辖，所有现任人员，势必纷纷更调，如此新旧交替，经年累月，未必遂得纲领。合计在工夫役，不下两千余人，工大款巨，靡费帑项者其罪小，贻误边防者其罪大。奴才再四筹思，惟有吁恳天恩俯准，将塔尔巴哈台地方文武暂缓改归巡抚专辖，并分拨军饷，仍由粮饷章京收发，俾得将城工一切迅速蒇事，以竟要工而维边局。③

清廷因额尔庆额所奏确系实情，故下谕将地方文武暂缓改归巡抚专辖，以竟要工。④

尽管额尔庆额极力反对塔城改制，但魏光焘深感此事刻不容缓，故与陕甘总督杨昌濬联衔上奏，力主改制。清廷亦虑及塔城边防安危甚

---

① 朱寿朋：《光绪朝东华录》，中华书局1958年版，第2621页。
② 朱寿朋：《光绪朝东华录》，第2621页。
③ 中国第一历史档案馆：《光绪朝朱批奏折·内政·官制》第一辑，中华书局1996年版，第162页。
④ 《清实录·德宗实录》卷276，光绪十五年十一月戊申。

大，决定同意改制，并令魏光焘和额尔庆额函商划分饷项和交割汉队日期等事。

额尔庆额为了阻挠塔城分隶之事，于光绪十五年（1889）十一月再次上疏，请求将塔城地方文武官员仍归副都统专辖。

在奏疏中，额尔庆额条分缕述，从六方面提出了塔城不可改制的原因。

第一，额尔庆额回顾了清代新疆建置的历史，认为塔城改归新疆巡抚专辖，不仅有碍塔城防务，而且也违背了朝廷体制。他指出：

> 窃维新疆自隶版图，南北两路各城皆设参赞、办事领队等大臣以资镇抚，特设总统将军于伊犁，分设参赞于塔城，俾声势联络，隐然为西北重镇，已故大学士左宗棠暨甘肃新疆巡抚刘锦棠奏改行省，于南路各员缺皆以议裁，而何以独留伊塔如故，亦明知该两处极边要地，任大责重，俄人乘隙伺衅，变幻莫测，不敢引为己任耳！兹复创为驻防之议，添立军标名目，事若可行，不知边地腹地，向不相同，历查中枢政考，如福建以海防为重，则福州将军统辖全省绿营，山西以边防为重，则绥远城将军亦辖宣大两镇，今之伊塔紧要，实数倍于福建山西，而令仿照内地驻防之例，诚不知其何为而可也。且副都统既设一标人数，仅止五百驻防，旗制皆有专官，是此项标兵，当用何等人员管带，不特于事局无补，抑与体制未符，此不可者一也。①

第二，塔城百姓稀少、户口萧条，加之屯垦土地较少，改制后按亩升科，输租纳课，时机尚未成熟。额尔庆额认为国家设官分治，首在治民。塔城辖境两千余里，土地贫瘠者较多，而肥沃者甚少。兵燹后塔城户民总计 144 户，分住于哈巴河、阿克桥、三十里堡等处。这些住户，相距有几十里、几百里甚至一千多里者。而且多半经济贫困，无力耕作。每年春季由政府借给籽种，秋收后偿还。"接济稍迟，立致饥困，

---

① 《光绪朝朱批奏折·内政·官制》第一辑，第 164 页。

名为户名，实则公家不能得颗粟束蒭之用。"① 原因在于这些住户大多为流亡百姓，并非土著，不能安心于屯垦。改制后势必按亩征收田赋，对于塔城的农业生产不利。新疆改建行省后，巡抚刘锦棠因新疆人口稀少，曾奏请由各省遣犯发配至新疆，助兴屯垦，安插于迪化府属境内，每户分拨银大约七十多两，如此优厚的条件，垦户时常尚有逃亡现象，安置遣犯如此，塔城招致垦户的情形更是可想而知。此外，塔城自从光绪十一年（1885）与俄国分界后，虽然以苇塘子为定界，并将巴尔鲁克山暂借俄国，导致俄界其实直抵绥靖，城外西北以前的屯地，一半归属于俄国，屯地更少。塔城各营屯田，全部借种土尔扈特游牧区内，此外别无隙地尚待开垦。

第三，额尔庆额从中外交涉的角度阐述了不可改制的原因。塔城在地理位置上与俄国紧邻，绥靖距离俄属苇塘子仅 40 里，距离斜米 7 站，与俄国领事驻扎之所较近，俄方极易掌握中国方面信息，中外交涉事件层见叠出。一旦改章之后，地方事宜自应由同知衙门办理，"守边重臣，尚虞不服钳制，区区牧令岂能就其范围，设有参差，动关国体，副都统既辖旗营，即难干预，坐视其偾事而不能，欲代为处置而不得，诚恐开边启衅，从此而生"②。

第四，改制后新疆巡抚难以操控塔城事务。塔城绿营，自副将以下，身负屯垦操防之责，向归参赞大臣专辖，"身臂相使，呼应灵通，百余年来恪守成规，上下称便"③。改章之后，旗绿一分，彼此毫无关涉，国家承平时期社会稳定，当然影响不大。一旦边境有事，巡抚又远在千里之外，函件来往，必然延误军情。"是徒拥专阃之名，并无专阃之实，掠功诿过，事所必然。"④

第五，从民族治理的角度而言，塔城改制必然严重影响到民族关系和中外关系。塔城历来设立理事通判一职，专由满人担任，以资治理。作为蒙哈游牧地区，旗员较易管理。如果改设抚民同知后，管理人员多为汉人，与游牧民族语言不通，性情不和，又拘泥于固定的管理模式和

---

① 《光绪朝朱批奏折·内政·官制》第一辑，第 165 页。
② 同上。
③ 同上。
④ 同上书，第 166 页。

规则，加之蒙古族和哈萨克族天性自由，不耐束缚，势必导致与管理人员的摩擦和冲突。况且俄国对于蒙部垂涎已久，若一旦煽动和诱惑，蒙哈各族势必铤而走险，破坏中国的藩篱。

第六，额尔庆额从塔城地势方面陈述了不可改制的原因。从古城到科布多，路途有13站，由库尔喀喇乌苏至塔城，达11站。科布多和塔城的土地、人民、道里远近情况极为相同，民族也是蒙哈杂居。科布多未能改设郡县，也因地势原因使然。塔城也是如此，既不能强制蒙哈民族从事农业生产，又不能分拨土地以安民。若勉强招徕百姓屯垦，侵占蒙哈牧区，必然会引发民族纠纷，影响边防稳定。

额尔庆额在奏疏中详细阐述了塔城不可改归新疆巡抚专辖的原因，但并未获得清廷允准。清政府反而顺应了魏光焘等人改制的意见，决定塔城改隶新疆巡抚专辖。

塔尔巴哈台改隶事定后，额尔庆额以城工修建为由，奏请塔尔巴哈台由参赞大臣专隶方可奉旨交议。并擅自续请任命同知、游击等官，唯恐魏光焘与闻其事。魏光焘和陕甘总督杨昌濬商议后，约定于光绪十六年（1890）十月初一办理交接事宜。并将分隶日期致函新疆各地文武官员，各官均无异议。唯有额尔庆额表示反对，仍以城工之事拖延。于是魏光焘致书额尔庆额，"拟展至年底并以精河一带，防营现逾定额，拟饬准补塔尔巴哈台副将张怀玉挑队伍前往，帮修城工，仍俟年底交接，后始令接印任事"①。额尔庆额收到函件后，又以主客相形为由，继续拖延交接。

对于额尔庆额的这一行为，魏光焘在奏疏中予以严厉的批驳。

首先，他从举办城工的实情出发，指出额尔庆额拖延交接违背了朝廷旨意，将其私心戳穿，令其无可辩驳。他说：

> 伏查该处城工，原奏派队二成帮工，是在工之勇，仅只四百名。今议绿营分隶划五百名为军标，已逾原日在工人数，本与交接无碍，公事公办，亦何至因分隶各有畛域。②

---

① 《宫中档光绪朝奏折》第五辑，第562页。
② 同上。

其次，从新疆建省后的朝廷体制出发，指斥其藐视朝廷法度、凡事自为的越职行为：

> 臣准部咨，内开新疆改建行省，该处地方官业已奏请添设，一切城工、善后事宜，应会同地方官斟酌办理。新疆巡抚有管辖地方之责，应会同核实举办等因。虽额尔庆额从无一字咨商。①

新疆各地城垣，自经战火侵袭后，受损深重，大半坍塌或缺损，难资捍卫。建省后，刘锦棠曾奏请修建各地城垣，南疆的 29 座城池和衙署，均先后予以修复，对巩固新疆防务起到了重要作用。修建 29 座城池和衙署，总计所用经费 32 万两白银。此次额尔庆额重建塔尔巴哈台城垣，向朝廷汇报预估经费 38 万两。一座城池的费用，竟然超出 29 座城池和衙署的费用。以新疆的经费计算，38 万两白银势必掏空新疆十余年的经费，委实令魏光焘大惑不解。更令其难以接受的是，额尔庆额获知塔城交接日期后，竟然下令停止修建工程。对此，魏光焘一语中的，指明其图谋私利的用心。他说：

> 迨因臣催定期交接，忽将城工饬停，加采木料，复派蒙哈砍运，为修建衙署兵房各项工程张本，在额尔庆额身在事中，岂不知时绌举赢，必至有初鲜终，特欲以工程展缓交隶，以兴工势难中止，抵制催交，终且得以经费不足，藉事迁延，隐遂其专饷牟利之计，臣实不知其可，况一城即罄十余年之费。②

最后，魏光焘还对额尔庆额借修建城垣为名，实为劳民伤财的行径表达了强烈不满：

> 至郡县以民为本，该处膏腴千里，满目荒芜，办理善后有年，户口寥寥，秋获时派采粮石，勒令运交，价少费多，浮收短发，弊

累不堪，遂致逃亡相继。蒙哈则勒派尤苛，伐木负土，则派工搬运，木料则派费，兵勇帮工，每月赏给羊只，则又按户派羊，穷乏之户，虽妇女不免应役使，甚有冻馁致毙者。阿尔泰山蒙哈千余户逃往科布多，中途阻雪折还，俯首受役，怨咨日久。设有意外之事，边局何堪设想。①

对于额尔庆额拒不交接的行为，清廷进行了严厉申斥。但因其本人出身镶白旗，久历戎行，积有战功，尤其在西北战事中表现尚好，同时虑及西北边防大局，对魏光焘奏疏中所举罪行并未深究。仅谕令其定期交接，并申诫新疆全体官员以大局为重，共同维护战后新疆的稳定局面。谕旨称：

> 塔尔巴哈台地方营伍，前经杨昌濬等会奏，分隶甘肃新疆巡抚管辖，定期交接。业经该部议准覆奏，降旨允行。该副都统自应遵照办理，何得辄生异议，致涉纷更。所有塔城勇队及地方善后各事，仍著额尔庆额于本年年底移交巡抚接管，不准再行藉词延展，致干咎戾。塔城规制初更，办理一切，必须筹画万全，以为久远之计。该抚接办后，务将吏治、营制、饷章及安抚蒙哈各事宜，实力整顿，以安边围。其应修城垣等工，著遵照部议，酌量经费赢绌。工程缓急，次第办理。该大臣等身膺重寄，务当和衷共济，期于地方有裨，毋得各持意见，致误公事。②

光绪十七年（1891）三月十八日，魏光焘派塔城屯防副将张怀玉赴塔城办理交接。额尔庆额将"所有分隶协标之汉队勇营一千五百员名，以及军装器械、旗帜、号衣，并经前署塔城屯防副将白占春造具清册，逐一移交"③。

至此，迁延日久的塔尔巴哈台改隶之事方告一段落。

---

① 《宫中档光绪朝奏折》第五辑，第564页。
② 《清实录·德宗实录》卷290，光绪十六年十月乙卯。
③ 《光绪朝朱批奏折·军务·营制》第34辑，第289页。

新疆建省前后的塔城改制纷争，从光绪十年（1884）持续至光绪十七年（1891），总计长达八年之久，可谓近代新疆行政改革史上历时最久的一次体制之争。当然，新疆建省作为一项重大制度和人事改革，是新疆历史发展的必然，也是清政府在新疆统治制度的一大进步。此次改制，涉及的是陕甘总督、新疆巡抚、伊犁将军、塔城参赞大臣四方的权力消长。以陕甘总督杨昌濬、新疆巡抚刘锦棠、魏光焘为一方的西北汉族官员，从新疆稳定的大局着眼，力争塔城改制，维护战后边疆的社会安宁；而金顺、色楞额、额尔庆额则是新疆满族官员的主要代表，他们考虑更多的是改制过程中满族将领权力的削弱，故托词反对改制。而在建省前后满汉官员权力再分配的过程中，作为调控满汉官员矛盾、缓和社会冲突的清朝中央政府，一方面通过倚重汉族督抚收复了业已沦陷的国土，对其稳定边疆的信任度大为增强，故在改制问题上予以大力支持。另一方面，对于满族官员治理新疆的得失亦有所反思和认识，因而力图改变原有的治理新疆方略，并不情愿地让渡部分权力予汉族督抚，以继续维持其对新疆的掌控。尽管新疆建省、塔城改制并没有从根本上改变清政府江河日下的衰亡局面，但为清末新疆的社会稳定和生产的恢复与发展创造了稳定的社会环境，其积极意义也是不容忽视的。

三　开发罗布淖尔

罗布淖尔，《史记》中称为盐泽；《两汉书》中称蒲昌海，一名盐泽。罗布淖尔地区，泛指塔里木河和孔雀河下游、塔克拉玛干沙漠与库鲁姆沙漠之间的夹缝地带，包括小罗布淖尔（今尉犁县治）至卡克里克（今若羌县）绵延四百余公里的广阔地区。光绪初年，清政府将塔里木中下游、孔雀河中下游、且末河下游、塔克拉玛干与库姆沙漠的辽阔地域，定为小罗布淖尔。[①]

中国古代在罗布淖尔地区居留过的有塞人、汉人、吐火罗人、黄牛羌、吐蕃人、嚈哒人和多浪人等，他们在孔雀河台地和兴地山一带留下了大量的墓葬、岩画等文化遗迹。长期生活的土著居民为罗布人。康熙十七年（1678），准噶尔部占据天山南路，生活在阿克苏多浪河沿岸的

---

① 尉犁县地方志编委会：《尉犁县志》，新疆大学出版社 1993 年版，第 419 页。

2000 余户多浪人沿塔里木河移至小罗布淖尔的罗布地区游牧。其后历经战乱，至光绪十三年（1887），境内的罗布人锐减到 74 户。罗布人世代生活在与外界隔绝的海子群之间，过着原始的渔猎生活，至清末仍未改观。

晚清对罗布淖尔地区的开发，肇始于左宗棠收复新疆之后。光绪五年（1879），左宗棠派部属黄长周驻守喀喇沙尔地区，主持该地区的善后事务。黄长周向左宗棠提议在小罗布淖尔地区举办屯田，安置流亡百姓。左宗棠在批复中说：

> 罗布淖尔……环数百里，可渔可牧，不必垦田种粟，亦可足民。西北之利，畜牧为大，而牧则又以羊为长。其毛可织，其皮可裘，肉可为粮，小民日用所必须也。何必耕桑，然后致富？长民者，因其利而利之，则讲求牧务，多发羊种宜矣。所称开垦一节，姑从缓议。[1]

黄长周按照左宗棠的批示，在卡喇洪至英苏一带，为蒙古族、维吾尔族、汉族等 100 多户流民，发给牛羊和生活费，让其安心从事畜牧生产。

新疆建省前后，刘锦棠曾派人对罗布淖尔进行考察，已有对该地区的开发之意，但因建省事宜未定，加之经费困难而搁置。建省后，魏光焘向刘锦棠复又提及罗布淖尔开发之事，也因塔尔巴哈台分隶之议未定而再行放弃。不久刘锦棠离任，魏光焘继任护抚，此时新疆善后已粗具规模，塔尔巴哈台事宜渐有端绪，遂将罗布淖尔的开发提上了重要日程。

光绪十六年（1890）十月，魏光焘向清廷上疏，请求开发罗布淖尔地区，以稳固新疆边防。他在奏疏中对于开发该地区的迫切性作了分析。他指出：

> 罗布淖尔地既膏腴，又属边要，非及时经理，则南北有捍格之

---

[1] 《黄令长周禀查明罗布淖尔河道暨哈萨克输忱由》，《左宗棠全集·札件》，第 477 页。

虞。迩来英俄游历人员接踵而往，荒僻穷乡，无从保护，时势所值，尤有不得不黾勉从事者。①

为了有效开发罗布淖尔地区，魏光焘首先展开了对罗布淖尔地区的全面考察活动。他饬令署理布政使饶应祺委派阜康知县李时熙带领书识、医士、通事和匠役等先行进入这一人迹罕至的偏僻之区，解决当地百姓的医疗难题。天花是长期以来危及罗布淖尔百姓生命的一大顽疾，也是该地区人口稀少的重要原因。"一人患痘，举庄迁避，不复过视，故幸生者绝少。"② 李时熙一行进入该地后，向当地百姓"宣布朝廷德意，赏以茶布，并出示缮贴，各庄剀切开谕，俾知中国饮食居处之宜，稼穑桑麻之利"③。使当地百姓认识和了解外部世界，改变愚昧落后的生活方式，进而开启民智，为顺利开发该地区张本。

李时熙到达罗布淖尔之时，恰值天花流行，人心惶恐。为了解除百姓疾苦，他"饬医诊治，应手就痊，远近争传，愿请医药痊活甚众，民情欢忭，共庆再生"④。这一善举挽救了诸多百姓的生命，使当地民众切身地感受了文明成果带来的福音，同时也提升了罗布淖尔居民对政府的信任度。

为了获得对罗布淖尔地区的全面认识，魏光焘还派人对该地的地形、山脉、水道、语言、生活方式等做了一番全面细致地勘查。

做好前期准备后，魏光焘开始实施对罗布淖尔大规模的一系列开发活动。

首先，将罗布淖尔的地域进行了划分。全境区分为段落，以英格可里等七庄为东段，托和拉克等六庄为西段。东西两段可以安置数万户百姓，可以开垦一百多万亩荒地。但这两处地域辽阔，又属首次开辟，如果两段同时并举，势必导致兼顾不及。于是魏光焘决定：

拟先尽中段，次及中西两段，英格可立，地土平衍，居中扼要，

---

① 《宫中档光绪朝奏折》第五辑，第712页。
② 同上。
③ 同上书，第713页。
④ 同上。

饬立抚辑，招徕总局以便布置，并为修建城署。传集近局各户，散给各色籽种，教令试用种以审土宜，农具牛只，均由公中购发。①

然后，魏光焘派补用副将刘乾福招募500名维吾尔族人，会同派出局员，相度地势，披荆斩棘，在较短时间内开辟出一片肥沃的土地，为发展农业生产创造了良好条件。

水利作为农业生产的命脉，为历代统治者高度重视。对于新垦土地而言尤为关键。魏光焘对此也极为关注。所划段落中，中西两段须引塔里木诸河之水灌注，东段须要引切锑河之水灌注。而以前水渠，均系随流刷成，脉络混杂，并无常道。为此，魏光焘对水利和安置百姓也做了详细规划：

> 将来应修正渠若干，支渠若干，旧沟或浚或填，由该委员等随所垦荒地挨段察看，派勇工作，务使派别支人以备蓄泄，用防旱涝。渠工完竣，前项缠勇应一律指拨地亩，另成土著，另于附近各属召集年壮知农事及有眷口缠民，分段安插，以气类相近，自能无猜，且欲其生聚之速也。②

对于罗布淖尔地区的交通，魏光焘也进行了相应布置：

> 其入境道路，查吐鲁番属鲁克沁及桑树园至英格可立为程七八十里不等，水草缺乏，山径崎岖，车马既属难行，驿站又须多设。若由喀喇沙尔属库尔勒前往，计二百八十余里，路坦水饶，柴草亦便应，以此为通衢。业据藩司详请按照南路各驿章程，酌减夫马，先于英格可立和拉里孔雀河、克尼尔等处暂设四站，盖造房屋作为驿房官店，以通文报而便行旅，并于迤南勒斜尔、乌兰达布逊山东南、噶斯山各要处酌设卡伦，稽查出入。③

---

① 《宫中档光绪朝奏折》第五辑，第713页。
② 同上书，第714页。
③ 同上书，第715页。

此外，魏光焘还对开发后罗布淖尔地区的经济发展和管理做了设计，诸如发展蚕桑业、纺织业、畜牧业，以及罗布淖尔地区设官建置等构想，以期有效加强对该地区的管辖。

魏光焘主持的罗布淖尔开发，意义重大。以前荒凉落后的罗布淖尔地区，告别了原始的渔猎生活，开始向农业文明迈进。对于其创办罗布淖尔的盛举，著名湘军将领曾国荃给予了高度评价。他在回复魏光焘的书信中说：

> 承示罗布淖尔善后一切，尚属得手。已招徕屯垦并另募屯营，分起开荒，以广地利。从此居民辏集，人气日聚，地气亦开。天气即为之日暖，屯务当日起而大有功。硕画贤劳，可胜佩仰！兹事以得人为本，以察吏为先。阁下措而行之，实边廪、限戎马，使农民可以为战守、屯戍之事，省输将之费寡，诚一举而数善备焉。至于迤西与藏、印连界之处，又复择要设卡，神钤密运，销患未萌。此地既开，边守益有把握。非常之事，必待非常之人，亶其然也。[①]

四　查实伊犁善后贪污案

伊犁地区自经兵燹后，九城悉遭毁坏，甚有被夷为平地者。战后，伊犁将军金顺请求拨款对城垣进行修筑。在修建过程中，金顺因经费亏空甚大，上奏请求将伊犁知府吴炳鑫、记名副都统伊犁满营协领恩详一并革职查办。光绪十二年（1886），刘锦棠会同锡纶奏参江苏尽先题奏知府游春泽专事欺蒙，招权纳贿。伊犁驻防满洲正白旗协领和陈泰居心贪鄙，朋比为奸，甘肃补用直隶州知州李永祜遇事贪婪。清廷明发谕旨，将游春泽等人先行革职查办，并令刘锦棠、锡纶彻底查清贪污情节。[②] 锡纶查阅了金顺抄稿，并将吴炳鑫亏空数目开列清单，进行调查。据吴炳鑫、恩详回禀："我发城工垫款，并呈到工程用款收支细数、四柱清册，及游春泽有意漏列该革员移交李永祜物料及垫发各

---

① 《复魏午庄》，梁小进主编：《曾国荃全集·书札》，岳麓书社 2008 年版，第 465 页。
② 《清实录·德宗实录》卷 224，光绪十二年二月壬午。

款清折。"① 又准陕甘总督谭钟麟据吴炳鑫以游春泽把持善后胪款，进行控告。新疆巡抚亦接到吴炳鑫控讦游春泽捏词朦禀、冤参求申等情。谭钟麟和刘锦棠将此案交于锡纶就近予以查实。

锡纶认为此案的关键性问题在于亏空，而亏空究竟是否属实，则以吴炳鑫的用款虚实和游春泽有无漏列为判断的标准。于是，锡纶派行营委员、补用知县雷玉会同署理抚民同知联恩进行复查。并采访了公众舆论，众人皆称：

> 吴炳鑫监修绥定城工未完时，游春泽时总理善后事务，向索完工保固印结，吴炳鑫因闻游春泽于惠远、瞻德两城有浮开用款之事，必俟完工核实造报方出保固印结，致拂游春泽之意，遂将余工改派李永祜接修，遽以吴炳鑫亏款甚巨，朦禀金顺奏参革职监追，以恩详听从抗延一并奏参革职。是恩详之获咎，明为不出印结，而吴炳鑫之监追，口虽亏款，亦实由不出印结所致。游春泽知以抗不出结禀参，断难动听。且亦难杜人言，遂以亏款甚巨，禀请参劾。既遂其报复之心，以威吓他人不敢我违，以掩其浮开侵吞之迹。②

锡纶还调阅了金顺移交吴炳鑫亏款清单，其中内容有：城工委员薪水口分等银 2997 两；装包口袋银 30 两 9 钱；从泾州运至伊犁经费运脚银 1163 两 2 钱 6 分 2 厘；户部饭食银 71 两 5 钱 9 分 1 厘；领用官厂木料价合银 1541 两 8 钱 1 分 1 厘 6 毫。锡纶调阅后，认为所谓的亏款清单所列各项皆非重要证据，其中口袋银应列于善后报销制办器具项下经费，户部饭食应由善后总局造销，非吴炳鑫所实用，不得混入工程项下。官厂木料，原为工程而设，亦应由善后总局另款造销。而且事后吴炳鑫移交归还者甚多，也列入吴炳鑫实用亏短项下。

锡纶经过一番查证后，认为游春泽显系有意为吴炳鑫罗织罪名。同时，对游春泽贪污之事也予以了查证。结果是：瞻德城仅 3 里 7 分，游春泽竟请销银 13 万余两；绥定城 4 里 3 分，吴炳鑫实领经费湘平银

---

① 《光绪朝朱批奏折·工程·建筑工程》第 103 辑，第 450 页。
② 同上书，第 450—451 页。

64000 余两。而金顺事前的经费预算是承办城身湘平银 82610 两 5 钱 6 分，木石等尚未估算在内，可见吴炳鑫监修绥定城极为节省。游春泽派李永祜接修南城一楼费工极大，另有移交各物料合银 5700 余两，又有垫发公款麦面运费共合银 7900 余两。这些款项，游春泽均未列报，竟然以亏空巨款诬告吴炳鑫。锡纶将游春泽贪污情节查实后，请求将其家产查抄拨抵公款。并以吴炳鑫办事认真、直质好义，人才难得，请求将其已革职衔开复。

光绪十四年（1888），刘锦棠和锡纶再次联衔上奏，详述游春泽办理伊犁善后事宜侵吞白银不下 27 万两之数，请求朝廷饬下两江、四川、云贵各总督、贵州巡抚将游春泽、李永祜本籍及寄寓地方财产严密查抄克抵并偿，并将其严加惩办。清廷以游春泽、李永祜所犯情节甚重，应得罪名，著刑部定拟具奏。①

游春泽贪污案上报刑部后，刑部经过详细审核后，认为：

> 查已革知府游春泽、已革直隶州李永祜被参各节，以侵吞饷项为最重，其侵吞各款，以筑城工价为大宗，该革员等管理善后局务，亏空至二十七万余两之多，如果查有确据，取有确供，委系瓜分入己，自无难按律从严惩办。乃该抚等胪列革员等赃迹，或以委员之禀计为证，或以部驳之原咨为据，游春泽禀请改派李永祜接修城楼，金谓图冒报销起见，又云语虽无据，亦如见其肺肝，河北军台未修，出有保固印结，则以为侵欺，更属有因。核其如何侵冒，计赃若干，不能一一指实。②

刑部以刘锦棠、锡纶原参之款情节含糊之处甚多，遂驳回令将此案详细查讯明确，按例定拟，再行核办。

刑部驳回案件后，负责主控此案的伊犁将军锡纶病故，新疆巡抚刘锦棠上奏回籍省亲获准，声称："臣现在蒙恩准假回籍，而咨调伊犁证

---

① 《清实录·德宗实录》卷 253，光绪十四年三月庚午。
② 《则抄刑部议覆疏》，游春泽：《奇冤纪闻》卷上，光绪戊戌年（二十四）上海飞鸿阁石印本。

卷尚未到齐，应俟证卷到齐，由护抚臣详细查明定拟具奏，以重帑项而昭核实。"① 故将一应案卷移交护理新疆巡抚魏光焘再次审理。

魏光焘接手游春泽一案后，咨照伊犁将军色楞额将游春泽等人及卷宗印簿清折一并发交到省，由其亲自提审此案。魏光焘认为原参游春泽等人浮开捏报不下 27 万余两为此案的关键，故详细阅览了刘锦棠、锡纶的原参奏折，发现所谓浮开捏报 27 万余两，总计大约为 6 款，分别是：

> 一为半价售穷民汇票；一为浮报修格登山御制碑亭销款；一为屯骗工头价银；一为冒支军台官兵口分牛马价值；一为浮报惠远城工；一为浮报瞻德城工。②

魏光焘将此六款逐条加以秉公查核。

第一，关于勒给远省汇票计银 13000 余两一节。游春泽供称："穷民藉工糊口，日用是资，何能汇总勒给远省汇票，如有此事，当时人数众多，岂得无人告发？"③ 魏光焘核实情节后，认为游春泽所供确系实情，亦合乎情理。

第二，原参修建格登山御制碑亭委员邢长春经手用银 380 两，游春泽竟然请求报销 2100 余两。游春泽的供词是："邢长春用银三百八十两，系只工价一项，此外尚有木料砖瓦、石灰价值、驮送运脚及彩画油漆等费，合共银二千一百余两，奉工部核驳银三百余两，实准销银一千八百两。"④ 对此，魏光焘向护理伊犁将军富勒铭额咨询后，富勒铭额的回复是：邢长春早已离职回籍，因今昔工价不同，很难确实估计。魏光焘又查阅了之前金顺报销工程奏折内容，发现其中曾经声明山路崎岖、运道遥远情形，可见游春泽所供也当属实。

第三，原参屯骗工头工价银 2560 余两之事。魏光焘提审李永祜后，

① 《游春泽李永祜侵吞浮冒各款案移交护理新疆巡抚查明定拟事》，中国第一历史档案馆：《军机处录副奏折·光绪宣统朝》，档号：03-5861-061，光绪十五年二月二十五日。
② 《宫中档光绪朝奏折》第六辑，第 313 页。
③ 同上。
④ 同上。

李供称："光绪十年工头方文斗等联名具控欠发工价一案，经将军金顺交发审局讯办，如数发请完结。"① 魏光焘检阅了旧案办理情况后，认为李永祜所供亦属相符。

第四，刘锦棠、锡纶参奏游春泽军台官兵口分自光绪八年（1882），共请销银 78500 余两，马牛价销银 4800 余两，金顺于光绪十一年（1885）十月始照会各领队大臣、总兵安设。魏光焘检查档案后，没有发现光绪十一年（1885）十月金顺照会文卷。于是讯问游春泽，其供词是：军台卡伦，自光绪八年（1882）伊犁收还后，将军金顺即陆续安设。同年，南路分界大臣已由冰岭军台行走。魏光焘又征询现任领队大臣，领队大臣经查阅后向魏光焘作了回复，光绪八年九月、九年三月、十年五月，确实均有安设军台、卡伦之事。与游春泽所供陆续安设吻合。

第五，原参惠远城据游春泽核驳游击王鸿发工价，将城东、西、北三面悉照南面城垣，提督李考祥所报工价 22400 余两、面 279920 斤开支作为该城工价。面价四面共计用银不足 12 万两，游春泽请求报销 24 万余两。游春泽供称：

> 王鸿发、李考祥分办惠远城工，系光绪九年四月接手，仅筑城身。该城工程八年即已开办，所用器具、木椽等项并四面脚基，均李永祜一手经理，迨后城面女墙、垛口，又系李永祜经手办竣。原奏称用银不足十二万两，专就城身估计，而不知有前后大半工程，且李考祥承办城身工程，报用银二万九千余两，面价在外。原奏称二万二千四百余两，不知何据。②

魏光焘经提讯李永祜后，其供词与游春泽所称相同，经检查李考祥报销清册内实报用银 29000 余两，面价没有列入，而且只是开列了城垣壕沟丈尺，并无女墙、垛口、城脚等工。魏光焘断定，即是城身一项开支，已不至用银 12 万两，且不算还有前后工程用款。

经过详细审核后，魏光焘认为，刘锦棠、锡纶原奏游春泽贪污一案

---

① 《宫中档光绪朝奏折》第六辑，第 313 页。
② 同上书，第 314 页。

尚无确凿证据，加之案件卷宗不全，经手此案的人员或病故，或已离职，现有档案卷宗经过考证，并与各犯供词对照后，游春泽等人供述基本属实，而且向刘锦棠、锡纶举报的吴炳鑫对于指控条款也无法一一确指。如果给各犯强以相加罪名，很难使其伏法，魏光焘提议对于此案可暂不追究。

对于原参瞻德城监修委员雷沛霖具报用银不足 6 万两，请求报销 13 万余两之事。游春泽供称：

> 雷沛霖系原任伊犁总兵刘宏发委办城工，该员经手本只用银五万八千九百三十六两八钱九分二厘，外有刘宏发采买修城兵勇食粮及修桥兵勇口分各等项，共用银二万五千一百三十三两八钱，并恤赏银四万两。[①]

魏光焘检核了印簿清折后，发现其中确实开列有恤赏一项，并经咨询总署后也有案可查。但是瞻德城工原报请销银132000余两，经户部核实后驳回，实际准许报销银127599两2钱2分1厘，全部将前款抵销后，仍然浮销银3528两5钱2分9厘，没有着落。游春泽供称为购买零星之用，魏光焘令其指明何项，游春泽回复年久无从记忆，魏光焘反问即是年久遗忘，为何印簿清折中没有开列在内。经过再三盘问后，游春泽无词可答，俯首表示认罪。

第六，魏光焘对于此案有了一个明确的结论。那就是：刘锦棠、锡纶原参游春泽浮开、捏报不下 27 万余两之事，其中有些内容是听取旁人评告之禀，或者为查阅零星以前案卷进行推勘，并不符合实情。经过详细查核后，所参条款大多失实。因此案当事人除案犯外，大多均已不在，且伊犁将军所存档案残缺不全，若执定按款逐宗索卷稽核方可定案，此案了结遥遥无期。于是，魏光焘提议按照现有所查结果办理，原参无确凿证据者，不再追究。但瞻德城浮销无着之款，因游春泽理屈词穷，罪有应得。魏光焘根据《大清律例》所载：盗仓库钱粮入己一千两以上者，斩监候。游春泽造报城工浮销3528两5钱2分9厘，应比

---

① 《宫中档光绪朝奏折》第六辑，第 314 页。

照《大清律例》中条款，将其定为斩监候。并查抄其房屋、田地、衣物、器具、书籍等项，折抵其所贪之款。

这一历时六年之久的伊犁善后贪污案最终得以告结。此案因刘锦棠、锡纶参奏而起，确为一贪污案件。如果根据原参浮开、捏报不下27万两之数，游春泽之罪应为斩立决无疑。但魏光焘在办理时，查阅档案，获取案犯供词，征询相关当事人，将所有证据排比、对照，以期得出公正、客观的结论。最后尽管因前任伊犁将军档案缺失，部分内容难以查证，但毕竟修正了刘锦棠、锡纶原奏中的许多失实之处，也基本还原了案件的真相。通过此案也反映了魏光焘作为一名封疆大吏求真务实的办事风格。

五　巩固防务

新疆建省后，防务建设成为主政者关注的焦点，也是稳定新疆的有力保证。刘锦棠于建省之初，即对相关问题有所实施。诸如裁撤伯克、改革营制、设官建置等，均已初见成效。魏光焘护理新疆巡抚后，将新疆的军事防务作为任内工作的重点。

伊犁作为边要之区和军事重镇，建省前由伊犁将军统辖，设有旗兵驻防。新疆建省后，伊犁文武官员皆归新疆巡抚节制。魏光焘为了加强伊犁地区的防务，采取了如下举措。

（一）整顿营伍

建省前，因伊犁位居边防要地，与俄国相邻，故清政府对该地的防务关注有加，驻防部队亦不敢稍有松懈。之后中俄签订和约，新疆大规模的军务活动业已告结，该地的防务有所松弛。魏光焘认为："设兵所以卫民，防务松弛，士卒惰媮，非特缓急不足恃也。"[①] 加之伊犁管辖范围辽阔，户口稀少，境内不法之徒依仗强悍之躯，结伙滋事。并与窜入伊犁的不法之徒互相勾结，因而该地的社会治安极为混乱，不断发生抢劫案件。以致往来商旅戒心重重，望而却步。为此，他决定加强该地的巡防和缉捕力量，为伊犁地区营造一个稳定的社会环境。他饬令伊犁镇总兵张俊将所部各营旗"勤加训练，申明纪律，以作士气，一面妥善

---

① 《宫中档光绪朝奏折》第五辑，第239页。

布置，择要额扎，联络巡防，务使缓急有备，边境晏然"①。

（二）改革兵屯

伊犁土地肥沃，是新疆农业生产的重要地区。但经过大规模的战乱后，土地荒芜，景象凄惨。该地屯田种类，主要有旗屯、兵屯、回屯、民屯。旗屯的土地经过魏光焘和伊犁将军色楞额查丈后，决定"计户授田，联成片段，不与各屯参杂，以示区别"②。兵屯的本意，在于补充军饷和充实边疆军粮供应，此事在光绪九年（1883）户部曾向清廷做过请示。后来由前任伊犁将军金顺办理后，效果并不理想。

魏光焘鉴于兵屯成效不佳，遂向清廷奏请将兵屯变通办理，他在奏疏中对于兵屯弊端作了分析。他指出：

> 新疆现设各标，系以客勇抵兵，此辈虽来自田间，大半不安耕作，亦既挂名兵籍，岂愿更事耕籽。即令迫之使前，而人非土著，事不经心，卤莽之耕，虽遇丰年，无殊歉岁，抵饷不能，边储何有。况标勇只有此数，既须操演，日事巡防，而筑城建署资其力，浚渠平道，护解饷装又资其力，并顾兼营，日不暇及，复欲其作苦陇亩，有不辍耕而叹者乎？③

他认为这种寓农于兵的方式，实属虚名而已，无补于军粮供给。因而提议将兵屯改为民屯，尽快增加政府的田赋收入，收到立竿见影之效。至于兵屯，可以在新疆兵制恢复后，"再行察看情形，酌量指拨荒地，俾令垦种，至现未充兵旧户，及各户余丁所垦熟地，应与民屯一体科量，用杜冒占"④。

（三）修建城署

伊犁管辖之区，总计九城。分别为绥定、惠远、广仁、瞻德、拱辰、塔勒奇、惠宁、熙春、宁远，担负着拱卫伊犁的重要任务。新疆建省后，刘锦棠奏请伊犁将军和副都统移驻惠远，以资镇守。但因惠远衙

---

① 《宫中档光绪朝奏折》第五辑，第239页。
② 同上书，第240页。
③ 同上。
④ 同上书，第241页。

署未修，只能暂时驻守绥定，新设官员也居无定所，"或出租赁住，或筑室暂居，遂至废址颓城，并无障蔽。官司廨舍陋等民廛"①。对于边陲地区的防务极为不利。于是，魏光焘和伊犁将军协商后，筹集经费，决定将惠远城未竣工程及应修衙署、兵房、庙宇等首先予以兴修，其未修各城及文职道府以下，武职总兵以下，衙署、监狱、仓廒、祠庙等工，也先后依次举办，均照南北两路城署章程，派拨营勇，帮助兴办，以便节省费用。

（四）联络保甲

伊犁五方杂处，且与俄国相邻，社会治安尤为混乱。无业游民和往来游匪在城市经常煽惑百姓，聚众闹事，严重影响社会稳定。为此，魏光焘决定推行保甲制度，在城关地面，派人"添发门牌，分行保甲，联络各户，互相稽查"②。以便清理不法之徒，维持社会稳定。

（五）修整卡伦

伊犁拥有广袤的沙漠，边境一带又无人居住，军情信息传递十分不便，因而卡伦在伊犁的防务中起着至关重要的作用。光绪九年（1883）中俄伊犁界址划定后，中国在以前的基础上又增置了许多卡伦，总计新旧卡伦32处，由锡伯、索伦、察哈尔、额鲁特等营分派官兵驻扎。这些卡伦中，许多已年久失修，破败不堪，魏光焘派人先后对残损卡伦进行了修整，仍由锡伯各营分段驻守。还对卡伦进行严格管理：

> 中俄通商应按照约章，只准由指定霍尔果斯卡伦出入，责成该处通判，认真稽查。此外卡伦概行封禁，业饬署伊塔道英林照会俄领事，商妥照办。③

魏光焘将办理伊犁防务工作上奏后，清政府下谕对其表示期许：

> 护理甘肃新疆巡抚魏光焘奏，伊犁为新疆重地，经划宜周，在

---

① 《宫中档光绪朝奏折》第五辑，第241页。
② 同上书，第242页。
③ 同上。

整顿营伍……兴办屯务，联络保甲……修建城署，修整卡伦。……或次第推行，或同时并举，认真办理，总期裨益边疆。①

为了进一步加强伊犁地区的防务，魏光焘上疏清廷，请求将伊犁镇标各营员缺，仿照抚、提、镇各标章程进行设置。

关于伊犁镇标营制和饷章以及驻扎处所，魏光焘于光绪十六年（1890）派新任伊犁镇总兵张俊到任后，根据刘锦棠奏设抚提镇各标章程加以办理。张俊会同伊塔道英林、署伊犁府知府潘效苏商讨后，将具体办理情形向魏光焘作了汇报。魏光焘在奏疏中指出：

> 臣等查伊犁原设汉队四千人，前经奏明，分隶军标一千人，以三千人作为镇标。该处地属极边，汉回蒙哈错杂而居，弹压操防均关紧要，应照抚提镇各标，因勇设标、以官带勇章程，就地势险夷额勇多寡，妥为布置，务期扼要填扎，足资防守，用固边陲。②

鉴于伊犁防务的重要，魏光焘作了如下布置：

绥定城位居伊犁其他各城的适中之地，历来是伊犁镇总兵驻地，魏光焘决定仍以其作为总兵驻守之所，设立镇标中左右3营。中营游击1员，管带步兵1旗，中军守备1员，马队1旗；果子沟分防守备1员，马队1旗；驻三台右营游击1员，管带步队1旗；驻瞻德城中军守备1员，马队1旗；驻三道河城守营都司1员，管带步队1旗，兼防二工开花炮队守备1员，步队1哨驻城内。计中左右3营城守营、开花炮队、马步各旗哨设立千总、把总、经制外委32员，并于中营另设蒙古把总2缺，归镇署差遣，作为翻译人员。③

霍尔果斯设立参将1员，驻拱宸城。不久霍尔果斯参将移驻瞻德城，因两地相距较远，巡防难以周密，故重新设立霍尔果斯营参将1员，管带步队1旗，驻拱宸城；中军守备1员，马队1旗，驻城外分

---

① 《清实录·德宗实录》卷285，光绪十六年五月丁丑。
② 魏光焘：《拟设伊犁镇标官缺营制饷章折》，载吴廷燮《新疆大事记补编·卷九中·郡县建置二》，中央民族学院少数民族古籍整理出版规划小组1983年影印，第21页。
③ 同上。

防；守备 1 员，马队 1 旗，驻登元卡。计核营马步各旗，设立千总把总、经制外委 10 员。①

宁远城为伊塔兵备通商道驻扎之地，商民往来集中，中外交涉比较复杂，于是设立宁远营都司 1 员，管带步队 1 旗，守备 1 员，马队 1 旗驻城外，总计该管马步各旗设立千总、把总、经制外委 7 员。②

上述各类驻守人员总计有镇署参将 1 员，游击 3 员，都司 2 员，守备 9 员，千总 6 员，把总 29 员，蒙古把总 2 员，经制外委 14 员，加上总兵共 67 员，步队 6 旗，马队 8 旗，开花炮队 1 哨。除火勇外，共设立正勇 3039 名。此外，还添设了镇署稿书 8 名，清文书办 2 名，蒙古通事 2 名，缠回通事 2 名，哈萨克通事 2 名。

伊犁镇所属塔尔巴哈台管辖地域辽阔，也属边要之区。该地东北与科布多、蒙古乌梁海各部落犬牙交错，南连库尔喀喇，西界伊犁精河，军事地位十分重要。自塔城分隶新疆巡抚管辖后，魏光焘派张怀玉赴任接管该地防务。为了加强该地的军事力量，魏光焘奏请将塔尔巴哈台协标员缺营制饷章，仿照抚、提、镇各标章程进行设置。其具体设置如下：

设立协标带步队 1 旗，左营中军都司 1 员，带步队 1 旗，西路牛圈子前旗守备 1 员，带马队 1 旗，驻汉城南门外左旗守备 1 员，带马队 1 旗，分防沙尔霍罗斯及石纳札台右旗守备 1 员，带马队 1 旗，分防南湖头台两处后旗守备 1 员，带马队 1 旗分防南湖并新地。共设副将 1 员，都司 2 员，守备 4 员，并各旗哨应设千总 3 员，把总 14 员，巡查经制外委 7 员，总共设官 31 员，步队 3 旗，马队 4 旗。③

由以上对于伊犁防务的规划和布置可见，在晚清大变局强邻逼迫的状况下，魏光焘以伊犁防务建设为重点，以期维护边疆地区的稳定和安宁。这种预为筹划和防范的思想也是应该称道的。

六　建立博达书院

新疆作为西北边陲之地，文化教育历来落后于内地，书院教育的发

① 魏光焘：《拟设伊犁镇标官缺营制饷章折》，第 21 页。
② 同上书，第 22 页。
③ 魏光焘：《拟设塔尔巴哈台协标营制饷章折》，载吴廷燮《新疆大事记补编·卷九中·郡县建置二》，第 23 页。

展直至乾隆朝统一新疆后始有创建。魏光焘对于战后新疆文化教育的发展极为关注。他指出："窃维作育人才，莫如书院，新疆僻处边徼，风气不齐，非诵法儒先，无以收经正民兴之效。"① 迪化州城原有一所书院，自经兵燹后荡然无存，广大士人也苦无读书之所，严重影响到当地文化的发展。光绪十一年（1885），刘锦棠和魏光焘次第到任后，选择迪化官房，酌量加以修整，调取镇迪道所属生童进行学习，以期恢复书院旧制。但因官房地势狭隘，书院规模仍然难以复原。不久，刘锦棠奏请裁撤乌鲁木齐都统一职，该职所遗迪化州城西北隅衙署，地势高敞，房屋较多。魏光焘向刘锦棠请示后，就地筹拨款项，派迪化县知县陈希洛雇人购置工料，改旧添新，将讲堂、斋舍、庖厨等书院所有需用建筑，全部修筑完毕。工程结束后，将其命名为"博达书院"，作为新疆全省士人肄业之所。为了给广大士子提供良好的学习条件，魏光焘派人从内地购买了经、史、子、集等书，以便士人学习。膏火和修金是书院赖以发展的重要条件，需要固定的款项方能经久。为此，魏光焘就地筹集了新湘平银共 2 万两，交于迪化县发商生息，作为书院的日常开支之用。山长对于书院的发展至为关键，魏光焘决定从内地延聘硕学之士担任其职，教育学生"以敦崇品行、屏黜浮华"② 为旨归，"课之以经解、策论、制艺、诗赋，以观其造诣"③。并于每年二月初旬，由巡抚亲临书院，甄别录取学生。学生膏火银粮的发放，经过巡抚和司道在每月轮流考核后，分别等级予以奖赏。博达书院创建后，在刘锦棠和魏光焘的共同努力下，很快走上了正轨。至刘锦棠离任，魏光焘继任护抚之时，书院学生人数呈日渐上涨趋势。学生经正规的传统教育后，文化程度得到了很大提高。为了进一步发挥书院的教化作用，魏光焘还将新疆南路所设义学中的一些优秀的维吾尔族学生调入博达书院，让其接受汉文化的学习和熏陶，以期起到传播中国传统文化和对新疆少数民族的教化作用。

---

① 《奏为甘肃新疆省城设立书院并筹款生息事》，中国第一历史档案馆：《军机处录副奏折·光绪宣统朝》，档号：03-6628-124，光绪十七年六月初四。

② 同上。

③ 同上。

七　与俄力争界务

魏光焘护理新疆巡抚期间，还有值得一提的就是力争帕米尔界务。

帕米尔自古以来即是中国领土不可分割的一部分。清代曾在该地设立八座卡伦，分别为苏满卡、巴什滚伯孜卡、雅什特拱白拜卡、图斯库尔卡、六尔阿乌卡、黑孜吉牙克卡、阿克素睦尔瓦卡、塔敦巴什卡。这八座卡伦肩负着拱卫帕米尔地区的边防重任。关于清代在帕米尔地区设立八卡伦之说，《新疆图志》中有明确记载："迨光绪年间收复新疆，刘锦棠始增设七卡于旧界之外，十五年又设苏满卡于伊西尔库尔淖尔北十里。"①

光绪十五年（1889），阿富汗与什克南发生战争。什克南人请求迁徙库尔巴伊充。魏光焘为了加强帕米尔地区的防务，派管带布鲁特旗官都司张鸿畴迅速带兵巡查内外卡伦，防止外人越卡。张鸿畴率部兵赶赴托巴什滚伯孜地方。距离该地 160 里有一地面苏满，该地"两山壁立，险峻异常"②，军事地位十分重要。乾隆二十四年（1759）平定大小和卓叛乱之时，曾用兵至此，在伊西洱库尔湖北勒碑以志其功。据碑文显示，"南面山才是拔达克山境，帕米尔一直西到此地，都属中国管辖"③。此碑无疑是中俄界址的有力见证。张鸿畴探明碑记时，石碑已残损不全，"满汉旧碑，仅觅获断石三块，已埋藏于人迹罕到之山内"④。为了加强对该地区的管理，张鸿畴请求魏光焘在苏满地区设卡布置，并选派"头目一名带部回数十户在彼驻守"⑤。该地区作为中国的门户。

苏满卡设立后，英俄两国均对该地垂涎已久，为争夺帕米尔展开了激烈角逐，俄国领事"尝言英人及阿富汗人垂涎帕地，英人杨哈班思亦言英属阿富汗与帕地密迩，恐为俄有，争之甚力"⑥。俄国塔什干总督调集了几千布鲁特马匹向帕米尔地区运粮，并带兵巡边。英国方面也采

---

① 王树枏：《新疆图志·国界志》卷八，上海古籍出版社 1992 年版。
② 王彦威、王亮：《清季外交史料》卷八十七，书目文献出版社 1987 年版，第 1546 页。
③ 《新疆历史论文续集》，新疆人民出版社 1982 年版，第 428 页。
④ 《清季外交史料》卷八十七，第 1546 页。
⑤ 同上。
⑥ 李之勤：《西域史地三种资料校注》，新疆人民出版社 2012 年版，第 271 页。

取了相应行动。时任喀什噶尔道向邦倬将这一情况及时向护理新疆巡抚魏光焘作了汇报，魏光焘深感帕米尔形势紧迫，于光绪十七年（1891）四月急派张鸿畴带兵驻防苏满。

就在魏光焘筹备防俄之时，俄方已做好了武力侵犯帕米尔的准备。之前俄方塔什干总督带兵巡边后，喀什噶尔道向邦倬曾派人照会俄国领事，认为"大小帕米尔系中国管地，贵国总督只能到交界之地"①。俄方领事在和向邦倬派出的人员面谈时，坚持认为塔什干总督巡边，"系俄属之卡拉库尔侧之霍洛果斯帕米尔，并非中属之苏满塔什之帕米尔"②。既然俄国领事已经承诺所巡边防为俄属帕米尔，魏光焘遂指令喀什噶尔道向邦倬再次照会俄国领事，要求在照会中写明塔什干总督所巡之地为俄属之帕米尔，但俄国领事拒不接受中方要求，并否认与中方面谈许诺之事。

俄方不仅食其所言，反而于光绪十七年（1891）六月二十二日派马兵从三路越界侵边。第一起进兵塔墩巴什与阿黑素睦尔瓦，第二起进占雪底拉，第三起驻扎伯什拱北孜，同时俄方步兵驻进苏满。又在阿克塔什、塔墩巴什交界处的毕依比达坂地方，竖杆粘帖，安抚当地布回（柯尔克孜人），并声称当地柯尔克孜人已成为俄国百姓。苏满卡驻防将领张鸿畴当即质询俄方，塔什干总督声称查勘道路，但此时塔什干总督已经带兵到达阿拉依。对于俄方越卡犯界，魏光焘于八月初五照会塔什干总督，提出强烈抗议，严正指斥其称兵越界行为。因俄军所侵卡伦，皆系中方所设，此次俄方无理侵犯，纯属野蛮侵略行径。在魏光焘的强硬态度下，俄方自知理屈，只好撤兵了结。

俄国退兵后，英国派杨哈班思也带兵到达塔墩巴什。对于俄英侵犯中国边界的行径，魏光焘当即向总理衙门做了详细汇报，在咨文中以大量可信的史实陈述了中俄帕米尔界址划分问题。他说：

> 查帕米尔地方，洪大臣图所载地名不一。在中国界内者曰帕米尔塔克墩巴什，在俄国境内者曰帕米尔哈尔果什，其在鲁善、舒格

① 《新疆图志·国界志》卷八。
② 同上。

南、瓦汉界内者曰帕米尔朗库里，曰雅什库里帕米尔，曰萨雷兹帕米尔，曰大帕米尔，曰小帕米尔，共有七处。又有一帕，横三百余里，直七八十里。苏满外卡，即在此处适中之地，为各部入中适中必由大道。此处现管旧界，与英俄均不相干。且有断缺旧碑，系乾隆间圣制平回勒铭伊西洱库尔之北，足为我地确证。①

魏光焘认为此次塔什干总督带兵巡边，其前队穿越中国卡伦并侵犯中国领土，实属违约行动。擅自给布回发放谕帖，也是无视中国主权的行为。此外，在俄兵违约入卡事后，喀什噶尔道向邦倬照会俄方领事提出抗议时，俄国领事在复文中诡称"塔督只至交界之依尔克什他木巡阅，并未赴帕。俄步马兵只一百一十余人，分三起赴各处打围，未至塔墩巴什"②。侵犯中国已是铁证，但俄国领事依然强词夺理，拒不认错。于是魏光焘请求总理衙门照会俄国公使，秉公办理，并希图通过此次事件给俄方以警示。

总理衙门对魏光焘所述情况极为重视，当即与俄国外交部进行协商，俄外交部理屈词穷，只好知会塔什干总督："嗣后不得越境，此次所立木杆，听中国拆毁。"③

此次俄方越卡侵犯中国主权，意在进一步觊觎中国领土。魏光焘毫不妥协，据理力争，寸土必争，体现出了强烈的爱国之情。正如他晚年所说：

> 余护理抚篆凡三年，与俄罗斯交涉，争回帕米尔地（帕米尔乃中俄交界之所，约地方千余里。先中国立有御碑亭，后被俄人占据。余造自照约章力争，俄理屈交还原地）。④

魏光焘料理完帕米尔界争后，上疏请求回籍省亲。清廷任命陶模为新疆巡抚，魏光焘出色地完成了护理新疆巡抚的任务。

---

① 《新疆图志·国界志》卷八。
② 《西域史地三种资料校注》，第273页。
③ 《新疆图志·国界志》卷八。
④ 《湖山老人述略》，第107页。

第四章　北上抗日

魏光焘开缺回籍后不久，即丁母忧在家守制。光绪二十年（1894年），中日甲午战争爆发。日本陆军大将山县有朋率领侵略军第一军占领朝鲜后，于光绪二十年（1894）十月二十四日偷渡鸭绿江，侵入中国辽东。随之，日本陆军大将大山岩统领第二军于花园口登陆，入侵辽东半岛，并迅速攻占辽东、辽南一些军事要冲。

其先，甲午陆战中，因李鸿章的淮军累战皆败，为了扭转战争危局，遏制日军的进攻态势，清廷决定起用湘军。两江总督刘坤一目击时局艰难，上奏密保魏光焘，请求备用。他说：前署新疆巡抚、新疆布政使魏光焘盘错久经，胆识俱壮，以新造之邦，穷荒之地，而能措置裕如，抚循尽善，迄今军民莫不追思，其方略诚有过人者。① 河南道监察御史易俊也认为"魏光焘前从军西讨，晓畅戎机，为左宗棠、刘锦棠所倚重"②。

在刘坤一等人的大力举荐下，清廷传谕魏光焘"招募刘锦棠旧部数营，迅速统带北上"③。张之洞飞速将朝廷旨意电传魏光焘。八月初六，清廷再次向张之洞询问魏光焘"现在有无覆信，拟募几营，何日启行，著张之洞再行催询电覆"④。

---

① 《两江总督刘坤一奏倭韩构衅密保文武大员备用折》，故宫博物院文献馆编印：《清光绪朝中日交涉史料》卷17，故宫博物院文献馆1932年印行。

② 《河南道监察御史易俊奏京师重地请添兵入卫折》，《清光绪朝中日交涉史料》卷17。

③ 《奉旨传谕魏光焘招募刘锦棠旧部数营速统北上事》，中国第一历史档案馆：《清代军机处电报档汇编》第1册，光绪二十年七月二十一日，中国人民大学出版社2005年版，第227页。

④ 《奉旨著催询魏光焘募营启行事》，《清代军机处电报档汇编》第1册，光绪二十年八月初六，第237页。

魏光焘奉旨后，于光绪二十年（1894）八月赶赴长沙一带，召集刘锦棠旧部，克期成军。但因丁忧三年未满，遂向清廷吁请终制。清廷此时因军务吃紧，表示"碍难准行"，令其将所召集的湘军募成 10 营，从中挑选精锐敢战之士，组成 6 营，由户部拨发军饷，到达直隶后再由李鸿章拨给弹药，命其迅速带勇北上，不得稍涉迟延。① 为了增强魏光焘部队的装备，清政府又谕令湖广总督张之洞力为筹措弹药。张之洞因湖北军械向来短缺，加之需办理江防，无从购觅。在清廷多次下旨催促下，张之洞只好致书两广总督李翰章，请求"拨给枪两千支，弹一百万，敝处当设法运回鄂，或付价，或还枪，此系奉旨催募之营，部可发款也"②。此外，张之洞还致函两江总督刘坤一与上海制造局：

> 电旨催魏光焘募营北上，急如星火。但湖南并无后膛枪，湖北亦甚少，仅有林明敦数百枝，弹太少。上海制造局此枪素多，江南营久已不用此枪，祈饬沪局及金陵局查明，如林明敦尚有积存，望拨给一两千枝，弹一百万，即当派员往运。似于江南防务无损，而魏军可以成行，究竟有胜于无。不然，新军无械不成事体。应付价若干，示知照付。③

张之洞将军械提供充足后，清廷因日军趋重朝鲜北路，奉省边防吃紧，谕令张之洞催令魏光焘迅速启行，毋稍延缓。④ 魏光焘向张之洞提请于九月初旬带领所募湘军 6 营起程。在此期间，清廷谕旨严催甚急，一路催促魏光焘紧急行军。从以下清廷所发谕旨可见对魏光焘所部的急切期待之情：

> 奉旨，电寄张之洞，电奏已悉。魏光焘九月初旬起程，所募湘

---

① 《奉旨著魏光焘现募湘勇六营迅带北上事》，《清代军机处电报档汇编》第 1 册，光绪二十年八月十一日，第 240 页。

② 苑书义等：《张之洞全集》，河北人民出版社 1998 年版，第 5794 页。

③ 《张之洞全集》，第 5795 页。

④ 《奉旨著张之洞催魏光焘迅速揣行北上事》，《清代军机处电报档汇编》第 1 册，光绪二十年八月二十一日，第 246 页。

勇，自己足六营之额。现在津防甚急，著张之洞再催魏光焘兼程前进。毋得延误，钦此。①

光绪二十年九月乙亥：电寄张之洞，近据电奏，魏光焘九月初旬启程，已有旨催令兼程前进，著张之洞再行传知该藩司速即启程，一俟行抵湖北，即将取道何路行走，先行电闻，仍催令迅速北上，毋稍逗留。②

光绪二十年九月癸卯：电寄刘坤一，魏光焘于九月二十四日已到江宁，现在无论行抵何处，著刘坤一转电赶紧催令趱程北上，如无电报可通之处，并著设法由飞马严催，毋稍延缓。③

光绪二十年十月癸亥：电寄李秉衡，魏光焘已抵蒙阴，著李秉衡再行飞催前进，不得逗留。④

光绪二十年十月丁卯：魏光焘所部到津后，著李鸿章饬令赴山海关一带驻扎，归吴大澂节制，毋庸来京陛见。⑤

12月18日，清政府授予两江总督刘坤一为钦差大臣，"关内外防剿各军均归其节制"⑥。魏光焘奉命到达山海关后，归湖南巡抚吴大澂节制。刘坤一因抗日军队云集于关东，宋、吴两帮办亲临前敌，所有防剿事宜急需设立营务处，以资襄助。并奏称魏光焘"胆识深稳、纪律严明，堪以胜任"⑦。请求督办军务处以魏光焘管理营务处。清廷接到电旨后，令刘坤一酌量覆奏。刘坤一再次电奏督办军务处：

坤一因宋、吴两帮办均经向前，湘、淮诸军并集，惟魏光焘性情和厚，颇得人心，且纪律严明，为各勇所惮，是以委为前敌营务

---

① 《奉旨著张之洞再催魏光焘兼程前进事》，《清代军机处电报档汇编》第1册，光绪二十年八月二十八日，第257页。
② 《清实录·德宗实录》卷348，光绪二十年九月乙亥。
③ 《清实录·德宗实录》卷350，光绪二十年九月癸卯。
④ 《清实录·德宗实录》卷352，光绪二十年十月癸亥。
⑤ 同上。
⑥ 朱寿朋：《光绪朝东华录》第三册，第3515页。
⑦ 刘坤一撰，陈代湘、何超凡、龙泽黯、李翠点校：《刘坤一奏疏》，岳麓书社2013年版，第1505页。

处，以资联络而期整顿，为宋、吴两帮办之助，并非派为坤一行营营务处也。仍祈俯允所请，当饬魏光焘努力图报。①

此时，日军已攻占鞍山站，发动了辽河下游之战。这一战役是关系到中日双方战争胜负的最为关键的最后一战。日军设计的辽河下游第一个战役即是攻占牛庄。于是，魏光焘率部开始了保卫牛庄的战斗。

牛庄位于辽河下游以东，为辽南重镇，地处海城以西 20 公里处，依傍太子河，东靠海城，南接营口，北通鞍山，是东北地区最早的水路码头和贸易中心之一。该镇无城郭可守，仅在市街出入口处修筑 30 厘米厚的土墙为垒②，市街四周一片平地。清廷在此设立了为东征湘军后路筹集军需的粮台，日军进犯前，牛庄除少数留守兵员外，并无清兵大队镇守。魏光焘闻日军由鞍山站以大股骑兵乘虚直捣清军后路牛庄情报，急忙由海城西四台子率湘军 6 营 3000 多人，赶至牛庄进行防守。

光绪二十一年（1895）三月三日晚，桂太郎率日军第三师按预定作战计划，从鞍山站奔向牛庄，当晚进至将军屯，第一军司令部与第五师团司令部均宿营于汤岗子。随后，日军第一军野津道贯中将命令第三师团越过耿子庄，第五师团从北龙寨分南北两路进犯牛庄。日军的具体部署如下：

第五师团自紫方屯一带，沿大道进攻清军的正面和右翼；第五（三）师团离开大道，进攻清军左翼，并截断清军退路；两个师团一起包围敌人。③

不久，日军第三师团又按照野津道贯司令官的意图，调整了军事部署：

原作为左翼支队过小钟屯到达金家台之大迫少将的部队，3 日

---

① 《刘坤一奏疏》，第 1505 页。
② ［日］黑田甲子郎：《牛庄占领续记》，《日清战争实记选译·辽东之役》，《中日战争》丛刊续编，第 8 册，中华书局 1994 年版，第 428 页。
③ 同上书，第 426 页。

午前 6 时作为前卫自金家屯出发，过普赖屯到古城子；原作为师团主力及前卫的大岛少将的部队，作为主力直属于师团，并于当日午前 7 时从将军屯出发，进到耿子庄；第十九联队林大队作为右翼支队。①

此外，日军第七联队富永大队组成鞍山站支队，留守鞍山站；第十九联队小原大队组成宾山子支队，开赴宾山子，共同对辽阳方向的清军实行警戒。三月四日，日军各从其驻地出发，鞍山站支队向海城前进，宾山子支队则向牛庄进犯。至此，日军已完成对牛庄的包围。牛庄战役可分为外围战和巷战两个阶段。

第一节　外围战

光绪二十一年（1895）三月三日凌晨，日军第三师团主力从将军屯出发，当日下午进至耿子庄。次日，按野津道贯司令官的计划，日军对牛庄发动进攻的部属是：第三师团沿着牛庄城北道路前进，攻击牛庄之西北；第五师团进犯牛庄之东北。其中，第五师团第十旅团第二十二联队由富冈中佐指挥，从牛庄北部进攻；大岛义昌旅团长率混成第九旅团主力从牛庄东北进攻。② 第五师团第五旅团第十八联队（佐藤联队）在旅团长大迫尚敏亲自督率下作为前卫，从牛庄正北方向进攻；混成第六旅团由旅团长大岛久直率主力从牛庄正面进攻。同日清晨 4 时许，江苏补用道李光久得知日军向牛庄扑去，"即率队回援，及抵牛庄时，武威军交战已久"③。当日上午 7 时，日军大迫尚敏指挥下的佐藤联队，"从古城子出发，于邢家窝坊与自耿庄子开来的第三师团主力会合"④。

9 时，日军第三师团首先从牛庄正北方向发起了进攻。魏光焘率清军和武威军分成左、中、右三营反击从西北方向进犯的日军，亲率大营

---

① 《牛庄占领续记》，《日清战争实记选译·辽东之役》，第 436 页。
② 同上书，第 437 页。
③ 故宫博物院：《清光绪朝中日交涉史料》卷 36。
④ 易顺鼎：《盾墨拾余·魂北魂东杂记》第 5 卷，《中国近代史资料丛刊·中日战争》第 1 册，新知识出版社 1956 年版，第 123 页。

炮队抵御北路日军。

为了抢占邢家窝坊至牛庄北口的凹道两侧阵地，日军炮兵第三联队长在柴野岛大佐指挥下，将六匹马牵引的野炮 12 门、马驮之山炮 12 门，排列在 1 米高的土坡上。凹道两侧各排列 12 门火炮，向清军阵地密施以排炮。魏光焘一面令炮兵予以迎头还击，一面利用民家墙壁进行埋伏，诱敌深入。日军随排炮轰击之后，大迫尚敏亲自督率其前卫队，由所属第十八联队长佐藤正率领的部队成散兵线，首先发起冲锋。清军在牛庄城北口约 40 米处，修补农舍土墙，"作为堡垒"，静待日军靠近。日军中岛大队冲至距该"堡垒"约 100 米处，清军突然发起攻击。此刻，日军处于"平坦开豁地面，毫无地物隐藏"的被动挨打境地，他们在清军的猛烈火力打击下，"死伤非鲜"①，但日军以众多兵力终于侵占了这个"第一堡垒"。与此同时，日军各部联合并进，"逼近城北端之家屋"，魏光焘命所部炮兵继续用猛烈炮火攻击日军，日军前卫队第十八联队长佐藤正大佐右腕、左膝关节均被弹片击伤，幸免一死。②正酣战之间，"忽另出一股，围我驻扎之所，光焘挥兵力敌，炮雨横飞，总兵萧有元中炮伤重，左哨、右哨、正副哨弁同时阵亡，卫队亦多带重伤"。"而日军则愈积愈厚，伏首钻进，炮雨横飞。"③ 清军虽然"顽强抵抗，接战格斗"④，终因众寡悬殊，战至上午 11 时 30 分，牛庄城北清军被迫退入街区巷内。

四日，日军第五师团按预定计划，继续向牛庄靠近。进攻序列是：大岛义昌所率前卫队不变，原属主力的炮兵第五联队所属的山口大队和野炮一个中队、骑兵第五大队的一个骑兵小队组成左翼队，迂回到牛庄至营口大道上，妄图切断牛庄清军的退路。上午 10 时许，大岛义昌率领的前卫队在牛庄东面向清军发起了进攻。不久，日军第五师团长奥保巩中将命令第五师团主力进驻紫方屯。

当日下午 1 时许，奥保巩命令日军前卫司令官大岛义昌率领的前

① 《牛庄占领续记》，《日清战争实记选译·辽东之役》第 8 册，第 427 页。

② 同上。

③ 易顺鼎：《盾墨拾余·魂北魂东杂记》第 5 卷，《中国近代史资料丛刊·中日战争》第 1 册，第 123 页。

④ 日军参谋本部：《明治廿七八年日清战争史》第 27 章，第 130 页。

卫队，从牛庄东部正面发动进攻，其附属于前卫队的山炮中队抢占紫方屯西北端阵地，炮击清军阵地的突出部分。日军步兵在炮火掩护下在紫方屯的西边、牛庄的东北方向清军阵地进攻，奥山大队为第一线。清军阵地前沿是一片开阔地，仅有几座坟墓凸起。① 魏光焘令清军在城区内设墙堡，在房屋的墙壁上凿枪眼，使用无烟火枪射击日军，并以6门加特林速射炮向日军猛烈开火。日军死伤无数。② 但是，奥山大队、森大队在大岛义昌旅团长、武田大佐的督令下冲锋，清军"伏河沟间，恃土墙为障，诱贼及近"③，再行还击。此刻，日军的山炮中队、野炮中队也在紫方屯的西南端占领了阵地。日军第五师团的预备队渡边大队、竹田工兵中队，以及作为第一军的总预备队仙渡大队也进入了紫方屯的西南端。于是，双方枪炮齐施，"声如百雷齐鸣，万狮齐吼，震耳欲聋"④，"弹丸纷飞如雨，硝烟暗澹蔽空"⑤，战斗异常激烈。这时，日军派出混成第九旅团第二十一联队第一大队，在第二十一联队长富冈三造中佐和第一大队长今田唯一少佐率领下，离开紫方屯进攻清军右翼，抢占东关的木桥。桥东地势平坦，毫无掩遮，"弹丸如雨，硝烟暗淡，几乎咫尺不辨"，清军发射一弹，爆炸后弹片击穿了今田唯一少佐的咽喉，登时毙命。⑥ 日军第二十一联队长富冈三造气急败坏，亲自督战猛攻，清军奋勇抵抗。在激战中，新湘军、武威军"前营管带总兵龙恩思项颈及足受伤甚重，所部勇丁仍抵死拒贼。后营管带副将罗吉亮伤颏及足，帮办游击魏极富阵亡"⑦，战至中午12时30分，日军终于越过木桥，攻入街区。至此，日军在第三、第五师团的攻击下，清军牛庄外围全被攻破，阵地尽失，战斗转入街区。稍后，日军第五师团长奥保巩在参谋、副官的保护下，来到牛庄城外的独立家屋，日军师团本部暂

---

① 《牛庄占领续记》，《日清战争实记选译·辽东之役》第8册，第437页。

② 《清光绪朝中日交涉史料》第36卷。

③ 《盾墨拾余·魂北魂东杂记》第5卷，《中日战争》丛刊，第1册，第123页。

④ 《牛庄占领续记》，《日清战争实记选译·辽东之役》，《中日战争》丛刊续编，第8册，第427页。

⑤ [日]川崎三郎：《日清陆战史》，东京博文馆1897年版，第9卷，第506页。

⑥ 《牛庄占领续记》，《日清战争实记选译·辽东之役》，《中日战争》丛刊续编，第8册，第437页。

⑦ 《清光绪朝中日交涉史料》第36卷。

时设在这里。日军第五师团第二十一联队在攻占牛庄城东郊战役中，夺得清军加特林炮六门、第二十二联队夺得清军山炮两门。清军作战陷于被动局面。牛庄防御战进入巷战阶段。

第二节　巷战

四日中午过后，日军第三师团所属第五旅团和日军混成第六旅团，分别从牛庄城东北、北面和西北三个方向，日军第五师团由东北和东南，即四路一齐向牛庄城区发动了猛烈进攻，清军和日军展开了激烈的巷战。混战中清军退路被切断，失掉统一指挥，被优势日军分割包围成几十个战斗集团，多则几百人，少则数十人，各自为战，进行分散抵抗。日军也划分成几十个小部队，与清军混战。"城内到处发生剧烈的巷战……各队相互错综，战况极为复杂。"①

富冈三造率领日军第五旅团之一个中队，首先从西北冲入牛庄城。据一栋民房抵抗的清军，顽强战斗，厮杀极为惨烈，最后全部殉难。稍后，日军左右迂回，继续搜索。其中有百余名清军在一个大院内，利用外围的石墙作掩护，誓死抵抗，"毙贼无算"②。日军无计可施，最后派来工兵用100多公斤的地雷炸药，分三次埋在围墙下，引爆地雷将围墙轰塌，冲入院内。在日军工兵埋设地雷炸药时，清军子弹用尽，便用墙上砖石打击敌人，砸死、砸伤日军多名。与此同时，日军第六旅团分兵绕至牛庄城西南部进攻，部分清军在营官黄某率领下，在当铺内守御抵抗。该当铺系清军火药库，外面围砌厚实的砖墙，清军据墙以守，日军屡攻不下，伤亡惨重。于是，便在东西两侧民房纵火。清军在熊熊烈火和滚滚浓烟中坚持抵抗，"毫不少屈"。最后，日军又运来两门山炮进行轰击，弹药库终被炮弹击中，燃起大火，火药爆炸，子弹横飞，守库清军大部壮烈牺牲。③随后，日军攻入街区十字路口处，清军扼守路口西南、东南二角上的建筑物，从里向日军猛烈射击，战斗呈胶着状态，

---

① 《明治廿七八年日清战争史》第27章，第146页。
② 《帮办军务湖南巡抚吴大奏报牛庄失事情形并查明阵亡员弁请交部议折》（1895年3月17日），《清光绪朝中日交涉史料》第36卷，第19页。
③ 《日清陆战史》第9卷，东京博文馆1897年版，第502页。

敌我混杂，"几莫能辨"，可见战斗之激烈。

日军第五师团长大迫尚敏少将率部进入牛庄城东北之外围，即向街区进犯。清军凭借城镇出口处的 30 厘米厚的墙壁，阻击日军进攻。同时，在城镇内，又以高大房舍为防御点，抵御日军。日军第五师团所属混成第九旅团第二十一联队，在联队长武田大佐督率下，第一大队和第三大队，在奥山义章和今田带领下，经过两个多小时的反复冲杀，才夺取城东清军第一线防御阵地。但是，清军"仍然据民房死守"，日军屡攻不克，"伤亡无数"。经过"一次又一次地冲锋，（日军）终于夺取了数处敌军（清军）据点"[①]。清军在敌众我寡的不利形势下，退守太平桥以东的郅兴隆烧锅和牛庄衙门内，处境艰难，但仍拼死抵抗。日军也不得不承认这支清军"最顽强、支持最久"[②]。

时至下午 4 时许，正当魏光焘所部新湘军（武威军）与日军战斗得"鼓衰力竭之际"，道员李光久率老湘军 5 营约 2000 人，从海城西三台子前线赶回牛庄增援。当即分兵三路，"以前左营为右路，向关帝庙等处攻入，以右后营为左路，向海神庙等处攻入，以中营及马步小队为中路，向牛庄土城一带攻入，一进街口，即与该贼巷战"，与日军"血战竟日"，毙贼无数。[③]

日落西山之前，日军重点向牛庄郅兴隆烧锅和牛庄衙门进攻。牛庄烧锅内约200多名清军，拼死抵抗，施放排枪。由于清军据险坚守，日军进攻屡屡受挫，第五师团长奥保巩"遂命令各队停止射击，由工兵中队破坏其墙壁"[④]。于是，日军工兵中队长竹田大尉率领一个小队前去爆破，士兵用炸药炸坏郅兴隆烧锅的墙壁，炸开了一大豁口。但是，清军面对日军猛烈的炮火攻势，依然拼死坚守，顽强抵抗，迫使日军仍不能前进一步。这样，日军不得不组织第二次爆破，大批日军自爆破口冲进去，清军终于不支。日军第二十二联队所属第三、第四中队，首先冲

---

① 《牛庄占领续记》，《日清战争实记选译·辽东之役》，《中日战争》丛刊续编，第 8 册，第 428 页。

② 同上。

③ 《清光绪朝中日交涉史料》第 36 卷。

④ 《牛庄占领续记》，《日清战争实记选译·辽东之役》，《中日战争》丛刊续编，第 8 册，第 429 页。

入郅兴隆烧锅，至此全院终被日军侵占。

但是，日军并未停止进攻，其重要目标是牛庄衙门。进攻牛庄衙门的是日军步兵第二十二联队的半个大队，该队隔着木头桥与据守牛庄衙门的清军交火。双方战至日落，日军停止了进攻。随后，日军第五师团长奥保巩划定了夜间警戒区域：前哨线在辽河左岸；步兵第二十一联队以太平桥为右翼，以木头桥为左翼，步兵第二十二联队以木头桥为右翼，左至柳屯桥，并对这两个区域实行警戒。并严令："除万不得已，不得进行夜间射击。"① 是日晚，双方战斗仍在进行。其主要战区集中在日军第三师团进攻的地域内。为了防止伤害自己，第三师团长桂太郎特意命令"因恐枪击误伤自己人……夜间攻击只准使用刺刀"，但枪炮声依然不断。尽管清军拼死据守，由于敌众我寡，城区东北及西南的主要街道均被日军侵占。日军混成第六旅团长大岛久直妄图全歼清军，在牛庄城西面，指挥三好联队冲击前进，沿大洋河一带攻入城区，一部分沿大道向北返，一部分向南过桥，与在通往营口大道上扼守清军退路的第五师团之山口大队相接，使清军"失去退路"②。

至当晚 10 时许，魏光焘、李光久率部分清军由牛庄城西突围，途中遭到日军第三师团混成第六旅团大岛久直部之追击，双方展开激烈战斗，清军伤亡很大，但以伏击战术将日军击退。日军利用在各街口要道纵火，切断清军退路，"我军肝脑涂地，惨死万状"③。深夜，巷战仍未停止，未及冲出城去的清军在顽强地坚持战斗。一直到子夜零时，魏光焘、李光久所部才完全撤退出牛庄城，其中部分清军突出重围后，投向田庄台方向，牛庄最后失守。但李光久拟在距牛庄 15 公里处扎寨再战，试图以坍塌的短墙为掩护，周围遍插旗帜，使日军"不知我众寡"，坚决阻击，"日兵追至，又毙（伤）百数十人，乃退"④。

---

① 《牛庄占领续记》，《日清战争实记选译·辽东之役》，《中日战争》丛刊续编，第 8 册，第 430 页。

② 同上书，第 439 页。

③ 姚锡光：《东方兵事纪略·辽东篇》，《中国近代史资料丛刊·中日战争》第 1 册，第 49 页。

④ 朱孔彰：《半隐庐丛稿·李健斋廉访牛庄战事》第 3 卷，第 6 页，《中国近代史资料丛刊·中日战争》第 6 册，第 305 页。

三月五日天刚破晓，留在牛庄城的十几名清军出现在木头桥头，向日军哨兵猛射。接着又从数处墙壁的后面向日军开枪，迫使第五师团长奥保巩中将急令各部队到师司令部周围集合。稍后，日军第一军司令官野津道贯也率司令部与第五师团司令部会合。由于零散清兵的各自为战，日军指挥官遂下令"执剑挨户搜查，杀人无算"①。日本《东京日日新闻》战地特派记者黑田甲子郎目睹了牛庄城"路旁扶尸相枕"、酒店门前"筑成的尸山之间流出几条浑浊的血河"之惨状。酒店院内堆满了死尸。②

魏光焘等率部虽在牛庄仅防御一昼夜，然而，这24小时的战斗，却是中日甲午战争以来最惨烈、最残酷的战斗。战斗结束，中日两军伤亡人数记载不一。据日方记载：清军阵亡官兵1880余人，负伤700余人，被俘698人。③营、哨官伤亡殆尽，统帅魏光焘、李光久幸免于难。牛庄失守时，清军遗弃大炮24门，步枪1800余支，子弹39万余发，炮弹700余发，另有大批粮秣、马匹和辎重，是甲午陆战中清军的一次重大失败。日军死伤的将卒仅398人，其中第五师团军官死亡：今田唯一中佐；负伤人员中包括：田边、大久保、中屋等3名中尉及第三师团佐藤大佐。但是，中方记载与日方记载的数相差甚远。④

魏光焘所部湘军在牛庄防御战中打得十分勇敢顽强，得到中外记载的公认。许多将士负伤不下火线，坚持抗敌。如魏光焘的武威军"左营管带总兵余福章受伤坐地，犹持刀督战，随即中炮阵亡。右营管带提督沈宝堂，两臂中弹皆折。帮带参将陈胜友战死"。前营帮带提督邓敬财力战，中炮身亡。后营管带罗吉亮颊足负伤，仍"督战不休，裹入贼围，仍于枪炮中冲出"。李光久的老湘军中营游击王得志"右手伤重，

① 《日方记载的中日战史》（选译），《中国近代史资料丛刊·中日战争》第1册，第279页。

② 《牛庄占领续记》，《日清战争实记选译·辽东之役》，《中日战争》丛刊续编，第8册，第430页。

③ 日本参谋本部：《明治廿七八年日清战史》，东京印刷株式会社1904年版，第27章，第170页。戚其章在《甲午战争史》第323页注⑥认为"清军实际阵亡者多1400人，另700余死者皆平民"，死者共2100余人。

④ 《半隐店丛稿》中称："日兵追至，又毙百数十人，乃退。是日共杀日兵一千五百余人。"见《中国近代史资料丛刊·中日战争》第6册，第605页。

犹往复力战，旋即阵亡。知县黄光楚、云骑尉谢克松、文童邓汪汇、刘必蛟等，各率亲兵往来策应，俱力战阵亡"。后营管带提督谭桂林追贼中炮阵亡，右营哨弁周国堂、后营哨弁胡锡吉手足受重伤，下落不明。左营管带提督贺长发、哨弁都司邓翔麟负伤，左营帮带提督阳厚德、哨弁都司殷成谱均受重伤，不知下落。中营哨弁邓汉南"手掌中炮断骨"[①]。"有一营官受伤不能战，据地而坐，挥兵直前，竟斩日军官一人。"[②] 表现了不屈不挠的精神。

魏光焘本人在战斗中"以孤军血战，短衣匹马，挺刃向前，督战苦斗，三易坐骑"[③]。李光久率部血战，至"子弹俱尽，不能不率队冲突而出"[④]。

对于魏光焘及其所部湘军在牛庄之役中的出色表现，著名历史学家戚其章在《甲午战争史》一书中予以了高度评价：

> 牛庄之战是一次以弱抵强的战斗。据统计，日军进攻的兵力有步兵十三个大队、骑兵四个中队、炮兵八个中队、工兵三个中队，合计一万一千八百余人。而清军防守部队为魏光焘武威军六营三哨和李光久老湘军五营二哨，共十二营六千人，仅及日军兵力的半数。战斗开始时，武威军以三千三百人独力抗击三四倍于自己的敌人。魏光焘"以孤军血战，短衣匹马，挺刃向前，督战苦斗，三易坐骑"，"裹创喋血"，表现十分出色，连日人也不得不赞武威军道：
>
> "其能久与日军交锋者为武威军，奋死决战，力守至一昼夜，实清军中所罕睹也。"李光久闻警后率老湘军二千四百人回援，这时敌人已攻入牛庄，但清军仍然"直前搏战，兵已陷入死地，无不以一当百"。这两支湘军面对强虏，毫无惧色，不惜肝脑涂地。其英勇无畏的爱国精神和慷慨壮烈的英雄气概，真可动天地

---

① 《清光绪朝中日交涉史料》第36卷。
② 朱孔彰：《半隐庐丛稿·李健斋廉访牛庄战事》第3卷，第6页，《中国近代史资料丛刊·中日战争》第6册，第305页。
③ 《清光绪朝中日交涉史料》第36卷。
④ 同上。

而泣鬼神！①

牛庄之役后，清廷以湖南巡抚吴大澂大言无实、难期振作为由，降旨撤去帮办军务一职，赴京听候部议。并命刘坤一传知吴大澂，将其所部总兵刘树元统带亲兵 6 营、参将谭鼎忠管带护卫 1 营、副将吴元恺统带湖北炮队 4 营、道员左孝同统带忠信 5 营、编修曾广钧统带钢武 2 营（又续募一营）、已革副将郭云管带卫队 4 哨，共 19 营哨，移交魏光焘暂时统带。②魏光焘接统吴大澂所部后，刘坤一上奏请求委派魏光焘为帮办军务，准其专折奏事，以重事权。刘树元一军交由魏光焘接统后，清廷令其查明予以裁并和整顿，"将来应如何分扎联络，相机剿办之处，由魏光焘与宋庆筹商办理"③。之后，魏光焘将其所统部队进行了清点，除了马队 2 起损失不大外，共计 7 营 3 哨 3300 人，阵亡 900 多人，收集 2200 多人，其中受伤 300 多人，魏光焘又新募士兵 1000 人补足旧额。为了补充损失的兵力，魏光焘派人在湖南陆续招募两营，从光绪二十一年（1895）二月初四由湖南开拔，赶赴军营。

不久，中日和议告成，《马关条约》签订，刘坤一虑及山海关守军熊铁生 10 营和周兰亭炮队两营兵力单薄，难资防守，故奏请调魏光焘统带所部回扎山海关。清廷准其所奏，并令魏光焘"将所部三十营从严挑补，务使一律精壮"④。

魏光焘接奉谕旨后，率部于八月十二日由锦州拔队启行，十七日抵达山海关。魏光焘到达驻所后，很快即投身于山海关的军事防务之中。首先，对山海关一带的地势进行了勘察，同时详细筹划驻防部队的撤留问题。他认为尽管中日签订了和约，但海防极为关键，务必及时加强和整顿海防。而要保证防守的稳固，则必须进行周密、详细地部署和规划。并要有一种危机感，"时时如对大敌，未可以旦夕无事，遂稍松懈"⑤。此外，基于甲午战争的经验和教训，魏光焘对敌我用兵

---

① 戚其章：《甲午战争史》，上海人民出版社 2013 年版，第 276 页。
② 《刘坤一奏稿》，第 1515 页。
③ 同上。
④ 《清实录·德宗实录》卷 374，光绪二十一年八月壬申。
⑤ 《宫中档光绪朝奏折》第九辑，第 326 页。

的情况作了一番分析，他指出：

> 洋人用兵，其所长惟在枪炮，彼之所利，我亦利之，则必有炮队以相辅，而后步军有所恃。洋人之战，惯用包抄，队伍如墙而进，我惟待之以散庶，可避其枪子之丛密，然必兵力较厚，方能散而不觉其单，又必有马队辅翼之，而后可以张声势制抄击。[①]

为了惩前毖后，做好当前的防务工作，魏光焘对山海关的防守部队进行了整合。将所部湘、鄂各军 26 营 3 哨和两起马队，除了忠信五营籍贯比较复杂，性情不齐外，魏光焘将湖南抚标卫队 1 营裁撤，遣归原来部队。提督杨金龙、万本华统领两军 12 营，因此二人都以亲老请求回籍，不再进行整编。其余部队逐一严格挑选，汰弱留强，以加强山海关地区的防务。对部队的整编如下：

> 湖南抚标亲兵六营，可以调并五营；武威恺字各营，可以挑并十四营二哨，并商由督臣刘坤一饬拨两江总督标护军三营；总兵张星元所带铁字五营，道员李光久所带老湘忠字一营，拟均名以武威，分为中前左右后五军。每军五营，以中军为炮队，余借枪队，其马队现有两起，拟再挑选两起，编为前后左右四旗，即派提督贺长发、汤秀齐，总兵张星元、龙恩思，已革副将吴元恺、副将罗吉亮等统之。[②]

魏光焘亲自统领武威大营 1 营，左右护卫 2 营，亲兵 2 哨，合计 28 营；此外 2 营即以马队 4 起，亲兵 2 哨抵之。经过整编后，驻守山海关的部队的防务力量得到了加强。

部队整编后，魏光焘对部队进行了精心部署。山海关位于辽宁和直隶的陆路要冲地带，甲午战后，旅顺和威海的门户洞开，海防尤为关键。外国游轮不时游弋于中国海面一带，而中国防军仅在海岸，并无兵

[①] 《宫中档光绪朝奏折》第九辑，第 326 页。
[②] 同上书，第 327 页。

舰进行阻拦。为了遏制外人对于中国领土的觊觎和侵犯，魏光焘就地进行了统筹分布。派张星元率领右军驻扎山海关正南的孙家庄一带，同驻防澄海楼的副将卞得祥的炮队联为一气；调令吴元恺率领中军分扎在红墙子、八里堡等处，以屏蔽东面；龙恩思的后军驻扎东北的吴公岭青石沟，以防敌人抄袭；贺长发率前军驻扎关城西十里的红瓦店，以顾后路，并防护西北由石门寨建昌的小道；罗吉亮率领马队分扎回马寨二郎庙一带，以备应援而资巡缉。① 魏光焘自率亲兵大营护卫营驻扎关城的威远城，该处地势稍高，位于全山海关的中间地带，可以四面兼顾。

魏光焘对驻防部队进行部署后，赶赴天津，与刘坤一会商后，双方获得了一致意见。然后魏光焘对于部队的纪律进行了大力整饬，并督率各将领勤加操练和训诫，一洗以前防军的骄堕积习。

魏光焘自新疆开缺回籍后，即在湖南家乡以奉亲归养为志，但甲午战争李鸿章淮军的窳败，迫使清廷不得不重新起用能征惯战的湘军老将。魏光焘作为长期征战南北的宿将，遂成为清政府可资倚重的力量。在清廷的多次催促下，魏光焘只好移孝作忠，在丁忧未满“请求终制”却“碍难准行”的情况下，不顾自己已经56岁的年纪，急忙召集旧部，募集新湘军3000人，于光绪二十年（1894）九月开赴山海关，取道锦州，兼程北上辽东抗日。军行3个月，冰天雪地，奔驰万余里。与日军拼死血战牛庄，表现了魏光焘作为旧时代的一位军人强烈的爱国之情。后来他回忆与日军奋战的情景时，曾写下了一首极具豪迈气势的诗句：

> 东洋小丑犯牛庄，
> 士尽争先血染冈。
> 大炮长枪何所惧，
> 要将胆剑斩豺狼。

这首诗言简意赅，颇具爱国激情，充分体现了魏光焘誓死保家卫国、抵抗日本侵略的坚定决心。

---

① 《宫中档光绪朝奏折》第九辑，第 327 页。

第五章　主政陕西

光绪二十一年（1895）八月十九日，清廷任命魏光焘为陕西巡抚。陕西曾经是魏光焘追随左宗棠多年转战之地，对于该地的情形较为熟悉。魏光焘奉旨后，上疏请求赴京述职并聆听圣训。

第一节　裁兵节饷

魏光焘回归陕西巡抚本任后，为了加强陕西地区的防务，对陕西的军队和防区进行了大力整顿。

首先，改革陕西防军和练军。魏光焘将整顿军队作为稳定地方的首要举措。陕西幅员辽阔，东西相距 900 多里，南北相隔 2400 多里。地理位置上与河南、湖北、四川、山西、甘肃接壤，各省交界地区的防务极为关键。尤其是和陕西邻近的甘肃地区，自光绪二十一年（1895）河湟事变爆发后，陕西多次派出军队以剿为防，致使南北山各处防营空虚。尽管河湟事变业已平息，关内外得以安定。但河州、狄道的汉回关系依然比较紧张，谣传时有发生。陕西西部紧接甘肃平凉府属及清水县的张家川等地，而平凉和清水的张家川地区又是同治年间安置回民的重要地点，回族众多。加之"从前晋豫灾荒，客民播迁纷至，良莠不齐，川楚会匪时复混迹南山，勾结生事，非得营汛查拿，不足以资震慑而靖闾阎"[①]。因而魏光焘深感有必要加强对防营的管理。但此时陕西饷源极为紧张，又恐防范难以周密。经过多方考量后，他决定根据现有各营旗酌情予以变通，妥善布置，以期有备无患。于是先对陕西军队进行了

---

① 《宫中档光绪朝奏折》第十辑，第 370 页。

清查。除以前已经裁撤的永定6营和镇安2营之外，光绪二十一年（1895）赴甘援剿的永兴6营，还剩余马步19营旗，加上抚镇各标练军12营旗，陕西省共有部队马、步31营旗。为了节省财政开支，应酌情加以裁减。具体规划是：镇安3营，已经饬令回至河南遣散；正饷截止到光绪二十二年（1896）十月二十日，加发1个月行饷，让其安心回籍；援甘的永兴一军，经魏光焘和陕甘总督陶模商议后，调回陕西，然后加上存防各军裁并挑留，编成步队13旗，马队4旗，开花炮队1旗，合为马步18旗。① 以前防军人数多寡不一，饷章参差不齐。经过裁并后，饷章也应整齐划一。为此，魏光焘制定了新的防练各军饷章：

> 步队饷项，拟仿照甘肃新更章程，马队拟照楚军坐粮章程，统计改并各旗与标营练勇，共留马步三十营旗；回兵一起，查本年防练各营旗饷项及北山州县防勇口粮、制造善后经费，共估银四十四万四千四百余两，又另请估拨永定、永兴、镇安等军月饷，截止先后裁撤改并之日止，共银三十九万一千余两，统计实需银八十三万余两。②

经过改定后，各营旗薪饷、防勇口粮、制造善后经费，每年实际支出白银52万两，这与往年的常饷相比，稍有增多。但如果除去永定、永兴、镇安各军的月饷，实际减少了很多。之后，魏光焘对于改定后的防练各军做出了部署：以步队5旗、马队1旗驻扎省城西安附近城池，督饬加以认真训练，平时按期操防并负责巡逻和稽查；一旦战事发生，足以应备征调；其余各旗，分别择要扼扎，加意巡查，随时操练，俾成劲旅。③ 等甘肃汉回关系和社会局势稳定之后，再对陕西防练各军切实裁减。魏光焘将自己整顿军队的计划同陕甘总督陶模电商后，陶模表示同意。改定后的防练各军饷银，由陕西布政使统一在每年估算项下拨发。

光绪二十二年（1896）十二月十六日，户部因财政支绌，上奏请

---

① 《宫中档光绪朝奏折》第十辑，第370页。
② 同上书，第371页。
③ 同上。

求将陕西防练各军仍须实力裁并，清廷谕令魏光焘酌情裁减。对于户部大臣奏称的应该裁撤长夫 492 名的建议，魏光焘查阅了之前的规定，明确开列有马步炮队每旗官设夫 10 名，每哨官设夫 2 名。当时考虑到旗官和哨官的后勤工作禁用士兵充当，系根据需要而设；马队每两名合给马夫 1 名，也是因为士兵整日操防，不能兼任杂事而设；而且马队还未设立伙夫。魏光焘认为，若将哨队各长夫全部裁撤，则军中的伙食、柴薪的取给、战马的喂养等杂务，势必完全要由士兵承担，"队伍何能整饬习练？何能专精？"① 无疑会影响到军队的训练和战斗力的提高。为了进一步核实部队中长夫设立的情况，魏光焘还查阅了以前楚军的坐粮章程，其中规定：马队每旗设夫 20 余名，步队每旗 130 余名。魏光焘认为陕西防练各军所设立的各旗长夫，已是切实核减之后才设立的，一旦全部裁撤，导致长夫工作由士兵充任，转滋流弊。② 其次，户部奏折内声称，陕西步队和楚军旗制相比，每旗每年多用银 888 两，马队每旗每年多用银 1160 多两。对此，魏光焘查阅了光绪二十二年（1896）的奏折，曾奏定兵勇饷项，声明按照甘肃奏定章程毫无增加，只是各旗的薪水和办公费用与楚军坐粮旗制相比数目稍多，这也是考虑到旗官的薪水较低、办公费用微薄，只能量情予以体恤，才能调动其积极性。现在户部因国家财政困难提议酌情裁减，魏光焘亦无异议。故对饷章进行了调整：

> 于旗官薪公项下，步队每旗裁去文案、帐友、书识等每月薪水银四十八两，计岁裁银五百七十余两，马队每旗裁去文案、帐友、书识等每月薪水银四十二两，计岁裁银五百余两，又余马价，岁裁银二百八十余两，合共岁裁银七百八十余两，总计马步炮队岁可节省银一万一千二百余两。③

户部认为"陕西、甘肃二省，向未设立炮队营旗，既系防军，并无

---

① 《宫中档光绪朝奏折》第十辑，第 694 页。
② 同上。
③ 同上书，第 695 页。

战事，似不必遽请添设"。对此，魏光焘回顾了陕甘炮队设立的历史。他指出，开花炮队，作为军中利器，前任陕甘总督左宗棠西征以及镇压河湟事变时期的援甘部队，炮队在战争中均发挥了重要作用。而且，魏光焘还从与时俱进的角度，阐明了炮队在现代战争中的功用："现在东南各省，于枪炮一艺，无不极力讲求，诚以西洋炮火法制精密，必平日练习纯熟，方能得其妙用，非若刀矛火枪肄习较易也。"① 基于以上认识，他深感陕西地理位置较为重要，炮队的设立必不可少。而且光绪二十二年（1896）从甘肃回归陕西的援甘部队，在南北洋购买和借用的各种快枪和大炮，花费款项甚多，长期搁置局中未经使用。若不借操演保持干净耐用，存放局中不加利用，必将使一批利器变为废品，极为可惜。而陕西建立的炮队一旗，全由魏光焘亲自精选士兵组成，并受过熟悉武器使用的专业人员的训练，希望能够逐渐推广，作为稳固边防和储蓄军事力量之用。炮队的饷项开支，也都按照步队章程办理，仅增添了教习、机器工匠和炮马等人员，费用也较少，故魏光焘请求将炮队仍旧保留，不必裁撤。

户部还要求实力裁并陕西防练各营旗、商州协回兵、北山防勇制造善后局的费用，并规定这些部队的费用，无论每年有闰无闰，总数不得超过44万两的限制。对此，魏光焘查阅了陕西省的饷项数额，光绪十七年（1891）、十八年（1892）、十九年（1893）、二十年（1894）等没有闰月的年份，估算白银47万多两，有闰月者则为51万多两。这些年份中，只有光绪二十一年（1895）和二十二年（1896）每年的估算是44万多两，这些费用还不包括永兴军的月饷。永兴军原为陕西防军，光绪二十二年（1896）赴甘肃援剿河湟回民军，又增添招募了镇安5营，镇安军的月饷也是单另估算。总计光绪二十二年（1896）陕西省饷数实际开支为83万多两。河湟事变后，援甘陕西各军先后陆续裁撤，陕西所留各营，仅能勉强分布驻扎，饷数也与光绪二十一年（1895）以前相差不大。魏光焘经过慎重考虑，并与陕甘总督陶模往返通过电商后，认为按照陕西的情况，很难完全遵照户部所奏的情况办理。但为了因应朝廷节省开支的要求，只好在无可裁减之中尽力办理。决定将抚标

① 《宫中档光绪朝奏折》第十辑，第695页。

练军步队 4 营士兵 2000 人裁减二成正勇 400 人，每年可以节省饷银 8400 多两；延榆绥镇标练军 4 营 2000 人，因该地现已另派马步防营 2 旗驻扎，足以分布。故将该镇 4 营改为 4 旗，裁撤正勇 520 人，每年可节省银 11040 多两；北山各地防勇口粮，每年需银 26000 多两，每年裁去 13300 多两。① 经过以上裁减后，总计陕西标练各军口粮，每年已裁减饷银 44000 多两，以后每年所需饷数共 47 万多两，应作为定额。以前支取饷项，魏光焘通知各营均自光绪二十三年（1897）三月底截止，四月初一起按照现在改定章程发给。

魏光焘将裁并情形上奏后，清政府谕令户部议奏：

> 陕西巡抚魏光焘奏，陕省防练各军酌裁勇饷，总计马步炮队岁裁省银一万一千二百余两，抚标练军步队裁勇四百名，岁省银八千四百余两。延榆绥镇标练军裁勇五百二十名，岁省银一万一千余两。北山各勇岁裁省银一万三千三百余两。统计岁裁省银四万四千余两，余难一律遽裁。下部议。②

光绪二十三年（1897）三月，户部因财政耗费过大，库款支绌，各省筹解款项艰难。故上奏裁减兵勇一事，事机所迫，势在必行。清廷谕令各直省将军、督抚限期一月内将裁减兵勇数目、节省饷银数额切实覆奏。并令将所留兵勇，加以精选训练，镇抚地方。魏光焘因前奏防练各军勇数饷数一折未得到户部回复，故等待户部的结果后才能覆奏。光绪二十三年（1897）四月初四，户部上奏对魏光焘的奏疏进行了回复。其意见是：

> 伏查陕西省满绿勇营常年饷项，照一百万两估拨，迨后旗营加饷，以致岁有增益，每年估需银一百二三万两，现据该省裁定饷章，满年需银四十七万余两，加以满绿各营俸饷五十五万余两，合计岁仍需银一百三万两之数，虽较近年饷数不相悬殊，第值此时势

---

① 《宫中档光绪朝奏折》第十辑，第 696 页。
② 《清实录·德宗实录》卷 402，光绪二十三年三月丙申。

多艰，饷项支绌之际，自不得不力节浮费，以供要需。现在各省冗兵，耗财过巨，业经议令各省，无论勇营绿营，迅速大加裁减，奏奉谕旨通行，遵照在案。该抚此奏，自系尚未接到行知，所请防练军饷，以四十万余两作为定额之处，仍难照准。①

而且户部认为魏光焘所奏兵勇饷项，系照甘肃奏定章程办理，毫无增益。经过核实后，认为与甘肃定章不符，令魏光焘再次按照要求办理。魏光焘认为陕西省延榆绥、汉中 3 镇的绿营制兵，经与陕甘总督陶模咨商后，暂时裁减二成，魏光焘亲带标营，自改为练兵后，已经没有制兵名额。所改练军，已于光绪二十三年（1897）二月经魏光焘裁减二成、延榆绥镇标练军 4 营改为 4 旗业已奏明在案，暂时很难再加以裁减。仅剩陕安镇原来设立的练军 1 营 518 人，汉中镇原设练军 1 旗 417 人，当时裁减时考虑到这两镇管辖地域辽阔，所驻练军数目不多，因而并未裁减。此外，北山防勇口粮业已裁减一半，此次为了力求搏节、以顾时艰，也只好再次裁减。于是魏光焘决定将"陕安、汉中两镇练军截止六月底止，仿照防军旗制，各改设一旗，余额裁汰。北山防勇口粮，亦即截止六月底止，概行裁停。均酌给一月饷银作为遣资"②。

因防军马步炮队 18 旗仅能满足分布，故请求暂不裁撤。对于魏光焘前奏营制饷章，户部核实与甘肃章程不符的情况，魏光焘也做了说明：当时也是审时度势，援照甘肃通行章程酌中定拟，目的在于以较为优厚的待遇调动防军的积极性。此次魏光焘和布政使经过商议后，也酌情予以变通办理，再次裁减。因原来章程中马队每旗设立长夫 71 名，未设火勇。决定在前项马夫内挑留火勇 14 名，其余 57 人以及步、炮队每旗杂夫、私夫全部裁撤。③ 合计马步炮队 18 旗，共裁额夫 452 名，每年节省饷银 12800 余两，裁撤北山防勇 432 名，每年节省饷银 13300 余两，裁减陕安、汉中练兵 193 名，每年节约饷银 6900 余两。经过裁减

① 《宫中档光绪朝奏折》第十辑，第 949 页。
② 同上书，第 950 页。
③ 同上书，第 951 页。

后，陕西防练各军军饷和善后制造各款，每年只需花费白银43万余两，少于户部原来议定的44万两的数目。先后两次裁并后，陕西的军费开支节省饷银7万余两，再裁3镇制兵二成，每年又节省饷银23000余两。总计陕西省每年实际军费开支仅需银98万余两，比户部原定100万两的数额，又有减少。

多次裁兵之后，饷额数目和户部所定额数有所减少，故清廷下谕：

> 陕西巡抚魏光焘奏遵旨裁减防练各军。先已奏裁抚标练军二成，并延榆绥镇标练军四营改为四旗。现续裁北山防勇四百三十二名，陕安汉中练兵一百九十三名，马步炮队十八旗额夫四百五十二名，及三镇制兵二成，以符部案。下部知之。①

除整顿防练各军外，魏光焘还对所部湘军予以大力裁撤和遣散。

魏光焘所部湘军曾在碾伯奏明携带5营回至陕西遣散。魏光焘到达兰州后，同陕甘总督陶模及甘肃提督董福祥联衔奏明，湘军酌留10营，挑选两营交于道员潘效苏统带，其余悉数调回。河湟事变平息后，湘军所留10营一并奏撤。总计湘军先后调回陕西应该裁撤者，"步队、炮队共二十六营两哨，马队四旗"②。这些队伍中，许多士兵籍隶湖南、湖北，系光绪二十年（1894）募调东征，辗转西来。间有病故缺额，随时就地招募补充，故军队中人员比较复杂，河北、山东、山西、河南之人也有不少。为了顺利遣散，陕甘总督陶模曾制定了章程：按照路途远近将其分为三等，远者两月，近者一月半，最近者一月，予以裁遣。查明士兵籍贯，分别发给费用。营哨官弁也加发两月薪水，仍令其责成押送，沿途约束到籍遣散。已经到达陕西头起大营一营，卫队两哨，护卫左营一营。后军左后营大饷截止到六月十五日；次起护卫右营中军前营大饷截止到七月初五；后军前右两营大饷截止到七月初十。三起中军炮队，前左后四营大饷截止到七月二十日。副将吴员恺所带炮队因较为得力，故奏请挑留一营送回湖北，发给两个月行饷。其余炮队均发给恩饷

---

① 《清实录·德宗实录》卷406，光绪二十三年六月己巳。
② 《宫中档光绪朝奏折》第十辑，第174页。

遣散。

遣散过程中，魏光焘严格按照陕甘总督陶模奏定章程办理。籍隶湖南、湖北、安徽、江苏者，每人发给两月薪水；派总兵罗吉亮、同知李坤鼎在湖北樊城散放；籍隶直隶、山东、奉天者，也发给两月薪饷，派知县熊廷襄在河南卫辉发放；籍隶河南、山西者，每人发给一月薪饷，由知县魏承恩在陕西潼关散发；籍隶四川者，每人发给一月薪饷，籍隶陕甘者，每人给饷半月，就地予以散放。遣散工作至光绪二十二年（1896）九月底一律完毕。

除遣散人员外，湘军援甘部队中，部分将士因水土不服，加之光绪二十二年（1896）春夏之交疾病流行，沿途驰驱辛劳，因病而亡者数以百计。这些将士"或折冲行阵，奋不顾身，或转运军储，备历艰苦，以致积劳成疾，先后沦亡"①。对此魏光焘深为痛切，其中阵亡将士业已奏请保奖，而在营病故人员未经请恤。故魏光焘奏请清廷，将积劳病故履历咨部查核，一并从优议叙，以示体恤而昭激劝。

第二节　举办陕西新式教育

一　陕西近代新式教育的发端——崇实书院的创建

甲午战后，中国朝野上下教育改革的呼声日渐高涨，全国政界、学界皆视培养人才为救国、兴国之要务，并将教育的目标由致力于经学的传统教育开始向新式教育转变。

陕西自古以来即是中国教育比较发达的地区，历代名儒硕学之士辈出。但直至晚清甲午战后，仍然延续的是数千年的传统教育模式。在晚清大变局之时西学东渐的背景下，一味空谈心性之学，或仅埋头于考据、辞章的探研，已无补于社会的发展。光绪二十二年（1896）四月，陕西部分书院肄业的举人刑廷荚、成安和生员孙澄海、张象咏等联名向护理陕西巡抚张汝梅、陕西学政赵惟熙呈请自筹款项，创建格致书院，延聘名师，广购古今致用之书，分门研习，按日程功，不必限定中学，但期有裨实用。如天文、地舆、吏法、兵法、格致、制造等类，互相讲

---

① 《宫中档光绪朝奏折》第十辑，第507页。

求，久之自能洞彻源流，以备国家之采择。① 并请求设立机器织布局，以所得利润，供书院膏火之用。陕西士人的这一请求经张汝梅和赵惟熙上奏后，获得清廷准许。

魏光焘任陕西巡抚后，开始创办陕西格致书院。首先，令陕西学政赵惟熙于光绪二十二年（1896）秋闱之后，在陕西泾阳县治前味经书院之侧鸠工庀材，委派泾阳县学各官督理监修，于光绪二十三年（1897）十月工程完毕。魏光焘委派赵惟熙亲自前往验收后，工坚料实，规模宏敞。而且四周余地甚多，可为将来推广学舍和讲求制造之用。魏光焘将书院命名为"崇实书院"。具体规模为：

> 中分四斋：曰致道斋，以《周易》、《四书》、《孝经》为本，先儒性理诸书附之，兼考外国教务、风俗、人情，而致力于格致名学，以储明体达用之才；曰学古斋，以《书经》、《春秋三传》为本，历代史鉴纪事附之，兼讲外国古今时局政治并一切刑律公法条约，以备奉使折冲之选；曰求志斋，以《三传》、《礼》为本，正续三通及国朝一切掌故之书附之，兼及外国水陆兵法、地舆、农学、矿务，以培济世经邦之略；曰兴艺斋，以《诗经》、《尔雅》为本，周秦诸子及训诂、考据诸书附之，兼习外国语言文字，并推算测量以递及汽化声光各学，以裕制器尚象之源。②

每斋先设肄业生 15 名，由学政于岁科两次考试中调取年龄在 24 岁以内心地诚笃、资性聪明的生员，分斋学习，并逐渐加以推广。以每斋 40 人为定额，设斋学长 1 人，担任分教工作。山长由主讲味经书院赏加国子监学正衔咸阳县举人刘古愚担任。开讲之初，刘古愚即谕诸生要"保种""保教"和"保国"。他认为书院之所以讲西学，是由于"西人之学，皆归实用，虚不如实，故中国见困于外人也，欲救其弊，当自事事求实始"。但崇尚实学，讲习西学，并非"举尧、

---

① 赵惟熙、张汝梅：《陕西创设格致书院折附片》，载陈元晖、高时良、黄仁贤《中国近代教育史资料汇编·洋务运动时期》，上海教育出版社 2007 年版，第 827 页。

② 魏光焘等：《奏陈陕西格致实学书院创办情形折》，载陈元晖、高时良、黄仁贤《中国近代教育史资料汇编·洋务运动时期》，第 829 页。

舜、禹、汤、文、武、周公之法弃之，以从西政；举孔孟以来相传之道弃之，以从耶教也"。刘古愚认为学习西学，"均须审度中国之情形，而为救之之法"，即要适用。因为他主张"夫士之所以有实用者，必悉当时之弊，而得其救弊之法，可坐而言，起而行。非谓某法为善，率然取而行之，便可为有功也"。对于西学中的自然科学，即他所谓的"光、化、电、热之事"，他认为不能只讲论，必须"一一施之实验"①。

书院学生，每月发给膏火银 2 两 5 钱。每天早晨讲习两小时中学，然后学习两小时西学。学生须将所学心得体会作成札记，每月朔望呈送山长校阅，季度末送交学政评定优劣等级。每月初六，由督抚、学政、司道轮流课试，对于学业精通和才能卓越的学生，按照总理衙门奏定章程，由督抚会考保送，以备国家任用。②

崇实书院除在教学中加强西方近代科学知识的传授外，还特别重视实践活动，提倡学以致用，学用结合。书院原有筹设机器织布局的计划，尽管后来因资金缺乏并未付诸实施。但这种以工养学、以学促工的设想十分可贵。此外，书院设有制造处，为学生实验习艺场所。还派学生赴上海学习机器制造和其他先进生产技术，购买新式农具，研究推广发展生产的技术和经验。崇实书院的这些教育活动，不仅对于传播近代西方的科学文化技术起到了重要作用，而且有力地冲击了两千多年的中国传统教育。魏光焘等人创办崇实书院的目的主要在于"救时"，以期重造士人、改变士风。正如刘古愚所指出的：

> 前者文旌过泾，辱承清诲，忠愤之忱，雄伟之略，将举天下而甄陶之，不独整饬陕之学校已也，佩服如何！惟是积习既深，振兴不易，财力日绌，筹费为难，虽事变已极，人人知其不改弦，不能善其后，而一旦为之，庸庸者又起而议其更张，故中国学校久已大弊，无人肯为挽救，因循已至今者，职此之由。黄生长乡里，本无远识，然自倭患日棘，中国之大，竟无一人能分君父之

① 王美凤、张波、刘宗镐：《关学学术编年》，西北大学出版社 2015 年版，第 460 页。
② 魏光焘等：《奏陈陕西格致实学书院创办情形折》，第 829 页。

忧者，丧师辱国，割地求和，赔费数万万金，而陵寝又不可保，则谓本朝养士数百年，尽皆阘冗之夫，并无一人可谓之士者，非刻论也。①

崇实书院作为当时全国具有一定代表性的新式书院，为陕西培养了一批优秀的人才。我国近代著名的水利学家李仪祉曾于光绪二十五年（1899）就读于崇实书院，学习天文、数学、地理、英文、时事等课程，因学习刻苦被选为优等生，后赴德国留学，成为蜚声中外的水利学家和教育家。

魏光焘等人在陕西创办的崇实书院，是陕西近代新式教育的萌芽和发端。魏光焘作为甲午战争的亲身参与者，认识到了培养新式人才的重要性。崇实书院创建于戊戌变法的前夜，对于发展陕西新式教育和开启社会风气起到了不可忽视的作用。

二　组建陕西游艺学塾

甲午战后，以康有为、梁启超为首的维新派人士掀起了变法图存的维新运动。一时，维新思潮备受朝野人士关注。作为陕西巡抚的魏光焘亦起而响应，以发展教育、培养人才为先务。这方面具有代表性的就是陕西游艺学塾的建立。

光绪二十二年（1896），刑部左侍郎李端棻奏请推广学校，清廷下谕：如内地各府厅州县愿兴格致等学，肄习专门，果使业有客观，三年后由督抚奏明请旨考试录用。之后，安徽巡抚邓华熙又奏请各省于省城另设格致学堂，并准奏明指拨的款。由此，北京、天津、上海等地开始兴办新式学堂，东南各省亦闻风效法。有的另立书院，讲求朴学；或者变更书院章程，为旧式书院注入新的内容。在这一时代大变局面前，魏光焘也认为："自强之道，以作育人才为本；求才之要，以整顿学校为先。"② 于是，为了顺应历史潮流，魏光焘多次饬令陕西各府厅州县，各就地方书院增设算学、格致等课程，让学生普遍接受新式教育。比较

---

① 刘古愚：《与赵芝山学政书》，《烟霞草堂文集·卷五》，1918 年刻本。
② 《宫中档光绪朝奏折》第十一辑，第 427 页。

典型的就是前述崇实书院，该书院开启了陕西士人新的求知欲。光绪二十三年（1897），陕西举人薛位等人联名向督粮道姚协赞禀请设立格致书院，姚协赞据情禀报魏光焘。魏光焘批示："风气渐开，士知向学，自应于省城创建学堂，俾得荟萃群材，益资讲习。惟开办之始，务须先得要领，不可徒托虚名。经费既已妥筹，章程尤须明定。"① 姚协赞提议暂借省城崇化书院房舍，创设一所格致学堂，命名为"游艺学塾"，获得魏光焘同意。光绪二十三年（1897），署理陕西按察使姚协赞在粮道任内先后捐款 4000 两白银，作为办学经费，以后常年经费，由后任粮道每年筹捐银 1200 两；署理陕西布政使李有棻派由陕西各州县每年捐银 4000 两；升任布政使张汝梅筹拨生息银 15000 两。② 选派公正官员和绅士经理兴办，延请教习，向学生传授新知并加以考核。为了开阔学生的视野，以便学有所用，魏光焘派人从天津、上海各地购买图书仪器，作为讲求制造之用。并为游艺学塾设立了条款，因时制宜设置了课程。学生在学塾学习三年后，如果学业有所成就，再送总理衙门考试录用。

此外，为了加强对游艺学塾的管理，魏光焘还负责制定了相关章程，其主要内容如下③：

（1）筹建书院。省城作为人文荟萃之区，应另立书院以广招徕而资讲习。但开办伊始，难以筹措巨额款项，现在暂借咸、长两邑崇化书院办理其旧制，规模相对狭隘。并经添盖房舍，作为院长居止和学生学习的场所，以及安放机器、栖息工匠之所。一旦款项充足，即行购地修建。

（2）慎择院长。京师和天津、上海等地学堂，皆为中西师并延体制，极为美备。现为节省费用起见，只能变通办理。拟暂聘中西兼通之士 1 人担任院长，所有学塾考核功课和教习勤惰、学生去取，均归院长管理。其人无论本省、外省，但取品学兼优。"惟不

---

① 朱有瓛：《中国近代学制史料》第一辑下册，华东师范大学出版社 1986 年版，第 369 页。
② 同上。
③ 章程内容有一定的改动。下同。

得聘任本省举贡轮充，以杜干求请托诸弊。"①

（3）酌定课额。各省学堂录取肄业诸生，均多至 100 多人。陕西初设学塾，难即照办。拟暂以 50 名为限定，准许正课 10 名，每月发给膏火银 3 两 5 钱；副课 40 名，每人月给膏火银 2 两，不论生童，均由院司而试算学或时事论说，取录序补。开始进入学塾，准补副课，下月应课再佳，或入塾后进益最快者，升补正课。未经面试，不得进入学塾。如果正副课录取名额已满，之外仍有许多可造之材，也可以选入备课，名额不限。有愿意自备资斧前来游塾讲学者，也一同对待。均须面试有进，照章提补正副各课；又另设上课 4 名，每月发给膏火银 6 两，必得通晓算学兼精制造者，方准拔补。②

（4）兼设童塾。因京师和各省学堂，均经考选聪颖年幼子弟挑入小学，待数年后中西学稍通，升入大学。学塾拟仿照办理，另外延聘童学塾师 1 人，幼童年 14 岁以上、17 岁以下，出身清白、识字略多者，令其入塾读书，自备薪水，不出束脩。每日早晨课以四书五经，午后专习算学，仍按季由粮道面试 1 次，默写经书及浅近算法，果属用心求益，酌给薪资。如再试尚无进境，仍停给发，庶几循序渐进，数年之后可望成材。

（5）肄习专门。算学作为诸学纲领，凡入塾者必须通晓其余化电、重汽、光声以至兵农工商等学，应各随资性所近，每人专讲一、二门，庶收效稍速。又矿学附于地学，天算则另为 1 门，如果能制造天球和各种仪器者，酌予升补上正课。外国的语言文字之学，也应认真讲求。现在设有幼童算学，拟再招考 17 岁以下、14 岁以上口齿清利且已读经书一、二部者 20 名入塾，延聘通晓各国语言并精译学之汉学教习 1 人课，令于学算和经史诸功课之外，从英文起，以次逐渐学习，期于精晓，其年长诸生愿学者听其自便。如此则条理毕具，而有用之才当接踵而起矣！

① 《魏中丞奏设陕省游艺学塾章程折》，《秦中书局汇报·明道》，光绪二十四年，第 212 页。

② 同上书，第 213 页。

（6）酌定月课。考课是检查学生勤惰和优劣的重要标准。学塾规定：每月斋课数次，由院长分门出题局试，凭文取舍。住塾正、副课生，诸务须按期应课，以觇进益。如间月不应课及3次不能列等者，即将正、副等课以次递降，用示警戒。其官课由二月初五起，十一月初五止，每年共计10课，每次考试，五经四书讲义1篇，或史论1篇，或时务策论1篇；又光电、化重等学之文2篇；算学2题。共6艺，轮由抚、藩、臬、两道分次照章出题，校阅取定，捐廉给奖，榜示以昭劝励。遇有闰月之年，加由首府考课1次，惟不得兼应各书院官课时艺等课，致滋分骛而旷学程，年终仍由院司会同院长甄别1次，上等优奖，中等留学，其毫无进益者，即议开除。①

（7）尊崇经史。游艺学塾对于经史也极为重视，章程指出：迂拘之儒，病在不能通经，跅弛之士，有患轻于蔑古，经史为立身之本，以厚心术而扩识量，舍此末由。学塾虽专讲格致，仍令学者研究经史，俾成材既以培其根底，幼童亦可端其趋向。并购置各国史乘及各国岁计政要各报，于日课中分程讲习披阅，俾周知中西之关系，大局之安危，五洲政治之得失异同，目前富强之要策，必得穷本知变，有体有用，而不狃于一偏。②

（8）撙节经费。学塾中院长束脩、诸生膏薪、制造工料并委员、工匠、差役、厨夫人等各项开支，都是必不可少的项目。现除粮道先后捐银4000两，业经用完外，其常年经费，由粮道每年筹定捐款银1200两，布政使筹定每年捐款银4000两暨前藩司筹拨生息银15000两，每年收息银900两，实抵的款银6100两，若非核实节省，肯定很难满足日常开支。拟由司道于府厅州县中慎择讲求时务廉明公正之员1人，委充提调，督同关中书院教官妥为经理，所有学塾一切布置和照章支付银钱等项，均归主办给发。惟另有用款在四、五十金以上者，须禀院司批准再付，以昭慎重。提调月支

① 《魏中丞奏设陕省游艺学塾章程折》，《秦中书局汇报·明道》，光绪二十四年，第214页。

② 同上书，第213—214页。

薪公银34两，监院系兼办，月支薪公银8两，议定永不得有干脩等名目及添派他员，致滋虚靡。另设斋长2人，1人专管塾中查察事件，1人专管塾中机器、书籍各项，遇有须商要务，或应添购各物，仍由两人随时酌妥交监院禀明办理，以专责成外。童塾算学教习1人，听差2名，厨夫1名，斋长月支薪水银8两，童师月支薪水银8两，正、腊两月如不在塾，仍酌停止。差役月给工食银1两5钱，厨夫月给工赀银1两，终年长川在塾，一例支发。其工匠人等随时酌雇工食银两，也以手艺之优劣为差。诸生正副等课膏火银两，正、腊两月均定停发，以归划一。以上每年经费各项，均由提调、监院随时呈报，以昭核实而防弊窦。①

（9）严立学规。正、副课诸生，所有专门兼习各学课程，均由院长酌定，诸生等各宜旦夕遵守，务期日起有功，其在塾无事不准请假，惟遇必须告假之事，如疾病婚丧等类，亦应酌定假期，以示限制。其有托故迟延以致逾限旷学者，即由委员、斋长查明逾期久近，分别扣留赡银，记过示罚。即以所扣银两摊赏在塾不旷学诸生，以示劝诫。倘或告假出塾，在外滋事，另查惩办。塾中并不许吸食洋烟，酣饮六博，违者斥退。正课以副课提补，副课以备课提补。②

（10）广储材料。制造专业需要很多用料。如仪器、炼钢、强水、玻璃等项，皆为最要之件，现在渐次试办。"惟须量加扩充，以求化分、化合之用，并仿照湖南化学堂章程，广采各处金类、石类、炭类及一切杂质等物，存储塾中，以资诸生考证。"③

（11）酌议公利。西人制造日盛，由于一器适用，准其专利数十年，是以穷极精微，日进不已。今虽西法不能遽然推行，亦须酌一公利之法，方足资激励而收速效，诸生能自出心裁、制器获利者，除去用费外，以一分备按年修理之费，余则半充学塾公用，半归制造者酬劳。若查出矿产、开采畅旺者，亦以五分归公，三分入

① 《魏中丞奏设陕省游艺学塾章程折》，《秦中书局汇报·明道》，光绪二十四年，第215—216页。
② 同上书，第216页。
③ 同上。

学塾，二分给查矿之人。如此则人自濯磨，学塾公项亦必藉以充裕。惟分利之说，系策其目前之效，仍应俟三年后择其算测极优制造，著有成效者，奏明请旨考试录用，则人心始益为鼓舞矣！①

魏光焘办理崇实书院和游艺学塾时，对中学与西学的态度有较为深刻地认识和理解，那就是二者均不可偏废，而要以中学为本。他指出：

> 省会建立书院，尤系人才之消长，学术之纯疵。拘守旧章，既滞于通经，未由一发其扃钥；徒尚西学，又或轻于蔑古，不惮自抉其藩篱；欲救二者之偏，惟有遵崇经训，以端其趋，博综子史，以观其变，由是参考时务，兼习算学。举凡天文、地舆、兵农工商与夫电化声光重汽一切有用之学，统归格致之中，分门探讨，务臻其奥。而语言文字，尤为初学阶梯，尤应设立教习，俾知途径，然后本末不嫌于倒置，体用亦可以兼赅。②

由此可见，魏光焘办理书院和学堂的基本思想，仍然是洋务思想家们"中体西用"思想的延续。尽管由于受时代局限，魏光焘未能提出办理新式教育的思想和理念，但这种能够因时而变的态度也是值得加以肯定的。对于魏光焘创办游艺学塾的成就，时人曾论曰：

> 蒙谓塾名游艺，实取圣学由本及末之意，既非轻于蔑古，又不滞于通经。度其章程，大约与东南各省书院、学堂仿佛。际此圣天子励精求治，俞臣下之请，特设经济一科，其取材之途，即以各省书院、学堂、新设算学、艺学肄业诸生为渊薮，诚得各省大吏实力讲求，庶几学术日新，士无有以故步自封者，安见中国四百兆人之材智竟出泰西下哉？③

---

① 《魏中丞奏设陕省游艺学塾章程折》，《秦中书局汇报·明道》，光绪二十四年，第216—217页。

② 朱有瓛：《中国近代学制史料》第一辑下册，第369页。

③ 《读陕抚魏午庄中丞奏设游艺学塾折书后》，《申报》第8925号，光绪二十四年二月初一。

三　陕西武备学堂及武科改试枪炮

光绪二十四年（1898），军机大臣荣禄、高燮曾、胡燏棻上奏请求设立武备特科，清廷谕令各省将军、督抚将建立武备学堂和设立教练之事妥议具奏。魏光焘会同陕西学政叶尔恺多次筹商后，认为："武科之弊，在于所学者非其所急，而所取者非其所用。"[①] 在日益变化的形势面前，改钝为利、化拙为巧已成为当务之急。但要创建现代化的军队，必先培养具有现代化军事思想和能够熟练运用现代化武器的新式军事人才，而要培养新式军事人才，离不开创建现代化的军事学校。对于创建武备学堂的难度，魏光焘也是深有体会。他指出：

> 顾旧有学堂者易，创立学堂者难，风气已开者易，风气未开者难，地大物博者易，地瘠民贫者难。陕西僻处西隅，民气浑厚，于西法茫未有知，洋操多所未见，谋新舍旧，已费周章。而建学之初，聘教习、置枪械、筹划常年经费，较之文生书院，厥费惟倍。[②]

关于设立武备学堂一事，魏光焘查阅了胡燏芬的原奏，其中建议在各省府厅州县各建学堂 1 所，但兵部主张仅在省会地方设立一区。魏光焘虑及陕西幅员辽阔，府厅州县学生远道就学，困难极大。于是决定在省城西安设立总学堂 1 所。此外，在同州、凤翔和南山的汉中、北山的延安，各设学堂 1 所。"凡武举、武生、武童愿学者，由各州县各就附近之处，申送入堂，认真教练。"[③]

魏光焘还查阅了兵部制定的章程，规定武童岁试从下届开始，武乡会试从光绪二十六年（1900）、二十七年（1901）开始，一律改试枪炮。魏光焘对兵部的这一章程提出了异议。那就是，童试作为乡试的基础，下届武童岁考，是在光绪二十七年（1901），而乡试反在先一年举行，不免在时间上有所倒置。现在初议设立学堂，应该使用何等枪炮，

① 国家档案局明清档案馆：《戊戌变法档案史料》，中华书局 1958 年版，第 260 页。
② 《戊戌变法档案史料》，第 260 页。
③ 同上书，第 261 页。

兵部尚未定议。若待学堂建立，枪炮购买齐全，学堂教学到位，从前武生改业，时间已到光绪二十五年（1899）。而光绪二十六年（1900）即要举行乡试，以前的武生，一直练习弓箭和刀矛之类的传统兵器，考试也以此取中。让这批武生在一年时间内改习枪炮应试，不仅练习不精，而且思想上也很难接受。即便勉强取中数十名武举，也无益于选拔新式军事人才。为了让广大武生接受新式考试，魏光焘向朝廷上奏，请求"将陕西武乡会试均暂停一届，于二十七年遵用新章，开办小考，则技艺渐精而层次亦顺，至二十九年武闱仍取足两科之额，俾诸生知立法之意，非捐弃故技，精习枪炮不能进身，乃能绝其两端首鼠之心，而精求乎药云弹雨之用"①。

对于练习考校之法，魏光焘和陕西文武官员经过商议后，决定采取如下四种方式：

第一，去我所短，仍宜留我所长。魏光焘认为，西人的长处在于枪炮，而中国的优势即是击刺。现在将弓箭之类的传统兵器改变为枪炮，但刀矛盾牌也不可废弃。他指出："两军遥对，枪炮先施，至于敌军近逼，大呼陷阵，猿惊鸟跃，虎伏猱进，此刀矛牌之利也。敌人枪弹既竭，我以马军突出，横击包抄，洞胁穿背，此又长矛之利也。"② 为了发挥传统兵器的功用，魏光焘建议将武场弓刀石改为刀矛牌，刀矛仍然沿用湘军操练旧法，盾牌则易藤为铁，用来抵挡子弹，以壮大士兵的胆气。轻炮尽管取法于外国，也非常精利，只能与对手相敌，在战争中，只有和敌人拼命决斗，才能取胜。因而刀矛和枪炮的功用大致相同。

第二，器械求新而矩规仍旧。自从武科设立以来，有县、府以至院试，三年取进一次，武技有一定的常格，考试也有固定的时间。这一制度自明朝以来延续至清代，一直遵循。魏光焘认为现在虽然武科改习枪炮，但考试场期依然应按照以前惯例。于是他建议将地毯、马步箭改试马步枪炮为一场，弓刀石改试刀矛牌为一场，场期数量基本相当，规则也未有较大变化。这样主持考试者没有纷扰之虑，而应试者更易于遵循，考试虽有变化但并未失去以前的常态。

---

① 《戊戌变法档案史料》，第261页。
② 同上。

第三，器用西式而教用华人。魏光焘认为，陕西风气初开，必得名师教授，武生技艺方能有所进步。但因地处西部，远离中心。加之经费短缺，所以很难聘用外国教习。以前陕甘各部队改练洋操，均由天津选派人员入关，作为教练。现在天津和南方各省学堂林立，培养了不少熟悉洋操的人员，可以咨请南北洋大臣从新式部队中或学生内选择精熟西洋战法和兼通舆地、测算的人员，酌情派数人来到陕西，作为教习，每个学堂派正副教习各1人，十几位教习即可满足陕西武备学堂之用。经过几年的精心传授和武生的认真学习后，"今日之学徒，即异时之师长，通都之传习，即乡曲之楷模，薪火相传，武风丕变，虽曰因人成事，实亦因地制宜"①。

第四，立法在考试之中，而育才在考试之外。魏光焘查阅了湖北武备学堂的办学情况，其主旨在于储备将领人选，也是专为考试需要而准备。在这方面虽然不太符合朝廷培养人才的精神，但湖北武备学堂的办学方案亦可效法。那就是，专门挑选文武举贡生员、候补候选员弁、官绅世家子弟考取进入武备学堂，而门第稍低和材质较差者不在其中。武备学堂设立的目的在于武科改试，若官场子弟中果有游幕通材，有志请缨、抚膺思奋者，也准其予以报考，录取入学，作为外课，一体认真教授，将其培养成为文武双全的人才。及学有所成，也可令其回到原籍参加武科考试。这些人才既然"降心来学，其志必坚，执业既专，收效亦速，楚材用晋，戎臣入秦，不当以方隅限也"②。

魏光焘除陈述了设立武备学堂和武科改制的基本思想外，为了办好陕西武备学堂，还向清廷提出了办理陕西武备学堂的10条简明章程。内容如下：

（1）顺天府尹胡燏棻原奏，各省会设立大学堂，府厅设立中学堂，州县设立小学堂；部议则令每省设武备学堂一区，目的在于节省经费而开通风气。但陕西风气未开，经费尤为紧张，办法自应以简易为主，如仅在省城立学，各州县有远在千余里之外者，必不能

---

① 《戊戌变法档案史料》，第262页。
② 同上。

前来学习，若令其在家肄习，既无师承，又无查考，实难期其有成。下届用新章取士，必至赴考寥寥，不敷进中名额。今拟于西安省城设总学堂一处，在同州、凤翔、汉中、延安四府，各就地筹修学堂1处。凡武举、武生、武童愿学者，各在本籍地方官处报名，申送附近学堂肄习。其未设学堂之处，如有士绅情愿酿资开厂，购械延师在家教练者，亦准其遵照部章办理。

（2）省城总学堂，规模较大，应照关中书院之例，通省武举、武生、武童均准入堂学习，各府厅、州县愿学者，各由本籍申送到省，先行甄别一次。考取者为正课，为附课，为又附课，不列名而愿留省肄习者听之。正、附课各60名，略仿书院膏火之例，月给赡银若干；其赡银之多寡，应等经费筹定后，酌量定拟。又附课无赡银。每月官操1次，自巡抚以至首府轮流阅看，优者捐廉给奖，劣者降黜。其四府分设的学堂，考校、赡奖之法与总学相同。课额、赡银视经费的盈绌为差。惟捐建之始，全部由本地筹款，外地士子来学者给予奖赡，则本郡之人必有烦言。应令不设学堂的府州县，酌量捐资、输助，如南山汉中设学，则令兴安协助，北山的延安设学，则令榆、绥、琅协助，凤翔设学，则乾、邠协助，同州设学则商州协助。不入资者，不得入堂考课，特入资以乐输为准，亦不得勒背求多。

（3）武科改章，重在易弓箭为枪炮，如果专以打靶为事，则陕西的将士基本能够适应，无须从外地延请。但既然设立了学堂，而且是在极度艰难的情况下筹集经费建立的，不能仅培养兵弁之才，而须讲求舆图、天算、测量诸学，实尽讲堂操场之功课，方能培养出适应现代战争的军事人才。故拟于南北洋学堂中先行调取精通西洋战法兼工舆图、测算诸学者2人，作为陕西总学堂正、副教习，正教习月给薪水60金，副教习月30金，岁终核计工课，以学生用功之勤惰，成才之多寡迟速，作为教习考成的标准。如果教习认真负责，学生受益宏多、成绩优秀，三年奏请优保1次；如教练无方，即行咨回原省。如是，则教习无不尽心，而学生方能求益。学堂诸生以多识字、通文理，能学习测量、算法者为上等，每月的待遇最优；或素未读书而心思灵敏、膂力过人、枪炮有准者次之；身强质鲁、黾勉从事者，又次之。如或不受约束，或不勤操练，或沾染嗜好，查出立行斥逐，以肃堂规。

（4）外府分设各学堂，经费未必充足，或即在武营官弁内，酌情延聘精于施放马、步洋枪、洋炮者作为教习，其薪水可以稍省。至于教练考试之法，仍与总学堂相同。各该守牧等能宽筹经费，情愿延订名师教以测算诸学者，准由各府禀请咨调，其月饩保奖，亦与总学堂同。

（5）部章士子所用枪炮，务求一律。朝廷酌定建立陕西武备学堂后，将枪炮名目价值咨行到陕，即先行筹款备价，派员购买来省，发制造局存储。先期通饬各属，晓谕应试诸武举、武生、武童，各备原价赴局购买，不加运费。其家境较好者，准许1人购买马、步枪各1支，家寒无力者，同意5人合买马、步枪2支，轮流习用，如有损坏，各士子自行修整购赔。为了避免私人拥有枪支而影响社会稳定，规定：在购买枪械之始，必须由本籍取具5人互结，存案备查。各堂各厂，均须设专司火器1人，将枪炮件数注册，存置1室，用时领取，用毕交收，不准学生携归自便。

（6）以前武师开厂授徒，所习者不过弓箭刀石之类的兵器，无关例禁。武备学堂设立后，准许购买枪支，各在各乡设厂学习，因而开始之初即应慎重。规定：凡设厂授徒者，先须赴县报明，该厂坐落何处，师生共系几人，是何名姓，共购枪炮若干件，仍出具五人互结，一并存案备查。其厂规与堂规同，枪炮不准出厂，演习已毕，存放厂中，由学长收置。倘有持枪滋事者，除本人照例绳治外，父兄师长，一并惩究。

（7）部议武生岁试，以下届始，武乡会试，自光绪二十六年（1900）、二十七年（1901）始，一律改弓箭为枪炮。童考作为乡、会试的基础，下届武童岁考在光绪二十七年（1901），而乡试在二十六年（1900），这样势必取旧进之武生，作为新科武举；而改章伊始，学堂甫经开办，考试究用何等枪炮，至今没有接到兵部的通知。等房舍修竣，枪械购齐，教习聘定，各生徒考取入堂，认真教练，大约已经到了二十五年（1899）春间。对于一般人而言，总是比较守旧而不情谋新。武科考试改变之始，武生来学者，人数必然较少，教练刚到一年，即使让寥寥无几的人数，以及不甚娴熟的技艺，博取功名，诸生既卤莽临场，试官亦迁就取中，仍然不免又重复了以前苟且敷衍和有名无实的积弊。因而拟请将陕西武科乡、会试，全部暂停一科，等二十七年（1901）先开武童岁考，一律改用新章取进，至二十九年（1903）再行乡试，三十年（1904）再举行会试，则人材较众，技艺较精，方为不愧科名，有裨实用。至上届停中乡会各额，仍于下届补齐，以免士子觖望。

（8）学堂功课，考之西法，应分体操、战操两种，而平日师生授受，又分讲堂、操场两项。在武科改章伊始之际，正如塾师教育童蒙的办法，应当由渐而进，先不学习测绘诸学，因过于高深，武生一时难以领受，而且体操、战操等也不可猛加驱策，苦以所难。应先以学习马、步枪炮为主，以刀、矛、铁牌为辅。学堂中每天学习的课程，应等教习到堂后，酌量商订，尤须详察受教者资性之敏钝，气力之强弱，或识字，或不识字，或通文，或不通文，而教法之浅深难易即因之。所谓因材施教，不限一科。

（9）童试先试马枪3，再试步枪3，以各中1出者为合式。然后以刀、矛、铁牌试击刺，刀、矛按照营中试用原式，舞法亦如之。铁牌以重30斤、20斤、15斤三等为差，照兵舞藤牌法。武乡试仍分3场，头场试马枪，每人跑马2次，每次发枪3，再试炮，发炮3，枪炮共计9出，以枪中2出，炮中1出者为合式，缺一者不得进二场。二场试步枪，每人连发6枪，以直冲靶心者为中，6枪内以中2者为合式，缺一者不得进三场。三场试刀、矛、铁牌，刀、矛舞法如前，铁牌以重30斤、20斤、15斤为头二、三等，舞亦如前。凡试枪炮，其靶之广狭远近，应俟颁到枪式，再行酌定。

（10）旧制文生、文举人不得应武试，此次改定新章，期于作育人才，文武兼备，应即弛禁，以开风气。所有各省文生、文举人，有文试未经取中愿应武试者，准其呈报应试。果系内外各场合式，仍一律取中武举、武进士。至八旗士子应文试及奉天旗人与文童试者，旧制较骑射，应一律改较枪炮。

办理陕西武备学堂的主张获得清廷允准后，魏光焘开始着手学堂的筹建工作。这时，陕西籍湖北武备学堂学生、两江补用游击廖化龙请假回到陕西省亲，魏光焘向湖广总督咨请将其留在陕西，充当武备学堂教习，并委派督粮道丁士彬主持学堂的事务，同时委派提调挑选应试考生，由魏光焘亲自在考生中挑选合格者 50 人，暂借陕西贡院开办。于光绪二十四年（1898）七月十三日开学上课。武备学堂功课的章程，一律参考湖北武备学堂章程办理。为了使武备学堂真正起到培养新式人才的作用，魏光焘责成总办、提调督促教习，对学生进行认真训练，亲临按月考试，根据考试成绩予以分别奖励。此外，因武备学堂暂无校舍，寄居于陕西贡院，不利于学校的发展。魏光焘积极筹集款项，加紧修建校舍的工作，以期进一步扩充学生名额，使武备学堂的办学规模迅速扩大。

光绪二十五年（1899），陕西武备学堂在魏光焘的筹备下，校舍正式落成。从新建陆军中延聘的总、分教习也已到达西安，学堂于正月从贡院迁入校舍，正式开学。讲堂、操场等规模比以前有了很大扩充，功课也较前齐备。而魏光焘向朝廷奏报的学堂总章，礼部仍然没有颁发。天津、湖北虽然有规程，但陕西武备学堂建成伊始，因地处西部偏僻之区，财力和生源都受到很大限制，如果墨守天津、湖北章程，很难真正起到培养人才的作用。魏光焘深感学堂初开，"非明定画一章程，无以藉资经久"[1]。为此，他督饬陕西布政使和其他官员参考天津、湖北两学堂的已有章程，续拟了简明章程，以资遵守。其内容如下：

（1）酌定办法，以垂久远。查陕省武备学堂课程、堂规参酌南北洋学堂章程，分别内堂、外场，内堂讲兵法、堡垒、算学、枪学、炮学、测量、绘图、汉文，外场习体操、战阵、枪炮、打靶各项。派督粮道为总办，会同两司督饬提调以下各员悉心妥办。额设提调 1 员，凡学规、功课及收支各事责成稽查；设文案委员 1 员，专司进出文卷；收支委员 1 员，司银钱出入；总教习 1 员、分教习 2 员，堂内授课，堂外操演，每日分别教课；汉文教习 1 员，讲解

---

① 《陕西巡抚魏光焘为陕省创办武备学堂续拟简明章程事奏折》，《光绪朝各省设立武备学堂档案》（上），《历史档案》2013 年第 2 期。

经史。除每日功课外，每月月课 1 次，由总教习校阅；每年季考 2 次，由总办、督粮道校阅；每年大考 1 次，由巡抚衙门校阅，评定优劣，严核造诣浅深，分别去留。

（2）分别取才，以示限制。查前奏简明章程，全省武举、生童愿学者，由州县备文申送，官场子弟、游幕通才亦准取结报名投考。现拟推广文生贡监一并收考，因这批人既然愿意降心来学，其志必坚，执业既专，收效也快。但考挑时均须先由学堂察其相貌魁梧、年龄在 25 岁以内者方行入选申送，巡抚衙门复挑录取，送学收课，以昭慎重。三月期满，仍行甄别去留。现在经费有限，正、副课共以 80 名为额，另取额外课 40 名，以备出缺，按名传补。其学生姓名、籍贯并于大考后，按名造册报部。

（3）兼习中外，以育将才。根据文事和武备不宜偏废的原则，外国学堂中绝无不读书、不明算、不能绘图的学生。今既学舍宏开，意在陶镕将帅，原非仅求兵弁之才，每月按七日一轮，周而复始，西学则操演兵法、堡垒、枪炮、算学、测绘，中学则经、史、子、集。凡训练之法、韬钤之术，但有关于武备者，均按期讲授，每月以策论及所习各项课程各命一题，面试一次，为本堂月课。并设功过簿一本，按日记注，每月由总教习严核，分别奖罚，以示惩劝。

（4）推重中学，以励士气。在新设学堂中，恭设至圣先师孔子神位，教习按朔望日暨诞辰，率诸生行礼，用端志向。至于《圣谕广训》、《劝善要言》等书，均随时讲释。查南北洋所延西教习训勉诸生，皆以忠于所事为言，俾生其忠爱义勇之忱，藉储为股肱心膂之用，可见忠君敬学中外同原，允宜率履惟虔，以作士气。

（5）勤习枪炮，以备御侮。枪炮以打靶为重，务须讲求取准命中各法，方可收临敌决胜之效，在学生童应习枪械必宜储备。近年湖北奏案，枪以单响毛瑟为主，炮以单响七生半车炮和六、七生车炮为主，目的在于向中国制造局购买，节省经费，藉免厄漏。除现演各枪先就军装局已有者发给外，单响毛瑟枪和单响七生半车炮、六、七生车炮，拟即随时向南北洋各局购买，以资练习。

（6）添置书籍，以资启迪。无论中学、西学，皆宜取法先民，始足增后人智慧，况乎臣节主忠贵明大义，兵法首计，尤尚多谋。拟购《四书》、《春秋》、《孙子》、《吴子》、《读史》、《兵略》、《海国图志》，并中兴以来名臣诸撰著，及算学、测绘等书，广资训迪。其书籍即收置一室，无论教习、学生，取阅均须开条，由收支委员处领取，限期送还，不得遗失污秽。

（7）筹定经费，以资办公。新建学堂竣工后，用款应由监修委员核实造报请销，此后常年经费前经奏明，由裁减兵丁节省粮料变价开支，应即分别筹拟。堂中总办1人，现系实缺监司，拟请不支薪水；提调1员，月支薪水银40两，每年480两；总教习1员，月支薪水银60两、伙食银10两，每年840两；分教习2员，每员月支薪水银30两、伙食银10两，2员每年共支银960两；汉文教习1员，月支薪水银30两，每年支银360两；文案委员1员，月支薪水银30两，每年支银360两；收支委员1员，月支薪水银30两，每年支银360两；还有，提调、汉文教习、文案、收支4员每月伙食银各3两，每年共支银144两；正、副课学生80名，每名每月伙食银2两4钱，月支192两，每年支银2304两，每名每月笔札银2两，每年支银1920两，每月月课奖赏银30两，每年共支银360两；季课每次奖赏银100两，每年共支银200两；大考奖赏银200两。操场排长、讲堂学长每名每月津贴奖赏，每年约支银200两。每年四季操衣、操帽、操靴，约支银1000两；经书1名，月支口食银6两；清书3名，月支口食银9两；灯油、纸张、炭火月支银15两，每年共支银360两；堂中书籍、纸张、笔墨等费，每年约计银200两。听差亲兵8名、号令6名以及各项人等灯油、炭火、杂款等费，每年约计银800两。预备堂中杂项经费银1000两。全年共需银12048两。前次奏定经费所短甚巨，拟请暂由司库设法筹垫，以顾急需。

（8）酌定保奖，以资鼓励。现在需才孔亟，各省学堂之设，原期振兴鼓舞、蔚起人才。秦中地处偏隅，风气未开，舍旧谋新，尤觉不易。若非稍示鼓励，无以策其成功。现由新建陆军容调总教习1员、分教习2员来陕，分督教课，岁终核计功课，以学生用功之勤惰、成才之多寡定教习之考成。如其受益宏多，循循善诱，请照原奏章程三年优保 1 次,嗣后办理日渐推广,应请仿照南北洋学堂二年开保 1 次。如该教习教练无方,应即撤退另行延调。学生果能潜心讲究,实力研求,于大考时得列优等者,另行存记,于请奖时亦分别异常、寻常酌量保奖,并咨送京师总理各国事务衙门挑考,以备任使。至在堂执事人等著有勤劳,届时并拟择尤一并随案请奖,仍先将衔名先行造册咨部存案。

魏光焘将陕西武备学堂续拟章程上奏清廷后,清廷令其“按照章程认真考课,以育将才,毋得虚靡经费,日久致成具文”①。

通过魏光焘制定的陕西武备学堂章程和续拟章程,可以看出,他在办理武备学堂时根据陕西的具体情况,制定了适合本地情况的办学章程。陕西武备学堂建成后,共举办两期,培养学员 150 名。第一期 72 名学员于光绪三十一年(1905)毕业。经过考试,成绩最优者 8 名,优等者 20 名,中等者 44 名。第二期 78 名学员于光绪三十二年(1906)毕业。同年 9 月,陕西武备学堂停办,改建为陆军小学。②

作为陕西第一所近代军事学校,陕西武备学堂在培养具有近代军事知识与技能的初级军官方面起到了一定作用。它的兴办,使得陕西在武科改制中前进了一步,也为陕西的维新事业增添了一项新的内容。陕西武备学堂培养的一批新式人才,后来大多接受了新思想,成为陕西辛亥革命的重要力量。陕西武备学堂学生张凤翙、魏国钧、张益谦、白毓庚、席丰等被派往日本振武学校学习期间,大多加入了同盟会。其中张凤翙学成回国后,任陕西新军参议、管带等职。武昌起义后,率先带兵响应,与张钫等人发动西安起义,被推举为秦陇复汉军大统领,成为当时全国一位很有影响的人物。

四 编练新军和设立随营武备学堂

甲午战后,清廷为了整军经武,谕令各省督抚改练洋操和新式阵法。陕西东连湖北、河南,西接甘肃,南临川蜀,北控蒙疆,幅员辽

---

① 《清实录·德宗实录》卷443,光绪二十五年四月丙午。
② 杜振荣:《西安市军事志》,三秦出版社 2003 年版,第 300 页。

阔。社会稳定时拥有驻防部队 24800 多人，其中制兵 6000 多人，防练各军不到 10000 人。这些驻防部队负责陕西地区的巡防、弹压，数量上明显有所不足。加之军费紧张，现有部队已是很难维持。而要改练洋操，势必增加军费开支，这对于历来财政紧张的陕西而言，无疑是巨大的经济负担。魏光焘认为：

> 溯自咸丰同治以来，历平发回苗捻，以湘、楚、淮军为最著，维时尚无外患，故练兵只由旧章，今则世局日艰，武备尤亟欲因敌而为用，必弃短而从长。御侮之谋，贵乎通变。顾并旧既虞兵力之不足，而从新又苦饷力之不及，图策两全，实难偏废。①

既要编练新军，又要考虑军费开支，这对魏光焘而言可谓难度非小。因而他决定就现有防练各军加以整顿，将其分布于陕西各地，维持社会稳定。而另外筹集经费挑练新军，按照西方新式训练，作为国家随时可以调遣的军队。

此外，魏光焘作为久经战阵的宿将，战事阅历极为丰富，深悉炮兵和步兵在战争中的重要作用。故在编练陕西新军时，极力整顿陕西炮兵和步兵。同时，也意识到了工程队的功效。他指出："自火器精而盾橹失，失其城壁，失其险则地营沟堑之利著焉。"② 于是，魏光焘着手在陕西新军中添设工程队，以适应现代化战争之需。但设立工程队，也需有熟悉军事工程的人才，方能办理得法，魏光焘对此深有体会。他说："三军易得，一将难求，当此始基方立，练队无多，尤须多育将才，以便推广，则随营武备学堂，亦不可以不备也。"③

魏光焘和陕西文武官员商议后，向清廷上奏，请求在现有防军内挑选步兵 5 旗、炮兵 1 旗、马兵 2 旗，添设工程队 1 哨，组建成为一支军队，按照西式进行训练。军队饷章，略仿湖北洋操队章程，分别给官兵添发薪费：士兵每人每月发给衣裤和战靴费 8 钱白银，火勇 4 钱，马勇

---

① 《宫中档光绪朝奏折》第十二辑，第 188 页。
② 同上书，第 189 页。
③ 同上。

每月加发马乾银 6 钱，其余费用仍按坐粮章程发放。① 这样，与当时编练的自强军和新建各军相比，费用减少了很多。而且也比湖北洋操队及直隶武毅军的建军费用节省甚多。

此外，在编练新军的同时，魏光焘根据武毅军的建军章程，设立了一所随营武备学堂，以储备将领和教习。陕西新军每年增添军费 4800 多两，加上挑练添设马步炮工程队 8 旗 1 哨，其费用比常年总共增加军饷开支 66600 多两。按照陕西当时的财力，军费开支已不能超越这一数额，而练兵的规模也不可在现有的新军数量上加以减少。为了筹划军费，魏光焘查阅了光绪二十三年（1897）裁兵节饷中陕西的大致情况。发现光绪二十三年（1897）陕西共节省白银 76000 多两，光绪二十四年（1898）又节省 31000 多两，总计两年裁兵共节省白银 107000 多两。魏光焘建议将所省银两用于此次编练新军的费用。他说："以本由陕省节出之饷，仍留为陕省练兵之费，其事易举其力，较纾其军可以速成，其效亦可以早著。缓急有需，征调立应，实于大局有裨。"② 这一建议也是在财政紧张状况下的一种无奈之举，但通过这一举措，保证了陕西新军的顺利建成。

魏光焘详细规划了编练后新军的布防情况。具体为：从东向西，将新军分布于临、渭、咸阳、礼泉、兴平、乾州一带驻扎，平时进行操防，每年春秋二季调集合操。这些地区距离省城西安较近，调动也极为方便。此外，他还商调直隶、湖北各军商调马、步、炮、工程正副教习来到西安，在随营武备学堂充当教习。分旗进行训练，使新军的营规、口号一律整齐划一，学习西式操练方法。在训练过程中，魏光焘的指导思想依然是尽可能利用西方的优长，同时也要发挥中国传统的战略战术。正如他所指出的：枪炮有准而技击擅场，轻兵趋利则又中国所长，今宜改练师其所长，仍当以暇自肆己长，期于既尽彼长，有时复得间用己长，以制其短，斯为尽善。③

陕西编练新军和创建随营武备学堂的奏疏获得清廷允准后，魏光焘

① 《宫中档光绪朝奏折》第十二辑，第 189 页。
② 同上书，第 190 页。
③ 同上书，第 191 页。

立即致电总统武毅军直隶提督聂士成，调派各项教习赴陕西训练新军。同时，在陕西防军中挑选抚标亲军炮队，改为武威新军炮队 1 旗，永兴中旗、武威中左旗、抚标左旗、武威右旗步队改为武威新军，前中左右后步队 5 镇、抚标后旗、永兴左旗马队改为武威新军左右翼马队 2 旗，并添募工程队 1 哨。① 全军共有士兵人数 2502 人。

　　光绪二十四年（1898）十月，陕西新编军队经过挑选后正式组建，聂士成选派的 8 名武毅军教习也已到达陕西，随营武备学堂正式开学。编练新军和设立随营武备学堂增添经费，均照魏光焘所奏经费章程从十一月开始发放。新军建成后，魏光焘并未放松对军队的训练和管理，而是随时督饬认真训练和整顿，严密查核，并分期亲自阅看军队操练情况，以期建成一支具有较强战斗力的现代化正规部队。陕西新军从光绪二十四年（1898）十一月开始，由魏光焘分别酌情制定教练章程，通令全军遵照训练。步兵的训练，每天早晨从卯时开始到巳时为止，全军士兵起而整装完毕后，膝盖绑缚沙袋，在操场集合。首先练习体操，其次训练步伐，最后再学习枪炮的架势和实用方法，要求步伐整齐、稳正，"以践新法改练洋操之实"②。从未时到酉时，学习体操、拳棍、刀矛和跳沟夺标等技艺。传统技法的训练方面，要求摒除一切空洞的花架，而讲求实用技法。晚上一时专端枪架，二鼓时分休息。每天按照这一程式进行。遇到逢三之期，全军会演阵势分合变化，要求号鼓口令务必谙熟。每到逢八的日期，全军分别持带枪炮当场启用，让士兵训练瞄准打靶，分别用环靶、人形靶和活动靶等样式，并按照打靶的成绩评定优劣，分别赏罚。每月均以这一训练作为常规。每月的十六之期，全军离开营房在附近二三十里的地方，无论平地坡坎还是有水的村落，分队相形布置，如同和敌手相对的样式，分别演练包抄、埋伏、奇正相生进退各种阵式，练习站跪、卧伏、战沟、估测远近枪炮子弹力量所能达到的地方。这样的会合行操每月举行一次。骑兵练习驰骋、放枪、舞刀、刺矛、联鑣置阵，全部按照传统的训练方法进行。并给骑兵以口令，增

---

　　① 《陕西巡抚魏光焘为陕省练习洋操各队挑募成军及开办武备学堂事奏折》，《光绪朝各省设立武备学堂档案》（上），《历史档案》2013 年第 2 期。
　　② 《宫中档光绪朝奏折》第十三辑，第 166 页。

加了跳墙、越沟，由窄及宽，由疏到密。[①] 行操时则会合步兵、炮兵的试演，务必使骑兵和步兵的配合默契，指挥操纵灵活。工程队分门学习桥梁、沟堑、营垒、水旱地雷、电线等内容。随营武备学堂分设了枪学、炮学、算学、测绘学、阵法、电学、防守学、讲解兵略，轮日分课。七天休息一次，由提调予以考验，让学员有温故知新的感受，给学员讲解一段中国古代历史，以激发学员的忠义之气，进而更加有志于研习学问，并集合各营军官共同听讲。此外，魏光焘还经常召集学员诘难辩论，探讨所学知识，以达到对新旧操练方法的精深理解。同时，魏光焘还晓谕全军官兵遵守军纪、互相勉励，尤其是力戒迟到早退和侵蚀军饷的不良行为。

陕西新军经过魏光焘的认真训练后，战斗力和士气有了很大进展。为了进一步加强新军的力量，魏光焘秉持"添练一旗，即多一旗之用"[②] 的原则，奏准清廷，利用裁兵节饷的经费项下余白银 31000 两，在陕西防军内续挑步队 4 旗，增加费用进行训练，同现有新军合成马步炮兵 12 旗，共计人数 3914 人。这一举措，对于增强陕西的军事防务实力，乃至对于国家新式军队的建设，均有十分重要的作用。

五　兴办陕西中学堂

光绪二十四年（1898）六月，正是维新运动的高潮时期，魏光焘按照京师大学堂的办学原则和规章制度，在西安筹建了一所陕西中学堂。

兴学育才作为"百日维新"期间的一项重要改革内容，也是以康、梁为首的维新派们所追求的"富国强兵"的重要途径之一。此时，作为陕西巡抚的魏光焘在维新思潮的影响下，也深感"时局艰难，非人才无以资干济，需才孔亟，非学堂不足广裁成，秦地土风质朴，其于时务，每限见闻，建学育才尤为急务"[③]。经与陕西布政使等商议后，认为中学堂作为陕西全省人才荟萃的地区，应该将其规模扩大，才能培养

①《宫中档光绪朝奏折》第十三辑，第 166 页。
②　同上书，第 167 页。
③《西安近代中等教育》，西安市政协文史委员会：《西安文史资料》第 21 辑，陕西人民出版社 1998 年版，第 437 页。

更多的有用之才。但是陕西财政困难，如果扩建中学堂，创始经营不仅需要花费更多的建筑时间，而且耗费巨大。魏光焘查看了西安北院旧有官署，规制宏大，以之改建为学堂，可以节省工力和人力。魏光焘督饬布政使司等派人勘察兴建，但进度很慢。而此时清廷因学堂事关人才培养，曾多次下令催促尽快修建。魏光焘只好仿照京师大学堂借拨公房之法，先借西安府试院权且作为校舍，并将以前设立的游艺学塾归并于中学堂之中，扩充开办。

为了办好陕西中学堂，魏光焘制定了相关章程，以便遵守。其大致规定如下：

西方的中学堂生源来自于小学，而中学堂又为大学提供生源。当时京师大学堂生源稀缺，只因各省的府厅州县小学堂初建伊始。为了保证京师大学堂的生源，陕西中学堂在建成之初，其学生兼包括培育小学生的职责，并为大学堂提供优质生源和培养为小学堂师范的人选。按照情况区分等级，逐级造就人才。中学堂设立了藏书处，收藏朝廷颁发的图籍和典册，兼仿照湖南、湖北两省购买中西方面的重要书籍，供给学生阅览，以扩充其知识的广度和深度。建立光明宝宇，选择各种天算、声光、化电、农矿、动植物学仪器机器最为重要者精购慎藏，为研究者提供方便。

西方国家的学堂所读之书分为普通、专门两类，所研习的知识，也有初级和高等两个层次，并由浅入深，循序渐进。所以其小学没有高等之业，大学无初级之编，小学毕业后才能升入中学，再由中学升入大学。京师大学堂设立后，也未能完全摒弃初级而专门办理高等教育。陕西士人学风朴实，从未设立小学以培植其根基，因而魏光焘决定先以初级学堂作为办学之始。陕西中学堂一律遵循京师大学堂所设立的课程，除学习经学、中外掌故学外，算学、格致、政治、地理等各门功课，全部让学生专门学习。陕西游艺学塾原来购买的西学书籍，因当时规制初建，图书收藏甚少。这次创办中学堂，仍然规定中学和西学同时并举，教材选择其中急切需用者，开列200多种，筹集经费派人赴南方各省和上海分别购买。教材运到后，先由学堂教习分门设定课程，暂时进行讲授。等编译局教材编成，派送至陕西后，立即遵照按目分课。此外，专门分出一门中国古代语言文字课程，和普通学一起设立，同时学习。

陕西中学堂对学生外语方面的要求较高。规定：凡年龄 20 岁以下的学生，必须学习和掌握一门外国语言文字；年龄 20 岁以上者，已错过学习外语的最佳时期，准予免习。因陕西游艺学塾中已有聘用的教授西方语言文字的教师，故在中学堂内再设立一所小学堂，挑选聪明伶俐的少年子弟 40 名，由外语教师专门讲授语言文字和浅显的算学。同时，为了让这些学生仍然保持中国传统的伦理道德和思想，还要学习四书五经之类的中国经典。

学习时间方面，学堂分时定课。根据京师大学堂的章程，规定学生每天 6 小时必须在讲堂，由教习讲授所学课程和督促学习。剩余 4 小时回到宿舍自学。假期和休息时间设置，因没有聘用西方教师，故并不按照西方的星期天作为休息时间，而在每月的初一、十一、二十一日和十五日，教师和学生放假一天。中国传统的节日，如端阳、中秋、春节和清明，也酌情给予一定的假期。

学生功课成绩的评定，遵照京师大学堂的章程，采用积分计算的方法，切实进行考验。由总教习按照各门派定课程，学生每天对所学课程精熟者，即为及格。每节课要有课堂笔记，每天要记录上课情况，全部送交总教习进行评阅，记录分数，作为评定高下的依据。每月结束时，呈送学堂总办检查，检查后交由学堂提调核定分数的高低，并张榜公布，作为学生进步和退步的警示。

每月举行一次考试，根据普通学各类学科各自命题，以中学和西学两种学问不同答卷。"经学"作为中学的根本，是中国士人必须学习和研读的内容。故中学和西学中"经学"的题目属必考内容，合格后才能录取。考试完毕后由总教习阅卷，根据答卷情况判定上取、次取。学生中考卷和笔记被列为高等者，选择一些"真有心得足开风气之作，即发本省各府州县小学堂，以示优异而导先路"①。

学堂的生源方面，凡陕西省范围内满族和汉族举人、贡生、监生、文童等，年龄在 16 岁以上 30 岁以下，天资聪颖和文理深通而又愿意进入学堂学习者，准许其获取本人籍贯的保结报名，自行到学堂报到，外地边远的学生一般不予收录。为了保证中等学堂的生源充足，魏光焘檄

---

① 《西安近代中等教育》，西安市政协文史委员会：《西安文史资料》第 21 辑，第 437 页。

令陕西各厅州县按大县 5 人、中县 3 人、小县 1、2 人的名额，精选年轻聪颖之士，取结申送入学。并饬令学政从各地选拔一些高才年富力学者进入学堂学习。外籍的官商聪明子弟，有愿意入学学习者同意取结报名，一律收录。但也规定，外籍学生所占名额不得过多，以免影响本省士人入学读书的机会。学堂的人数，总计录取 200 人，遵照京师大学堂的规则，酌情分为三等。精通中国传统学问并能究心时务、西方政治和西学者，为上等，录取 40 名；贯通中学且对西学略有研习者，定为中等，录取 50 人；不通西学但文理精通年少质颖者，为第三等，录取 50 名；另外录取外课生 60 名。学生留学的预备名额，应精心挑选，宁缺毋滥，按照六级递升，宁严毋宽，慎重办理。那些本属优等级别的学生，如有功课不及格者，学堂随时可以降低其等级，以优秀者递补；若有触犯学堂规定者，较轻者降为外课生，情节较重者予以开除。以上是针对外籍学生的规定。陕西籍学生只分为三等，也按照三等进行升降。

学堂规模较大，各种人才云集，设立名望较高的总、分教习是一件非常重要的事。陕西经费较为困难，学生人数相对较少，加之初始学习初级普通之学，并未涉及高等学堂和专门学堂之类的课程，故暂不聘用外国教师。先以游艺学塾以前聘用的算学、文字、语言分教习 1 人作为学堂教师，然后增聘中学分教 1 人，西学、格致学分教 2 人。并聘请学有本原、赅通中西的人才，作为学堂总教习，庶期师表得人，成才自重。[1] 总教习的薪水数目，聘用时由双方约定。分教习 5 人，每人月薪银 60 两，每年薪水银为 3600 两。会办 1 人，月薪银 60 两，每年 720 两；提调 1 人，月薪银 40 两，每年 480 两；委员 1 人，月薪银 30 两，每年 360 两；学生 200 名，除外课 60 名自备伙食外，内课 140 名，每人每月伙食约银 2 两 4 钱，合需银 4032 两，奖赏每月 200 两，每年 2400 两。纸张墨水洋笔每年大约 400 两，预备杂用每年约 1000 两，书手、斋夫、号房、门役、扫夫、更夫、茶炉夫约 30 名，工食月三四两不等，约需银 1000 两。每年需经费银 13992 两。其总教习薪水，小学堂经费，及随时应添购书籍各项，均未定数。合上估定经费，通共每年约需银 20000 两之谱。改建学堂及修藏书处仪器院并购中西及东文图书

① 《西安近代中等教育》，西安市政协文史委员会：《西安文史资料》第 21 辑，第 439 页。

仪器，制备应用器具，大约需银 20000 两。各等学生统遵大学堂续议八条，不给膏火。①

学堂的办理，由魏光焘遵照朝廷旨意选派绅士经营。陕西绅士中学问深厚、名望素著者，或曾在京师服官而致仕回籍者应为最佳人选，但学堂因急于开办，一时很难找到合适的人员经办。而学堂的责任重大、事务繁多，必须有人总理其事。魏光焘决定在监司中委派 1 人担任总办，将一切创办事宜会同陕西布政使和按察使迅速进行规划，逐一兴办。并在陕西绅士中遴选 1 人，会同总理。总办因系实任委派，不予开支薪水，以便节省费用；学堂设立提调 1 人，长住学堂，管理学堂各类事务；设立管理图书仪器委员 1 人，专门办理图书仪器收藏和学生借书、还书，不准损污和遗失。此外，学堂还设立了领班、斋长、书记、杂役等人员，作为辅助人员，负责学堂的后勤工作。

陕西中学堂经过魏光焘的规划后，于光绪二十四年（1898）十月正式开学。它实际上是以游艺学塾为基础扩充而成。中学堂以督粮道丁士彬为总办，候补知县吴廷锡为提调，常驻于学，经办一切。② 当年的开办经费约白银 20000 两，经魏光焘奏准清廷后，催河南、山东欠款解还支用。其常年经费约需白银 20000 两，除提用原游艺学塾的常年经费6000 余两外，所缺部分另外筹集。办学的继任者，总办有端方、提调有周茂诚、程伯诚，教习有丁信夫、肖开泰、葛道殿，斋长有毛昌年、周铭、侯拜虎、薛信等人。③

陕西中学堂开办一年多后，光绪二十六年（1900），庚子事变爆发，八国联军入侵北京，慈禧太后携光绪皇帝逃亡西安时，校舍改作他用，学堂被迫停办。被陕西学政视为奇才的民国要人于右任曾于 1900 年春进入陕西中学堂学习，他后来回忆这段往事的时候说：

> 我之入陕西中学堂，在庚子春间，校址为西安有名的北院。总教习江夏丁信夫先生保树，精熟经史，讲解详明，我从游半年，收

---

① 《西安近代中等教育》，西安市政协文史委员会：《西安文史资料》第 21 辑，第 439 页。
② 西北大学历史系（中国社会科学院原陕西分院历史研究所）：《旧民主主义革命时期陕西大事记述（1840—1919）》，陕西人民出版社 1984 年版，第 107 页。
③ 同上书，第 108 页。

益最多。及庚子之变，西后母子入陕，北院改作行宫，学校无形解散，又令堂中师生，衣冠出城，迎接圣驾，在路旁跪了一个多钟头。①

维新变法期间，陕西中学堂是西北地区创办的新式学堂中人数最多、规模最大、教学设施最完备、师资力量最强的学校。尽管办学仅一年多即因时局所迫而停止，但作为陕西维新变法的一项成果，它在陕西近代新式教育史上的影响也是至关重要的，不仅为关中地区培养了许多新式专门人才，而且对改变陕西闭塞的社会风气、破除迷信等方面起到了很大作用。同时，陕西中学堂的兴办也积极地配合了全国的维新运动，成为全国教育改革的重要组成部分，促进了西安文化教育事业的发展和进步，为陕西地区能够持久保持教育优势创造了条件。此外，陕西中学堂的建立也为清末新政时期陕西教育的进一步发展奠定了良好基础。

第三节　整顿陕西经济

一　储粮备荒

西北地区自古以来即是自然灾害频发之区，几乎连年不断。不仅给广大百姓的生命财产造成了重大损失，而且严重制约社会经济的发展。自然灾害持续时间之久、危害程度之深，莫过于晚清时期。在诸多自然灾害中，对西北地区影响最大的当属旱灾。光绪三年（1877）、四年（1878）持续的旱灾，导致陕西境内发生严重饥荒，饿殍遍地。蒲城县在光绪四年（1878）甚至出现了人相食的现象。据史料反映：

> 陕西凶荒自道光二十六年以来最重者莫如光绪三年，雨泽稀少，禾苗枯萎，平原之地与南北山相同，而渭北各州、县苦旱尤甚，树皮草根掘食殆尽，卖妻鬻子，时有所闻。陕西春至六月不

---

① 中国人民政治协商会议陕西省三原县委员会文史资料研究委员会：《三原文史资料》第 6 辑，1989 年 12 月，第 53 页。

雨，大旱，粮价腾涌，饥民嗷嗷待哺，横山、葭州、府谷、米脂、清涧、吴堡、汉阴、白河、石泉、紫阳旱甚。①

时任陕西巡抚冯誉骥鉴于光绪三年（1877）、四年（1878）陕西旱灾造成的严重损失，曾从南方各省购买粮食，通令陕西各府厅州县官员一体捐办义仓，以备荒歉。总计捐存京斗稻粟麦 806000 多石，修建社仓 1600 余处。义仓的建成，对于保障弱势群体的基本生活起到了重要作用。但如果遇到荒年，尤其是出现大面积饥荒时，80 多万石的粮食仍然显得不足。义仓自创办至光绪二十四年（1898）已近二十年，陕西虽然没有遭遇过较大灾荒，但水旱偏灾几乎每年皆有。光绪十八年（1892）和光绪十九年（1893）因义仓粮食不足，陕西官员曾向全国其他地区采运粮食，花费不少库银，原来储蓄的 80 万石粮食已经用去大半。

魏光焘莅任后，对陕西民生极为关注，鉴于原有社仓粮食储蓄不足，他深感："若再逢荒歉，积储不多，采办不及，必致措手乏策。"②为此，他决定未雨绸缪，试图重新开辟一条补充社仓储蓄的途径。因陕西厘金自经魏光焘认真整顿后，政府收入有了较大增加。因而他与陕西布政使和按察使商议后，从陕西厘金项下每年酌提二成，选派稳妥官员分别赶赴陕西各县，就地收购粮食，在各州县社仓储存，通照户口的多少确定粮食的数目。这样各地社仓有了丰富的存粮，遇到灾荒之年既可以救民于缓急，也可以补充军饷之用，此为一举两得之事。购买粮食所提厘金款项，以三年为度，以示限制。

此外，魏光焘对陕西全省进行考察后，只有西安、同州、凤翔三地位于平原地区，土地肥沃，是陕西重要的产粮区。南山地少山多，产粮极为有限。北山地区农作物一年一熟，遇有少雨年份，粮食歉收的情形比较普遍。以前捐献的仓粮，南北两山地区，"每处不过三千数石，少或仅数百余石，一遇荒年，实属不敷散放"③。即使西安、同州等平原

---

① 袁林：《西北灾荒史》，甘肃人民出版社 1994 年版，第 539 页。
② 《奏报陕省查办仓存积谷情形事》，中国第一历史档案馆：《军机处录副奏折·光绪宣统朝》，档号：03-6678-027，光绪二十四年十一月十六日。
③ 同上。

地区，产粮较多但人口密度也很大，"若遇荒年，计口授食，仍觉人多粮少"①。况且以前所捐义粮，因陕西有些地区多次发生偏灾，经过赈济发放后，所剩存粮已经不多。魏光焘主政陕西伊始，即多次饬令各地州县续捐积谷，但应者寥寥无几。主要在于光绪二十一年（1895）陕西大部分地区出现了夏旱秋潦的现象，收成歉薄，各地纷纷请求缓办，魏光焘也不便强其所难。但他对预先筹备储粮的工作时刻没有放松，为了办好陕西的储粮备荒事务，他力请朝廷拨款采购储粮，以防范因自然灾害发生引起饥荒，进而影响民生和社会稳定。他在奏疏中说：

> 此时不预为筹备，设饥馑渐臻，势必购自邻省，不特运脚转重，于粮价且缓不济急，贻误实非浅鲜。明知库款支绌，馈饷艰难，何敢妄请提款。第民为邦本，食乃民天，我皇上厚泽深仁，一遇偏灾，无不恩施立沛。与其赈之于荒岁而靡帑转多，似不若备之于平时而购运可省，引以本省溢出之款，办本省切要之事，既于地方有益，仍于逐年解额无亏。②

魏光焘的这一储粮备荒思想得到了清廷的肯定，谕令魏光焘在光绪二十二年（1896）厘金项下提用银71000两采购粮食，仍以三年为度，以示限制。并将买粮若干造册报部存案，如有动用，随时咨报核办。③魏光焘派布政使张汝梅经过详细查核后，发现光绪二十二年（1896）所收百货厘金等项业已提拨动用无存，只好从二十三年（1897）起到二十五年（1899）底止，分年按照所收百货厘金数目提取二成，采买积谷。④

二 整顿陕西鸦片厘税和厘金

光绪二十三年（1897）四月，户部因内地土药生产日盛，奏请另

---

① 《奏报陕省查办仓存积谷情形事》，中国第一历史档案馆：《军机处录副奏折·光绪宣统朝》，档号：03-6678-027，光绪二十四年十一月十六日。
② 同上。
③ 《宫中档光绪朝奏折》第十一辑，第43页。
④ 同上。

筹征收之法。清廷此时也因财政困难，下令各省按照户部所奏改变土药厘金征收办法。那就是，每石百斤征银六十两，无论运往何处，概不重征。

陕西除关中平原地区外，瘠苦之区较多。百姓生活主要依赖农业生产，生计维艰。自清廷开放种植鸦片禁令后，陕西一些地区百姓除了种植农作物外，也少量种植罂粟，以获取微利维持日常生活。分散、少量的种植对外来商人的吸引力极为有限，"即有外来巨贾，亦须零星凑齐，方能成庄"①。因而陕西鸦片厘金的收入受到很大影响。当时陕西种植罂粟的地区，东路为临渭、二华，西路为兴、武、盩，南山为汉中、城固一带，皆为分散种植，并未形成大面积连片栽植。关于鸦片的征税情况，根据陕西省土药厘税章程规定：

> 平地亩税一钱，坡地亩税六分。及至收浆作土，商贩时至，每石百斤收厘银三十两。运出他省，再按各省章程抽收，其由他省贩运过陕者，则照光绪十六年部定新章，每石百斤收厘银三十五两。②

魏光焘查阅了陕西近年来的税收情况，发现田赋收入每年大致相同，而厘金收入起伏较大，主要在于每年的丰歉差别很大。但自从政府加强了对厘卡的严格管理，加上旧有章程较为适宜，商民称便，故厘金税收总体来说还是呈逐年上升态势。为了加强对厘金的管理，前任陕西巡抚及魏光焘任内曾先后在陕西各地设立巡卡13处，基本消除了商民偷漏鸦片厘税的情况。而旧章中规定每石百斤抽厘30两，商人转运到其他省份后，仍然按照当地厘金税收征收，经过一省必然会征收一次，这样虽然单次征收看似数目较少，但合计起来数额较大。行商经过辗转贩运后，货物价值增高，给国家所缴税收也因多次分交，压力相对较小。魏光焘认为，如果按照户部议定的一并征收规则，商贩必定会因为成本过高而裹足不前，而且一些奸猾之徒不择手段谋取逃税的办法，并由此引发鸦片滞销且分散不能聚集，偷运鸦片利润高

① 《宫中档光绪朝奏折》第十一辑，第130页。
② 同上。

昂。即使"添设局卡，广布巡丁，地之所限，流弊滋多。诚虑徒有加征之名，并无增课之实"①。于是，他奏请清廷，将陕西鸦片厘税仍然按照以前章程进行办理，以便扩大利源而消除积弊。

光绪二十三年（1897）十一月，清政府鉴于时局维艰，欲图自强振兴，以修明武备为第一要义。但因国家收支款项不敷甚巨，故谕令各省将军、督抚杜绝厘金中饱，整顿各地厘金，以增加国家财政收入。魏光焘接奉谕旨后，对陕西厘金进行了大力整顿。亲自督率司道悉心筹划，次第遵办。但陕西毕竟位于西北，地瘠民贫，厘金收入和东南各省相比，收入差距较大。光绪二十一年（1895），护理陕西巡抚张汝梅查察厘金利弊，变通章程，添设巡卡，实力稽查，以防止偷漏现象发生。并"通饬外局各员，洁己奉公，共加奋勉，并严杜司事、巡丁卖放中饱等弊，酌定劝惩章程，通饬遵照"②。经过切实整顿后，陕西厘金收入有了较大起色。魏光焘主政后，厘金收入比以前更加增多，光绪二十二年（1896）、二十三年（1897）陕西货厘、土厘每年达到 21 万多两白银。对于收税较多的地区，魏光焘奏明清廷予以奖赏，而抽收不旺和办理不善的地区，魏光焘随时予以记过撤参。

三　提高食盐价格

魏光焘在陕西巡抚任内，为了增加政府财政收入，酌情提高了食盐价格。

陕西每年的财政收入较为固定。随着时势的变化，开支费用也逐渐增多，财政入不敷出，很难应付。为了解决财政紧张的问题，魏光焘曾采取整顿厘金、垦地升科和变易仓粮等措施，每年的收入增加了 30 多万两白银，也在一定程度上缓解了财政压力过大的情况。为了进一步开辟利源，魏光焘决定酌情提高食盐价格。

陕西全省的食盐，皆为解池和花马池的引地。西安、同州、商州、乾州四府总计 33 厅州县，每年销售河东盐引 159821 道，每引行盐 250 斤，共计销售食盐 39955250 斤。延安、绥德、鄜州、邠州等地，每年

---

① 《宫中档光绪朝奏折》第十一辑，第 549 页。
② 同上书，第 131 页。

销售花马池的盐引 11400 道，汉中府每年额引 25000 道，每引行盐 200 斤，共计 7208000 斤。除兴安和凤翔两府改食花马池盐，由百姓自己运销外，陕西全省总计每年销售食盐 47163200 斤，当时的价格是每斤食盐制钱为 27 文或 28 文不等，价格不高。魏光焘认为：

> 如每斤加价四文，岁可得钱十九万数千串之谱，虽自乾隆年间改章，摊课停引，而销数则计丁扣算，逐年尚有加增，合计通省所销，当与原额不甚悬殊，现筹入款，实为大宗。①

户部自从议办提高食盐价格后，川、淮东、芦等口岸皆采取接引摊捐的办法次第举行。各地盐商以成本过高、食盐滞销为由，接引和认捐的数额较少，商捐效果不大。为此，魏光焘奏请援照河南筹饷成案，稍加变通。无论潞岸、甘岸，全部定为每斤加收厘金四厘，准其按照数量增加。民间食盐销售价格由地方官张贴告示，晓谕商民一体遵照。并规定："不加之产盐之区，而加之行盐之省。"② 这样即使安徽行盐的商人，所加厘金实际出自食盐之户，这一费用仅占民间百姓日用的很少部分，分摊下来盐商和百姓负担也不算重。加上陕西盐价不高，加收厘金也不会造成影响。为了慎重，魏光焘还派人征询各地意见，均无异议。同时，对于盐务进行了调整：潞引以前由盐商在山西河东封课，配盐运到陕西零售；池盐向归甘肃派人抽收厘金，由民间贩卖。此次为了陕西就地筹款，自然应该归于陕西办理。"或择要设卡，按帖抽取，或就现有各局一律带收。"③ 这样就能和山西盐斤加价及甘肃厘局旧章不相牵涉，政府对于食盐提价有一定数额，奸商也不能借端引额，吏胥也无从中饱私囊。对于增加政府收入和活跃食盐贸易有一定的积极作用。

此外，魏光焘还向清廷提议，将陕西的食盐提价推广至全国各省，以便增加国家的财政收入和减缓当时的经济压力。

他在奏疏中分析了食盐提价的几大利处。第一，盐课作为国家每年

---

① 《奏为筹办陕省盐斤加价并请推广各行省以裕饷源等事》，中国第一历史档案馆：《军机处录副奏折·光绪宣统朝》，档号：03－6471－024，光绪二十四年三月二十八日。

② 同上。

③ 同上。

财政收入的大宗，如果各省一律酌情提价，那么无论何处盐商，都不能以减价畅销为借口独占好处。第二，他对食盐加价的收入进行了核算。指出："八口之家，斤盐可食三四日，每日所捐不过一文，而遍天下皆食盐之户，积少即可成多。"① 第三，食盐价格是由百姓加钱，对于盐商的成本没有丝毫损伤。第四，经过食盐提价后，各省必然加强缉私工作，官员各有专责，办理也会更加认真。私盐数量势必减少，对于盐商有利。于是魏光焘奏请朝廷"通饬各省均定以每斤加价制钱四文，本有例价者，准其照加，本无定价者，听其涨落。一俟部库充裕，即行奏请停加。以期有益于国，且不病民，实为利便"②。

魏光焘从增加陕西财政收入的角度着眼，建议提高食盐价格。在当时利源极少的情况下，确系为一无可奈何之举。但这一举措，对于国家和商人均为有利，而且食盐厘金提高四厘，这一负担最后又转嫁到平民百姓身上，无疑会对广大百姓的生活会产生一些消极影响。

第四节　维护社会稳定

晚清时期，清政府对于各省举办团练保甲极为重视，曾多次谕令将军、督抚切实整顿保甲团练，以维持地方社会的稳定。陕西自经同治兵燹后，自然灾害频发，地方元气一直未能恢复。南北山各地环境恶劣，人口稀少，故地方官员屡次商议变通以前保甲章程，但仍未尽善。因清查户口、造册事务冗杂，加之一些百姓迁徙无常，导致"牌册方成，户口非旧"③ 的现象十分普遍，地方官员束手无策，保甲章程中的条文大多形同虚设。因而陕西的保甲制度尽管开办多年，也取得了一些成效，但终究未能整齐划一。陕西团练的举办，也是举步维艰。因举办团练需要较多款项，而地方财政又无力开支。甘肃河湟事变爆发后，陕西的团练组织规模稍有发展。事变结束后，事过境迁，尽管各地仍旧分设团练，但已无法集中训练。魏光焘认为："保甲为庶政之权，与团练本寓

① 《奏为筹办陕省盐斤加价并请推广各行省以裕饷源等事》，中国第一历史档案馆：《军机处录副奏折·光绪宣统朝》，档号：03－6471－024，光绪二十四年三月二十八日。

② 同上。

③ 《宫中档光绪朝奏折》第十二辑，第191页。

兵之遗制，其在今日尤为要图。"① 于是，他会同陕西布政使和按察使根据陕西全省情形，参考古今成法，制定了简明新章八条。其基本内容如下：

> 以选举得人为首，而次第示分甲缮造之简便，附里寄甲之变通，兼派族长以助清查，循环添注，以便轮换稽查，期于核实而禁奸劝善，因而备举，于是责以守望相助之意，藉丁壮为乡团，日一集练，旬而一周，农隙则群而肄武，又挑立城团，常川驻练，满岁一更，以所治之，繁简及财力之盈绌，定为名额，而量其所业之高下，为预筹进取之阶级。②

魏光焘制定的保甲团练新章，不仅恢复了中国古代"寓兵于农"的基层管理方法，而且对于维持地方社会治安有着重要意义。之后，魏光焘按照章程规定，将举办保甲团练作为对承办之地方官员考核的一项重要指标。对于因循故习、将章程视为具文而不实心办理者，魏光焘即认定其不尽心民事，当即予以严惩警示；实心办理成效昭著者，随时查明奏奖，以励其余。③

具体办理保甲、团练方面，魏光焘下令全部遵循新设章程。重新设立新式门牌，上面首列当地户口数目，其次写上同牌姓名，最后将各条禁令填写清楚，令各户将门牌悬挂于门口。同时，通知各地官员自造保甲细册、另造简明清册，全部呈交省府备查。陕西按察使端方到任后，尤为注重保甲建设。详细通饬申谕地方官员加强对保甲的管理，并派人深入乡间分起复查保甲事务，以便核实办理情形。举办团练方面，魏光焘认定："保甲团练相辅而行，保甲成而团练即可推及。"④ 保甲业已整顿且已走上正轨后，魏光焘下令对陕西境内 12 府州所属地区，除北山因地方瘠苦暂准缓办外，其余均由地方官员遵照章程规定，"以城团为乡团之根本，以乡团为城团之犄角，仿诸营制，城团为中哨乡团四起，

---

① 《宫中档光绪朝奏折》第十二辑，第 191 页。
② 同上书，第 192 页。
③ 同上。
④ 《宫中档光绪朝奏折》第十三辑，第 98 页。

为前左右后哨"①。总计挑选城团壮丁3900多名，乡团壮丁16600多名，并为其配备了军械。

为了进一步强化对于保甲制度的管理，魏光焘又遵照朝廷旨意，饬令陕西布政使和按察使制定了《陕西增订保甲章程十四条》。其主要内容为：

1. 保甲之法，首在选择得人。选择品端识卓的士绅担任总绅，如果可信则任用，否则总绅之下另选"忘分下交，使之分任各乡之责，使查明各里绅是否得人，分别去留"②。然后让其督同保正逐户清查，务必10家举1牌长，10牌举1甲长，联合十几甲长归于里绅管辖。里绅有事务需要禀报官府者，可以率同甲长或协同总绅详细向官府陈述，以收到推心置腹之效。

2. 保甲之法，贵在办理有序。推举绅士清查户口，分别良莠，以表示劝惩有先后缓急之理。如果绅士一起并举，一时选举不出合适的人员，会导致出现许多虚假的户口，"户口既伪，则良莠不分矣！良莠不分，则劝惩失当矣！"③必然会产生诸多弊端，那就是，因差扰而起讼端，或者由于造册而百姓阻挠，不仅保甲的优点不能呈现，百姓反而会遭受保甲之害。若选择合格的绅士，户口可以得到核实，户口既真，良莠自然能够分辨，良莠有别，劝惩当然可以循序办理，不会出现操切之弊，这样保甲的推行会取得成功。

3. 保甲之法可以杜绝诸多社会弊端。保甲推行后，诉讼案件自然逐渐减少。即便有诉讼现象，也能够立即判别是非曲直，并可减少胥吏从中把持诉讼，扰乱法度。

4. 保甲之法，在于毫无骚扰。"百姓本属安帖，而或因办保甲转滋骚扰。"④并非办理保甲的本意。保甲的原意旨在捐廉兴办社

① 《宫中档光绪朝奏折》第十三辑，第99页。
② 杨虎城：《续修陕西通志稿·卷45·兵防二》，《西北地方文献丛刊·西北稀见方志·第7卷》，兰州古籍书店1990年影印本，第336页。
③ 同上。
④ 《续修陕西通志稿·卷45·兵防二》，《西北地方文献丛刊·西北稀见方志·第7卷》，第336页。

会公益事业，如果有公款可以筹集，不可向民间索取分文钱物，方为得法。造册之时，不让一个差役下乡先与绅士相约。"凡有劝惩，须持正册已齐，门牌已散，大局既定，乃将各里中恶迹素著者密行另折开报。"① 以避免发生争端。然后选择典型者惩一劝百，能改过自新者，分别予以保释，使一些不法百姓知晓法律的威严，守法公民不受差役的骚扰。

5. 保甲编造之法，宜化散为整。陕西南北山户口凋零，不成村落，有的三家聚为一处，有的两家聚为一地，或者两村编为一牌，皆依山结茅，很难分堡、分里编排，故将这类户口或三村编为一牌，均附设在就近的大镇市，归某里、某甲长稽查，以归简易。

6. 同姓居住一村，应兼派族长加以管束。乡间大姓聚族而居者很多，除照章分立牌长、甲长外，另外添设族长一名协同办理，在清查之中寓含父兄之责，尤为严密。

7. 莠民匪类宜密折另为区别。凡属刀匪、会匪及曾犯偷窃不法人等，除有案随时拿办外，如果能够改过自新者，虽然不便驱逐出境，终究要对其另折存记，但需告知绅士密为折呈，切勿声张，使其怀恨绅士，而且灰其自新之心。秘密记录，既可以在平时防范，又能在其犯事后迅速拿获。并随时出示告诫，起到潜移默化的作用。

8. 册籍应随时笺注，以便查核。户口不能无迁徙，人数不能无增减，绅耆将牌甲查明后，应随时在册内粘签注明。每年分两次，在正月和七月由牌甲各长将签注之册送交地方官，在所存册内照样誊注，以便稽查，仍将原册发交牌甲各长收执。册籍每年更换另造一次，由地方官捐发，不准牌甲藉端需索，"如乡保有诈索情弊，一经查出，定将该乡保等重惩不贷"②。

9. 百姓因事涉讼，应在呈词内填写牌甲姓名，以资考证。保甲编清之后，各里商民有赴府州县呈诉者，务必在状式之上查照所

---

① 《续修陕西通志稿·卷45·兵防二》，《西北地方文献丛刊·西北稀见方志·第7卷》，第336—337页。

② 同上书，第337页。

发门牌，填注某里、某绅、某甲长、某牌长。如无里绅、甲长、牌长姓名，初次呈送如果遗漏，令其补填，否则立即退还，这样也可以考察保甲的虚实。凡是事情比较细小，先由甲牌长调处，若双方始终固执，再行赴官呈诉，由官府审断，不仅是非简单明晰，而且还可以平息诉讼案件。

10. 不法之徒应令绅耆协同拿禁。乡间有盗窃、私设赌场、私贩毛钱等事，往往百姓共见共闻，心知肚明，明知某人为匪而不敢明言。因之前没有举办保甲，百姓担心结冤成仇，受其报复。经过举办保甲清查后，有专人负责管理。如果查出以前乡间有为匪之事，由牌甲长邀同赴官举报，"如遇有不敢明禀之件，准绅保赴局密陈，即可严拿惩办，则匪徒无所容身，而百姓可以安居乐业矣！"①

11. 无辜被控宜令绅耆保释以安善良。平常盗窃案件，往往有良民被人诬告倾家破产，即使有绅民公禀代为申冤，而官长不肯轻信者，由于没有举办保甲，以事不干己而挺身出头，官府怀疑其包揽插讼，百姓即有冤屈也无人代白。举办保甲后，则总理各绅及牌甲各长信息来源比较真实，遇有良民被诬告之事，公同禀明，立即予以澄清，使善良百姓有所依赖而不受牵连。

12. 保甲编清之后宜联络义团。团练和保甲本系相辅相成，若能实力奉行，无事可以防内患，有事可以御外侮。应通饬各属认真举办团练，由地方官责成各总绅、里绅，各里选派正副团总，农闲时进行操练，但不得科派经费，致滋弊端。

13. 保甲团练宜专责成，以昭核实。以前公文，由所管府州转饬所属遵照办理，互相转抄。办理保甲团练后，其事宜责成该管府州就近督办，不得虚应故事、敷衍塞责。"其所属或有造册迟延及操练废弛情事，自系督率不力，即将该府州分别记过，倘所属玩视定章，有意抗违，该府州亦应据实禀揭，以凭详办。"②

---

① 《续修陕西通志稿·卷45·兵防二》，《西北地方文献丛刊·西北稀见方志·第7卷》，第337页。

② 同上书，第338页。

14. 保甲既清、团练既成，宜分别虚实以示劝惩。各地开办保甲已久，办理事务有勤惰之不同，造册有真伪之别，若不加以分别劝惩，贤明官员即会灰心，而奸猾之吏则由此得志。此次奉旨重行整顿保甲，应三令五申、不怕繁琐，通令各地限公文发布一月内，先将选派的总理各绅和正副团总姓名、年龄、相貌、籍贯造册，由所管府州转送省局存案备查。在限三个月内一律造齐，换给门牌，将所发简明册式照造交局，听候省局遴选贤明官员携带清册赴各州县逐细进行抽查，查完后向省局回复。由省局汇集分别虚实后，根据抽查情况核计功过，"贤者或加保奖，不肖者立予详撤，庶足以示劝惩而不致奉行故事矣！"①

由以上可见，魏光焘对举办陕西保甲团练极为重视，两次进行了大力整顿，其章程经过修订后，内容更为具体、翔实，对于保甲管理人员的遴选、职责等均有了严格的规定。保甲制度的推行，加强了对基层百姓的严格控制和管理，但这种严密管理方式的运行，也在一定程度上为广大百姓创造了一个稳定的生活环境。

晚清时期，许多西方传教士在不平等条约的掩护下，带着政治的、经济的、军事的目的，纷至沓来，形成了一场大规模的传教运动，教堂遍布穷乡僻壤，他们还扬言要用基督教征服中国。官吏、儒学在其进攻之下，节节败退，造成了中华民族严重的信仰危机。②并随着民族危机和生存危机的加深，中国士民与洋教冲突的规模越来越大，各地的反洋教斗争此起彼伏。清政府为了遏制当时声势浩大的反洋教浪潮，曾多次谕令各地督抚妥善保护教堂，以求得一时的社会稳定。在反对西方基督教方面，陕西人民也起而抗争，加入到当时反抗斗争的洪流中。

光绪二十四年（1898）夏，西安、同州各地部分百姓暗地发布揭帖，图谋发动烧毁教堂的活动。魏光焘闻讯后，密令陕西布政使和按察使通饬地方官予以侦查缉拿。但因仇教群众行踪飘忽不定，未能捕获。

---

① 《续修陕西通志稿·卷45·兵防二》，《西北地方文献丛刊·西北稀见方志·第7卷》，第338页。

② 张力、刘鉴唐：《中国教案史》，四川省社会科学院出版社1987年版，第466页。

九月中旬，渭南知县向魏光焘禀报，有部分仇教民众潜聚渭北一带，聚合同伙，欲赴高陵焚毁天主教堂。魏光焘密派管带抚标后旗马队周玉堂带队巡缉，将情况探听真实。但当地民众已获官军信息，提前逃散。周玉堂将仇教揭帖带回呈交魏光焘，揭帖上写有"大清都督总统十二义师管辖飞虎雄兵兼管各军粮饷陈"的职衔。魏光焘认定此人必有倡乱之举，又派管带练军马队刘琦、永兴左旗马队李永贞周历村镇，秘密访拿。刘琦和李永贞率队于 9 月 28 日巡逻至渭南县境内，会同知县尹昌龄探知仇教首领陈鹏逃匿于渭南县上涨度地方，刘琦率部连夜不动声色，督率营勇和县役改装购线前往围捕，立将陈鹏拿获，拘捕其同伙席昌福、张桂鑫、武思文、施大纯等人。并起获了其组织印章、告示、书札、旗帜、枪械等物品。不久，同州府知府胡湘林、署理大荔县知县程壎也派兵捕获已革生员刘云燦，起获其书函和信札。蒲城县知县杨孝宽禀报拿获背送伪旗的同案犯雷学见和刘蟠娃，从其家中搜出马刀两把。陈鹏一伙落网后，魏光焘指示西安、同州各府及蒲城县对陈鹏等人严审办理。审讯过程中，陈鹏供认：假冒三品顶戴知府衔留甘补用直隶州，私设保国会，伪造印示、保札、旗帜，在河北一带煽动和诱惑百姓，入会者甚众，约定于 9 月 15 日晚先在高陵集中，打毁天主教堂。因连日大雨，约定人数尚未到齐，只好改期十月初一举事。正在商议攻打教堂之时，忽被官军拿获。[①] 陈鹏对其所犯情节供认不讳。伙犯施大纯、席昌福、张桂鑫、武思文等被提审后，其供词与陈鹏所述一致。不同的是，施大纯等人均属被诱入会，因畏惧未行。已革生员刘云燦等供认：

> 误听陈鹏哄诱入会，接收伪札信函，约期打毁高陵教堂后，伊畏惧未行，亦未再与陈鹏见面。雷学见、刘蟠娃供认，听从在逃之李秃子勾引入会，李秃子作有空白伪方旗十五面，令伊等背送，与在逃之韩伦书写，并无另犯抢劫别案。[②]

魏光焘认为陕西民教杂处之地，极易引起猜嫌，招致民教冲突，且

① 《宫中档光绪朝奏折》第十二辑，第 513 页。
② 同上。

有不法之徒"伺隙诱煽，阴肆诡谋，动酿巨案"①。一旦民教冲突爆发，再秉公予以办理，会导致民教积怨愈深，后患无穷。于是他对此案做了批示：

> 匪首陈鹏胆敢假冒职官，藉名仇教，煽诱愚民打毁教堂，阴图不轨，核阅伪示、伪札及旗帜、伪印等件，种种悖谬，叛迹昭然。实属情罪重大，难稽显戮。当经批饬西安府会营督县立予正法传首，犯事地方悬杆示众，以昭炯戒而遏乱萌。革生刘云燦身列胶庠，前以不守卧碑褫革，不思改过自新，辄敢妄听陈鹏哄诱接收函札，虽畏惧未行，不到官自首，委属甘心从匪，雷学见、刘蟢娃听从入会，背送伪旗，虽无另犯抢劫重案，亦属不法。惟例无治罪专条，刘云燦、雷学见、刘蟢娃应请比照谋叛未行为从杖一百，流三千里。刘云燦系革生，拟请监禁十年。雷学见、刘蟢娃请照陕省会匪章程，罪应拟流者，锁系巨石八年，施大即师化纯、席昌幅、张桂鑫、武思文止被诱入会，畏惧未行，并无辗转纠人及另犯抢劫重情，惟未经首告，应比照知谋未行而不首者，拟杖一百，徒三年，亦比照会匪章程，罪拟徒者锁系巨石五年，与刘云燦等统俟限满，察其果能悔罪自新，再行禀请保释。受雇与匪服役者，讯无别项重情，分别责释。逸犯李秃子等获日另结，其余被诱愚民，已饬司刊发告示遍张，剀切晓谕，宽其既往，予以自新，以安反侧。②

这次陕西反洋教斗争尚未发起即在魏光焘的严密布控下很快流产了。反洋教斗争是当时陕西民教冲突激化的反映，是陕西人民反抗外国侵略的爱国行动。但作为封建官员的魏光焘，一方面遵照清廷谕旨，着力保护外国教堂；另一方面对其身为一省长官而言，更为关注的是辖区内的社会稳定。面对即将出现的民教冲突，魏光焘将隐患消除于萌芽和未发之际，避免了更多的民众卷入这次斗争，也保证了陕西地区的社会稳定。

---

① 《宫中档光绪朝奏折》第十二辑，第513页。
② 同上书，第514页。

第五节 兴修水利和基础设施

陕西自古以来即为中华民族的发祥地之一，很早就是中国的农耕发达之区。境内地势，南北多山，东西均属平原地带，因此水利灌溉在陕西农业发展中起着至关重要的作用。早在秦汉时期，陕西的灌溉事业即已具有相当的规模。秦代的郑国渠、汉代的白公渠曾闻名一时，旧式的灌溉设施在历史上对陕西农业经济的发展起到过重要作用。正如有史料所指出的：

> 吾国水利事业，考诸典籍，当以陕西兴办为最早，如禹凿龙门，奠平水土，周公制定水田，以岐周为笔基，秦初郑国凿泾，斥卤化为沃壤，汉有白公，复兴堰渠，民食赖以资给，萧曹开山河大堰，关中运输无缺而卒能奠定汉业，诸葛武侯大兴水利于汉中，军民兼受其利，是皆事实详确，不可磨灭。降及隋唐，关中水利，尚远胜于东南，其经济之富力，犹居首要地位。五代以后，中原凌乱，时苦异族之侵逼，宋室文弱，国力不振，更因环境关系，呈现衰落之象，社会事业，遂无人注意，所有水利，湮废殆尽。①

可见，唐代以前陕西关中地区水利的兴盛在很大程度上得益于王朝帝都的优势地位。至宋元明清后，随着政治中心的转移，陕西水利日趋衰落已成定局。

进入近代以后，关中地区的水利灌溉尤为衰败。同治年间的陕西回民起义对关中地区的创伤巨大。泾阳县为龙洞渠的主要灌区，同治元年（1862）县城失陷后，龙洞渠遭到了破坏。泾阳、三原、高陵、醴泉"民生之仰资于此渠者，顿失利源"②。曾有人慨叹："天灾人祸，时相迭乘，非特昔贤之遗迹未能尽考，即有利于民生之水工事业，亦率湮没

---

① 西安市档案局、西安市档案馆：《陕西经济十年 1931—1941》，煤炭科学院西安分院 1997 年印发，第 224 页。

② 《劝谕泾阳诸县士民条约》，刘蓉：《养晦堂文集·卷十》，张灏、张忠修编：《中国近代开发西北文论选》（上），兰州大学出版社 1987 年版，第 132 页。

不彰。"① 广大百姓基本处于靠天吃饭的境地，周期性的旱灾不断发生，给陕西人民的生活带来了极大的困难。光绪二十一年（1895），护理陕西巡抚张汝梅以讲求水利为要务，认为"若不再图整顿，将来不特水利尽废，抑且民困日深"②。故奏请在省城西安设立水利局，委派候补知府周铭旗担任提调，总理局务，督饬各地兴修水利工程，但并未取得成效。

魏光焘任陕西巡抚后，派人周历履勘，对于水利工程较小的地区，饬令属下随时分别疏浚。工程较大者，"或因民地阻止，或因费绌停工"③。只有分派士兵通力合作，才能起到节省费用和事半功倍之效。华州和华阴两地的河渠，总计14道，位于华州者有赤水、遇仙、石堤、太平、罗纹、构峪六河，在华阴境内者为方山、瓮峪、仙峪、葱峪、敷水、长涧六河，另外有西溪、晋公二渠，分溉各州县。近河的土地，河流发源于山谷，向北流入渭河。这些水渠因年久失修，导致河身长期淤积，日淤日高，下游河水壅滞，形成北高南下之势。"每遇大雨，沙遂溜下，河流湧溢，此决彼溃，东西数十里积水弥漫，经冬不涸，居民田禾淹没，商旅阻滞不行。"④ 不仅给当地农业生产带来很大损失，而且也对交通造成了严重影响。光绪二十二年（1896），华州、华阴各地州县水涝成灾，魏光焘通过随时赈济和奏请缓免钱粮等措施，暂时稳定了当地灾民，但仅舒缓了一时之困，并未从根本上解决问题。为了寻求长久之安，发挥水利工程对发展农业生产的重要作用。魏光焘奏请将华州、华阴的水利予以大力整顿。将河渠淤塞地区分段予以挑浚疏通，水渠浅者挖深，窄狭者加宽。用挖出的土修筑河堤和道路，被河水冲刷的土地，一律予以修复。并在河流下游卑洼地区另开一条支河，使水性遵循就下而流的规律，这样地方可以免除河水泛滥的隐患。因施工时间较长且工程较大，不能专靠民力完成，故应选派士兵和当地百姓共同合作

① 秦孝仪：《革命文献·第九十辑·抗战前国家建设史料：西北建设》，中央文物供应社1982年版，第236页。

② 张汝梅：《陕省设局试办水利疏》，《中国近代开发西北文论选》（下），第55页。

③ 《魏抚军请疏浚陕省水利折》，《秦中书局汇报·理财》第4册，光绪二十三年，第159页。

④ 同上书，第160页。

兴修。开通支河，所占军民土地，由政府估算给予价值补偿，并奏请免除其田赋。长安县属附省三桥地区，用石头架起一座桥梁通行，夹河两岸，地面全部隆起，中间低洼地带甚多，总计长达 30 多里，到达渭南。因多年积水停淤，交通阻塞。魏光焘奏请购买民地添开渠道，选择部分地段设立几处水坝闸门，并凿池开田，以消除积潦之水。此外，急需消除水患的即为泾阳县的龙洞渠。该渠为战国时期郑国渠故道，清朝雍正五年（1727）曾拨款重修，引泾河水并开凿山泉从泾阳县到达醴泉、三原、高陵，并惠及临潼北境。后因泾河流水日下，水低岸高，不能引为灌溉。于是又专引琼珠、筛珠二洞山泉加以灌注，水利的作用很小。加之年久失修，渠身淤积，泉眼亦被堵塞，石洞渠底渗漏甚多，导致下流各地不能有效灌溉。因为不能按时修复，故渠水仅能灌溉泾阳及三原境内少量土地。而东境和高陵各地一百多里肥沃的土地，难以灌溉。遇有旱灾发生，农作物经常歉收。故急需在此开通泉眼，多采石料，修筑堤坝、修补渗漏部分。

魏光焘将以上三处的水利工程派官员会同地方绅士勘明并绘具图说后，认为华州、华阴两处工程最为紧要，派道员严金清率抚标永兴四旗步兵前往，会同陕西水利局提调知府汪廷栋督令先行开挖支河。百姓可以自己办理的，由地方官按亩派夫，分段饬令疏导，并责成潼商道文启督同办理，尽快予以修复。三桥和龙洞等处，魏光焘饬令水利局责成地方官员实力经营，"如民力不足，再派营勇助修"[1]。关于购买运送石料、给予相关人员津贴和购买民地所需费用，魏光焘和陕西布政使张汝梅多次商议后，决定从司库所储营田折租项下提银 30000 两，先行动用，工程完毕后再予以报销。所占用的民地，经过切实估计后，再行奏请朝廷免除田赋。

魏光焘的规划获得清廷允准后，他立即开启了对二华水利工程的大规模兴修活动。分饬总兵欧阳胜率抚标永兴中旗、都司萧世禧率永胜左旗赶赴华州，参将唐升禄率武威左旗、都司李云松率武威右旗到达华阴县，各分地段兴工挑挖。并派总理营务道员严金清、前任潼商道文启、水利局提调甘肃候补知府汪廷栋督令华州知州黄世瀛、署理华阴县知县

---

[1] 《魏抚军请疏瀹陕省水利折》，《秦中书局汇报·理财》第 4 册，第 161 页。

杨调元会同营员切实办理。水利工程于光绪二十三年（1897）正月正式启动。

修建过程中，将华州的疏水河、埝河、湘子庙新河及华阴的盛家渠改宽，维新河长涧之普洛坊新河，柳叶之周家湾新河，二华交界的方山构峪等新河，皆由各旗勇于卑洼处所分疏支河，引水达渭。① 这几处工程巨大，难度也较大。此外，如赤水遇仙石堤、太平、罗纹、构峪、方山、瓮峪、仙峪、葱峪、敷水、长涧等老河及西湾、晋公各旧渠，或逐段挑浚泥沙，或另开退水小渠。在华阴境内修建水利的主力是当地民工，而华州则主要依靠士兵。水利工程开办之初，难度极大。原有水渠积水汪洋，达数里之广，深度四五尺甚至接近一丈。而且芦苇丛杂，茂密遮日。荆棘、柳树盘根错节，以致斧铲、铁锹等劳动工具难以用力。又正值春夏之间，时有大雨，积水涝涨经常发生。修筑者既要堵塞以前渠口，还要培筑新堤，异常辛劳。但所派士兵和民夫尽皆踊跃参与，寒暑无间。在广大军民的通力合作下，二华水利工程很快竣工。其规模如下：

> 华州营勇开浚大小河渠二十二道，新开支河四道，民夫修渠二十道，新开渠一道，华阴营勇开浚大小河二道，新开支河三道，民夫新开渠一十八道，统计二华营勇民夫修浚河渠及新开支河共七十道，长自二三百余丈至二千、四千余丈及七里、九里有奇不等，宽自三四尺至二丈余尺不等，深自三四尺至八九尺、丈余不等，并于两岸加筑土堤，栽植榆柳，以固堤根而资护卫，新修石桥三座，石壩一座，土桥十六道。②

这次水利修建工程，新开支河占用二华和潼关厅民屯地共 524 亩 8 分 2 厘，额征粮 24 石 8 斗 6 升 3 合，白银 37 两 9 钱，遇闰加增银 4 钱 1 分。工程完竣后，魏光焘派人会同州县官员逐一勘验后，一致认为工

---

① 杨虎城：《续修陕西通志稿·卷58·水利》，《西北地方文献丛刊·西北稀见方志第7卷》，第547页。

② 同上。

坚料实，河渠的宽深尺寸，也都符合预定规划。经过重新修筑后，河渠水道畅通无阻，积水全部消除，恢复了之前因河渠淤塞而荒废的土地15多万亩，"其间有已经报荒恳免钱粮者，亦有仍纳课赋未经蠲免者"①。经过此次修复后，魏光焘做了大致估算，百姓可以增收粮食20多万石，之前奏请免征的粮食和银两也能尽快恢复。水利工程在很短时间内即见成效，光绪二十三年（1897）二华地区所种秋粮，收获较往年大增，该地百姓也亲历了水利工程这一惠民措施的实效。

为了做好水利工程的后期维护工作，魏光焘还会同陕西布政使和按察使制定了善后章程，"分别岁修、紧修，变通旧章，改为按亩起夫，分饬遵照妥办，并勒石以垂久远"②。并奏请朝廷，将修建水利工程过程中所占用的民间屯地应征钱粮和遇闰加增银两一概蠲免，以示体恤。对此次修建中出力的文武官员和地方士绅，予以奖赏。

光绪二十五年（1899）三月，魏光焘出省检阅潼关协营部队，路经华州、华阴，顺便勘查了光绪二十三年（1897）民夫和士兵疏浚和开挖的河渠工程，乘马周览，看到水利工程修复后的实效后，大为欣喜。光绪二十四年（1898）秋天尽管盛雨连绵，但并未见河渠淤积之状。二华境内新修河渠70道，"分错交互，靡不通利灌输彼中"③。魏光焘访诸当地父老，百姓皆盛赞这一水利工程："数十年积患一旦去之，功不可没。而竣工在上年秋霖以前，尤为大幸，否则且有其鱼之惧。"④但魏光焘发现恢复的土地荒废者甚多，随即指示当地州县官员劝谕和督促百姓进行开垦，分治水田、旱田，稻麦并种以尽地利。

二华工程结束后，魏光焘随即着手对龙洞渠的修复。

陕西关中地区的水利，以郑国渠历史最为悠久，始于战国时期。汉代时，郑国渠南穿白渠，从晋代、隋唐直至清代，皆遵循其故道。郑国渠宋代称为丰利渠，元代为王御史渠，明代始建广惠渠。顺治九年（1652），泾阳县令金汉鼎重修广惠渠时，因渠高水低，用石堰遏之，但经常被洪水冲毁。之后"凿石渠深入数丈，泉源喷涌而出，四时不

---

① 杨虎城：《续修陕西通志稿·卷58·水利》，第548页。
② 同上。
③ 《宫中档光绪朝奏折》第十二辑，第735页。
④ 同上。

绝，涓涓滔滔，经络诸邑，其利倍于泾水"①。开始了引泾水与泉水并用的时期。此后，康熙八年（1669）泾阳县知县王际有、雍正五年（1727）川陕总督岳钟琪先后修渠筑堤。其后历经自然环境的变迁，泾河水流低下的情况严重，水渠也溯流日上，广惠渠冲击山石数里，将山泉淹没，龙洞汇入了众多山泉，阻挡泾河流入，而"石渠逼狭泾流，浑浊激射，多杂沙石，入则淀塞冲决，有害无利"②。雍正七年（1729），川陕总督查郎阿开凿仲山，"引龙洞泉东会筛珠等泉入渠，不复引泾"③。乾隆二年（1737），为了防止泾水淤塞取道，于龙洞北口（即广惠渠引水渠后隧洞之内）置坝堵口，开始"拒泾引泉"，故改名为"龙洞渠"。道光元年（1821），因泾河暴涨，两山夹峙，水高数丈，龙洞渠遭受巨大冲击。时任陕西地方官员"自三龙眼以下，石条排比，以铁饼嵌合，条以铁柱，贯之土堤，如式不愆。惟天涝池石性易裂难固，乃依山凿堰月新渠，深四丈，长五丈之上，横石梁，两旁迤逦垒石，拦水入渠。又获二新泉，喷涌与筛珠泉埒。又于故堤未坏者，距新堤二丈许以土石填平，为保障"④。同治七年（1868）八月，陕甘总督左宗棠在西安设立西征粮台，委派袁保恒管理西征粮务。袁保恒认为"石堤不必修，而渠身亦可掏挖，使通下游。若归并此水，当可复乾隆旧规，溉田在六百顷以上"⑤。试图恢复引泾河水注入龙洞渠，但因泾河水暴涨，未能成功，龙洞也被淤塞。

光绪六年（1880）、光绪七年（1881）间，陕西巡抚冯誉骥拨发经费对龙洞渠进行修复。光绪十一年（1885）又令知县涂官俊就地筹款疏浚，但水力不广。只有泾阳、三原、醴泉三县得以获利，灌溉田地39000多亩，高陵县土地未能得到浇灌。

光绪二十四年（1898），魏光焘和地方官员李乡垣商议后，从陕西

① 叶遇春：《泾惠渠志》，三秦出版社1991年版，第79页。

② 《宫中档光绪朝奏折》第十二辑，第735页。

③ 魏光焘：《龙洞渠记》，载陕西省地方志编纂委员会《陕西省志·第十三卷·水利志》，陕西人民出版社1999年版，第740页。

④ 唐仲冕：《重修龙洞渠碑》，载谭其骧《清人文集·地理类汇编》（第四册），浙江人民出版社1987年版，第761页。

⑤ 刘子旭总编，徐汝芳、李俊副总编，傅文永主编：《项城文史资料》总第16辑，《袁世凯家族诗文辑》（上册），中国人民政治协商会议项城市委员会2008年版，第166页。

司库中提取经费，以龙洞渠水利工程年久失修，影响农业生产的发展，遂派拨士兵和民夫通力合作，"塞者通之，淤者去之"①。为了防止沙石，派人修复了截渡山水各桥石，开通张家山大龙王庙后等处新土渠三道，截取山水，使不横冲，以保护渠岸。又派官员督令民夫分修泾阳、三原、高陵、醴泉四县民渠，以广利导。自春至夏，一直工作到秋雨到来始停。光绪二十五年（1899）春，魏光焘下令继续修筑。泾河经常上涨漫出渠岸，致使渠道壅塞，主要是原来修筑的琼珠、倒流两座石堤低下，而中渠井水逼近泾河，井口空虚以致泥沙灌入而淤塞。于是，魏光焘派人加高二堤，封闭井口，防止泾水倒灌。又勘明大、二、三龙眼内有石头渠，上有流泉，即是明代广惠渠引泾入渠旧道，四龙眼内旧有石堤，遏制并断绝泾水。于是疏浚大、二、三眼龙泉，以出长流之泉，更为加固了四龙眼堤坝。修建石囤，将鸣玉泉的水收入其内，以增加水源。修建过程中，除将以前淤积、荒废的渠道修复外，还疏浚了支渠和高陵县业已废弃的水渠，增加灌溉田地10万亩。龙洞渠修复完毕后，魏光焘对龙洞渠的维护和管理也做了具体规划：就地筹集经费，作为每年修复的费用；设立各县渠总，专门管理水渠事宜；并在社树海角寺设立公所，作为商议办理水渠的地点；订立章程，以便使水利工程发挥持久作用。并规定："每年夏秋，由泾阳水利县丞会率泾阳渠总，就近督同额设水夫，按月三旬，勤刈渠中水草；九月之望，各县渠总会集公所，勘验渠道及各渡水石桥、截水土渠，遇有微工，随时修理，只许动用息银，工程较大，则先行核实估计，禀候批准，酌提存本，工竣造报。"②

此次龙洞渠的修建工程极为浩大，士兵和民夫不畏艰难，成为工程顺利竣工的重要保证。修建过程中，军民通力合作，辛苦异常。"潴土渠则绠泥滓，以出于十数丈高堤之外，淘石渠则篝炬火以入于十数丈阴崖之中，逐处指验，猿升猱附，而后达宜。"③工程修建以魏光焘所派将领严金清主要负责，驻防士兵为主力，陕西地方官员也积极参与，如

---

① 魏光焘：《龙洞渠记》，第740页。
② 同上。
③ 《宫中档光绪朝奏折》第十二辑，第736页。

时任泾阳县令张凤岐、三原县令欧炳琳、高陵县令徐锡献、礼泉县令张树谷尽皆踊跃辅助，也为此次修建做出了重要贡献。

魏光焘除大力兴修水利工程外，还对一些地区的基础设施进行了维修。

长安县境内有一沧龙河，常因河水上涨而冲决河堤，系纳淤泥河水曲折北流，一直抵达渭河。该河身上游宽广，导致河水漫流，河水渟蓄，下游河水深窄，则流水受到束缚以致奔泻，从而使渭河有倒灌淤积之患。加之宽广之处芦苇丛生，百姓贪图眼前利益，河水蓄积情况十分严重。芦苇盘根错节亦对水流顺畅造成很大影响。河流两滩夹带山洪，加大了河水流量，因而该河河堤经常溃决，给当地百姓日常生活带来很大不便。光绪二十四年（1898）魏光焘派拨防练各旗对河流予以通浚，将河堤重新培筑一次。光绪二十五年（1899）为了彻底根除水患，又派防练四旗"分筑大堤，并挑挖上游苇根淤滩"①。使河水更加宽广可以容纳蓄水，历时一月，工程完工，解决了沧龙河水泛滥成灾的现象。

陕西省城西安至咸阳县 50 里的道路，为通往四川和甘肃的交通要道。位于沣河和渭河的冲要之区，遇有大雨，山水暴涨，因泥沙淤积而导致河堤溃决，泛滥成灾。光绪二十二年（1896），秋雨连绵，河水涨发，将咸阳的三里桥的桥墩冲垮三座，剩余部分也多遭损裂。长安三桥以南的皂河冲决堤口，道路多被水冲断，低洼地带积水长期未能消退，交通阻塞情况十分严重。魏光焘得知后，立即派人勘明三里桥工，由陕西布政使筹集经费，饬令咸阳县令修复桥座，并委派总理营务道员严金清前往勘察河堤和官路，相度办法。又派总兵谭其祥、参将魏荣斌、游击龚炳魁各率所部防营，参将舒秀松率抚标城守各营迅速赶赴咸阳，分段予以维修。此时正值夏季河水暴涨之时，皂河身高地低，决口水流湍急，将官道淹没十多里，行人只能绕道而行。魏光焘为了迅速恢复正常交通，下令各旗士兵于四月初旬开工，急速抢修皂河决口。昼夜不息，加紧施工，至四月中旬筑成一道新堤，"长 12 丈多，高 1 丈五六尺，宽一丈七八尺"②。随即派士兵赶修官道，从咸阳的沣桥起，到长安的三

---

① 《宫中档光绪朝奏折》第十二辑，第 736 页。
② 《宫中档光绪朝奏折》第十一辑，第 480 页。

桥止，共计长 2519 丈，宽二、三、四丈不等，一律填高四五尺，在官路两旁取土处开通了一条消水长沟，工程在七月顺利完工。不久，署理咸阳县知县孙万春禀报，咸阳黄家寨逼近沣河，河堤被水冲刷甚薄，一旦河水上涨，即有决口的危险。魏光焘又令谭其祥等率领士兵前去修筑完固。此后孙万春又禀报，六月二十七、二十八、二十九日大雨连绵，山水陡涨，将渭河堤岸冲决，南乡老架河一带地方均被大水淹没，请求选派士兵堵修，以防御上游水势。魏光焘仍派士兵就近开向该地，于八月初旬开工，咸阳县也陆续派出民夫和士兵并力工作，筑成一道长三百多丈，高六七尺，底宽三丈，顶宽一丈的新堤，均用坚固巨石置于水流湍急之处，堤根设置了许多木桩以保护。堤身逐层修筑了木榜，以资坚固，也在八月底完工。魏光焘派人进行勘验后，认为修筑得法，无有草率情事，于是奏请朝廷将这次修筑各工程中的主力防练士兵，分别给予津贴，以示对其辛勤劳作的体恤之意。

同州府所辖朝邑县，位于黄河西岸，地处八百里秦川的最东边。县城始建于明景泰二年（1451），于明宪宗成化三年（1467）竣工。城墙周长四里，高一丈五尺，护城壕深、宽各一丈。清朝康熙十九年（1680），知县陈昌言重修。康熙四十六年（1707），知县王兆鳌再修城门五处。清代时黄河河槽西移，每当秋雨河水暴涨，经常侵及朝邑县城东、北、南三门，甚至有时河水涌入城内，给百姓的生命和财产构成了很大威胁。据相关史料显示：

> 清乾隆十六年（公元 1751）六月十二日，朝邑黄河水发。泾阳、泾河水涨，冲堤淤渠；清乾隆四十二年（公元 1777），朝邑，黄河入县城，时半夜，水从城上过，伤人无算；清乾隆五十八年（公元 1793），朝邑，黄河入县城，时半夜，水从城上过，伤人无算；清嘉庆五年（公元 1800）七月初七日晚，朝邑水从南门直入城内，月余以此三次，县遂无东街。[①]

魏光焘主政陕西不久的光绪二十二年（1896）六月，朝邑县大庆

---

① 温克刚、翟佑安：《中国气象灾害大典·陕西卷》，气象出版社 2005 年版，第 54 页。

关等八社，因濒临黄河，于六月二十七日暨七月初五等日，河水泛涨，共计淹伤秋禾 627 顷 81 亩，被灾七分有余。① 光绪二十五年（1899），朝邑县知县梁乃赓向魏光焘禀报，该县黄河近年日渐向西迁移，已逼近朝邑城垣，关系重大，应如何妥善进行防护，请求魏光焘作出指示，以便遵照办理。魏光焘批示陕西布政使委派准补佛坪厅同知唐霈霖、候补通判李聪前往，会同同州知府和朝邑县知县对城垣进行勘察。同州府知府胡湘林和委派人员经过会勘后，将详细情况向魏光焘做了汇报：黄河从朝邑县北莘村入境，斜趋西南的赵渡镇，出三河口。河道长达 70 多里，西岸沙滩宽 40 多里，河面宽 10 多里至 20 多里不等。遇有河水上涨，"弥漫横流，望无际涯"②。近年来黄河向西流动，西岸村庄的土地逐渐被河水所吞没，赵渡镇尤其岌岌可危。魏光焘获知情况后，立即上奏清政府，清廷对魏光焘所奏情形极为重视，故下谕：

> 前据魏光焘奏，朝邑黄河西徙，逼近城垣，拟接修寨城以资防护一折。业经准如所请办理矣。黄河迁徙无定，深虑冲决为患，其受害且不仅一邑之间。著魏光焘详加履勘，认真防护，毋稍疏虞，并将筹办情形，随时具奏，以慰廑系。将此谕令知之。③

县城东距黄河最近处相隔仅有 90 余丈，道光年间曾开创引河，挑浚后不久即又淤塞，未能取得成功。光绪十六年（1890），朝邑县唐王、东林等黄河西岸的十三个村庄因"河身日渐西徙，沿河地亩陆续冲塌"④。农业生产遭受很大损失。时任陕西巡抚鹿传霖在正东、东北和下游各处修筑堤坝，工程较为坚固，但仍被河水冲刷。主要原因是黄河从积石以底龙门凿崖，导致河水悬泻阻塞水流，一线奔射澎湃，有如箭

---

① 水利电力部水管司、科技司、水利水电科学研究院：《清代黄河流域洪涝档案史料》，中华书局 1993 年版，第 875 页。
② 《宫中档光绪朝奏折》第十三辑，第 62 页。
③ 《光绪宣统两朝上谕档》第 25 册，第 218 页，军机大臣字寄陕西巡抚魏，光绪二十五年七月十八日奉上谕。
④ 《宫中档光绪朝奏折》第五辑，第 411 页。

激。距离朝邑二百多里，河水流势尽管得到了缓解，但水力仍未减退，河岸全部被泥沙壅滞，掏挖十几丈全是泥沙没有实土，堤坝所在处河水冲刷底沙而溃散，通过人力很难解决这一问题。赵渡镇的百姓深感危机，故许多人携眷迁徙逃离，河水已日渐逼近朝邑县城。考察人员广泛征求了当地百姓的意见，一致建议将县城迁移至高原地区，一劳永逸解决百姓后患。

魏光焘听取考察人员的汇报后，乘出巡之便，对朝邑黄河和县城情况亲自做了考察，发现该县"黄河地势，东高西下，水流既属沟涌沙底，又极松浮，开引河则水势泛滥，时虑澱淤，筑石坝则工纵坚实，仍虞蜇陷。且需款动逾百万，保固均无把握"①。而接寨修城，确实不失为一个解决百姓难题的稳妥办法。于是决定顺从百姓意愿，将朝邑县城迁移至高原地区。朝邑县城西北部有两座大寨，地势较高，魏光焘下令将二寨合并为一城，居民有情愿迁徙者由其自愿选择，无力迁徙者如果遇到水患，也可以就近移居。全县绅士和百姓估算迁徙经费为 11000 金，请求由政府筹款 4000 金，不足部分在该县差徭所余款项下提取，以保证迁移工作的顺利进行。至于两岸被冲毁的土地，除了历次奏请免除钱粮外，其陆续塌毁田亩以及河水消退后没有耕种的滩地，魏光焘也奏请朝廷将钱粮一概豁免，以恤民艰。

第六节　整肃吏治

魏光焘在陕西巡抚任内，对于吏治尤为重视。他指出："州县有地方之责，既宜勤恤民力，尤应恪守官方，若使任性妄为，吏治无由整肃。"② 为此，他对陕西不法地方官员进行了大力惩处，以期为陕西社会营造良好的政治环境。

光绪二十二年（1896）十月，延安府知府马绍训和署理延榆绥道黄泽厚先后向魏光焘具禀，肤施县知县魏振邦有勒索商人之事。魏光焘派陕西布政使和按察使访查确实，批示延安府再次详细查明汇报。延安

---

① 《宫中档光绪朝奏折》第十三辑，第 62 页。
② 《宫中档光绪朝奏折》第十辑，第 290 页。

府知府马绍训委派安定县知县安登瀛访查后，回禀：肤施一县按照规定只领土票一张，按年捐输白银 24 两，该县门丁张升在各商铺加派银两属实，知县魏振邦事先并不知情，知晓后即将门丁张升驱逐出县而远逃。魏光焘质问："究竟前项加派银两已未入手？是否追缴存库候领？抑已发还商人？未据明晰声叙，惟魏振邦于门丁舞弊私派不即扣留禀办，竟任远飏，难保无纵容情事。"① 于是，饬令延安府据实查明回复，并将肤施知县魏振邦撤职查办。就在延安知府马绍训调查魏振邦苛派勒索案件时，魏振邦竟然黑夜闯入府堂，咆哮闹骂，并诬告马绍训任内有违规之举。魏光焘对魏振邦的这一行径极为震怒，认为其开始任用门丁苛派铺商，加捐土帖事发后，听其远飏。经过道府禀揭撤任后，又不听候查办。更为严重的是，竟然大胆夜闯府堂闹骂，并"拉涉铺帐复用预印空白禀讦亲临上司"②。实属狂妄任性，有玷官箴，绝不可稍加纵容。于是，奏请朝廷降旨将肤施县知县魏振邦先行革职，以正官方而肃吏治。然后再次批示延榆绥道会同委派人员前往查实，如证据确凿，再行严加惩办。

自从抚陕后，魏光焘以澄清吏治为己任。接见下级官员时，时常以勉修职守、共襄郅治谆谆告诫僚属，要求其严守官德，体恤民瘼。同时，还经常外出访察，发现陕西官员中才能出众、实心任事者固然不乏其人，但也有许多渎职营私、不思进取的劣员。故魏光焘决心加以认真整顿，清理一批德才欠佳的官员。潼关厅同知王诹气质粗率、声名平常；咸阳县知县涂传德遇事偏执、心术近猾；安塞县知县包述佶嗜好甚深、公事废弛；候补知县曹鸿儒气质粗浮、工于牟利；署宁陕厅巡检、候补典史耿士侃行为乖谬、擅离职守；署商南县典史、候补巡检孙效谋敢于欺蒙、规避取巧；候补典史章德壎品行不端、罔顾廉耻。③ 这些官员经魏光焘派人查实后，均属庸劣不职、有玷官箴。魏光焘以陕西吏治为重，遂奏请将其一并革职。

光绪二十二年（1896）八月，有人向朝廷参奏富平知县傅汝梅有

---

① 《宫中档光绪朝奏折》第十辑，第 290 页。
② 同上。
③ 同上书，第 506 页。

渎职行为。清廷谕令魏光焘：

> 有人奏，知县贪劣不职，请饬查办等语。据称，陕西富平县知
> 县傅汝梅徵收钱粮，加耗甚多。该县境内盗贼充斥，置若罔闻，并
> 有加收陋规、借差勒派需索银两甚多等情，著魏光焘按照所参各
> 节，确切查明，据实具奏，毋稍徇隐。①

魏光焘接奉谕旨后，首先将富平县知县傅汝梅撤职，同时饬令陕西
按察使李有棻、督粮道姚协赞选派精干人员确实查核。李有棻和姚协赞
派候补通判吕桂林、署理富平县知县朱承恩具体负责，并添派西安府知
府童兆蓉督同吕桂林等逐一确查。吕桂林一行经过认真、仔细调查后，
向魏光焘汇报：原参傅汝梅征收钱粮加耗甚多一事。富平县钱粮耗银，
同治八年（1869）经前署陕西巡抚刘典会同前任陕甘总督左宗棠奏请，
照渭南等县普减三成，后来因减收数年，导致办公和摊捐各款不足。时
任陕西巡抚邵亨豫会同左宗棠提议变通钱粮平余，并奏明富平县按照蓝
田等县只减二成。"自后每两正银连一五耗羡添平，解费、倾销、火耗
等项，永照一两四钱三分一厘六毫七丝征收。"② 这一规定一直延续至
光绪年间，并未改变。抽查了花户所执近年的粮券，均与规定相符，确
实没有加耗之事。原参所指加征，可能因同治十二年（1873）复奏奉
旨准酌复一成而起。官员傅汝梅不知弥盗、禁赌及加收陋规各节。富平
县境内尚属安静，并未听说有盗贼充斥城乡各处，也无赌案。参参所说
家丁大堂聚赌，于情理不符。富平县的词讼规费，早已被禁革，傅汝梅
并悬挂有"严禁需索"各牌，众所共见。访询涉及诉讼案件百姓，均
称并未受过书役需索之累，如果真有"冤情未明而家财已倾之事，则被
害之家应复不少，岂能无人揭告？"③
原参光绪二十一年（1895）甘肃河湟回民起义时该县办理兵差，

---

① 《光绪宣统两朝上谕档》第 22 册，第 188 页，军机大臣字寄陕西巡抚魏，光绪二十二
年八月二十七日奉上谕。
② 《奏为查明富平县知县傅汝梅被参各款请交吏部议处事》，中国第一历史档案馆藏：
《军机处录副奏折·光绪宣统朝》，档号：03－5349－142，光绪二十二年十二月十六日。
③ 同上。

纵容县役苛派，每车一辆摊钱数十串之多，逼死总约保正。访查该县保正、乡约，历来皆是挨村逐年轮流充当。姚村保正张志贤其人现尚生存，雷村赵邦宁早年充当总约，光绪二十一年（1895）十月，因西路兵差奉文派车协济，拉雇该村郭福喜骡一头，与其雇伙卢姓发生口角，被骂气愤服洋烟自尽，其妻赵张氏未经投保报案，自行殓埋。傅汝梅未能查知，致使没有验报。据传讯张志贤、郭福喜后供称，情节和访查无异。并据赵张氏供称，其夫赵邦宁确实与郭福喜雇伙卢姓，因拉骡争吵，被其辱骂，劝散后其夫气愤自服洋烟身死，并非差役苛派车钱所致。卢姓也无殴打赵邦宁之事，因卢姓事发后远逃无踪，其夫已死，不忍尸骸暴露，遂无投报，委无私下和解情节，并声称情愿具结，请求免验。为了进一步证实众人口供，调取了富平县光绪二十一年（1895）冬天差徭局账，其中有：先后协车 70 辆，共发行价、坐价钱 972 串，报销均有案可查。故并非因差役摊派车辆致逼人命。

关于勒受户书郭姓等银两及擅用光绪二十一年（1895）所收地丁银 3000 余两，迟至本年二月间始向差徭局当商钱铺挪派垫解一事。调查卯册，郭姓即郭清太，康姓即康秦福，张姓即张毓铭。经过传讯后，均称入房办公多年，由学徒充当清书，从清书顶补经书，历来归十房公禀，有案可据，委无花银情事。况且郭清太系前县任内顶充，更与傅汝梅关系不大。光绪二十一年（1895）征收过下忙地丁银两，调查簿折，除九月及十二月初两次征解银 23210 两，又至十二月底征存正耗银 4524 两，当时因封印不便起解，后于光绪二十二年（1896）开印后扫数批解，尚有尾欠正耗银 1550 余两，实欠在民。又经禀明，带征非傅汝梅所得挪用，传问差徭局绅和当商庆元钱行万顺生，据供并无勒派挪移出银 3000 余两垫解钱粮之事。

傅汝梅向庄里镇富绅张印绶借端吓索白银 5000 余两一节。经过秘密访查后，并无其事。只在检索县衙案卷时发现，内有本年四月间该县书院院长前广西武宁县知县李怀庚，斋长、廪生胡德峻同举人王一谔等十余名绅士因文庙、尊经阁年久失修，并需增添书院膏火、文武宾兴等事，张印绶为县中巨富，先向其捐办，数目尚未定。适值张印绶舅母之子唐长绪以其继母张唐氏落井身死，向县衙状告张印绶。傅汝梅批准传讯张印绶，"以侍奉有疏，恐干清议"①。但先有绅士劝捐之说，遂与李怀庚等商议认捐6500两独成善举，七月自行具禀县案。傅汝梅以绅捐绅办为数甚巨，批令等交银举办再行禀报请奖。于是张印绶和众绅士书立九月期票，交斋长胡德峻收存。至于唐长绪控告案件，经过傅汝梅审问后获知，张印绶的继母张唐氏于去年九月二十六日晚因疯失足落井淹死，其亲生之子张焕廷在场打捞棺殓。唐长绪也供认误听人言，当时张焕廷因病未能到案，此案尚未告结。张印绶闻听乡民有人传言其认捐之项系因有被控案而起，担心背负恶名，故将已认之捐翻悔，李怀庚等也以张印绶忽然反复，皆有不愿。现经传案讯明，退还期票。傅汝梅被参撤省后，署理富平知县朱承恩到任，又重新审理张唐氏一案，张焕廷病已痊愈。当即传集讯问，供称：张唐氏确系因病失足，落井身亡，并无其他情节。经过审问唐长绪后，也承认此事为误听人言、心生怀疑而控告。而张印绶认捐之项，始终都是绅士经理，只是因为唐长绪控告一案傅汝梅讯而未结，故有人指控傅汝梅吓索，虽然事出有因，究竟终是传闻之误。

原参食物器用、商民支行官价层层折扣抑勒一节。富平县署中所买食物，各商人向有行头，历任因恐丁役短少价钱而扰民，故食物由行头购买后交付署中，随时领取价钱，这一常规由来已久，并非始于傅汝梅。经过传讯行头裕顺通等人后，皆称："署内取用食物、器具，均系照价发给，并无折扣。"②

吕桂林查访确实参奏傅汝梅的以上情节后，魏光焘经过细加访察，广泛征询舆论，调取案卷和访查内容进行对照后，认为吕桂林查核各节均系实情。故向清廷上奏：

> 臣查该令由庶吉士散馆，选授陕西略阳县知县，历经调署长安、临潼等县，所至有声，是以各前抚臣屡加甄拔。迨调补富平县知县，到任未及两年，报垦荒地八万余亩，岁可增正耗银六千余

---

① 《奏为查明富平县知县傅汝梅被参各款请交吏部议处事》，中国第一历史档案馆藏：《军机处录副奏折·光绪宣统朝》，档号：03-5349-142，光绪二十二年十二月十六日。

② 同上。

两，复筹修溢水、西兴二渠，不取民间分文，灌田至千数百亩。当此清查荒地、整顿水利之时，该令实力奉行，由两司会核转详前护抚臣考察上陈，系为整顿吏治起见，并非夤缘而得。其余被参各款，或查无其事，或传闻失实。惟赵邦宁与卢姓口角后自服洋药身死，虽尸亲并未报案，而该令未经查出申报，殊干例议。又张印绶捐款，虽系地方公事绅捐绅办，官未经手。第张印绶具禀请捐之时，既另有控案未结，该令不知远嫌，遽与批准，致滋口实，究属不合。相应请旨将该员傅汝梅交部议处。①

赵邦宁与卢姓口角自杀及唐长绪控告张印绶之案，魏光焘指令署理富平知县朱承恩讯结。富平县绅士李怀庚等劝办地方善举，本是分内之事，但此次在张印绶牵涉诉讼案件之时，向其劝捐立票，以致人有啧言。应由该县随时查察，并批示以后不准参与地方大小公事。为了防范县衙差役借购买食物、器具私自勒扣，魏光焘饬令"该县嗣后需用食物，径向商民照市价平买，毋许再由行头经手，以杜流弊"②。

魏光焘整肃陕西吏治，尽力革除不合格的官员，但对于政绩卓著、官声较好者，则大力向朝廷举荐任用。署督粮道西安府知府童兆蓉才优守洁、稳练老成，任内筹防筹剿，编保甲、办团防、兴建书院，筹集赈粮，兴修水利工程等，是陕西最为出色的官员；军机处存记候补知府周铭旗，练达廉明，所任地方实心办事，劳怨不辞，多次受到魏光焘保荐，是一位声名卓著的循吏；宁陕厅同知张守正识见超卓，操履清廉；留坝厅同知文麟才识优长，办公结实；渭南县知县樊增祥学问淹通，办事精敏，远近闻名，"于时务留心讲求，议论持平，不苟同异，洵为一时杰出之才"③。署长安县、白河县知县尹昌龄志趣超群，悉心民事；候补知县张世英"朴实耐劳，持躬廉介，所至切于爱民"④。宝鸡县知县李端棨勤政爱民，办事有条有理，研究西学颇有心得，深受魏光焘所

① 《奏为查明富平县知县傅汝梅被参各款请交吏部议处事》，中国第一历史档案馆藏：《军机处录副奏折·光绪宣统朝》，档号：03－5349－142，光绪二十二年十二月十六日。
② 同上。
③ 《宫中档光绪朝奏折》第十一辑，第765页。
④ 同上。

器重。这些官员，颇受魏光焘倚重，办理地方事务中多赖其力。故于光绪二十三年（1897）清廷下旨各省督抚推举人才时，曾向朝廷大力举荐，以供廷选。

晚清时期因财政困难，清政府通过捐输的方式筹集军饷，尽管保证了军费开支的正常运行，但是捐输也在一定程度加剧了清王朝官僚体系的膨胀。之后，清政府逐渐意识到捐输的严重性，于是停止了筹饷捐输之例。但海防郑工、新海防各捐输又接踵而至，导致候补试用人员日益增多，给地方政府以巨大的压力。捐输人员中，援例分发及劳绩保举各项正途签掣指分来陕者络绎不绝。截至魏光焘主政陕西，候补试用道府及州县共有150多人，各项佐杂共有220多人，还有此后陆续到达陕西和丁忧请假起复回省者。如此庞大的候补官员的安置问题，确实让魏光焘煞费苦心。陕西当时的应补道府只有4个空缺，州县92缺，各项佐杂147缺。候补人数和官员空缺人数相差悬殊，许多人补缺遥遥无期。补缺过程中，"自非砥砺廉隅之士，鲜能有以自守"。① 这样势必导致钻营奔竞之风由此开启，对吏治造成一定的消极影响。为此，魏光焘奏请朝廷，请求援照各省停止分发成案，除曾任实缺及各项已经到省候补试用人员、丁忧起复例应回省者不在停止之列。此外进士即用举人、大挑、拔贡、优贡、教习、期满截取进士、举人、孝廉方正、俸满教职、馆班议叙、京员截取，仍然照例配签统掣，不得在停止期内捐指陕西。未经分发验看的捐纳劳绩人员，从道府以下，请求在两年内暂时停止分发。业已指分和保留陕西人员尚未分发到省停止期限内，对于情愿改指其他省份者，援照湖北等省的成案，准许其呈交吏部改派凭照，免除缴纳离省、指省等项费用。陕西地瘠民贫，空缺差使很少，省内候补各项人员已很难安置，如果继续源源不断地指派而来，势必更加淹滞不堪。而此时正当国家裁并局费和力筹节省之时，更应该破除调剂积习，导致流弊滋生。于是魏光焘请求"将未经分发验看之劳绩、捐纳两班，自道府以至未入流暂停分发陕西二年，以资疏通，俟期满再行察看情形办理，其正途中有捐纳劳绩分发各员，一律照办。并先经指分保留陕省尚未到省人员，如愿

① 《宫中档光绪朝奏折》第十一辑，第694页。

改发他省，免缴离省、指省银两，俾示体恤"①。

第七节　短暂的陕甘总督

光绪二十五年（1899），陕甘总督陶模调任两广总督，清廷以魏光焘署理陕甘总督。光绪二十六年（1900），庚子事变爆发，八国联军大举侵华，举国震动。清廷深感事态危急，寄谕各直省督抚选派得力将弁统兵入京，拱卫京师。上谕称：

> 近因民教寻仇，匪徒乘机烧抢，京城内外扰乱已极。著各直省督抚迅速挑选马步队伍，各就地方兵力、饷力，酌派得力将弁统带数营，星夜驰赴京师，听候调用。根本之地，情形急迫，毋得刻延。将此由六百里加紧各谕令知之。②

光绪二十六年（1900）五月二十八日，清廷谕令魏光焘派马安良迅速挑选步队六营、马队两营，星夜兼程赶赴北京，"如饷械不足，著魏光焘设法筹给，俾利军行"③。

魏光焘获知中外战端已开，电请直隶总督转达总理衙门恳请代奏，因甘肃防练各军驻扎处所比较分散，迅速筹拨，需和陕西巡抚端方会商合集陕西队伍，由魏光焘亲自带兵入卫京师，请求允准。六月二十九日，魏光焘和端方商议后，上奏清廷，认为义和团"启衅强邻，请下诏痛剿，以为转圜之地"④。

魏光焘和端方商议募兵进京时，甘肃布政使岑春煊闻知八国联军进犯北京，京师危急，情绪极为愤切，多次向魏光焘表示愿意率兵星夜勤王。魏光焘以"饷绌兵单"为由，不欲其行。但岑春煊据情力争，最

---

① 《宫中档光绪朝奏折》第十一辑，第695页。
② 中国第一历史档案馆：《庚子事变清宫档案汇编·八国联军侵华卷》第1册，中国人民大学出版社1999年版，第127页。
③ 《光绪宣统两朝上谕档》第26册，第147页，军机大臣字寄署陕甘总督魏，光绪二十六年五月二十八日奉上谕。
④ 《庚子事变清宫档案汇编·八国联军侵华卷》第1册，第385页。

后迫使魏光焘允准。岑春煊后来比较详细地记述了其与魏光焘争论的这段情节：

> 余曰："本署库中，除正项外，尚存外销款一百三十余万，请以三十万供兵饷，调马队十营，即日可行。若总督故靳其事，本司有权自能出奏，从此辞矣！"即起立欲行，魏见状知不可阻，遽离座遮留曰："且共商行计。"
>
> 余曰："事势至此，岂容安坐细商，以甘省距京辽远如是，马队尽力奔驰，尚恐不及，步兵更不必论。本司之意，现在仓卒召集，又须选择精骑，万一十营之数，犹不能足，惟有先率在省马队二旗同行，一面请公迅调大兵，随后趋往。"
>
> 魏云："办事固应如此，但京师军备，除荣相所部武卫军外，尚有董福祥、宋庆、马玉崑诸人，步骑合并，实力甚厚，目前必无他虞，何争此数日停留，不谋完全之计。"
>
> 余曰："诚知京师禁旅尚多，无假区区羸卒。但此次以一敌八，各国尽锐而来，理直气壮，即使兵力倍增，亦难抵御，所以亟亟前往者，实以大义所在，只求结局得一死所，无负家声而已。成败利钝，非所计也。"①

魏光焘见岑春煊北上勤王之意已决，不便再加阻拦，故于二十九日当天从甘肃队伍中抽调马队两旗，自备干粮，随带蒸水机器，交岑春煊统带，从兰州取道草地北上。另外拨出四旗，从陕西出发继进。甘肃地广兵单，抽调赴京的队伍，魏光焘从新招募填补驻扎。

六月初五，魏光焘接到五月二十八日清廷上谕后，对马安良所统勤王部队的招募问题进行了一番分析。他说：

> 甘肃地方，回汉杂处，稍有猜嫌，各不相下。历来招募回兵，必用回将；而选用回将，亦必募回兵。类聚群分，未尝参杂。即分

---

① 岑春煊：《乐斋漫笔》，载荣孟源、章伯锋《近代稗海》第一辑，四川人民出版社1985年版，第86页。

统之员，亦只能以汉员统回将，不能以回员统汉将。沿习已久，非是，则其情不属也。①

光绪二十一年（1895）甘肃河湟事变平息后，甘肃部队中，马队仍然参用回兵和回将，步队没有这一现象。在镇压河湟事变中，马安良所率回民军在战斗中立功最多，但河湟地区甫经平定，回民并未遭受重大打击。于是，前任陕甘总督陶模饬令马安良带领回兵马队营哨驻扎河州，以资震慑。光绪二十五年（1899），清廷曾谕令将马安良调入京师，陶模虑及河州地方稳定关系重大，故奏请将其留于甘肃。此次朝廷旨令马安良统带步队六营、马队两营北上勤王，使魏光焘深感为难的是，马安良带兵勤王后，河州步队既须从新招募，尚需花费时日。甘肃军饷极为窘迫，自从筹拨董福祥所部武卫后军后，几乎被搜剔殆尽。日常军饷已严重不足，军械难以满足现有军队领用。加之岑春煊率领的马步六旗入卫，头起队伍即将开拔。魏光焘认为："当此京师情形紧急，自以遣兵迅速为主。前队不容中止，后队实无力并筹。"② 经过多方考虑后，他请求将马安良留驻河州，借以钳制回民。并且他对甘肃勤王部队做了布置：岑春煊头起卫队和马队二旗于六月初八启程，由草地入卫。续起步队四旗，派留甘补用副将陶美珍分统，饬令在平凉会集，次第由陕西继进，到北京后和岑春煊的部队会合，听候朝廷调遣。两起部队沿途需用车辆，照章由魏光焘咨询饬令路过各处地方官员一律支应，作正开销。此外，他对于甘肃地方的防务做了筹划，并奏请将马安良留于甘肃。疏称：

甘肃洋人教堂稀少，较与沿海沿江各省不同，外人无由逞志。而蒙、番、汉杂处多衅，往往他处有警，辄致生心寻乱。筹拨马步各旗，业饬就地招募如额，分别填防督练，俾免疏虞。马安良奉旨饬调，已在岑藩司整队将行之际，所抽汉队，势难改派令统。且两衡其用，出境亦不若留甘。合无仰恳天恩，俯念边防重要，准将马

① 《庚子事变清宫档案汇编·八国联军侵华卷》第 1 册，第 386 页。
② 同上。

安良免其调京，以维大局。①

清廷此时因京师军务吃紧，勤王事大，急需加强兵力拱卫，故对魏光焘奏请马安良留驻河州一事，断然否决，并饬令马安良迅速带兵赴京：

> 魏光焘奏派队入卫起程日期一折。该督抚派藩司岑春煊先率马队二旗取道草地入卫，续起步队四旗，由陕继进，办理尚属妥速。惟前经谕令该督饬令马安良统率步队六营、马队两营北上。该督奏称藉其钤制弹压地方，亦属实在情形。第回队打仗甚为得力，该督无论如何为难，须就地设法筹备饷械，饬马安良募足马步四队八营，以备缓急调遣，是为至要。②

魏光焘接奉谕旨后，只好筹备募兵北上。此时，清廷鉴于甘肃军饷支绌，故催令魏光焘迅速饬令马安良照数将部队招募齐备，即行起程，其应用饷项，让魏光焘"无论何款先行挪用，俟奏报到日，当饬户部照数拨还"③。并告以"军势急迫，万毋迟误"④。此外，清政府为了加强京师的防卫力量，令甘肃提督董福祥派人赴甘招募步队三营、马队两旗，并请饬督标都司何建忠、郑永祥二人各自招募步队一营，迅速赶赴京师，听候调遣。

不久，京、津前敌军情进一步吃紧，清廷以"甘军打仗素称得力，著魏光焘即饬何建忠等克期招募成军，与该提督所派招募之步队三营、马队两旗一并克期统带来京，毋稍迟延"⑤。招募军队所需经费，步队每营拨给银3000两，马队每旗拨给银2500两，由魏光焘在应拨该军协饷内如数拨给；需用车辆，饬令沿途地方官照章应付；其

---

① 《庚子事变清宫档案汇编·八国联军侵华卷》第1册，第387页。
② 《光绪宣统两朝上谕档》第26册，第200页，军机大臣字寄署陕甘总督魏，光绪二十六年六月二十一日奉上谕。
③ 《庚子事变清宫档案汇编·八国联军侵华卷》第2册，第587页。
④ 同上。
⑤ 故宫博物院明清档案室：《义和团档案史料》（上册），中华书局1958年版，第391页。

粮料柴草，亦由地方官预备支给。仍归该营旗自行发价，并饬令"何建忠等沿途严行约束，不准稍有滋扰，以肃军纪"①。为了保证何建忠所统部队的军械供应，清廷因从前甘肃和陕西所存枪炮军械极多，故令魏光焘和端方"将所存军械等项备齐，即交所募之队携带来京，以资应用"②。同时仍谕魏光焘饬催马安良快速招募成军，迅速北上，勿任片刻停留。

清廷紧急催令马安良募军北上勤王时，马安良正在青海循化地区会同西宁道办理藏族事务。魏光焘多次催令回省，与其面商募军北上之事，以致耽误已半月。关于募军北上一事，马安良的意见是："回族贫丁过多，近日津沪警报频传，人心浮动，请由河湟等七属分募，收其骁桀，俾隶行间，庶免地方生事。马队须用马匹较多，一时尤难购齐。"③魏光焘告以事机紧迫，军行急于星火，总以迅速募齐北发为要。魏光焘并饬令甘肃布政使筹集马安良军队行饷，预备军械。这时，西北局势亦日见紧急，新疆伊犁地区俄方在边境地区集结军队，战事有一触即发之势。甘肃境内讹传纷出，民情惶恐。魏光焘着力安抚甘肃汉回百姓，以防在此紧急关头，再添内乱。清廷批示魏光焘"饬催马安良赶紧成军，开赴行在，如马匹不敷，俟抵行在后，再行筹补"④。

庚子事变期间，因各省勤王部队齐集北京，故军粮供应逐渐不足。为此，山西巡抚毓贤奏称新疆、甘肃仓存粮石甚多，请饬运往京师，以济军食。清廷谕令魏光焘予以办理。魏光焘详细查核了甘肃的仓粮储存情况，甘肃仓粮从光绪二十年（1894）奉文筹饷奏粜 40 万石以后，大约还存粮 30 多万石。之后又因甘肃各地发生旱灾，陆续平粜借散，甘肃全省实际存储上下各色粮 20 万石左右，分别储存于各地仓廒。这一存粮数量本来不多，加上甘肃幅员辽阔，交通状况较差，难以很快运往京师。只有宁夏府所属各州县，因濒临黄河，利用水运之便，顺流山西所属的包头、归化一带。魏光焘查明宁夏府七属仓存采粮、征粮合计有

① 《义和团档案史料》（上册），第 391 页。
② 同上书，第 451 页。
③ 同上书，第 482 页。
④ 同上书，第 482 页。

小麦 9300 余石，粟米 12700 余石，豌豆 19900 余石，这三宗粮食总计 41000 余石，本系备支宁夏军镇两标兵食之用。因目前京师军需粮食接济事大，故魏光焘决定移缓就急，经与陕西巡抚端方商议后，"先将前项粮石尽数提拨，由阿拉善旗承领转运，仍俟陕省派员赴宁买补还仓，再行照章支放"①。

清廷多次谕令马安良统军入卫京师的同时，也饬令固原提督邓增督带队伍迅赴行在。因马安良和邓增的部队尚未赶赴北京，清廷于光绪二十六年（1900）八月二十日再次下谕催促：

> 马安良前已有旨迭催统带所部各营迅速前来，现尚未到，实属延缓。邓增亦有旨令该提督督带队伍迅赴行在，现在是否起程，著魏光焘一并速催趱程前进，毋稍逗留。②

魏光焘对于抽调甘肃精兵一事，着实深感为难。一方面，马安良马步八营，马队早已领款购马，尚未报齐。步队分七属指明招募成军，亦较为缓慢。此时"北警遥传，回情观望，河狄人心浮动"③。河州地方绅耆联名禀请将马安良留驻，魏光焘批饬河州文武善言抚谕。不久，各路文武官员向魏光焘禀报，甘军北来，溃兵络绎于道，勒索车马，气势汹汹，驿路悉被骚扰。魏光焘虑及甘肃地广兵单，加之甘军军纪败坏，深恐糜烂甘肃全境，故上奏请求将马安良和邓增两人"酌留一员，以资镇静。邓提督威望将略，均出马上，或今挑带旧队北上，较之新募回队未经训练者更能得力"④。

对于魏光焘的请求，清廷断然予以否决，并电令"邓增、马安良著仍统率各营迅赴行在，勿再迟延"⑤。于是，魏光焘和固原提督邓增经过往复商议后，决定抽调步队一营，马队两旗，另外招募小马队四十骑挈带同行，并由甘库挪借四个月行饷。邓增于闰八月二十一日先

---

① 《庚子事变清宫档案汇编·八国联军侵华卷》第 2 册，第 825 页。
② 《义和团档案史料》（上册），第 618 页。
③ 《庚子事变清宫档案汇编·八国联军侵华卷》第 2 册，第 992 页。
④ 同上。
⑤ 《义和团档案史料》（下册），第 678 页。

率马队由固原起程。邓增挑带的马步一营两旗，一直驻扎于固原的要塞地区，经过仓促调行后，魏光焘又另外招募队伍填扎。马安良将旧有马队一营两哨二棚，添募马勇 151 名，编为马队一营两旗，仍合马队两营之数。自七月二十六日开招，至八月二十五日成军。其步队六营，分由河湟七属指募，至闰八月底始开成军。① 马安良率队起程后，河湟和狄道一带防务顿时松弛，尤其需要另外调动得力队伍驻防。魏光焘认为："额设防练各军，星罗棋布，此调彼虚，不能不立事添募。"② 于是他又遴选了回族头目，另外招募了马队四旗，驻扎河州一带，以弥补马安良的空缺。马安良即于九月初一派遣西军左右马队两旗从河州开拔，其西军安定前左右营步队，均于初四、初九、十三等日先后到达兰州，配齐装械，接续开行。其余马步四营，由马安良亲自统带，仍分起前进。此外，邓、马两军所需行饷，魏光焘亦尽力从现有军队的饷源中提取以备其用。经过此次动用后，不仅邓、马两军的常饷甘肃很难接济，即便业已垫付之款，也急需户部速快拨还，以便甘肃应急之用。因马安良一军行饷和常饷，朝廷之前已下旨饬令户部筹拨，邓增所部也一同由户部下拨。故魏光焘奏请"饬部并将前项垫饷拨还，均另筹给专饷，藉资饱腾"③。

　　不久，八国联军攻陷北京，慈禧太后携光绪皇帝仓皇西逃。沿途魏光焘派兵迎护，一直到达西安。光绪二十六（1900）年闰八月，魏光焘因勤王有功，实授陕甘总督。旋即调任云贵总督，魏光焘主政陕西的时代结束了。魏光焘被调任云贵总督，其中原因不为人所知。有人认为是与董福祥关系不合所致，这也可能是一个重要因素。此前在剿抚问题上存在意见分歧，并由此导致了魏光焘被参之事。此外，辛丑和议后，曾在庚子事变中率兵攻打使馆的董福祥被列为严惩的祸首之一，后经清廷和列强协商后，将董福祥褫职回籍。清廷亦素知魏光焘与董福祥关系不睦，故将其调任云贵，以避免双方再起冲突。对此，有一史料中曾说："闻人言，前陕甘总督魏制军，因素与董福祥

---

　　① 《义和团档案史料》（下册），第 770 页。
　　② 同上书，第 678 页。
　　③ 同上。

不协，又其兵士二万名，颇称勇悍善战。朝廷因既令董福祥回驻甘肃，故调魏制军前往云南。"① 这一说法究竟有无根据，尚须其他资料加以印证。

第六章　出任滇督

光绪二十六年（1900）十月，魏光焘被调任云贵总督。魏光焘即由甘肃赶赴陕西西安慈禧太后和光绪皇帝行在，请训南下。取道襄河，乘坐轮船。于三月初七日清晨抵达湖北境内，湖北官场中接到电音，先期饬办，差人在武昌黄华馆预备供张，郊迎魏光焘一行。[1] 魏光焘的舟船靠岸后，湖广总督张之洞、湖北巡抚景月汀率全城文武官员前来迎接。礼毕，文武官员与魏光焘一同品茗片时，然后分道回署。[2] 魏光焘进入武昌城内后，宿于黄华馆。翌日，魏光焘赴湖广总督和湖北巡抚署报谒答谢，随即遍至各司道衙门投刺致谢。武昌小住几日后，魏光焘一行绕道湘江，于光绪二十七年（1901）五月行抵达云南省城。署理云贵总督丁振铎檄委署云南知府胡泰福及督标中军副将苏抡元将云贵总督关防一颗并王命旗牌、文卷移交魏光焘。由此，开启了魏光焘督滇的时代。

魏光焘督滇之时，正是清政府朝野上下举办新政的时期。云贵地区作为少数民族聚居之所，也是著名的寒瘴之区。民族矛盾和纠纷层出不穷，匪患频仍，给社会稳定构成严重威胁。加之地处边疆，云南和缅甸、越南交界，中外交涉尤为棘手。魏光焘任内，举凡吏治、军政、边防、商务及地方一切事宜，均进行了妥慎办理。

第一节　剿匪

一　清除粤边游匪

云南和广西交界之区，长期以来备受游匪滋扰。且因其游踪不定，

---

① 《云督过鄂》，《申报·上海版》第10016号，1901年3月10日。
② 《滇督过鄂》，《申报·上海版》第10016号，1901年3月10日。

此剿彼窜，很难从根本上加以剿除。粤边游匪，实际起源于越南。中法战争后，法国侵占了越南。之后，位于云南交界之区的越南人依附于法国的统治之下，以剽掠为生。中法战争中云南和广西出关的遣散军队，与越南的匪徒互相附丽。自从法国经理南交地区后，向沿边各村发放精良的武器装备，联合以抗拒匪患，游匪在法国人和沿边村子的共同抵抗下，很难劫获财物，于是逐渐退入内地。云南地方官员曾多次对其进行招抚，但效果不大。游匪时常拦劫大帮烟客，勒索殷实之家。沿边村中的游手好闲者，将其视为分肥的重要途径，而懦弱者受其挟制，尽皆入伙为盗。此外，尚有一些狡黠无赖之徒和脱离军营者，相继以游匪为最终归宿，兵、民、匪在沿边各地很难分辨。随着游匪势力的日渐壮大，其劫掠范围亦随之扩大，蔓延至云南、贵州一带。而云南开广等地，地理位置上和边界紧密相连，广袤一千数百里，防兵很难周密布置，仅有零星、稀落部队驻守，游匪经常勾结内奸乘机抢掠。防兵搜捕时则又作鸟兽散，追逐无踪，因而士兵防御无术。且游匪所流动之区，皆为道路犬牙交错和林木茂密之区，易于藏身和潜逃。加之游匪散股零星，聚散不定，并无固定巢穴。此外，导致该地游匪猖獗的原因在于，游匪经常自命为团练，致使团练亦无能为力。光绪二十六年（1900）邱北县被劫，裹挟很多妇孺在内，官府派兵攻剿追匪出境时，"彼境忽自命为团，而转目自团为匪，互相质辩，炫惑离奇，故方其来劫，匪与兵抗，兵犹可以为力，及其劫去，匪与民混，兵力亦复难施，匪又常避兵以来，营哨得报稍迟，或且疲于奔命，则剿之为术亦穷"。[1] 以前云南游匪变乱，也正当中原多事之秋，尽管曾经征调客军镇压，但主要还是借助本省练军。而且在筹集军饷过程中，对于民间百姓的苛索甚重，给当地百姓的生活造成了很大影响。此外，在剿匪的过程中采取以毒攻毒的策略，利用云南回民起义后的已抚回民剿灭游匪，很难奏效。

魏光焘由原籍赴任云南的途中，询访和了解了游匪的大致情况。到任后，他对长期剿除游匪未能成功的原因作了分析。他认为："推原其故，实因匪踪蔓延太久，勇营积疲过甚。"[2] 还有，云南的军制存在很

---

① 《宫中档光绪朝奏折》第十四辑，第327页。
② 同上。

大问题，那就是，防军以 300 人为营，练兵以 250 人为营，薪饷以 33 日为一届，每届每人给银 2 两 9 钱，连年歉收，银贱粟贵，按日分摊，人获银 8 分有奇，易制钱 80 余文，而米价每市斗百二十斤，需银五两五六钱，薪蔬贵亦如之，勇丁无论顾家，即自顾不获一饱。① 这种情况和湘、淮军营制有很大的差距。湘、淮军营制中有坐粮和行粮之别，设有火夫、长夫，还为士兵发放棚帐和锹镢之类的军用工具。这种营制优点在于，军队行进之处，物品价格难以估算，如果物价上涨，士兵有行饷足以应付，能够起到体恤士兵行军辛劳之效。军营中设立长夫，准备棚帐、锄铲、锹镢之类的工具，主要考虑军行趋利和止居无定，有了这些工具，可以随地为营。军士的草料每天都有安排，因此虽是坐营，必定设立火夫，以保证军队的后勤工作。而云南的军制中，并未设立火夫和长夫，故军队中士兵的日常生活主要由棚勇轮流负责，生火做饭，这在很大程度上影响到士兵的日常训练。因军队中未设长夫和配发棚帐、锄铲和锹镢等用具，故行军中只能在有村落和市集之处休整，不能驻扎于险要之区，"拊背扼吭，而闻警奉调，势难立拔，常落贼后尾追，锋不相及"②。而且由于军队中没有增加行饷，士兵薪饷有限，军官们利用各种机会侵蚀军饷，虽经多次查核办理，但仍难以禁止，士兵则因薪水过低而失去战斗意志。招募士兵时因薪饷过低，精锐者难以入募，只有老弱疲敝者充名挂数，加之前敌沿边一带属于烟瘴之区，外来军队难以适应恶劣的气候环境，故总兵覃修纲所统各营，广西士兵充斥其内，也是无可奈何之举。

魏光焘到任后，虽派军队大力剿匪，多次给游匪以沉重打击，但因军制疏漏简略，难以根本清除匪患。

魏光焘对于游匪的骚扰极为忧虑，与云南巡抚李经羲多次商议，也没有足以制约蔓延游匪的良策，只能采取坚壁清野之策，精选游击之师，策应驰驱。并随时和贵州、广西的军队约定，进行合围和掩捕，才能使云南边防日益稳固，游匪可以逐渐得以肃清。为了达到这一效果，魏光焘决定对云南军制进行改革，重新更定营制和增加行饷，鼓舞士气

---

① 《宫中档光绪朝奏折》第十四辑，第 328 页。
② 同上。

和调动士兵的战斗积极性。但增加行饷，对于历来依赖协饷解决军费的云南省而言，财政压力甚大。各省协饷，除四川仍按年拨解外，其余各省均是自顾不暇，徒有协饷之名，而无拨解之实。前任云贵总督和云南巡抚曾多次节饷裁兵，以缓解财政压力，已再无节流之法。云南巡抚李经羲以前在布政使任内，早已筹划并饷整军之事，因财政支绌，故就滇盐劝办团饷，举行团练。即是民捐专为乡兵起见，不便挪移，但团练一旦办成，可以替出分布的防练各营，仍然可酌情裁减兵额节省军饷，这也是一种缓解财政紧张的方法。魏光焘决定采用李经羲的这一办法，就现存所捐团饷，首先在广南沿边设立团丁 2400 人，择要修立碉卡、汛房，分段安置，联络一气，责成防守。同时严查保甲，以肃清内奸。选派奉调云南差遣、河南候补知府黄凤岐充任前敌营务处兼办广南团防事宜，并由布政使札委请补景东直隶同知刘钧前往署理广南府知府，会办前敌营务处，与黄凤岐认真切实举办。并饬令总兵覃修纲督率防营，多设间谍，与贵州、广西军队随时会剿，以收游击之功。

魏光焘的建议得到了清政府的首肯，清廷谕令其："督饬各员认真举办，毋任日久蔓延为患。"①

前敌营务处黄凤岐和署广南府知府刘钧先后到差后，开始了挑团布置的工作。总兵覃修纲率军到达沿边已一年有余，剿匪方面未取得任何功效，魏光焘认为此人难以得力，决定将其调换。但当时的云南军队，积疲已甚，而且又分布较为零散，很难派出一支战斗力较强的部队。魏光焘自光绪二十七年（1901）五月到任后，曾招募建立了武威大营，用西式方法进行操练。将云南省防绥靖各营添设教习、棚夫，一律改练西操。尽管时间不长，但经过校阅后，步兵作战尚属整齐。于是，魏光焘和李经羲经过商议后，决定委派省防分统调补九江镇总兵刘万胜统率绥靖正中、左、右、中四营，以及驻防邱北的绥靖副中营开赴广南沿边，接替覃修纲一军，"联团布置，以为游击策应雕剿之师"②。又令前敌营务处黄凤岐招募一营，与刘万胜军队合为六营，以厚兵力。此外，仿照陕西洋操队大致规模，将薪费员额切实核减，更定营制，酌增饷

① 《清实录·德宗实录》卷487，光绪二十七年九月壬午。
② 《宫中档光绪朝奏折》第十四辑，第504页。

糒，以资饱腾。并规定各军："均自本年十一月初一日起，照章改编，起支薪饷，行军仍每棚添设长夫，发给棚帐、锄镢、锹斧，略被规制，俾得运动较灵，可以趋利。"①

光绪二十七年（1901）十二月，省防分统调补九江镇总兵刘万胜率所部绥靖各营先后到达沿边，魏光焘的最初规划是待刘万胜接防之后，即将临元镇总兵调署开化镇总兵覃修纲所部纲字各营广西士兵全部调离，分别予以裁遣。就在此时，清廷将广西提督苏元春调任湖北提督，滇、粤新旧交接之际，苏元春所部"或溃或遣，未收枪械，勾串游匪，势焰颇张"②。于是，魏光焘对覃修纲所部纲字各营的遣散问题进行了如下布置：

> 计滇省纲字各营广勇，是时在边者，尚有七营十哨，因先调六哨离广，各归开蒙等处原防，择调两营折回广南府城，收械并裁，以节饷力，余或暂留原防，或拔驻广南府城，俾前敌兵力稍厚，拟俟粤中大局稍定，徐图并遣。③

结果正如所料，光绪二十七年（1901）十二月十九，广西边境游匪啸聚徒党，窜扰剥隘地区。接防剥隘的广西营游击张显廷于二十三日战败，全营弃械脱逃。管带绥靖中营分统刘万胜在距离剥隘四站的普厅驻扎，闻报后调集分防者桑叛朝之绥靖左右两营和后续到达的绥靖副中营，以及暂时留驻的纲字两营，刘万胜自带的左营分三路进剿。正月十二直捣剥隘，游匪闻知大军进至，又故技重施，顷刻间作鸟兽散。这次剿匪又无功而返。魏光焘对于此次剿匪进行了认真总结，他认为：

> 游匪倏忽聚散，本其故智，可以力攻其零星股数，实烦有徒，杂处民间，未能类别群分，亦未便擒获，草雉办理，殊形棘手。自非如臣等前奏坚壁清野，先靖土奸，广备游击，莫能凑效。而并寨

---

① 《宫中档光绪朝奏折》第十四辑，第505页。
② 《宫中档光绪朝奏折》第十五辑，第91页。
③ 《宫中档光绪朝奏折》第十四辑，第839页。

立碉，据险扼要，皆坚壁清野之事，盖必立防已固，兵足庇民，然后良懦之为匪所胁者，可得而解，桀黠之为匪所用者可得而惩，扶正气以渐强，怯群邪而渐尽其审端，致力与寻常较有区别。①

此次剿匪中弃营逃跑的绥靖中营管带张显廷，魏光焘勒令该管分统刘万胜查拿，并上奏朝廷将其即行革职，军前正法，所带官兵也一并严惩，以肃纲纪而维军政。刘万胜因到防未久，闻知兵败即调队进剿，游匪遂逃遁，情尚可原，但其部将脱逃，难辞其咎，故奏请将刘万胜暂行摘取翎顶，勒令其限期将脱逃部将拿获，如逾期未能拿获，即行请旨革职。

为了制定切实可行的军事围剿计划，魏光焘于此次剿匪后，特派开广道刘春霖亲赴广南察看布置。刘春霖经过认真仔细查阅后，向魏光焘做了汇报，认为魏光焘所制定的"坚壁清野"之策确为一制敌良方，但一时很难快速办理。广南沿边一千多里，兵力很难全部分布，游匪常在防务空虚之区进行骚扰，而且使兵力疲敝不堪。于是，刘春霖催令各营设立碉堡和营寨，给当地百姓发放枪械，"俾各据险要，人自为战，村自为守，然后游击之师，可以星驰电赴，不虞落后，以居守有定之民，制飘忽无定之匪"②。如此布置，可谓较为得力。魏光焘对刘春霖的布置之法表示认可，并先后札饬李德泳、白金柱等添募常备三营驻防。

正当魏光焘竭力部署剿匪计划时，前敌分统营务和地方官员呈报，三月初八，游匪从广西边境纠集大股势力窜扰皈朝，分四路环攻。驻防皈朝的绥靖右营邓秋高、左营田庆杰兼带团营、署富州通判王正雅分路迎敌，力战三昼夜。此次游匪数千人，裹挟者几达1万人，蔓延将及百余里。战斗中，因寡不敌众，清兵损失惨重。士兵和团营伤亡400多人，管带邓秋高和哨弁3人先后阵亡，王正雅左踝、前胸亦负重伤。十一日，皈朝失陷，营团退守普厅。就在皈朝失陷前夕，分统刘万胜于初九闻知皈朝告警，立即调派白金柱、钟春芳、李德泳等营前往救援。白

---

① 《宫中档光绪朝奏折》第十四辑，第840页。
② 《宫中档光绪朝奏折》第十五辑，第91页。

金柱率部与游匪酣战至皈朝后山，但该地已被游匪占领。李德泳和钟春芳所部在援剿途中和游匪相遇，展开激战。不久，因皈朝失守，普厅岌岌可危，刘万胜下令将李德泳和钟春芳所部调回普厅，以遏制游匪向上窜扰广南，同时合集队伍进图规复。魏光焘对于游匪此次进犯的用意深有洞察。认为其"前既聚股窜扰剥隘，兹复麇集大股窜扰皈朝，实欲百方挠我撤换粤勇、坚壁清野、散械严防之局"①。为了加强剿匪的军事力量，他饬令副将苏抢元、知县龙济光各选募耐瘴新兵两营，合计1000人，相机迅速援剿。并派遣将官分赴马龙、弥勒等地招募土著壮丁1000人，在省城加以训练，预备后路援应。同时严饬前敌防团各营，整饬激励，迅图恢复。等新招募的各营部队组建后，如果游匪势力仍然猖獗，即电商云南提督蒋宗汉督率亲临前敌，会合黔、粤两省防军，彻底剿除游匪。此次失守皈朝的管带绥靖左营补用参将田庆杰，魏光焘奏请将其革职，严行查办；刘万胜虽经派援，缓不济事，究属调度失宜，兼带团营署富州通判王正雅虽力战受伤，失守地方，并有应得之咎。魏光焘奏请将其暂行革职，留营留任效力。阵亡的管带绥靖右营总兵顺云和协副将邓秋高奏请由部从优议叙，以励忠荩。②

白金柱、李德泳和钟春芳各营赴援皈朝中途被阻，探知皈朝已失，普厅危急。于是率部绕道从小路分别于三月十四、十五、十六日到达普厅。游匪意图上窜，窥袭广南，其大股势力由北路窜过马鞍塘，烧毁了坡房、那莫等营寨，并折向西直赴沙斗、辣子塘、石冈坡，先后占据了这些地方。然后进逼罗贡，切断了普厅的后路，使清兵军粮运输阻塞。而东路的四亭子、瓦瑶，东北的花甲、那耶等处，皆有游匪牵制清军，致使剥隘更加孤悬在外，成为坐困之城。

魏光焘见情势危急，电令各军和营团："调集营团内外夹击，必待上游扫清而后可会合诸军，徐图复皈之计。"③ 并对剿匪部队做了具体部署，饬令王国宾的团练副左营赴罗贡，协同马应麟严加堵御，调回黄开科的正后营扼守西洋，黄信兴的正左营驻扎坂蚌，各军相机进剿。

---

① 《宫中档光绪朝奏折》第十五辑，第92页。
② 同上。
③ 同上书，第390页。

十八日，四亭、瓦猛的游匪分路进犯。白金柱、李德泳率兵在距离普厅5里左右的小黑山和游匪展开激战。双方鏖战两时之久，游匪受伤数十名，败入那谢。因天色已晚且有雨，白金柱等收队回营。

十九日寅刻时分，白金柱、李德泳、钟春芳各率所部及正中营分路围攻那谢，击毙匪徒数10名，游匪大败而逃。白金柱事先已在山后派兵设伏，游匪败经此地时，伏兵一涌而出，活捉匪徒4名，夺获马匹、帐棚等件甚多。

二十二日，白金柱等率兵进攻沙斗、辣子塘的游匪。但游匪早有准备，大股势力麇集于此，漫山遍野皆是游匪。白金柱等当即挥兵夺击，击毙匪徒几十人，割取耳级八副。匪势稍有退却，各营士兵乘势冲入中心，游匪忽然分股合围而来，施放枪炮进攻。清军且战且退，连环收队而出。

二十四、二十五等日，黄凤岐和富州通判王正雅带领所部两营，由罗贡改趋八播，并催令王国宾整团前进。谢有功也绕道从南路抵达普厅，所遗郎恒防地交新募续备营管带张荣填扎。此时，白金柱招募的瑶兵300人也已到齐，兵力愈加壮大，各军约定大举夹击。

二十七日，刘万胜饬令白金柱、李德泳督率全队分道西上进攻。游匪占据石冈坡、响水洞等处山坡，双方枪炮环击，相持很久。忽然有一股悍匪从山坳中抄出，前来增援。李德泳奋力堵御，白金柱挥兵绕出其前，倒戈进行回击，斩杀游匪甚多。匪势溃退，但并未败走，而是分股继续与清军相持。二十七日、二十八日、二十九日清军与游匪战斗三昼夜，双方互有胜负和伤亡。

正当白金柱和李德泳率部奋勇作战之际，恰逢黄凤岐所派哨官萧礼章和王国宾团营也驰抵木郎，远远望见两军交战。于是分兵两路迅速增援，一路由后山翻击，另一路从山右截剿。游匪因连日久战力疲，看到官军援兵已至，情知难以抵抗，遂纷纷溃退，向那耶方向奔窜而去。三十日，白金柱、李德泳率兵攻占了石冈坡，击毙游匪头目，搜获调匪清册，然后跟踪追剿，又将沙斗、辣子塘等处匪堡攻破，彻底扫清了上游中路的游匪势力。此次战役，清军击毙游匪1000多人，擒获后斩首者36人。其中有头目罗四大王，夺获洋号1对，快枪5杆，军械牛马不计其数，清军也伤亡30多人。

四月初三,白金柱、李德泳率兵进攻洞坡匪营,与游匪激战两昼夜,歼灭了其中的悍党。又率部驰剿那郎一带逃窜的游匪,行至中途,头队管带马万里回报:于初一跟踪追剿,游匪一面拒敌,一面放火烧屋,纷纷溃窜花甲,于是白金柱饬令分兵前往花甲截剿游匪。同日,黄信兴也率兵攻克北路新街下阿用匪寨,夺回被拿男女4人,水牛16头。

初四,黄凤岐、王正雅、王国宾等率领团营在普厅会合,同刘万胜商议收复饭朝之策。决定初五早分三路进兵,"白金柱、李德泳取道洞坡,以攻其左;黄凤岐、王正雅绕四亭小路以袭其右;谢有功、钟春芳与正中营直捣中坚"①。行军距饭朝1里多,溪湾山沟突然涌出埋伏的游匪200多人,被白金柱等军队围而歼之,无一逃脱。盘踞饭朝的匪党看见清军大举来到,遂放弃饭朝狂奔而退,清军迅速收复了饭朝。之后魏光焘派遣谢有功率部驰援剥隘,谢有功到达之前,驻守剥隘的管带董义已于三月二十六日因粮尽援绝、剿匪不力而呕血身亡。谢有功率部赶到后,剥隘之危顿时得以缓解,军威大振,匪势很快瓦解,剥隘赖之以安。

魏光焘派兵收复饭朝,解除剥隘之围后,游匪大股溃散,分两路逃窜。其中由北路逃窜者,魏光焘饬令王国宾、白金柱和纳万雄率兵追剿于三湘,洞匪已逃走40多里,在平松、毛端一带被截击,击毙多名。余匪从巴莱河一带窜往广西的西林;窜往南路者,魏光焘饬令张荣、徐毓芳两营在木六、郎恒之间追杀,斩获包括匪首朱七、王三和姜十大王,生擒伙匪2名,押解回营讯办。并夺获旗帜、枪码、铜号、马匹、伪钤记等件,救出被裹挟男女10人。之后哨官姚在仁在那连岔河设下埋伏,在哨官张占魁的追击下,17名战败游匪逃经此处。姚在仁率伏兵一涌而出,游匪17人全部跳入那连岔河欲图逃生。包括著名匪首黄十二在内的9名游匪被清军生擒,黄十二不久即因伤重而死。其余8名均身带重伤,难以押解回省,经禀报魏光焘后当即斩首示众。至此,南北两路逃窜游匪基本得以肃清。

广南上游匪患基本肃清后,魏光焘仍然心有余悸。认为:"余孽尚

① 《宫中档光绪朝奏折》第十五辑,第391页。

多，难保不散匿林箐，伺间麇集，以冀死灰复燃。"① 于是饬令前敌营团，沿边搜捕潜藏零星游匪，并会剿堵御。同时清查土奸，整饬保甲，仍下令并寨立碉，力行坚壁清野之策。并派署理开化镇总兵苏抢元率所部新募4营，在开化边境巡查，搜剿从广西境内窜入的零匪，直达广西边境会哨，以期完固周密，防止游匪越过边境流窜越南境内，引发中外交涉。此外，魏光焘还对广南府属被游匪窜扰焚略、残害之区，经查明后分别予以赈济和抚恤。此次在剿办大股游匪过程中力战劳伤而亡的总兵衔补用副将董义，请旨饬部从优议恤；其尤为出力督带绥靖新军左右两营已革副将衔补用游击白金柱、管带绥靖新军前营已革花翎补用参将李德泳苦战连旬，功勋卓著，均于开复原官原衔，以示鼓励。该管分统调补江西九江镇总兵刘万胜、兼带团营请补富州通判王正雅，前经臣奏请暂行革职，留任留营效力，此次规复迅速，尚知愧奋，应请赏准开复暂行革职处分，仍策后效。②

魏光焘在剿除游匪的过程中，遇到的一个重要难题即是军饷的严重不足。

魏光焘奉命剿除游匪之时，正值清政府大力举办新政时期。云南省举凡兴办学堂、整顿武备、议修铁路等同时并举，财政尤为吃紧。尤其是厘定云南全省营制时，改设常备军12营，续备军24营，加上炮队和工程队总计1万人左右。因开广沿边2000余里不敷分布，故魏光焘下令陆续添设14营，全部按照常备饷章另作一军，专门负责剿除游匪，并奏明事竣裁撤。专设的剿游14营，因照常备军饷章发放薪水，魏光焘令云南布政使刘春霖估算后，每年约需薪饷银27万数千两，这对于主要以协饷解决军费的云南而言，无疑是一笔巨额款项。魏光焘曾慨叹：

> 各新政同时并举，匮竭情形为从来所未有，部中现又指拨铜本三十万两，搜剔不遗毫发，际此时艰势迫，罗掘净尽，既无可腾挪之款，亦无可挹注之资，部款之空匮逾常，各省关之艰窘相等，若

---

① 《宫中档光绪朝奏折》第十五辑，第 392 页。
② 同上。

望格外拨济，势有难能。①

之后魏光焘筹集了盐捐一项，也因全省添设团营、购备枪械、制造军火和修建碉堡等而被使用殆尽。贵州边境兴义沿河一带，多次急报游匪越境窜扰，广西边境泗城、西隆、西林各地匪势日见猖獗，云南边防更为吃紧。游匪攻打兴义县城时，魏光焘飞饬罗平防营李德滢就近派勇驰往救援，并派省防魏荣斌率领武威三营星夜拔往会剿。加之开广、古障等地盘踞之游匪不时乘虚出扰，仅靠先前设立的营团，很难完成剿匪任务，只能另外组建十四营专门负责剿匪，方能彻底清除匪患。魏光焘多次严饬总办南防营务、署理临安开广道魏景桐督率各营团，妥善筹划布置，分途雕剿，并会合贵州和广西部队夹攻游匪。如此军情紧急之时，军饷更难以支撑。万般无奈之余，魏光焘只好奏请朝廷，将云南每年解往户部的新加土药、茶糖、烟酒厘金及减平整顿税课等项十多万两白银暂时全部截留。此外，云南省军饷不足的部分，由蒙自和腾越征收关税项下如数提拔供支。并奏明"一俟游匪肃清，再行照常报解"②，以解决当时军饷紧张的状况。

为了彻底打击活动于云南与广西交界的游匪势力，魏光焘还奏请广西派兵合力会剿，以维持边境地区的社会稳定。

云南广南府和广西接壤，东北毗连西林县境，西北与西隆州境相连。沿边山深林密，游匪经常占据村寨为巢，或凭借村寨修筑碉堡扎营，因而防卫力量甚为稳固。游匪一旦聚集，动辄数百人四出窜扰抢掠，良民多被胁从，严重影响到当地百姓的生活。为此，魏光焘派总理前敌营务处、调署临安开广道魏景桐越境剿匪。魏景桐到达边境后，正值游匪进攻西林，西林的那劳团绅岑毓祥等人联团固守，飞书告急。魏景桐接到告急文书后，决定和当地团练部队联络一气，共同打击游匪势力。故饬令给予团练拨助枪械，并选派督带龙济光、管带陆朝珍密授机宜，各自挑选数百精锐士兵，从小道迅速援剿。于九月初二日三更时分，行抵粤边之弄公寨，正值游匪围攻，形势十分危急。龙济光等率部

---

① 《宫中档光绪朝奏折》第十六辑，第155页。
② 同上书，第156页。

向前喊杀，游匪听到援兵之声不绝于耳，黑夜中亦不辨官军人数多少，故惊骇而奔逃。九月初三，龙济光探悉游匪窜入普驮，那或二寨，旋即雇用当地土著百姓作为向导，于四鼓时分率兵前往袭击。龙济光将所带部队一分为三，攻克那或，陆朝珍将其所部一分为二，攻占普驮。各自击毙游匪几十人，生擒一名，余匪向八达州一路逃窜。于是，魏景桐率部急速行军，于九月初五到达那劳。那劳团绅岑毓祥见援军到达，喜出望外，立即和魏景桐商议进剿计划。

西林的股匪，以坂达寨匪首罗弗腥为最强悍。魏景桐和岑毓祥商议后，决定先扫除坂达寨的罗弗腥部。遂于初六晚，派兵会同团练拔队前往坂达。罗弗腥一伙并未料及清军夜间偷袭，看到大部军队前来，尽皆胆怯，不能应战，遂将俘虏的男女百姓50多人杀死，放火焚烧营寨，仅留悍党十数人藏匿于颓垣败堵之间，自率部分党羽趁乱逃窜。龙济光率部在火光中环枪刺击，鲜有逃者。经过此次打击后，那劳二三十里村落各零匪皆闻风逃遁。初八，龙济光等率队回滇途中，探悉巨匪罗弗腥等逃窜至邻近云南的弄合老巢，遂绕道率部袭击，行至寨前，罗弗腥已准备带领党羽拦击，龙济光率部迎击，并分股越抄，逼近匪营。弄合老巢的防御设施极为坚固，"外筑围墙设有鹿角，内置三碉护沟深阻，墙内复有重叠"①。匪徒凭借防御设施负隅顽抗，并轻视清军队伍人数较少。各匪战败后逃回栅内，假装置之不理。龙济光派哨官毛正坤等人率兵绕过前面山顶，陆朝珍派哨官黄朝美等人率队绕过后面山顶，同时挖掘深槽，伏兵夹击环攻数时之久，因巢穴坚固而不下。初九，龙济光等饬令官兵各带腰锄，分挟束草，亲自督令将士猛扑坚垒，放火烧毁楼角，攻毁栅门，士兵用锄头挖破墙角。哨官江毓金也率兵前来，攻破左面碉楼，击毙匪徒20多人。此时已至深夜，匪徒仍然列党环拒，竟夜达旦。初十，陆朝珍率官兵如前攻打，一边挖去墙角，将右面碉楼攻破，击毙匪徒20多人。左右两碉楼攻破后，罗弗腥的弄合老巢仅剩上首一座最为坚固的碉楼。龙济光带领把总龚得胜、李樑材督令士兵冒死作战，兼投放硫黄炸药进行轰击，击毙匪徒30多人。匪党退回重叠，排枪抵抗。清军在伤亡之余，士气更为振作，官兵奋勇拼命战斗。至天

---

① 《宫中档光绪朝奏折》第十六辑，第295页。

明时分，匪力渐已不支，遂自焚匪尸，破毁围墙，其中一人首先冲出，指挥余匪乘势猛扑，龙济光督令士兵迎击。首冲者中枪倒地被俘，经过询问，方知此人即为匪首罗弗腥，其余匪党在战斗中被擒斩殆尽。这次越境剿匪取得了重大胜利。

就在魏光焘派出滇军越境剿匪获胜之时，又连续接到警报，广西西隆、泗城的游匪，大举进犯贵州，分扰贞丰、册亨地区，并聚集匪徒数千人专攻兴义县，势力极为猖獗。魏光焘当即饬令云南省防三营星夜前往救援，并飞谕李德瀓由罗平挑选精锐士兵，就近从速增援。同时电令魏景桐从广南府派李德泳等人督率各营将士进袭古障等处匪巢，以示牵制。因古障属广西八达州辖境，插入罗平、广南之间，东有土黄，西有马蚌，历来驻有广西守兵，后均沦入游匪之手，并以之踞为巢穴。该处地势险要，三面和云南接壤，渡江即到达贵州境内。魏光焘认为此次游匪等空巢而出，率大股匪党入犯兴义，故采取釜底抽薪之计，派滇军乘虚袭取古障。果然，游匪大股攻破兴义后，欲图长驱深入。闻知古障被袭，遂率众回顾古障，斗志全无。贵州部队乘势追杀，立将兴义县城收复。游匪渡河向南，仍率党羽前来争夺旧垒，分据在附近的王子寨文洞，在洞前用木杠遮掩。三棵树和牛角山的匪巢被李德泳率队连日分兵堵击，间以雨夜进攻，或由间道掩袭，击毙匪徒无数。游匪情知旧巢难以克复，故窜回八达州养息。

经过一段时间的休整后，八达州的游匪头目于十月初六集体商议雪其战败之恨，故纠集1000多人围攻驻扎洛里的团营，企图截断古障的后路。驻守洛里的团营因分哨出扎，仅存两哨官兵留防。当游匪展开进攻时，管带王国宾率士兵奋勇还击，游匪多次扑犯营门，均被清兵排枪轰拒，击毙匪党100多人。不料游匪增援者愈来愈多，达3000多人之众，誓死攻打营寨。王国宾见寡不敌众，飞书告援。魏光焘速派各军赴援。晏光枢冒险解运军火，冲入阵中接济。清军内外包抄数日之久，游匪循环叠进，蜂拥围攻。清军拼死抵抗，游匪伤亡重大。至初九下午，游匪开始奔溃。清军乘胜追剿，击毙悍匪四五百名。

清军围攻洛里游匪获胜后，总兵刘万胜又督率龙济光、陆朝珍等拔队到底先屯扎，攻打盘踞在土黄的游匪。土黄地区四面皆山，一河横流而过。河之左面，土匪建有上下两座营寨，河右筑有中寨，相距仅一里左右，形成了掎角之势。下寨前面建有大碉楼，后面修筑了营垒，沿河搭建草棚200多座，盘踞土匪两三千人，还有洛里战败的土匪亦合股于此。刘万胜探明敌情后，于十一日率部迅速拔队前往土黄，沿打柴小道绕出后山，令"陆朝珍率队攻上寨，龙济光率队攻下寨，王国宾率队攻中寨"[1]。三军同时并进，陆朝珍攻打上寨时，土匪惊溃而散，纷纷奔入下寨。陆朝珍又转而攻打下寨前面的碉楼。龙济光先由后山逼攻土匪营垒，土匪前后迎拒，拼死不退。龙济光见士兵疲惫不堪，士气不振，故悬重赏以激励将士。适逢方宏纶派李希率兵来助，清军士气为之一振，龙济光遂指挥将士奋勇拼杀，枪火并施。在清军的猛烈攻势下，匪营着火，烧死匪徒几十人，其余打开营门一涌而出，清军哨官江琛首先上前堵截，中枪阵亡。陆朝珍施枪环击，击毙匪徒甚多，扑河溺毙者不少，剩余少数匪徒凫水逃入河右。王国宾也绕攻中寨，匪徒正与清军交战，正好河右匪徒惊败狂奔，清军靖南营也赶来助战，中寨匪徒大败而溃，窜山越岭，拼命而逃，清军见时已日哺，各军遂收队回营休息。经过审讯生擒土匪，得知下面十几里水浅可以渡过，于是各军乘夜继续追踪，天明时分登上山顶，遥望下距八达州仅十多里，不便进剿，故撤队回营，将土匪营垒毁平，土匪所留各寨牛马、什物、米粮等一毫未动。这次战斗，清军共击毙悍匪五六百人，生擒5人，清军士兵带伤者20多人，取得了重大胜利。

魏光焘自担任滇督后，将剿除长期以来扰乱云南边境的游匪作为任内的一项重大任务，自光绪二十七年（1901）五月直至二十八年（1902）十月，曾派兵先后多次沉重打击各地的游匪势力。广南各军自光绪二十八年（1902）四月收复皈朝后，将附近零匪陆续搜剿尽净，并将保甲清理，并寨建碉，然后力行坚壁清野之策，经过数月的奋战，终于将云南边境的内匪全部扫清。之后又派魏景桐相机进取，分遣各将领抽调劲旅，未等粤军会师，偏师越境击败弄公、那普各股匪，攻破板达、弄合等坚巢，又派兵援应洛里防营，昼夜环击，将悍匪击退。并乘胜一鼓荡平土黄游匪老巢，将游匪势力基本消除。当然，此次能够得以顺利、迅速地剿除游匪，与魏光焘本人的合理规划和正确的剿匪策略是

---

① 《宫中档光绪朝奏折》第十六辑，第296页。

分不开的。他深刻认识到了之前地方官员剿匪思想的误区，他指出："粤西游匪为患，十数年来糜饷何止数千万，一误于招安，再误于敷衍。"① 于是，改变了以前官员招安、敷衍的错误思想，将肃清匪患的重心转向了主剿，并运用了正确的战略方针和计划。诸如坚壁清野之策的实施，釜底抽薪之计的运用，成为迅速肃清匪患的重要因素。还有，魏光焘精辟地分析了云南边境匪患长期不靖的原因，在于广西官员的无能与拖沓。他在给晚清重臣荣禄的书信中指出："若粤中以后能慎选廉能之吏，予以兵权，认真清理，则积患可为之一去，而三省边防饷需亦可渐省矣。"② 这也是他对当时晚清官场的一种深刻剖析和认识。此外，对于剿匪中的有功人员，魏光焘事后曾向清廷上疏奏请予以保奖：

> 所有叠次获胜在事出力各员，驰驱于烟瘴险峻之地，战争于风雨昼夜之间，实属异常出力，若不择优尤奖，不足以励戎行。臣查有二品衔委署云南临安开广道补用存记道魏景桐夙谙方略，调度得宜，拟请以海关道记名，并赏加勇号；蓝翎三品衔署广南府事永北直隶同知在任前先补用知府方宏纶胆识俱优，拟请开去底缺，俟补知府后以道员升用，并赏换花翎；同知衔指分贵州补用知县龙济光免补知县，以直隶州知州仍归原省前先补用，并请赏戴花翎；准补广南营右哨头司把总王国宾、尽先拔补把总陆朝珍均请免升千总，以守备留滇尽先补用，并赏戴花翎，俾昭激劝。③

二　剿抚腾越边境土匪

腾越为云南边境之区，与缅甸接壤。西北界外，向有土著人居住，既不属于缅甸管辖，也不归腾越厅节制。该土著杂处深山，贪暴嗜杀，从无管束。为非作歹者自立头目，互争雄长，给当时云南边境的安宁构成了很大威胁。光绪二十八年（1902）二月十五日，腾越镇总兵张松林、同知叶如桐向魏光焘电称，突有滇滩卡外土匪荳二狗等率匪众二、

---

① 杜春和、耿来金、张秀清：《义和团资料丛编·荣禄存札》，齐鲁书社1986年版，第351页。
② 《义和团资料丛编·荣禄存札》，第351页。
③ 《宫中档光绪朝奏折》第十六辑，第298—299页。

三百人冲至淡酒沟、麻栗堨等地，烧毁民房 10 余间，经当地土官率团练前往堵御，阵斩匪徒 3 人，团练阵亡 1 人，带伤数人。故请求派兵救援，筹拨枪械，以济急需。魏光焘获报后，立即调派义字右营管带金桂林率领防勇三哨星夜驰往。谕令野匪"如能悔罪，尚可从宽，倘敢抗拒，即行剿办"①。野匪得知官兵到来，立即窜匿深山。魏光焘电饬金桂林设法妥善弹压，擒获首要人员，以平息祸乱根源。

光绪二十八年（1902）三月十五日，野匪乘虚侵扰横山，劫杀寨民张胜，箭伤黄启祥、张明等人。金桂林闻报后，率领官兵驰往掩捕，匪徒又逃窜无踪。金桂林向魏光焘作了汇报：这批野匪极为狡黠，该地又和英属缅甸的密芝那紧密相连，若不设法诱擒，一旦溃散窜入缅甸境内，引发中外交涉，事关重大。而滇滩距离腾越厅城 200 多里，难以遥度。故请求亲率标兵和义字留防两哨官兵前往剿洗。魏光焘当即批示金桂林相机妥办，勿任滋蔓。②并饬令腾越厅丞叶如桐照会英国领事，转达缅境严加防范。

不久，得到探报，野匪势力更加猖獗，并妄称天师赐有刀马，四处蛊惑煽诱，附从者日益增多。叶如桐闻讯，即带领标兵练勇兼程进发，于三月二十三日行抵滇滩，与金桂林部会合，察看地形安营扎寨。探悉匪首荳二狗盘踞昌云沟，距滇滩 80 余里。金桂林恐其闻风逃窜，立令各军自备干粮，于三更时分派亲兵哨弁由麻栗堨进攻，义字右营由横山旁入，标兵率领滇滩弩练由化桃桥分抄。传令各军卷旗息鼓，急速行军。黎明时到达匪巢，其时大雾弥漫，官兵攻破敌栅直接冲入，匪徒闻知官军到来，惊慌失措，起而抵御。一时枪弩如雨，双方发生激战。哨官张洪昌指挥士兵冲入寨前，连环枪击，击毙悍匪 10 余人，斩首 2 级，夺耳 4 馘，鸟枪 2 杆，毒弩 10 余张，药箭 5 桶。李明清等由旁路施放火弹，土匪逐渐不支，溃退后山滚崖逃窜。正好两路官军也同时抄袭，三面围攻，将匪巢全部踏毁。

二十五日，张松林移兵驻扎麻栗堨，探悉荳二狗从昌云沟败走，一股窜匿斑鸠塘老巢，一股分窜杀刀草堨。二十七日五鼓，张松林派义字

---

① 《宫中档光绪朝奏折》第十五辑，第 732 页。
② 同上。

营勇带同乡练由中路直捣斑鸠塘，派标兵官弁由旁路进攻杀刃草埧。官兵先到后，野匪深藏于树林之中放枪遥击。官军逐渐逼近，击毙悍匪10余人，夺获枪弩刀矛数十件，余匪越岭奔溃。官军追击越过山凹，见有窝棚10余间，所遗包谷等粮食80多箩筐，料定为土匪后路运粮之所，遂放火全部烧毁。义字营勇于午后进抵斑鸠塘，土匪凭寨抗拒。战斗中，枪弩乱发，寨前仅一线鸟道，背靠丛林，士兵连环攻击，杜雄民上前砍栅时左腿中枪。把总赵绍云冲锋破进，施放排枪，阵毙10余匪。余匪窜退后山。该处后面和缅甸边境接壤，张松林深恐此伙土匪穷途而窜，势难就擒，即购线人悬赏，密谕当地土人四出缉拿。忽接南甸土司及河西练长等先后飞报，三月二十三、二十四等日，突有野匪余大自称伪天师，勾串黑山少页等纠集野匪一千多人，攻破河西练中山、鹿场等寨，来势极为凶猛，请求分兵救援。并先由厅城挑派团丁240名，偕保商营马金成前往剿御。

魏光焘接到乞援禀报后，饬令张松林率领得胜之师前往救援。一面飞调杨清挑带腾右三哨士兵开拔河西，并飞饬各土司先将各匪溃逃之路分段堵截。张松林亲率各军于四月初六从间道驰抵河西，腾右营士兵也已抵达。野匪纠集500多人占据中山寨，抗拒官军。张松林派兵三路进攻，迅速将寨攻破。生擒野匪金老二，阵斩旗匪2名，击毙10余名。其余野匪退至文笔、松山等寨。张松林又连日派兵分路围攻，杀死野匪数十名，焚毁3座堡寨。之后，野匪于当晚三鼓时分聚集1000多人出围观音卡，乘间攻占了中山寨。因官军军火用尽，张松林即飞报叶如桐迅速赶运军火至前敌，以资接济。四月初七，张松林率军进驻麦瓜林，正好南甸都司姜德兴等各带义勇来到。于是张松林派杨清等率士兵扼扎象塘，俯瞰江路；马金城等率兵团扼驻观音卡，堵截旁窜的野匪。野匪奋力抵抗，双方发生激战，相持不下。郑再光等督兵奋勇夺栅而入，阵毙悍匪数十人，生擒伪目金把事1名，伪天师余大右臂中枪，登时就擒。[①] 并捕获伪兵头目何马猛及余大之母与其弟余三、余四。张松林将拿获要犯解送腾越厅收审，同时查访各漏网匪首下落。据宝石岗野贯、荣老五等率同野匪头目到营递交悔盟誓，出

---

① 《宫中档光绪朝奏折》第十五辑，第734页。

具刀标木刻，表示不敢再听妖言肇乱生事。杨松林察看其悔罪均出自至诚，遂接受其投诚。野贯和荣老五等人并向杨松林禀报了匪首黑山少页纠集死党300余人汇聚在白岩寨的情况。杨松陵饬令马金成督兵破寨直入，阵斩悍匪数十人。黑山少页率党死战，官军前后合围，阵毙十余人，夺获铜冒枪、鸟枪20余杆，刀矛多件。各将士和野匪短兵相接，立将黑山少页擒获，并拿获野贯早先、何老二、腊兰、汪发生等四名匪目。将汪发生军前正法，匪首押解腾越厅交叶如桐审讯。叶如桐审讯后，各犯均供认"起意谋逆，纠党烧毁，抗拒官兵，妖言惑众，妄造伪符伪号"① 不讳。魏光焘电示将余大及伙党黑山少页等6犯一并就地正法枭示，以昭炯戒。犯母余叶氏系属老年妇女，余三、余四年未及岁，均从宽分别禁释。并饬令严拿在逃之荳二狗，务获惩办，以靖边隅。

第二节 设立云南课吏馆

对于文官正式实任前进行考核和培训是清政府文官制度的重要组成部分。课吏馆作为集中培训学习、考核和甄别为一体的官方非编制内机构，一般由两司总理，督抚直接督促。② 晚清最早的课吏馆是山西巡抚刚毅在光绪十一年（1885）设立的。他说："是以臣历任各省，必以开馆课吏为第一要务，每日传集在省候补及部选初到各员，分班到馆教之。"③ 张之洞在两广总督任内，也设立"课吏馆于省垣光孝寺内，以为各官学习吏治之所"④。戊戌变法时期，湖南巡抚陈宝箴开风气之先，率先在湖南省城长沙开设课吏馆，由按察使黄遵宪总理其事，并修改《课吏馆章程》，以此作为湖南维新运动的一部分。

庚子事变后，清政府决定举办新政，以挽救其封建统治危机。在袁

① 《宫中档光绪朝奏折》第十五辑，第735页。
② 肖宗志：《晚清的课吏馆》，《清史研究》2006年第1期。
③ 刚毅：《敬呈管见疏》，载王延熙、王敏树《皇朝道咸同光奏议》卷23，上海久敬斋1902年石印本。
④ 《论设馆课吏之法之善》，宜今室主人：《皇朝经济文新编之四·吏治卷一》，载沈云龙《近代中国史料丛刊三编》第29辑，文海出版社1983年版，第263页。

世凯、李兴锐等地方督抚的呼吁下，清廷谕令：

> 各省候补人员冗滥尤甚，平时不加考察，一旦使之临民莅事，安望措理得宜，近来各省已有奏设课吏馆者，自应一体通行。惟重在考核人才，不得视为调剂闲员之举，仍著该将军督抚两司等勤见僚属，访问公事，以觇其才识，并察其品行，其贤者量加委任，不必尽拘资格，其不堪造就者，即据实参劾，咨回原籍，统限半年具奏一次，务当破除情面，严行甄别，不准虚应故事，稍涉瞻徇，致负朝廷循名责实之至意，将此通谕知之。①

于是，各省的课吏馆如雨后春笋般不断涌现。据不完全统计，清末新政期间，全国共设立了 22 所课吏馆，分设于 19 个省区。云南课吏馆也正是在这一大背景下产生的。

魏光焘认为："国势之强弱，先视民心之向背，而能系乎民心、宣上情而抒下情者，实莫先于州县。我朝于亲民之官，特重其选，卑其职而不卑其权，卑其职使之亲民，不卑其权使之治事。"② 而且地方的兵、刑、钱谷之类的事务尽皆仰赖于州县官员，一旦处理不当，势必造成难以估量的后果。他还以义和团运动为例，说明州县官员对于中外交涉的重要性。他指出："昔之教匪、粤匪，今之拳匪，其初不过窃发于一州一县，果得明练之吏，及其初而遏制，则一人治之而有余矣！"③ 并深刻认识到对州县官员任前培训的重要性和迫切性：

> 是州县固为治乱所自，起课之所宜加急，自顷外侮迭至，交涉愈繁，滇虽僻壤退陬，教堂日见林立，莠民趋之若鹜，追积不能平，而焚毁之事以起，卒乃索赔受侮，遗患无穷，非得地方官信义足以固结民气，才识足以绥服外情，一遇事机，每难肆应曲当，值维新之际，振兴庶务，凡农工商矿，兴学练兵诸事宜，悉待次第推

---

① 刘锦藻：《清朝续文献通考》卷九十二，商务印书馆 1936 年版，第 8517 页。
② 《云贵总督魏午庄（光焘）制军奏陈滇省课吏馆开办情形片》，《申报·光绪二十八年十一月十五日（1902 - 12 - 14）》，第 733 页，上海书店 1982 年版，第 72 号。
③ 同上。

行，即莫不从州县下手。①

　　云南作为中国西南边疆之区，地理位置偏远，地方贫瘠，因区位原因造成长期以来官员不愿莅任该地，故吏治历来较为松弛，官员贪污腐化现象层见叠出。任职官员"质地本居卑下，犹复自趋颓堕，甘为物欲所蒙"②。居官莅政时，一切尽皆循故蹈常，足以取容于流俗，而处理政务则经常因循积压，敷衍颠倒，以趋利避害为能事。甚至常有假手劣幕和授权于蠹胥处理事务的情况，听任其败坏吏治。此外，还有一类官员，才力足以治理地方，但对于官场中的常态极为精通，谙熟于官场中的巧伪奸诈情状，"惟知于揣摩私利，日用心思，虽勤加以劝勉，终不肯稍生悔奋，实事求是，而又文足饰非，奸能掩迹，转令人羡其熟练，兢奉为仕路津梁"③。正是由于官员素质的低下，导致了晚清时期云南吏治的恶化。

　　魏光焘自担任云贵总督后，即以甄拔贤能作为整顿吏治的重要方式。云南原设文职官员的月课，魏光焘每届试期，均亲自予以督课，分别评定优劣，尽管也能起到激励官员的作用，但仅能考查其才能，而未能使官员探求新知。此次清廷颁布明诏，谕令设立课吏馆，魏光焘极为重视。他于光绪二十八年（1902）八月二十日在省城昆明西箭道设立了一所课吏馆，以云南布政使为正馆长，遴选道员为副馆长。并设立提调文案、收发各员经理其事。课吏馆的学员从本省实缺候补各官员中选取（即由朝廷吏部分发到云南的候补道、候补知府、知州、知县及其他官吏等候出缺者）。初办时有州县盐务官20人、佐杂官20人入馆学习，为其提供膏火资助，并加之以奖励，学员名额暂时定为40人。"其余考取各员，皆为备取，遇有缺出，方准补送入馆，一俟经费充裕，再行逐渐扩充。"④ 实缺官员也务必经过课试才能担任官职，任用官员以贤能

　　① 《云贵总督魏午庄（光焘）制军奏陈滇省课吏馆开办情形片》，《申报·光绪二十八年十一月十五日（1902-12-14）》，第734页。
　　② 《光绪朝朱批奏折·内政·职官》第17辑，第187页。
　　③ 同上。
　　④ 《云贵总督魏午庄（光焘）制军奏陈滇省课吏馆开办情形片》，《申报·光绪二十八年十一月十五日（1902-12-14）》，第735页。

作为唯一标准。按照惯例，未经课试者不准任职，以确保官员奉职严谨而廉明。若有职务空缺，也仅授予那些课试合格者。未经课吏馆学习的官员，也准许其呈交核查履历以备挑选，以收到广泛甄陶之效。

作为新旧交替时期的官吏训练所，云南课吏馆首先选取《大清律例》《通商条约》作为学员在馆学习的主要内容。每月定为两次课程考试，旨在使官员们熟悉朝廷法度及对其渎职行为的惩处，以便在今后任职时时刻保持警惕之心。官员通过学习《通商条约》，能够熟悉外国的情况，认识到中外关系的重要性。学员们还需阅读部分当今时务书籍，如《经世文编》《时务兴国策》等，掌握一些富国强兵的知识，以便任职时能够有所实施。这些书籍，均采用上海、北京各书馆印行的版本。此外，因云南拥有丰富的矿产资源，故在课吏馆中也增设了有关矿学的课程，让官员了解矿产开采和储藏的知识；云南土地资源广阔，也设立了种植学；作为边疆地区，军事显得尤为重要，故在课吏馆中也设立了武备学，以便学员掌握相关的军事知识和理论。这些课程的设置，均系因地制宜，根据云南的具体情况而设立，对于官员任职云南有着重要作用。

此外，魏光焘还为云南课吏馆制定了相关章程。其中包括"办法十条""馆规七条""课程六条""经费七条"，由魏光焘督饬司道认真课试，对于学识过人的学员，从优奏保。"次则遴委差缺，其资质尚堪造就者，分别勒限学习，否则咨送回籍。"[1] 所有参加考试人员，正佐官员以"论说"作为主要考试内容，杂职以"默写履历"为主，以此作为对学员的考察。对于考试不合格的人员，魏光焘也酌情予以惩处。准补维西通判姜在田、通海县知县杨恩吉两位官员，在一次云南布政使和按察使主持的课吏馆的考试中，"文理庸劣、讹字满纸"[2]。经魏光焘奏请朝廷后，将准补维西通判姜在田即行开缺，并同开缺通海县知县杨恩吉勒令学习，记大过五次，停委三年，以肃吏治。所遗维西通判选缺，系扣补后第三咨缺，应请归部铨选。[3]

---

① 《云贵总督魏午庄（光焘）制军奏陈滇省课吏馆开办情形片》，《申报·光绪二十八年十一月十五日（1902 – 12 – 14）》，第 735 页。

② 《宫中档光绪朝奏折》第十六辑，第 142 页。

③ 同上。

光绪三十一年（1905 年）十月，云南课吏馆设立编辑所，"专为采辑滇事，考察全滇风土物宜，有关政治利弊者，分类编辑"。该所"以练习滇省地方政务、发明中外法律之学为宗旨"，"以扩充仕学、输入文明为编辑性质"，将滇省事务由官员讨论编辑。① 编辑时先进行演说，不拘何员，均担演说责任。义务演说完毕后，经大家认可方可编辑，每日编辑字数不限，随编随排印，即甲日所编，乙日印发。从 1905 年 10 月开始，到 1906 年 9 月，整整一年时间，编辑出《全滇纪要》，这也是目前所见云南课吏馆的唯一成果。

云南课吏馆对于改变当时官员智识低下和孤陋寡闻的状况起到了一定作用，但由于官场积弊日久，加之魏光焘离任后主政云南的官员督责不力，课吏馆的作用日益降低，并未取得当初预期的效果，因而常受时人的批评。光绪三十二年（1906），在预备立宪风潮的推动下，云南课吏馆遵旨改为法政学堂，最终消亡于历史洪流之中。

第三节　编练新军

清末新政时期，清政府为了维护摇摇欲坠的封建统治，决定仿照外国军事制度，全面改革陆军军制，并在全国普遍编练新军。位于西南边陲的云南也在全国编练新军的浪潮下艰难而缓慢地拉开了军制革新的帷幕。

魏光焘受任云贵总督前，因云南军队洋操风气未开，曾和陕西巡抚岑春煊商议，将熟悉外国操练方法的统领陕西忠靖等营二品顶戴留陕甘补用参将魏荣斌调赴云南帮助训练云南军队。到任后，他和云南巡抚李经羲经过会商，将云南军队营制、饷章略为变通，设立武威亲军大营，委派魏荣斌督带驻扎省城，练习洋操。并令省防分统甘肃西宁镇刘万胜组建绥靖正中一营，同所带驻省的绥靖中营、绥靖右营和调赴省城的临平后营，改为绥靖左营，归其统带。而且在新设军队中一律增设火夫，改练洋操。由魏荣斌选派教习分赴各营教练，由其督操，并逐渐向省外

---

① 《云南课吏馆全滇纪要编辑章程》，云南课吏馆：《全滇纪要》第 1 册，光绪三十一年冬月排印，第 1 号。

军队逐渐推广。①

　　光绪二十七年（1901）七月，清廷颁布上谕，饬令各省督抚将现有军队裁并腾饷、汰弱留强，并建立武备学堂，改设常备、续备、巡警各军。要求将所有兵制、营饷各章一并详细分别声明覆奏。

　　魏光焘接奉谕旨后，认为："用兵之道，视地形之轻重、敌情之缓急，以为斟酌损益者也。滇省控楚蜀上游，与英法密迩。以势而论，须有常备军万人，分为两大支，屯驻西南边防适中之地，斯足以资控制而备征调。"②但又深感云南地处边瘠，饷项极为支绌，实在难以另外编练新军。只能将云南现有军队，更定营制，酌情增加薪水和军饷，分别设立常备、续备和巡警等军，以备缓急之用。于是，魏光焘将云南绿营兵制，照现有人数裁去三成，未裁之兵，组建为巡警部队，尽管人数较少，但各府厅州县已经另外添设团营、团哨，可以补充巡警部队之不足。巡警军仍照绿营饷米旧章，不必再行增加，随时察度归并，另案办理。但常备军和续备军，应分别改设，续备军以 250 人为一营，酌情增加薪饷。云南全省总计设立 24 营，每年大约需要饷银 312600 两。设立常备军 12 营，以 300 人为一营，并增添炮队 3 哨，工程队 1 哨，常年需要 237000 多两薪饷。新军军营中需用的预备调遣辎重的队伍是必不可少的组成部分，故在常备军和续备军各营中，每营设立辎重队 1 哨和炮队辎重 3 哨。马队并非云南地势所宜，故暂从缓议。新军组建后，无论常备军还是续备军，均改用新式操法练习枪炮。

　　在当时云南财政困难的情况下，只能暂时根据编练为数不多的续备军和常备军，勉强维持防守。云南省的练军自太平军兴以来，仅用本地之人弹压地方，并未征调远出，事变平息后则优游坐食，与绿营无甚区别。其饷章固然和湘、淮军差别很大，营制也判然不同。这些练军偷堕因循已久，安于固陋，一旦采用新式操练方法，很难适应艰苦的训练。加之新政时期银价开始下跌，物价上涨较快，军需用品显得更加紧张，招募士兵时应募者逐渐稀少，已经入伍者也畏而思遁。故魏光焘编练续

————————

　　① 《宫中档光绪朝奏折》第十六辑，第 329—330 页。

　　② 《奏为遵旨筹议操练新军事宜事》，中国第一历史档案馆：《军机处录副奏折·光绪宣统朝》，档号：03－5999－124，光绪二十八年六月初三。

备军和常备军之时，为了稳定军心，为其酌情增加薪饷。饷源略有增加后，对于新军器械，魏光焘也是极为重视。因当时各国禁运军械出口，故新式军械无从购办，而云南之前由天津和上海拨济的枪支，多为旧式枪械，已不合用，自行制造又很难招募到技术精良的工匠，加之款项无从筹措，但因关系到军队的根本建设，只能设法办理。

新军将领的选择是关系到编练新军成败的关键性环节，魏光焘指出："外国将才，由学问而出，加以阅历，则其事顺而易；中国将才，由阅历而出，返之学问，则其事逆而难，此其大较，究之循途，始有能至之望。"① 云南当时尤其缺乏娴熟西操的将领之才，为此，魏光焘决定设立标营新操学堂，挑选标弁、都守以下年力精壮、志趣向上者进入学堂学习，一方面开通云南风气，同时储备将领、教习之才。②

清末新政时期，中国西南边疆危机更为加重，魏光焘从建设国防、巩固边防的需要出发，在国家和地方财政极为困难的情况下，以超乎寻常的积极主动的姿态编练新军，力图一改绿营军队陈腐、落后的状况，进而推动云南地区的军事近代化步伐，在晚清大变局之时，他的这种积极应对的态度是值得加以肯定的。正如有史料所评价的："云南自编练新军，继改陆军后，军事焕然一新，士气为之一振。"③ 云南新军所取得的成效，是与魏光焘的努力分不开的。

第四节　腾越开关及其管理

清末时期，云南的海关有五处，分别为蒙自关、思茅关、河口关、腾越关和云南府关（昆明关），其中河口关和云南府关属分关，归蒙自正关管辖，并非独立口岸，所以近代云南对外口岸，主要是蒙自、思茅和腾越三关。④ 腾越为由缅甸进入云南的门户，自从英国势力渗入缅甸后，就企图通过缅甸对云南进行侵略，打通云南的商业通道。在不断对

---

① 《宫中档光绪朝奏折》第十四辑，第838页。
② 同上。
③ 云南省志编纂委员会办公室：《续云南通志长编》（上册），云南民族出版社2010年版，第1200页。
④ 王巨新：《清代中缅关系》，社会科学文献出版社2015年版，第282页。

云南进行探路骚扰和商品倾销的同时，又加紧通过外交手段，胁迫清政府开埠通商。① 光绪元年（1875）"马嘉理事件"发生后，英国借机要挟清政府在云南通商。光绪二年（1876）五月十一日，英国驻北京公使威妥玛向清廷提出六条照会，其中有"多设口岸"② 的条款，清政府没有完全同意这一照会。但在英国的相逼之下，同年七月十六日，李鸿章被迫与英国公使威妥玛签订议结马嘉理案件的《中英烟台条约》。通过这一条约，英国基本获得了清政府在云南定期开放通商的许诺。光绪十一年（1885），英国全面占据了缅甸，在八莫设立海关，并派员到腾越要求保持滇缅贸易关系，扩大与英国通商。光绪十一年（1885）十月初十，英国使者派缅甸六名人员来到腾越，向腾越边将呈上新街领事英国官员阿大杂寄来的缅字一帖，敕令腾越通事翻译成汉文。其大意为：

> 今特遣使持字前来，请祈敕令华国生意人等照常进缅贸易，缅地虽归英国，华人在缅生意，英国亦展旧如缅国当日关照，绝无异志别图而生争端。定照旧规，各守疆界，往来贸易，以敦旧好。③

之后，滇缅贸易已成为云南与英属缅甸的贸易关系了。

光绪二十年（1894），清政府与英国签订《中英续议滇缅商务条约》，表面上英国要求通商时给予中国很大的利益和优惠，但实际上，当时云南腾越一带英属缅甸与云南的贸易极不平衡，云南大大入超，故这一条约不仅使英国商品可以名正言顺地大肆进入云南市场，而且英国取得了蛮允、盏西两条商道货运和在蛮允派驻领事的特权，已经变相地迫使中国在云南腾越一带开关了。④

光绪二十三年（1897），英国为达到最终正式开关的目的，弥补《中英续议滇缅商务条约》之不足，又强迫清政府订立续约"中缅条约

---

① 陆韧：《云南对外交通史》，云南民族出版社 1997 年版，第 354 页。

② 龙云纂，牛鸿斌、文明元、李春龙等点校：《新纂云南通志》（七），云南人民出版社 2007 年版，第 375 页。

③ 李根源：《永昌府文征·文录卷 17》，云南美术出版社 2001 年版。

④ 陆韧：《云南对外交通史》，第 356 页。

附款十九条"，其中第十三条载明："准将驻扎蛮允之领事官改驻，或腾越或顺宁府，一任英国之便，择定一处。"① 后英国选择将蛮允领事馆改设于腾越，委派领事官前往驻扎，请求中国方面在腾越设立新关，征收洋税，并派员办理交涉事务。

光绪二十五年（1899）六月，英国领事杰弥逊到达腾越，商议开办腾越关务。面对英国的步步紧逼，总理衙门向云贵总督崧蕃征求意见：

> 光绪二十五年九月二十八日，准英艾署使照称《中缅条约》第十三条内载："准将驻扎蛮允之领事官改驻，或腾越、或顺宁府择定一处，并准在思茅设领事府驻扎。今本国已择定腾越设领事官驻扎，请贵国即于该处设立新关，征收洋税，并派办理交涉事务关道，以便会办一切。"咨滇照章酌量奏明办理等因。②

崧蕃接到谕旨后，会同云南布政使林绍年商议腾越开关办法。林绍年对于英国方面的经济侵略有所警惕，故向崧蕃建议：

> 查腾越界连缅甸，为由缅入滇门户，英人注意通商已非一日。光绪二年烟台会议，英使威妥玛欲在大理通商，嗣于二十三年续定滇缅界务，遂议将驻蛮允之领事官改驻腾越或顺宁府，随便指定一处。经总署与英使议定，奉旨允准在案。是此事开办在即，将来税司到滇，应如何妥议章程，再行议定奏明办理。③

杰弥逊到达腾越不久即改调回国，此时正值义和团运动兴起，庚子事变爆发。税务司好博逊回国避难，新街关务只好缓办。④ 但崧蕃已深感腾越关防的重要性，他在给清政府的奏疏中，分析了腾越开关的危

---

① 王铁崖：《中外旧约章汇编》（第1册），生活·读书·新知三联书店1957年版，第689页。
② 《光绪朝朱批奏折·外交·中缅》第111辑，第511页。
③ 同上书，第512页。
④ 《宫中档光绪朝奏折》第十五辑，第268页。

害性：

> 腾越设有厘卡，稽收百货厘金，近年迭经整顿，收数较前加增。一经开关，则奸商不免藉洋关票贩运土货，不惟腾越厘款减收，恐沿途各厘卡收数亦因之减色。但既议有成约，则开关势难中辍。惟英领事改派何人，现尚未照会，即税务司亦尚未派定到滇，将来应如何妥议章程，以杜土货冒充洋货，影射偷漏，及何处应设分关，稽查征收。均应俟英领事暨税务司到滇，再行会议。①

从崧蕃的奏折中不难看出，他更多考虑的是腾越开关后对于中国税收的影响，但在条约制度的约束下，如何尽可能减少腾越开关的不利因素，是他最为关注的问题。

此外，因腾越一直未设同知管理，开始商办开关之际，商务尚不兴旺，若设立道员监督，势必导致经费吃紧，故崧蕃向朝廷建议"仿照思茅关，暂以该厅同知为监督。俟商务畅旺，或斟酌另设关道，或以迤西道移驻，届时奏明办理"②。

光绪二十七年（1901）十月初三，税务司孟家美偕同英国选派的署理驻腾越领事列敦到达腾越，云贵总督魏光焘委派腾越厅同知叶如桐和英国领事、税务司商谈开关事宜。决定由司库借支白银9000两，作为开关经费，又添派委员前往襄助。当时因辛丑和议甫定，云南民间仇外活动极为强烈，谣言纷起。魏光焘深恐因此滋生事端，多次督率官员和地方士绅力为开导和弹压，并会同领事、税务司亲赴各地查勘，斟酌设关设卡事宜，分修太平江南岸道路，以期振兴商务。经过魏光焘的安抚后，云南民情逐渐安静。之后，魏光焘派叶如桐和英国方面签订了《试办腾越海关章程十五条》，拟在腾越城南城外租五保街三楚会馆作为腾越关正关办公地点，东门外设立分卡，并在蛮允设立分关，蚌西设立分卡，二台坡设立查卡，又在太平江南岸弄璋街设立分关，蛮线设立分卡。筹备就绪后，于翌年四月初一（1902年5月8日）正式开关办

---

① 《光绪朝朱批奏折·外交·中缅》第111辑，第512页。
② 方国瑜：《云南史料丛刊》第十卷，云南大学出版社2001年版，第498页。

公。税务司孟家美（英国人）总揽海关大权，海关监督由腾越厅同知叶如桐兼任。开关所有借支经费，将来仍在洋税项下筹还归款。此外，为了使开关后的商务更加繁荣，魏光焘上奏请求将道员移驻腾越，以资镇守。疏称：

> 覆查腾越为由缅入滇门户，道途分歧，商路以太平江南北两岸为适中要路。惟山径崎岖，商旅裹足，现经该厅与缅政府商议分界修理，系为振兴商务起见。所拟试办章程，核与各海关通章大致相同。且甫经开办，一切尚无把握，自应随时斟酌损益。总期商务渐兴，关税昌旺，藉以维持利权而裕饷需。再，该厅地方与缅界犬牙相错，沿边野夷，不时出没，交涉事件，日益繁重，诚恐同知权势不足以震慑，似应移驻道员，以资控驭。①

腾越海关的设立，是在英国加紧对云南边境入侵，清廷接受不平等条约，实行"增开商埠、门户洞开"的错综复杂的国际国内环境中增设的。清政府在条约制度的束缚之下，只好被迫宣布开关。

腾越开关事定后，外务部电示云贵总督魏光焘："英使照称，滇缅边界颇不安静，恐厅员权位不足治理，请设法将腾越厅缺，照临安开广道移驻蒙自办法，改派大员驻扎该处，与界务有益，现烈领事入省商议此事。"② 魏光焘接到电令后，当即向外务部做了回复："滇缅边界交涉日繁，厅员不足震慑，亦属实情，应如何变通办理，俟烈领事到省，酌量与商。"③ 不久，英国驻腾越领事官烈敦到达昆明，重申英国照会，魏光焘饬令云南布政使林绍年和按察使全懋绩会同善后司道局进行办理。

林绍年和全懋绩会同善后司道局商议后，认为腾越为英国和缅甸进入云南的第一门户，地处极边，幅员辽阔，与缅甸犬牙相错，防务、界务均极为繁难，"现复开关互市，交涉尤为紧要，查核情形，实非监司

---

① 朱寿朋：《光绪朝东华录》第五册，第 4893 页。
② 《宫中档光绪朝奏折》第十五辑，第 263 页。
③ 同上。

大员，难资控驭"。① 故向魏光焘提议将原来驻守大理府之迤西道移驻腾越厅城，兼管关务，定为冲、繁、疲、难四项相兼，请旨简放要缺。所有该道管辖的大理、永昌、丽江、楚雄四府，蒙化、永北二直隶同知，一切水利、屯垦、仓库钱粮交代、词讼、缉捕、团保等事宜，命盗秋审等案件，仍责成该道照旧办理。因该道员兼管关务，收放税款，事务繁多，故请求添设道库大使一员，兼管照磨事务，定为边远选缺，先行由吏部铨选后，遇缺出照例办理。并请铸造云南分巡迤西兵备道兼管关务之关防、迤西关道库大使兼管照磨事印信各一颗，颁发来滇，以昭信守。② 此外，因大理迤西之道员移驻边关，兼理商务，需用款项甚大，故应援照临安和开广道养廉额数，每年支发白银5900两，其原支俸银105两，原设门子2名，快手12名，皂隶12名，轿伞扇夫7名，铺兵2名，每人每年发放工食银6两，总计35人，共需支发210两白银，均仍照旧支领；添设的道库大使官员，按照开广道库大使养廉额数，每年发放白银80两，俸银照例支给。设立皂隶2名，每人每年发放工食银6两，共实支银12两。此项廉俸役食银两，即在藩库征收公耗条丁项下照例支放报销，仍照章减成扣平，以归一律。道员移驻腾越后修建衙署的费用，由善后局在边饷项下筹款，派人估算经费和勘察地址，据实造报。道员移驻腾越前，魏光焘选派现任道员松墫前往腾越驻扎，并由布政使先行派人署理道库大使一职，俾专责成。因吏部颁发的关防印信一时不能到达云南，同意该道暂时使用旧印，并由布政使另外刊发道库大使木质钤记，发交使用。等吏部印信颁发到达后，再行换给。腾越原设同知、经历、司狱各员缺，均有管辖地方和分防督捕监狱之责，应该仍旧设置，以资治理。

林绍年等人的规划经魏光焘上奏清廷后，清廷下谕：

> 云贵总督魏光焘奏，请将迤西道移驻腾越，兼管关务。并添设道库大使一员，下外务部会同吏部核议。寻奏，腾越边界，与缅甸

----

① 《奏为准将云南迤西兵备道移驻腾越兼管关务添设道库大使一员并请饬部铸颁印信事》，中国第一历史档案馆：《军机处录副奏折·光绪宣统朝》，档号：03-5418-068，光绪二十八年五月十二日。

② 同上。

毗连。英国现派领事驻扎该处，开关互市，交涉日繁，厅员权势，不足以资镇慑。该督请将迤西道移驻腾越并管关务，系为慎重地方关务起见，应准如所请。所有迤西道一缺，准其定为冲繁疲难，请旨简放要缺。并准添设道库大使一员，兼管照磨事务，作为从九品额设边远选缺。至腾越厅原设同知经历司狱各缺，仍照旧设置，以资治理，依议行。①

腾越设关之初，所设分关情况如下：

所辖之分关，有龙陵、小辛街、蛮允三处，查卡有蛮线、石梯二处，后又添设牛圈河一处。龙陵分关设于龙陵厅城，距离正关220里，距离县治1里。开始作为分卡，该处分关，原设于遮放，后来因遮放瘴气太重，故移设于此地。该地位于腾越之南，为缅龙商路，即由南坎至龙陵。小辛街分关设于腾冲县小辛街，距正关230里，在腾越西南，为缅腾新路，即由咕哩卡至腾越。蛮允分关设于腾冲县蛮允新街子，距正关280里，距离县治283里，在腾越西南，为缅腾旧路，即由红蚌河至腾越。查卡有三，一为蛮线查卡，设于腾冲县干崖司属之蛮线街，距正关280里，距县治283里，属小辛街分关，所收税款，由分关代解。二为蚌西查卡，设于腾冲县石梯，距正关370里，距县治373里，属蛮允分关，为缅腾旧路，所收税款，并入分关缴解。该卡原来设在蚌西，后来因稽查不便，改设石梯，名称仍然照旧。三为牛圈河查卡，设于腾越属之古永大河桥外，在腾越之西，距正关120里。②

腾越关的关署经费，自设关伊始，每月额支经费，照章由分别六成洋税项下动用。在开办之初，监督办公经费每月160两，其余委员、书役和各项杂支，原定为白银33两2钱，不久迤西道移驻腾越后，监督的办公经费有所提升，每月为240两，所有幕友、委员、差弁、亲兵及各项书役人等，每月经费511两5钱，杂支银60两。督辕书吏每月津贴银20两，抚辕书吏10两。随同弹压文武四员，每月发放夫马、津贴银40两。光绪三十年（1904）裁撤抚缺后，每月所需津贴、抚书之银

---

① 《清实录·德宗实录》卷500，光绪二十八年六月己亥。
② 黄序鹓：《海关通志》，共和印刷局1921年版，第214页。

解供边饷。光绪三十二年（1906），每月节留监督项下二成，开支银48两。统计每月实际支付关署经费白银823两5钱，每年花费白银9882两。① 这是总的关署经费支出情况。具体正关和分关分卡经费如下：

第一，正关经费。正关所设正帮办1员，关书、清书共3名，茶房1名，更夫2名，护关壮丁12名，每月支发薪水、火食银121两8钱，各项杂支银38两。和顺乡巡卡司事1名，巡丁4名，每月共支银24两，杂支银5两，均于光绪二十八年（1902）四月初一开办关务起，由所余六成洋税项下动用。光绪三十四年（1908）二月，正关迁移于新建之关后，遂将每月原支房租银30两截止。统计正关月支银158两8钱，每年的支出费用是1905两6钱。

分关分卡经费。设立的三处分关、分卡，每月额支经费亦在所余六成洋税项下动用，与正关同时开办。蛮允分关设立正办1员，关书2名，扦手1名，巡丁8名，更夫1名，每月发放薪水、火食银86两4钱，各项杂支银23两；东西两卡查验、巡丁各1名，每月共支银6两，昔马巡卡司事1名，巡丁2名，月共支银28两，杂支银4两。弄璋分关数同蛮允，有蛮布之巡卡。龙陵分关数与弄璋相同，有象达之巡卡，只是每月多发津贴龙陵同知帮同弹压稽查银20两。蛮线、蚌西两分卡各设委员1员，税、册书各1名，巡丁各8名，每月各共支薪水、火食银62两，各项杂用各支银18两。东关龙江分卡每月应支各款与蛮允、蚌西无异，仅每月少杂支银8两。统计各分关、分卡经费月支银664两2钱，每年支银7970两4钱。

腾越开关之初，在进出口关税方面，实行的是咸丰八年（1858）税则，即"值百抽五"法则。但对进出口税的征收和国内沿海、沿江通商口岸不同，实行的是一项特殊的西南边疆陆路进出口税减税办法，即在"值百抽五"的基础上减十分之三收纳正税。这项办法是法、英等国通过胁迫清政府允准，以条约形式确立的。减税的办法所造成的极低税率，给列强带来了极大的利益。② 不久，西方列强以中国负担巨额

① 牛鸿斌、文明元、李春龙等点校：《新纂云南通志》（七），第375页。
② 《中国海关通志》编纂委员会：《中国海关通志》（第五分册），方志出版社2012年版，第3272页。

赔款、无法偿还为由，允许了清政府的修订税则要求，进口税有 17 类 773 个税目，出口税有 12 类 68 个税目。从量税目为主，也有从价税目。从价税按货价每百两抽银五两；出口税则规定，金银、砖瓦免税，未列名的值百抽五。但腾越海关征收进口税时，并未完全按照上述规定，因《中英续议滇缅界务商务条款》第九条规定：外货"运入中国者，完税照海关税则减十分之三"；"若货由中国过此路运往缅甸者，完税照海关税则减十分之四。"亦即进口正税按税则七折完纳，出口正税按税则六折完纳。实际征收结果，税率只合物价的 3.7%，均达不到 5%。光绪三十一年（1905），英国为与法国争夺市场，进一步降低进口税的关税，对缅甸进入腾越商货，又规定进口正税只征税则的八分之一。其方法是经缅甸向腾冲进口的商货，须向缅甸海关照原包原箱报明，缴纳进口全税，领取岗票；至八莫交检查所，所员开装成驮加封，货运到腾越关查验，货票相符，由税务司在岗票上盖印签字，发还货商，岗票退回缅关，缅关按税照取八分之七，腾越关取八分之一。①

税款由关征收，海关监督保管，具体手续为：海关办理征收手续后，商人持海关制发的验单向海关监督管理下的海关银号交清税款后，发给收据，收据转送海关，作为实收税款的依据，分报海关监督、总税务司、总理衙门（后为外务部）和户部查核。税款支出，亦由海关监督负责，除拨付腾越关监督经费外，其余上交国库，用以支付外债、赔款等。为划清收支界限，腾越关须遵照海关总税务司署所定制度，在财务科目中，将收入、支出两项，分在税款账和经费账内办理，所有税款及杂项收入，即归列税款账，其预算内各项开支则归列经费账。税款账系按月由关结算一次报总税务司署，以汇编月报呈关务署备核，经费账虽亦按月由各关结算一次，但仅需每个季度向总税务司署报一次即可。此外，如有特种税款，委由海关税务司管理，本关亦得设立其他附属账目，但需经总税务司署核准办理。②

英国驻腾越领事的设立及其开关，加速了云南经济的发展。云南商

---

①　腾冲县志编纂委员会：《腾冲县志》，中华书局 1995 年版，第 535 页。

②　云南省地方志编纂委员会总纂：《云南省志·卷三十二·海关志》，云南人民出版社 1996 年版，第 217 页。

人贩运茶叶、糖、火腿、烟土、布匹等货到康藏销售，换回卢比，售与下关商号，转运腾冲。自腾越开关后，传统进口的缅玉、琥珀及出口的丝绸、药材等贸易额不仅没有下降，还因为开关使腾越的影响力在整个东南亚地区得到了不小的提升。大宗货物还由传统的品种逐渐转变为由印缅进口的机制品和洋杂货。此外，腾越地区的商号商户增加很快。清末民初，腾冲商号有100多家，至1937年发展到850多家，另外还有摊贩600多户。① 不同商号之间形成一种多级分层次经营网络，大商号中（洪盛祥、茂恒、永茂和、永昌祥等），有的总号设在腾冲，分支机构在保山、下关、昆明等地，有的在缅甸的仰光、瓦城、腊戌、八莫，印度的加尔各答、噶伦堡等地皆设有分号，主要从事花、纱、布的批发业务及生丝、土杂等的出口。其余中、小商号多为二道批发商及零售商……每年输入腾冲的花、纱、布在10万驮左右，除少量在腾冲销售外，80%—90%皆运往内地销售。除专业商号商户外，腾冲还有大量农村劳动力在秋收后流向外县和缅甸等地短期经商或打工，形成了农忙间隙的"农兼商户"②。迤西商人纷纷转向经营滇缅进出口贸易，云南著名的"兴盛和"商号也适时开拓商业领域，把经营重点转移到滇缅国际贸易上来，将四川的蚕丝大批运到腾越，转销缅甸。为了打开黄丝销路和收购洋纱、洋布、瓦花的便利，不受中间商人的盘剥，该商号于宣统年间在瓦城设立"恒通裕"字号，"这是中国商人第一家进入缅甸瓦城设号，以前虽有腾冲商人进入，但都属于行商"③。"兴盛和"将主要资金投放四川，采购蚕丝，出口缅甸，并从缅甸大量进口棉纱、棉花、洋布等，经保山、腾冲运到下关，转销四川。可见，腾越开关也在一定程度上对于云南国际贸易的发展起到了促进作用。

第二，腾越开关，尽管促进了云南对外贸易的迅速发展，但也为列强向云南倾销商品提供了便利。据陆荣《腾茶概述》记载："腾越物产尽管无大宗出口，每年洋货消费，以棉花、纱布、煤油、五金为大宗。

① 《云南省志·商业志》，云南人民出版社1993年版，第522页。
② 任佳、牛鸿斌、周智生：《中国云南与印度历史现状和未来》，云南人民出版社2006年版，第96页。
③ 舒家桦：《鹤庆商帮奠基人舒金和发家始末》，载《白族社会历史调查》（三），云南人民出版社1991年版，第266页。

自清季设立腾越税关以来，入超之数，年增月盛，关税增至百倍，入超更多，虽有侨商在英缅地带回款项，购置良田、大厦，用之于地方，究系畸形之发展。"① 此外，腾越海关作为内陆关，是滇西通往缅印的主要门户。海关监管进出口货物，实行报关、验货、放行等一整套较完备的手续，并按货检缴纳海关税。在光绪二十年（1894）至宣统三年（1911）的 17 年中，海关监管进口总值 1263 万海关两（1 海关两等于 1.588 两官平银），年均 126 万海关两，出口总值 366 万海关两，年均 36.6 万海关两。进口总值高于出口总值的三倍至四倍，年年逆超。② 大宗外货进口，每年入超的数目相当惊人。据光绪三十二年（1906）腾关商情统计："进口洋货，共估值关平银一百四十四万三千二百一十六两，去年则有一百七十四万八千八百二十两。出口土货查本省迤西一带土产……出口共值关平银二十三万六千七百八十三两。"③ 所有进口货必须以净银购买，这样每年入超数达净银一百二十万两至一百五十万两（行商小贩之数尚不计算在内）。④

原本作为滇缅通衢的腾越地区，自从英国占据缅甸后，商业即受到了沉重打击，昔日商务繁盛的局面已不复存在。有人指出：

> 腾越为滇缅通衢，商务素称繁盛。自英踞缅甸，影响所及，我素执缅甸贸易界牛耳之商业家，受一绝大打击，竟萎缩蜷伏，退居于劣败淘汰之数（近十余年间，如和顺、绮罗、大董、东练等在缅、腾、下关间之商号，倒闭者不下三四十家，即殷鉴）。⑤

自从腾越开关后，滇西市场即为英国所垄断，不仅大宗商品棉纱、布匹充斥市场，即使一些粮食制品也占领了市场。这种情况从 1932 年

---

① 陆荣：《腾茶概述》，李根源：《永昌府文征·记载卷 33》。

② 腾冲县政协文史资料委员会：《腾冲文史资料选辑》第 3 辑，1991 年版，第 141 页。

③ 《腾越关税务司英人聂必迩光绪三十三年腾越商情报告》，中国社会科学院近代史研究所《近代史资料》编译室：《云南杂志选辑》，知识产权出版社 2013 年版，第 178—179 页。

④ 国家民委《民族问题五种丛书》编辑委员会、《中国民族问题资料·档案集成》编辑委员会：《中国民族问题资料·档案集》第 2 辑，《中国少数民族简史丛书》第 11 卷，《民族问题五种丛书·及其档案汇编》，中央民族大学出版社 2005 年版，第 116 页。

⑤ 李根源：《新编曲石文》，云南人民出版社 1988 年版，第 21 页。

保山吴汝明为开机器面庄的一个专利申请书中可见一斑。申请书说：

> 英国经济势力之侵入迤西，地方旧式工业日趋破产，吾人日常生活所需之食品，亦多因洋货之价廉物美，遂被取而代之，以致一饮一啄，无不仰及于舶来，挂面一物，尤为显著。……近年以来，英国制造之机器挂面由缅甸大宗输入，物品优美，远出于人工挂面之上。于是洋面之输入日增，土面之销路日滞，以致人工挂面日就淘汰，英国挂面垄断市场。①

英国商品潮水般开始拥入中国市场，与中国商品自由竞争，对中国商品产生了巨大的冲击。外国商品充斥于中国市场，而中国官方对于中国商品的厘金税收较重，加上层层关卡进行盘剥，导致中国商人"外制于人，内窘于官"②。从而濒于破产境地。之后，随着滇越铁路的通车，从山僻远的云南省一变而为国际交通线，非但两粤、江浙各省之物品由香港而海防而昆明数程可达，即欧美全世界之舶来品，无不纷至沓来。自从洋货进口以来，引发了云南社会经济变迁，工商业之间更是形成了尖锐的对立。西药与中药、金属器物与洋瓷和机制金属器物、土农具与洋农具、土工具与洋工具，以至生活日用品如土刀与洋刀、火草发烛与洋火、蜡烛与洋烛、土碱胰子与洋碱洋胰，石膏与牙水、斗笠与洋伞、布袜与洋袜、土玩具与洋玩具、土产食品与外国食品……旧的土制手工业产品，未免相形见绌，逐渐遭受淘汰，由新的洋货代用起来。有的行业，日就衰歇。大量金钱，滚滚流出，人民也日趋穷苦。③

第三，外币入侵云南。腾越开关，导致外国货币进入云南境内，对云南经济产生了极大的消极影响。大量的缅甸卢比随着滇缅商务的兴盛，由边疆潜流入境。加之祥云、蒙化、楚雄等地的劳工六七万人，"冬初出境，雨季前亦携缅币返滇，故卢比之流入本省者，每年约达80

---

① 云南省档案馆档案，档号：77 - 13 - 2609，转引自李珪《云南近代经济史》，云南民族出版社 1995 年版，第 237 页。

② 《新编曲石文》，第 21 页。

③ 云南省教育会排印本：《滇录》，云南省教育会 1933 年印刷，第 260—261 页。

万左右。"① 不仅如此，"云南商人贩运茶、糖、火腿、烟土、布匹等货到康藏销售，也换回卢比，售予下关商号，转运腾冲"②。英属缅甸的卢比流入云南后，在云南货币流通中或多或少取代了云南本地货币，部分地履行了货币的职能。③ 滇缅贸易中，缅方对云南商帮购入缅货，"必尽换洋钱，始肯交易"④。因此，不仅从缅甸输入的卢比，"都复运出口，以供购办缅甸洋货之用。因腾冲向来是入超口岸，全赖运出此项卢比去抵补。"⑤ 而且不敷之数，须向缅甸高利贷者贷款，卢比取得了滇缅贸易中结算货币的资格。此外，英国方面还蓄意抬高卢比价格，贬低华银价格，以此来掠夺中国财富。当时英国货币以二分九钱的银币，可以折抵中国白银六钱余分使用，流行于腾、永一带。不久，又允许运送中国白银进入缅甸，以六钱余分的华银，购买英国二钱九分的纸票（非此则不能购买洋货），这是一种极其恶劣的侵略手段。大批洋货充斥中国市场的结果，导致中国的民族工业遭受了极大的打击各摧残，加重了当地百姓的负担。

第四，腾越开关的严重影响还在于，自从腾越开关后，加之以前蒙自、思茅的开埠，云南海关大权几乎完全操持于外国人之手。西方列强就这样充分利用其攫取的海关行政权，大量掠夺云南丰富的原材料资源和向云南倾销工业制成品，从而使国民经济的发展受到严重制约，尤其是对外贸易丧失了自主性。据资料显示："腾越关设立后，担任税务司的英、意、挪威等欧洲人多达 19 人。其中英国人担任此职的人数最多，时间也长，直到 1946 年以后才改由华人代理。"⑥

第五节　派遣留学生和创办新式学堂

自 1840 年鸦片战争之后，敌强我弱的现实逐渐击碎了清政府朝野

---

① 《续云南通志长编·财政》（三），《金融》，第 690 页。
② 万湘澄：《云南对外贸易概观》，新云南丛书社 1946 年版，第 143 页。
③ 罗群：《连贯与中国现代社会研究》（下），人民出版社 2013 年版，第 24 页。
④ 寸开泰：《腾越乡土志·商务篇》，《腾冲县志稿》。
⑤ 《云南对外贸易概观》，第 144—145 页。
⑥ 《昆明文史资料选辑》第 10 辑，第 21—25 页。

上下"天朝大国"的梦想，一批先进的中国人开始睁眼看世界。清政府也意识到教育落后已成为国之衰弱的重要原因，故选派留学生远涉重洋、负笈海外，学习东洋、西洋，乃至英属香港等地先进的文化知识。"留洋"成为清末中国教育史上一道亮丽的风景线。云南虽远处边陲，但随着滇越铁路的开通、商埠早开，"留洋"的历史也堪称源远流长。

晚清以来，西方传教士在云南各地曾办有零星的教会学校，也给学生教授洋文。滇越铁路开通前后，因铁路工作之需，学习法文、英文者也日渐增多。此后，随着清政府推行"新学"和选派留洋学生、留洋考察政治的出台，光绪二十五年（1899）前后，云南朝野上下也先后办起了规模更大的东文学堂、方言学堂等专为培训"留洋"人员的外语学堂，这为云南"留洋"奠定了必要的语言基础。光绪二十七年（1901），清廷下谕：

> 造就人才，实为当今急务。前据江南湖北四川等省选派学生出洋游学，用意甚善。著各省督抚一律仿照办理，务择心术端正、文理明通之士，前往学习。于一切专门艺学，认真肄业，实力讲求。学成领有凭照回华，即由该督抚学政按其所学，分门考验，如实与凭照相符，即行出具切实考语，咨送外务部覆加考验，择尤奏请奖励。其游学经费，著各省妥筹发给，准其作正开销。如有自备资斧出洋游学者，著由该省督抚咨明该出使大臣，随时照料。如果学成得有优等凭照回华，准照派出学生一体考验奖励。均候旨分别赏给进士举人各项出身，以备任用而资鼓舞。将此通谕知之。①

魏光焘对于派遣留学生出国一事深表赞同。他从春秋时期崇尚游学的历史，以及俄国和日本通过选派留学生出国学习而渐臻富强的史实，阐明了派遣留学生的重要性。他指出："春秋战国最尚游学，近如俄日及暹罗，皆以游历归国而强者也。"② 同时，还回顾了晚清以来两江总督曾国藩资遣幼童出洋之事和南北洋曾多次派送学生和官员出国游历，

---

① 《清实录·德宗实录》卷486，光绪二十七年八月丁酉。
② 《宫中档光绪朝奏折》第十六辑，第177页。

进一步强调开放出国学习的必要性。他认为云南尽管位于边陲之地，也有部分立志进取的学子，希望能出国深造，为国所用。

至于派遣留学生的去向问题，魏光焘认为学习先进的科技文化知识，自然以欧美国家为最理想的归所，但行程较远，而日本与中国同洲同文，地理位置上与中国相距较近，不仅可以节省许多费用，还能够取得快速的成效。于是，他和云南布政使经过商议后，决定先向日本派遣留学生。并制定了相关章程，规定：

> 以心术端正、文理明达，方为合格，取定廪生钱良骏等十名，每名按给川资银二百两，旅费学费每名岁需洋银三百元，并自备资斧出洋游学之广东尽先试用知县、恩安县举人王志恕一员，均由选派前易门县教谕陈雍、补用游击张贵祚护送前往，每员月给薪水银五十两，川资银二百两，酌带翻译书识各一名，一切悉照学生开支，并先行酌发杂费银五百两，以资办公。①

并咨明出使日本大臣照会日本外务部对学生照约保护，等其到达日本后查看各生的资质，分拨在各专门学堂学习。随时严加管束，按期毕业。如果在日留学生经三个月考察后发现有不堪造就者，即行护送回到云南，以昭慎重。光绪二十八年（1902），云南第一批赴日留学生由云南起程，取道越南至日本。之后，魏光焘继续关注留学生的动向，若有及格的学生回国，再行接续资送。

从光绪二十七年（1901）开始到宣统三年（1911），云南出现了第一次留学高潮，主要留学国家是日本。这一时段，云南当局先后向日本派遣留学生 9 次。共计留日学生钱良骏、唐继尧、顾品珍、周钟岳、李根源、钱用中、蒋谷、秦光玉、董泽等 215 人。此外，还有不少自费留日学生，这批人到日本各大学主要学习的专业是军事、师范、法政、矿冶、铁道等。留学生们大都是思想进步、学业优良的青年，他们为救国救民、追求真理而奔赴省外国外，不仅学得报国之技，而更受资产阶级革命思想的熏陶，积极投身于革命。其中留日学生尤甚。1905 年中国

---

① 《宫中档光绪朝奏折》第十六辑，第 178 页。

同盟会在东京成立，滇省留日学生吕天明、杨振鸿、赵伸、罗佩金、李根源等人旋即加入，以后又有唐继尧等数十人先后参加，吕天明任同盟会云南支部长。他们创办了《云南杂志》专刊和以白话文宣传革命的《滇话报》，对于宣传革命思想和发展组织起到了重要作用。当然，这种情况的出现，也是清政府和作为云贵总督的魏光焘所始料未及的。

清末新政时期，清政府将兴办学堂作为振兴教育、培养新式人才的重要途径。光绪二十八年（1902），管学大臣张百熙遵照清廷旨意，拟定了学堂章程。清廷谕令各省督抚遵照办理。谕旨称：

> 张百熙奏遵拟学堂章程、开单呈览一折。披阅各项章程，尚属详备。即照所拟办理，并颁行各省。著各该督抚，按照条规，宽筹经费，实力奉行，总期造就真才，以备国家任使。其京师大学堂，著责成张百熙悉心经理，加意陶镕。树之风声，以收成效，期副朝廷兴学育才之至意。开办之后，如有未尽事宜，应行增改，仍著随时审酌，奏明办理。[1]

此前，清廷曾下令各省所有书院，在省城均改设大学堂，各府、厅、直隶州均改设中学堂，各州县均改设小学堂，并多设蒙养学堂。魏光焘饬令云南布政使仿照山东省筹议章程，进行办理。

因当时云南财政困难，而此次学堂直接将家塾、党庠和术序合并为一，如果采取官办，势必事费繁巨，仅提取原有各书院的经费，远不能满足办学之需，而云南财政又无从筹款。为此，魏光焘召集各地官绅共同筹商后，决定在盐捐团费提购枪炮款内每年暂挪白银10万两，作为经费，照提按年以5万两办理省会官立高等学堂，用5万两办理各属官立小学堂和蒙养学堂。云南各府厅州县官立中学堂以及拟设的校士馆，则以各书院原有经费开办，通过这种方式暂时解决办学经费的问题。这种用保卫地方的团练经费移做培养人才之用，也是一件名义正大之事，而且可以永久持续。

经费问题解决后，接下来就是选择地址建立学堂了。云南省会昆明

---

① 《清实录·德宗实录》卷502，光绪二十八年七月庚午。

有三所书院，分别为经正书院、育才书院和五华书院。经正书院三面临水，育才书院又靠近街市，此两所书院因位置所限，很难进一步扩充。只有五华书院规模宏敞，位居五华山下，上有悯忠废寺，四旁隙地甚多。魏光焘经过亲自踏勘后，极为空旷，颇通空气，此地又"诸山列秀，滇海环清，林木葱茏，水泉甘美"①。不仅环境十分优美，而且高等学堂应该修建的礼堂、讲堂、食堂、寝室、楼院以及体操场等，布置均有余地。在此地建立学堂，"足以疏沦性灵、开拓心胸，洵为名胜之区，允叶文明之兆"②。故决定将五华书院拓展为云南高等学堂。于是派人新建了两所讲堂，左右翟舍 36 间，仪器院楼房一院，并在五华书院改修讲堂 5 所，斋舍 90 多间，作为自修室。

学堂建成后，储备师资力量事关学堂兴衰，魏光焘对此也是极力筹划。他认为两汉时期的经学对于师承极为重视，而学堂作为培养通才和振兴国家的重要场所，师生之间的知识传授尤关紧要。自科举兴盛以来，真正的通儒硕学之士甚少，精通中学的人才难以搜求，而兼通西学者更是凤毛麟角。魏光焘考查了各国学校的情况后，发现学校之盛，在亚洲当属日本为最。"以其无论何科，首以伦理为重，兼采泰西政艺，均能删繁就简，遗粗取精。"③日本的这种办学方式，正是中国仿效的典范。在此之前，魏光焘已在云南全省举贡生监中考选了心术端正、文理明达的钱良骏等十人，派人资送日本，分科进行学习。并另外按照京师大学堂的咨文，以及京师大学堂的格式考选举人袁嘉谷等 5 人资送师范馆肄业。这批学生学成回到云南后，让其充当教习，并另设课吏馆作为仕途学习的先导。此外，魏光焘还大力储备师资力量，作为学堂之用。

图书馆建设是学堂至关重要的环节。魏光焘认为古人读书，以图史并重。西方国家的各种学科，"凡夫天地之大，动植之繁，有书必系以图，有图必验以器。学堂之内，有藏书至数百万卷，置器至数百千具者，故理无不显，用无不精"④。而云南原有书院中，许多中国书籍都

① 《宫中档光绪朝奏折》第十六辑，第 243 页。
② 同上。
③ 同上书，第 244 页。
④ 同上。

不齐备，西方书籍的购买和收藏更少。若急于让学生掌握中西学问，即使有教习，也无可供讲授的参考资料。故魏光焘饬令云南布政使筹集经费12000两，派委易门县教谕陈雍承领汇赴上海和汉口，咨请湖广总督张之洞就近查明日本最新所译西方书籍、善本和算学、农学、化学所用的仪器，以及云南所缺经史、政治各中国书籍照数采购，作为头批，先行解运回滇分发，并饬令各府厅州自行筹款搭购。如不能满足所需，仍当接续采购，以资诵法考验。

经过魏光焘的认真经理后，云南高等学堂和中小学堂的创建开始步入正轨。尽管有章程以资遵循，但奉行和考核依然是魏光焘十分关注的问题。为此，他札委存记道汤鲁璠为学堂总办，照会在籍翰林院编修陈荣昌为总监，督饬选中学教习和承办各员，先在省城组建大学堂，并电请新任云南巡抚林绍年利用北京觐见之便，访聘西学教习来到云南执教，同时饬令云南各地次第举办学堂。光绪三十年（1904），清廷颁布《奏定学堂章程》，规定省设高等学堂，遂将省城大学堂改名为云南省会高等学堂，将总办名称改为总理，总监督改为中学总教习。添设副办2员，文案、收支各1员，藏书楼、博物院、收掌官、寄宿舍监督官则暂时缓设。仍暂就五华书院改修的讲堂5处，先聘请中学功底厚实兼通翻译和算学的教习5人，考选学生分班讲授，并附设师范学堂，为各地中学堂培养教员，校士馆仍供暂时为没有进入学堂的诸生学习之用。此外，魏光焘通饬各道府督令各厅州县，将小学堂、蒙养学堂认真建立，一切纲领、功课、规则、建置，全部遵循章程办理，务必节省办学经费，核实开支，一律迅速开学。因专门讲授西学的外国教习，其他各省也极为稀少，故很长时间内难以聘用。师范馆的课程，各科均聘用日本教习讲授，魏光焘咨请管理京师大学堂大臣及出使日本大臣照会日本外务部，代为延聘精通西学、奄有诸长及兼通中文的总分教习数人，与之订立合同，议定薪水和川资，于光绪二十九年（1903）夏天来到云南，充当高等学堂总分教习，先按照章程第七条声明："如有教课不勤、紊乱规约等事，滇省有辞退之权。"① 各府中学堂，等师范逐渐增多，再行设立。未设以前，所有原筹经费，

---

① 《宫中档光绪朝奏折》第十六辑，第245页。

即用来购买图书和仪器。至于应附设的农、工、商、医、矿务实业学堂，待省城高等学堂依式修建工竣，再逐一兴办。魏光焘又接到京师大学堂指令，在预备科外设立速成一科，师范馆学生除京师招考收取外，其余应当取之于举贡生监，并由学政就近调考咨送。魏光焘立即札饬省城学堂会同云南布政使通行各地，出示招考造册，备卷呈送。魏光焘于光绪二十八年（1902）九月初十、十二、十五等日分场按试三场，经过评阅后照额取定举人袁嘉谷等 5 名，经过复查后，"均属品行端方、志趣宏远，中学既具根柢，西学已谙门径，每名酌给川资银一百二十两，委员赍解试卷护送，咨请大学堂覆试，收馆肄业。俟卒业考试，照章请旨办理，以宏造就"①。

云南高等学堂作为云南最早的综合性大学堂，学生分为"普通部"和"师范部"。前者以学习"普通学问"为主，学制为 3 年。主要开设《修身》《经学》《中国文学》《外语（英、法、日）》《历史》《地理》《算学》《博物》《理化》《法制》《理财》《图画》《体操》《歌唱》共 13 门课程。其中，中外《历史》和《外语》课时最多，其次为数理化和博物。"师范部"又分为"预科"2 年，主要补习以前没有完成的普通学问。本科 3 年，又分为 3 类（专业方向）：第一类以文史为主，开设《人伦道德》《中国文学》《中外史地》等；第二类以算学、理化为主，除一部分文史通识课以外，主要开设《代数》《解析几何》《光学》《化学》《气象学》等；第三类以生物为主，除同样学习一些文史通识课外，主要开设《动物学》《植物学》《矿物学》《农学》《地质学》等。上述三类学生均须学习英文，且规定以"耕读"为主，侧重于实用外语教学。②

考试按照清政府颁布的《奏定各学堂考试章程》的原则执行，但又有所变通。考试种类分为"入学""临时""学期""学年""卒业"。入学考试规定，"遇中学毕业生升入本堂，按本堂各类学科命题考试一次，分别取向，以期程度划一"③。临时考试每月或间月一次，由教员

---

① 《宫中档光绪朝奏折》第十六辑，第 246 页。
② 云南学务处编印：《云南高等学堂改良章程》，光绪三十二年印刷。
③ 同上。

主持，没有升降和赏罚之别，旨在检查学生平时的学习情况。考试成绩以 60 分为合格，如不满 50 分，则考后一月内不许放假，让其留校补习功课。学期和学年考试，每半年和一年定期各考一次，由本堂监督会同教务长与各教员共同举行，按其成绩决定其是否升留级或开除。分数计算方法是临时考试和定期考试的分数相加再除以 2，从而得出学期和学年成绩。这种计算方法强调了对学生学习过程的考察，避免"一考定夺"的偶然性论成败。升留级的标准是 60 分，如不满 20 分者，则令其"出学"（开除）。毕业考试尤其严格，分为口试和笔试两场。口试按照学科分日考试，每科由教员选择学习内容中的精要部分提问，学生当场回答问题，根据回答情况判定分数。笔试按照经史大义学生须写出两篇作文。分数计算仍然按照学期、学年和毕业考试三种分数总和除为平均数。以 100 分为"极则"（满分），80 分以上者为"最优"，70 分以上者为"优等"，60 分以上者为"中等"，不满 60 分者为"差等"，不满20 分者不得毕业。

魏光焘创办的云南高等学堂，开启了云南近代高等教育的先河。光绪二十九年（1903），魏光焘保荐云南高等学堂学生袁嘉谷赴京师参加"经济特科"考试，在殿试中一举夺魁，称为"经济特元"。此为云南设置行省以来 600 余年未有之事。消息传开，四方轰动。魏光焘欣喜之余，为了激励云南士子，榜书"大魁天下"四个大字，悬于昆明聚奎楼上。滇军创始人唐继尧、名闻一时的近代著名数学家熊庆来等人也曾在该学堂学习，成为云南近代教育的一大亮点。从此，结束了云南书院300 余年的历史，同时也迎来了云南近代新式高等教学学堂的草创时期。云南高等学堂自创办以来，历任校长 9 人，培养了 400 多名学生。[①]为云南乃至全国培养了大量杰出的新式人才，为推动云南地区的教育近代化做出了重要贡献。尽管魏光焘的新政举措终究未能也不可能挽救清王朝覆灭的命运，而且某些方面客观上适得其反，培养了一批新生社会力量和政治参与群体，最后站在了清政府的对立面上，造成了社会各阶层的离心，并最终促成了云南辛亥革命的爆发。但从社会发展的角度而言，对于魏光焘在滇督任内推行的云南新政，不能就此简单地加以否

---

① 任祥：《抗战时期云南高等教育的流变与绵延》，商务印书馆 2012 年版，第 214 页。

定。毕竟他的这种近代化的努力和尝试也给云南的政治、文化带来了一定的积极作用和影响。

第六节　云南中外交涉

一　办理昆明教案

昆明教案因法国传教士私运枪械进入昆明而引发。此案最早应该追溯至光绪二十一年（1895），总理衙门就曾照会法国公使施阿兰："有法国传教士金梦旦用马驮枪炮八箱进城（昆明），盘查属实，拦阻不听，运至平政街天主堂交收。"[1] 并要求其饬令云南主教不得再行贩运军火。

光绪二十六年（1900）三月，义和团运动在全国形成高潮。法国驻云南领事方苏雅以自卫为辞，声称"弄来一些枪支，以便在必要时刻能组织起一支自卫队伍"[2]。遂私自从越南购买武器弹药运抵昆明，被昆明南关厘金局扣押，方苏雅率众以武力威胁将弹药抢回并藏于昆明平政街大教堂。激成了五月十四日烧抢教堂之案。[3] 当时，云南省城内平正街法国老教堂一所和城外狗饭田法国学馆全院，溯源宫新教堂和法文书馆二院，教民刘姓住房一所，全部被中国民众焚烧拆毁，法国人员方苏雅行李也被抢劫一空，酿成一桩轰动云南全省的中外教案。此案发生后，时任云南巡抚丁振铎将教案情况奏明清廷，请求饬下北京主议王大臣将滇省教案一同议结。不久丁振铎离任，清廷谕令魏光焘办理教案善后事宜。

此次教案是在极为仓促的情形下发生的。法国驻云南领事官方苏雅因初次来滇，不熟悉云南情况，动辄意气用事，导致与省城百姓发生龃龉。昆明百姓始愤而报复，酿成事变。此外，魏光焘认为此事的发生，

---

① 《总署致法国公使施阿兰函·云南传教士金梦旦违约驮运军火请电主教禁止并饬领事官转嘱洋商遵约办理并祈见复》，吕实强、王世流、张秋雯、施婉琴：《中国近代史资料汇编·教务教案档》（第五辑），台湾"中央研究院"1977年版，第2287页。

② ［法］奥古斯特·弗朗索瓦（方苏雅）：《晚清纪事——一个法国外交官的手记（1886—1904）》，罗顺江、胡宗荣译，云南美术出版社2001年版，第225页。

③ 昆明市志编纂委员会：《昆明市志长编·卷八》，云南人民出版社1984年版，第52页。

"游痞会匪参杂乘衅，致酿焚劫之祸"①。事后，教案的风声传播省内外，云南各地也发生了反洋教活动。大关、镇雄、陆凉、师宗等厅州县的教堂和教民先后不同程度受到当地百姓地冲击。在云南地方官员的弹压和保护下，法国领事和教士等次第安全出境回国，中方滋事人员被云南官方捕获，讯明后就地正法。事变爆发的当天，波及的英国教堂经过中英谈判后以中方负责赔偿议结，但法国教堂因主教和教士等人匆匆回国，中法双方不及议定，故暂行搁置。

光绪二十七年（1901）春，魏光焘等探悉法国驻滇领事方苏雅将再次赴滇，多次向朝廷发电请求派人和驻京法国使臣磋商，恳请法国使臣预先对方苏雅进行劝导。驻京法国使臣亦表示愿意劝解，并嘱咐云南方面在方苏雅入境时派人前往接待，互相慰劳，各释前嫌。法国使臣也给方苏雅颁布了训条，饬令其"遇事公平熟商，勿稍躁急"②。五月后，方苏雅和法国主教及教士等先后回到云南，与魏光焘等商办路工，会晤时方苏雅论事较为通情达理，语言也比较平和。魏光焘揣测其心中隐藏之意，感觉其对教案的发生有后悔之意，而且对此次商办滇越铁路一事的交涉十分慎重，一意顾全。对于方苏雅的态度转变魏光焘甚感欣慰，双方的路工交涉也逐渐顺畅。于是，魏光焘决定对方苏雅采取联络之方，期望起到对其驾驭的作用。在此次教案的交涉过程中，因焚毁法国教堂三处，抢失法员行李情节较重，法国借此大肆要挟。主教曹佑宸将修复教堂房屋工料的费用和所失财物等一并做了估价，开具清单，照会中方请求派人商议赔款。魏光焘看到主教所列清单，共需赔偿白银33万两。这一数额，就当时云南的财政而言，无疑是一笔难以承负的巨额赔款。为此，魏光焘选派司道各员和法国方面进行磋磨，经过一番交涉后，曹佑宸声明减至30万两后不许再商。方苏雅为了缓和中法冲突，特意致电驻京法使授予其议办滇省教案全权，从中竭力转圜。此时，正好议办矿厂的法国领事弥乐石也在云南，魏光焘嘱其居间调停。

---

① 中国第一历史档案馆、福建师范大学历史系：《清末教案》第3册，中华书局1998年版，第148页。

② 《清末教案》第3册，第152页。

魏光焘和法国方面进行了多次面商，从光绪二十七年（1901）六月起直到十月，在交涉中折冲樽俎，唇枪舌战，"墨干笔秃，舌敝唇焦"①。最终达成协定：由云南向法国赔款15万两，方苏雅等人丢失的行李，除清还各物外，其余从京案赔款中划拨赔偿，不再向云南索取赔款。省外发生的大关厅吉兆乡、镇雄州的大湾子、陆凉州的小堡子、师宗县的西乡、永北厅的旧衙坪等处的教案，则于省案未结之前，云南官方均已饬由各该地方官与各处教士会议。② 按照当日破坏程度的轻重，酌情商定赔款数额的多少，"或千余金，或数百金，均各就地筹款交偿"③。对于云南全省多年沉积已久未结的教案，因中外交涉阻力甚大，迁延日久未能了结。魏光焘认为仍然是影响中外关系的重要方面，故和方苏雅商议此次一并议结，以免日后产生缪辖。魏光焘的这一请求，方苏雅开始尚有难色，但经过魏光焘的多方开导后，表示愿意接受这一请求。于是中法双方将新旧教案的办理情况一并载入合同，所有云南以前教案经过归并后全部完结。并将此次赔款商定光绪二十七年（1901）筹交银60000两，剩余部分分三年平均交付，以缓解云南财政困难的压力。将中法合同条款用中文和法文各缮写四份，经过校对无误后，于光绪二十七年（1901）十一月初二日画押签字，盖印互换，作为凭证。

魏光焘认为在办理此次教案善后过程中，尤其是中法谈判时作为法国总领事的方苏雅和副领事官伯威力排主教的百般刁难和敲诈，采取中立态度，不偏不倚，使中方在谈判中得以尽可能地减少赔款损失。故上奏清政府，请求赏给法国驻滇总领事官方苏雅二等第三宝星，副领事官伯威三等第二宝星，并请饬下外务部照章制造二等第三、三等第二宝星各一座，填给执照各一张，颁发来滇，以便转交该领事官领取。④

此外，方苏雅照会魏光焘曾称，光绪二十六年（1900）夏教案爆发后，已革云南知县端木鸿钧竭力维持大局，婉言劝告当地百姓，遏制了事态的进一步发展。并且端木鸿对于洋情、时务和条例约章均极为熟悉，值此铁路兴工，办理交涉，人才难得，恳请将端木鸿钧开复录用，

①《清末教案》第3册，第152页。
② 同上书，第149页。
③ 同上。
④ 同上书，第152页。

令其办理交涉，于中法两国均有裨益。魏光焘查明端木鸿钧被参革职，系光绪二十年（1894）十二月护理云贵总督岑毓宝以居心残忍、妄杀无辜将其奏参革职，永不叙用。魏光焘对于方苏雅的建议甚为重视，加之此时亦正是用人之际，故上奏请求将已革云南补用知县端木鸿钧销去"永不叙用"字样，以示激励而资观感。疏称：

> 窃维时局艰难，外臣车辙交错，襄中往往引用废员助其指臂，而不肖之流贪利徇欲，或至向外忘本，遇事生风。该革员端木鸿钧废弃之后，为法使所延礼。上年滇省闹教，尚知曲意维持，臣早有所闻，心焉默识。嗣法领事方苏雅面誉该革员，称其可用。时正磋议教案，诸多棘手，传辞慰勉，冀获转圜。该革员益怀感奋，遇事赞成方苏雅力顾大局，方苏雅亦专信不疑。滇省议结认赔之款，较其初索数目减实过半，为向来办理教案所未有，且将通省新旧积案归并全结，尤为始愿所不及。此虽方苏雅敦睦之谊维殷，而该革员赞助之功要亦不容泯没。①

二 滇缅界务交涉

缅甸与我国云南接壤，自汉、唐、宋以来，曾遣使向中国朝贡，至元代始正式成为中国的藩属国。光绪十一年（1885）中法战争后，越南为法国所并吞。英国乘中国战后疲敝之际，通过武力侵犯缅甸，不到两月时间内攻占了缅甸全境。光绪十二年（1886），中英两国就缅甸事宜进行谈判，清廷命庆亲王奕劻与英使欧格纳在北京商定条约五款，即为《中英会议缅甸条款》。该约第二款除规定"中国允英国在缅甸现时所秉一切政权，均听其便"外，又在第三条规定："中缅边界，应由中英两国派员会同勘定。"中缅界务见诸于国际条约者实际由此开始。这一条约不但将缅甸拱手让于英人，且开滇缅界务之纠纷，引外祸于藩篱之内。②

光绪二十年（1894），驻英公使薛福成和英国签订《续议滇缅界、

---

① 《清末教案》第 3 册，第 150—151 页。
② 张正藩：《缅甸鸟瞰》，正中书局 1936 年版，第 142 页。

商务条款》。光绪二十三年（1897），中英双方又签订了《续议缅甸条约附款》。这两个条约对于中缅边界问题均有规定，但双方谈判中存有争议的部分变成了未定边界。之后，总理衙门将所签条约颁布，云贵总督崧蕃奏明清廷，选派临元镇总兵刘万胜总办其事，带领官员和士兵于光绪二十三年（1897）十一月和英国总办卫德在新街经过商议后，分段派人勘界。至光绪二十四年（1898）闰三月为止，将太平江北南奔江起到瓦苍山的一段边界，又由瓦苍山起到尖高山止一段，先后勘察完毕。光绪二十四年（1898），英国改派司格德到界，会同刘万胜从十月起到光绪二十五年（1899）三月止，将腾越厅属之南布江起至顺宁、永昌两府所属的耿马、孟定为止，沿边界址一律勘毕。潞江至湄江一段，添派迤南道陈灿与英国会办觉罗智会勘，也于光绪二十五年（1899）三月勘毕。

光绪二十六年（1900）七月，英国人司格德和杰弥逊来到昆明，面见了云贵总督崧蕃，据称镇边厅属一段，与原定图约经纬不合，另外拿出英国方面私自绘制的地图商议。崧蕃查核了英国私图后，发现英国方面企图改线内侵，占领中国镇边、孟连各土司治理的地方，故崧蕃以图约系中英两国大臣所商定为由，拒绝了英方的要求。司格德等极其倔强，不久即返回英国。崧蕃随即派陈灿和刘万胜前往会同照约勘办。十一月间，在户板和英国人员商议，以此段地界多是边境荒地，向来为佧佤民族所占据，不归中、缅管辖，而佧佤族又异常凶悍，只能假道内地前行，于十二月底到达猛角驻扎，并邀请司格德一同登山按图指证，应以条约内规定的公明山作为分界定线，但司格德仍然以公明山南卡江和条约附款的经纬度不合为由，与中方进行争执，未能取得一致意见。

光绪二十八年（1902）正月初十日，英国领事烈敦等人私自外出闲游，潜至距离猛角二十多里，逼近界外佧佤族的猛董寨赶街，突遭佧佤人的袭击。英国人员曹大林、继医士当场死亡，中国士兵和当地土司头目闻讯驰往救援，也伤亡四名，其余士兵奋力护送烈敦转回。佧佤族遂乘势进攻猛董，经当地官员督饬护界官兵奋力击退，双方互有损伤。但佧佤人对于英国人的仇恨极深，势力愈加壮大，很难就抚。魏光焘因当地护界官兵人数较少，不敷分布，迅速饬令参将王伯成暂时招募士勇 300 名，并飞调附近防军土练赶往赴援。佧佤人因连日攻打猛董不下，遂先后烧抢附近大小村寨 14 座。魏光焘调集的援兵达到后，英国方面也调兵助剿。即于二十七日中英军队会攻佧佤人营垒，烧毁其村寨二十多处，杀死佤族 100 多人。战斗中，中国军队阵亡 4 人，英兵阵亡 1 人。经过此次打击后，佧佤人潜伏远逃。英国人员以山路崎岖难行，势难穷追，故和中国人员约会仍然接办界务。魏光焘指示地方官员救济抚绥被难土著百姓，赈恤伤亡士兵。并将当地防务布置妥善后，于二月初三日会同英国人员从猛角起行接办界务。沿途中英双方举行了多次会议，英国人员仍以自己所绘制地图为由，妄图侵占中国镇边、孟连等地。双方进行了多日辩论，但英方坚持认为条约中的经纬度不符，中国地方官员只好自己拟定了一个酌中的界线，并绘制地图向魏光焘请示。魏光焘因期限仓促，担心英国方面以此为借口，一面致电总理衙门请示商办，同时仍饬令地方官员竭力与英方进行磋商，以期划界能够顺利进行。地方官员"屡与英员会议，虽尽力磋磨，无如彼一味强狡，竟欲照彼私图之线立桩，且欲驱逐该处防兵，进占中地"①。但中方官员仍按条约据理驳斥，不为声色所动。英方面对条约，亦理屈词穷。于是双方议定各划一线互换，请示两国政府核办。英方人员遂于三月二十一日从猛马起程出境，二十九日派人呈送线图照会来营。中国地方官员核实其图线，仍与英方所执私图无异，又逐层予以指驳，备文照复，并照前拟酌中之线绘具一图，派人投送英方。英方人员即于四月初四日由邦桑起程回到缅甸，中国地方官员也在四月初六、初七先后下界回到猛董，抚绥土著百姓，以安边氓。魏光焘将中英各划线图及往来照会清单抄录后，呈送总理衙门参考核酌，以备与英方辩论办理。之后，由于英方阻挠，镇边厅这段边界中英双方未能达成协议，此后成为中英两国之间长期争论的焦点，即为通常所说的中缅"南段未定界"②。

光绪二十三年（1897），中英两国政府对光绪二十年（1894）拟定的中缅边界走向进行了修改。不过，对于尖高山以北的中缅边界，条约

① 《滇督魏光焘奏滇缅界务镇边厅属一段现议各划一线互换请示折》，方国瑜：《云南史料丛刊》第十卷，云南大学出版社 2001 年版，第 298 页。

② 朱昭华：《中缅边界问题研究——以近代中英边界谈判为中心》，黑龙江教育出版社 2007 年版，第 108 页。

还是作了同样的规定："北纬二十五度三十分之北一段边界，俟将来查明该处情形稍详，两国再定界线。"这段未定界也是以后中英边界谈判需要解决的一个问题。

尖高山以北地区，为中国土司辖地和大量少数民族聚居区。全境多山，森林茂密，人烟稀少。清政府对该地的管辖长期采用传统的羁縻政策，加之该地区周围没有任何强大邻邦，管理极为松弛。故作为中缅未定界，为缅甸政府和英国争夺这一地区提供了便利。

魏光焘对于此段边界问题极为关注。他认为："此段边界系在腾越厅属尖高山之北，两国既未勘分，自应仍各守现管之界，不得稍有侵越。"① 光绪二十八年（1902）正月十四日，英国军队几百人突然进入内地，经茨竹土把总左孝臣理阻不听，并诡称带兵查界，并无他意。不料英兵于当晚忽然发号开枪，烧杀茨竹、派赖各寨。左孝臣率领土练和土著百姓抵御英兵，被英兵杀死100多人，左孝臣也当场阵亡。英兵占据该地后，威逼当地土著百姓归顺英国。腾越厅官员闻警，立即派兵援助，并饬令士兵不准越界追击。英兵看到清军势大，遂主动退出界外。

对于此次冲突事件，滇督魏光焘奏折中内容与英国方面的描述有所出入。英国方面声称"本月十四日，有英兵在该处踏分水岭，在缅甸界内忽遇华人两队拦阻去路。其一队不听理论，反行攻击遂致交斗，经英兵将伊等攻退。其一队即行遁去"②。有学者研究认为，"据双方的伤亡情况看，英人的说法可能更为准确"③。但无论事件发生的过程如何，这一冲突产生的根本原因仍在于尖高山以北中缅边界未予划定。双方皆认为对方越界、无理，要处理此事必然牵涉到事件发生地的归属问题。

冲突事件发生后，适逢云南提督冯子材赴腾越查阅军队，魏光焘立即致电冯子材，会同腾越厅官员妥善布置防务，当地绅民亦挽留冯子材暂驻腾越城，以资震慑。魏光焘致电总理衙门，请求照会英国使臣，速派英国人员密支那府和腾越厅官员会勘查办。不久，得到总理衙门回

① 《滇督魏光焘奏英兵侵越请饬外部与英使妥议片》，方国瑜：《云南史料丛刊》第十卷，第298页。
② 《1900年2月22日窦纳乐致总理衙门函》，《中缅边界交涉文件》上册，第47页。
③ 朱昭华：《中缅边界问题研究——以近代中英边界谈判为中心》，第110页。

复，英国使臣辩称滇缅交界滋事系中国军队率先越界所致，并云："该处未分界，应先以恩买卡河与潞江中间之分水岭为暂时从权之界。"①

对于英方的诡辩，魏光焘认为，茨竹和派赖各寨，为中国土司把总承袭世守之地，所管地方，向以和缅甸境内接壤的小江为界，均有图册可考。即使将来两国照约勘定界线，也应在滇缅交界处划分，方显公允。而英国使者所说恩买卡河，经查阅后并无其名，即使潞江的分水岭亦在中国茨竹、派赖各寨内，"岂能于未查明勘分之先，突入我现管界内百余里，自立一从权之界?"② 魏光焘认定英方显然妄图通过狡赖将前次在茨竹、派赖烧杀一案抹杀，并为以后侵占该地张本。深感英方用意险恶，关系甚大，故电请总理衙门切实照会英使，详细告知英国外交部，应以现管小江为界，勿再越扰，以全邦交。同时仍指令腾越厅官员约会英方人员，妥为议办。腾越厅官员遵照魏光焘的指示，立即备文照会新街、密支那两府英方人员，以及英国驻缅甸杜参赞，订期于四月十九日在边界举行会议。腾越厅同知率领通事、土兵携带承袭部颁札符、疆界图册前去参加会议。英方人员开始仍然坚持以恩买卡河与潞江中间分水岭为两国暂定界线，腾越厅官员据理驳斥，陈述了明光、茨竹一带山脚系小江及龙江分水，并不流入潞江，也不存在恩买卡河之名。同时将当地土司携带札符、图册作为证据呈于英方人员。英方面对确凿证据，亦无可辩驳。中国官员谈及烧杀命案，英方人员言语尤为支吾，声称事关重大，需禀明两国政府进行商议。四月二十日，英国人员相继回国，中方官员也不便强留议办。界务交涉暂时告一段落。

事后，魏光焘上奏清政府，对于英兵犯境和界址问题做了汇报。他指出：

> 该处边界未经勘定以前，彼此均应各守现管之界，无相侵扰，乃英员突然纵兵犯境，烧杀多命，复欲入我内地立一暂时从权之界，强横狡诵，莫此为甚。如此次人命不究，边民无以自立。界址

---

① 《滇督魏光焘奏英兵侵越请饬外部与英使妥议片》，方国瑜：《云南史料丛刊》第十卷，第299页。
② 同上。

不清，彼族益将肆扰。苟遂其所欲，不惟腾越厅属明光各隘险要全失，即保山县属之登梗、鲁掌各土弁所管之地亦难保全。惟人命、界址两事，该英员均称须禀由两国政府商办，意在不欲与滇议结。①

他请求朝廷饬下总理衙门再次切实照会英国使臣，转告英国外交部，并由外交部转令新街、密支那两府，该处一段边界未经两国钦派大臣查明勘分以前，双方仍然应各守现管之界，勿再侵越滋扰。至于英兵烧杀茨竹、派赖土兵和当地土著百姓命案，一并由总理衙门会同英国使臣妥善议定，进行办理，以维持边境地区百姓的安宁和中外关系的和好。

外务部根据云南地方官员的奏报，与英国外交部磋商时指出，分水岭以西的茨竹、派赖为中国土司的管辖境地，不同意英方提出的恩—萨分水岭界线。同时，又根据魏光焘的奏报，进一步指出：此段边界应以小江为现管之界，希望英国方面转饬"密支那府，会同该处镇厅查明交斗情形，持平办理。嗣后务须彼此各守现管之边界，以免争端。"②

就在中方与英国进行交涉之时，魏光焘调任两江总督。清廷以丁振铎出任滇督，在界务问题上继续和英国周旋。此后，关于中英滇缅边界问题的交涉一直持续至中华民国时期和中华人民共和国成立以后。中华人民共和国成立后，中缅两国就界务问题还进行多次具体细节的磋商，终于在 1960 年 1 月 28 日中缅两国总理周恩来和吴奈温在北京签订了《中华人民共和国政府和缅甸联邦政府关于两国边界问题的协定》，从根本上解决了长期悬而未决的边界交涉。

三 滇越铁路交涉

滇越铁路是中国西南地区的第一条铁路，法国修筑此路的目的在于加紧对中国西南地区的侵略和掠夺。

光绪二十一年（1895）六月二十日，中法会议签订了《中法商务

---

① 《滇督魏光焘奏英兵侵越请饬外部与英使妥议片》，方国瑜：《云南史料丛刊》第十卷，第 299 页。

② 《1900 年 2 月 22 日窦纳乐致总理衙门函》，《中缅边界交涉文件》上册，第 49 页。

专条附章九条》，其中第五条规定："越南之铁路，或已成者，或日后拟添筑者，彼此议定，可由两国酌商妥订办法，接至中国境内。"这是法国在云南修筑铁路的最早条约依据。其实早在光绪十一年（1885）五月，法国驻中国公使吕班在续定中法商约中，以方便通商为借口，向清政府提出给予法国从越南境内修筑铁路接至昆明的特权。未待交涉终局，法国便开始行动，杜迈派玖巴、杜富等人携带军用地图，以考察地理为名，非法勘测了红河至蒙自路线。随后又测量了从越南老街到昆明的线路，图谋修筑越南—昆明—叙府的铁路，将侵略势力深入我国内地。

光绪二十四年（1898），法国强迫清政府让与滇越铁路筑路权。之后，派出大批勘测人员从越南入滇。经过商谈，魏光焘派人会同法国勘测队员对滇越铁路线路进行勘测。初步确定西线从河口经蒙自、临安、通海、新兴、昆阳、晋宁、呈贡到昆明。庚子事变后，法国人员再次回到云南，重新与云南官方勘测滇越铁路线路。此次勘测时，魏光焘会同云南巡抚李经羲在云南州县官员中选派了一位才识俱佳的官员作为会勘铁路大委员，并委派了四小委员。中法勘测人员从芷村下去的落水洞勘起，而上达昆明。其间，经过蒙自的碧色寨、阿迷州城进入弥勒县境内，越过宁州的婆兮进入路南州境，穿越宜良县城，经过呈贡县郡，然后抵达昆明。勘测路线总计长达 460 多公里，费时 156 天。① 这条路线被称为东线，避开了人口稠密、地势平坦、经济发达的城镇和区域，线路选择穿行于地势险峻的崇山峻岭之中。东线最终被确定为滇越铁路滇段线路图。②

对于滇越铁路的利权问题，魏光焘极为重视，他在给清政府的奏疏中指出：

> 光绪二十四年，总署与法使互换照会三端。内第二款允修滇越铁路，法人不待议章，委员勘办。上年和约定议，法领事方苏雅重

① 罗养儒：《云南掌故》，云南民族出版社 1996 年版，第 619 页。

② 王明东：《民国时期滇越铁路沿线乡村社会变迁研究》，云南大学出版社 2014 年版，第 37 页。

来催办，准外务部钞寄法使，照送修路草章，惟责滇中借地助工，而于中国应有权利一未之及，偶以讯诸，方苏雅始谢议权不足，继许先议路章。在彼之把握已得，在我之权利终虚。①

之后，魏光焘两次致电外务部，请求由云南和法国议定路章，再由清廷与法国商议通章。不久，外务部回电，令魏光焘仍与法国领事方苏雅平等商谈，如有应与法使面商之处，再由总署和法国公使商定。

魏光焘认为云南作为滇越铁路的修建地点之重要部分，理应遵照朝廷指令商议办理。对于滇越铁路章程应否查照滇省原议内外分任其事还是一并由云南省先和法国商谈问题，魏光焘向朝廷作了请示。并指出，如果奉饬由云南并议，拟即先将统关权利之通章议妥后，再商谈造路章程，并请求饬下外务部迅速将先议通章、后议路章办法婉言切实照会法国公使，电令方苏雅遵照会议。

魏光焘还对修建滇越铁路的历史进行了回顾。查阅了光绪二十四年（1898）法国公使吕班和总理衙门互换照会三端。其中规定："自越南边界至云南省城修造铁路一道，中国国家所应备者，惟有该路所经之地与路旁应用地段而已，该路现正查勘，以后另由两国会同订立章程。"②前任云贵总督崧蕃以云南创办铁路，一切章程无所依据，请求总理衙门将各省铁路合同抄寄滇省，以备参考。对于修建铁路的具体办法，外务部大臣经过商议后，制定了大致办法七条：

1. 此路地主系属中国所有，寄送来往文函例不给费。如运送水陆各军及军械、粮饷、赈济等事，车价应减半，遇有战事，不守局外之例，悉听中国调度；

2. 此路应订明若干年限即归中国管业，或先期若干年，照原修价值买回；

3. 每年议纳路税若干；

4. 装运货物应照本省章程抽收厘税；

---

① 宓汝成：《中国近代铁路史资料（1863—1911）》（第二册），中华书局1963年版，第657页。

② 同上。

5. 所用工匠、巡兵人等，全用华人；

6. 铁轨尺寸由中国自定；

7. 所用材料先尽中国所产。

外务部制定的这七条办法，皆为中国自保地主权力而设，也是合乎当时中国实情的举措，而且认为"通章、路章本系一事，毋庸分而为二"①。于是，清廷饬令魏光焘和云南巡抚按照外务部所定七条办法和各省订立铁路合同，选择其中有关地主权利者，参酌云南本省地方情形，详细分条和法国妥善商议。并指示：如果法国方面一意坚执不从，不与云南方面商量，应由魏光焘会同云南巡抚随时致电外务部，再由外务部派人与法国方面进行磋商。

魏光焘接到清廷旨意后，起草了修建铁路草章，派人呈送法国领事方苏雅，首先与之商议修路和行车之事。在草章中，主要向法国提出了几点要求：先声明备地与日后中国造路达别省，法国不得干预；定轨道；取料用土产；开车运货稽征税厘；运中国官物兵队减车价；禁运外国兵队及沙盐；收回铁路；议路章；守路权。并参考胶济铁路各章程，除了几条诸如车站工厂不得伙占地段及损庐墓、铁路不得损城垒、要隘、祠宇、禁造支路、租屋由官代赁、践伤禾蔬酌偿、官中会办公司应筹薪费、开车伤损人物议恤等，是胶济铁路章程中所规定和绅商酌增内容，故在字句上略加变通。只有法国公使所列四条交地期限因两月时间过于紧迫，遂改为六月。②

魏光焘将滇越铁路草章提交法国领事方苏雅后，方苏雅对其中七条提出了异议，并致电驻京法国公使，法国公使并未就此事与中国外务部商议。法国前因材料免税，允许按照商路办法，认给中国利益。此次方苏雅所指出的内容，均关系到中国地主的权力，这与各处的路章相同。外务部认为"法国公使不便独持异议，致食前言。方领以电京推宕，应告以法使，已允让给利益，并未将此条另商"③。故指示魏光焘与法国

① 《中国近代铁路史资料（1863—1911）》（第二册），第657页。

② 《滇督魏光焘致外部方领草章首议修路兼及行车电》，方国瑜：《云南史料丛刊》第十卷，第509页。

③ 《外务部致魏光焘滇路材料未便免税请与法领妥议电》，方国瑜：《云南史料丛刊》第十卷，第510页。

领事方苏雅共同商谈，以期妥速。如果法国公使来言谈及此事，再由外务部尽力与之磋商。魏光焘与方苏雅商谈后，将外务部意见告知，方苏雅无词以应，遂同意按照中方意见办理。

之后，法国领事方苏雅又致电驻京法国公使，请求照会中方，将滇路铁轨按照监工所拟一迈当宽窄并按设通连各厂电线，请准令开工。外务部因龙州铁路宽窄原议由中国自定，已经函达魏光焘办理。并指示魏光焘："现龙州已改为一迈当，滇路亦当援照办理。电线事应照三月间盛大臣电复尊处办法，声明不得与他处电线接通，并不带收官商各报，统希与方领事商办。"①

中法双方关于滇越铁路的协商结束后，滇越铁路很快进入了开工修建的阶段。但修建此条铁路，首先是在铁路沿线征地。按照中法签订的条约，铁路由法国政府修建，而清政府则要承担征地任务。这对当时财政捉襟见肘的云南而言，无疑是一笔巨大的费用。在筹款无着的情况下，魏光焘只好致电清廷，请求拨款援助。光绪二十八年（1902）三月，法国总领事方苏雅来滇驻扎，议办铁路。而且路章中已经载明应用地段，须在两月期内交付。并准外务部函寄铁路草章，饬令滇省和法国议办。魏光焘因购地需款甚巨，先后电请户部筹拨款项，以应急需。不久，清廷回电，路款实无可指拨，"闻滇库尚有存款，即希就近酌量提用"②。但当时云南的财政状况亦十分紧张。每年出入的款项，不过100多万两白银，社会安定时接受各省协饷60多万两。自晚清军兴以来，东南各省自顾不暇，故协饷数额减少一半左右，只有四川每年协济30多万两。云南财政之所以勉强赖以支撑，主要在于司库常年不敷时，向粮库米折存款拨用。光绪二十七年（1901）边防吃紧，添募营勇，军队饷源提前赶解。经过多次挪拨后，库银储蓄已经所剩不多。之后昆明教案赔款，添兵剿匪，云南省的库存已是罗掘俱尽。此时亦正当举国上下办理新政，改练洋操、兴办学堂，需费浩繁。故魏光焘只能再次上奏请求朝廷拨款援助。他说：

---

① 《外务部致魏光焘滇路铁轨照龙州宽窄改为一迈当电》，方国瑜：《云南史料丛刊》第十卷，第510页。

② 《宫中档光绪朝奏折》第十四辑，第779页。

夫滇以受协之省，现复转而受拨，则出入之无盈有绌，不问可知。此时议办铁路，分段会勘，员兵各费所垫即已不赀，时苦艰于应付。若一旦法员齐集，立等开工，限期交地，不应则责言立至，动必以延误在我，须偿彼经费为辞，断非能虚与委蛇，空言搪塞。若照约付地，则所用地段，皆民间山场田土，沿途千余里，地主数十万家，或租或购，非迅速付给百姓，愈复惊疑，衅端立见。是此事之需款甚巨，而又不容缓筹，关系极大。非若寻常用款，虽极窘蹙，尚可以搜索余存，就近挪用者也。应请由部于万无可设法之中竭力腾挪，中外同任其难，先指拨的款数十万两，解滇济用，以顾大局。①

此外，魏光焘又复查了滇越铁路应用地段，由中国备交原有成约。此时法方人员已经纷纷到达云南，并派人由蒙自河口一带分段会勘，势必将择日兴工，时间紧迫。而且在勘测过程中云南已经垫支各种费用和多次挪拨，经济千疮百孔，故很难筹垫此项巨款。同时，魏光焘还虑及款项的筹措对中外关系的影响。他说："明知部库各省情形同一拮据，滇苟力能支持，何敢上烦宸廑，无如成议已定，一经失信外人，难免不生枝节，实与邦交大局深有关系。"②故请求朝廷先行电汇一二批来滇，缓解急需，以免贻误修建铁路。

光绪二十八年（1902）十二月，魏光焘因滇越铁路开工在即，又上奏请求朝廷拨款。他在奏疏中说：

滇越铁路法铁路工员纷至，克期开办，送呈路章内载应用地段须在两月期内交付。查地由中国备交，原有成约。越边至省千余里，租买地段需款极巨，前请奏请拨银百万，奉拨广东商厘五十万，未解奉停。现在路章尚待开议，路工已迫开办，咨奏均缓不济急，滇因贫窘，前此勘路垫支百孔千疮，此时更须购地，无可腾挪，电恳准拨成数，并先汇一二批来，以应急需。③

---

① 《宫中档光绪朝奏折》第十四辑，第780页。
② 同上书，第781页。
③ 《滇督魏光焘、李经羲致外部请汇滇越铁路经费电》，方国瑜：《云南史料丛刊》第十卷，第510页。

但清政府晚期中央财政状况不佳，因而如数拨付云南地方政府奏请的款项客观上确实存在一定困难，故魏光焘滇督任内，关于修建铁路经费的请求一直未能满足。魏光焘调离后，铁路修建工作遂改由新任滇督丁振铎负责了。

四　云南矿务交涉

云南拥有丰富的有色金属资源。鸦片战争以前，云南的矿业主要是铜业，它极盛于清代雍乾嘉时期，嘉庆中叶开始衰落。19 世纪中叶以后一落千丈，几乎完全停顿，以后虽时有兴衰，但年产量不及鼎盛时期的十分之一。晚清时期，云南的矿产资源成为列强觊觎和掠夺的重点。1900 年昆明教案发生后，为了夺得云南七府矿产的开采权，法国首先在近滇越界运兵运械，派夫购马，日夕不休，继而在重要军事要隘添筑高大炮台，声称"大兵即日入滇，攻据地方"①。

光绪二十七年（1901）三月二十一日，英法两国在巴黎签订协议，决定在英国伦敦设立云南矿务公司总局，选派法国总领事馆弥乐石为总办，给予全权，在中国境内并专在云南省内代公司经理工商及款项等事务。公司所得的矿地业产及开办之厂局并拟办之事及一切工程等，均归弥乐石督理。凡公司之利益事业及一应关涉该公司设立之原意者，亦归弥乐石管理查察。公司之经理人、文案及执事人等，或常用或暂用或特用，均听弥勒石酌派、酌撤，其事权薪工及应缴保银亦归弥乐石酌定。②此外，公司的财产、关卡及与别国往来等均由弥乐石负责经理。

光绪二十七年（1901）五月，弥乐石由北京来到云南，就外务部拟就的矿务草章的细节，与云南地方政府进一步密商。弥乐石到达昆明后，向云贵总督魏光焘发出照会，要求谈判关于云南矿产开发问题。照会称：

> 窃照本总领事钦奉英、法朝廷派充云南公司来滇商办厂务，并

---

① 《义和团档案史料》上册，第 465 页。
② 《云南矿务公司给予弥乐石之全权凭据》（1901 年 3 月 21 日），《云南档案史料》1986 年第 13 期，第 1 页。

由两国商人凑集股本,听候取用,当由驻京法公使商请总理衙门奏明电达在案。兹本总领事于本年五月初六日行抵滇省,自应遵照会商开办。惟云南五金煤炭各厂共有若干,应经办理情形如何,刻下何厂可以新开,何厂可以接办,拟请矿务大臣饬矿务公司合集股本中西伙办,抑或由本总领事自行斟酌办理之处,应贵部堂酌核示复,以便即将开办详细章程,妥议条款,具文送核。总期有裨于国,无扰于民,利益均沾,永敦和谊,是为冀幸。①

魏光焘接到弥乐石照会后,令会办云南金银矿务局会同云南布政使迅速查明,妥议详办。云南金银矿务局和布政使经过详细调查后,将矿产情况向魏光焘做了汇报。

魏光焘对于中外合办矿务采取了尽力合作的态度。在给弥勒石的照会中说:

细绎贵总领事来文,自属力敦和谊,于国民均有裨益,自应彼此通力合作。除铜锡厂应由矿务宪核明照复外,查滇省金银各厂,历年官办绅办,不一其处。有已开而渐著成效者,有欲开而先勘引路者。其中并有因民情不洽暂时停办者。情形各异,难以悉指。煤铁各厂现系滇中绅商集股设立公司承办。贵总领事在滇年久,厂务无不周知,民情尤所素悉,必以胸有成竹,斟酌至当。②

在对云南矿产开采的情况回复的同时,魏光焘提请由弥乐石先将所拟开办的工厂的厂名、地名,以及开办几处等详细备文照会云南地方官员,再由地方官员禀知司局,按照其所指之厂,公同体察情形,可办者详请复查,分别核定。再由弥乐石拟定章程,会同云南官员商谈后,请求朝廷下旨办理。在回文中,魏光焘还特别向弥乐石强调,办理矿务以"事关中西同沾利益,总期如来文无扰于民为第一要义,

---

① 《法国总领事弥乐石致云贵总督照会》(光绪二十七年五月十七日),《云南档案史料》1986年第13期,第2—3页。

② 《云贵总督魏光焘等致弥乐石复照稿》(光绪二十七年五月二十四日),《云南档案史料》1986年第13期,第3页。

图终必先慎始。"① 并谆谆告诫弥乐石："滇中风气未开，民情稍异，操之过急，疑惧滋深。"② 以处理好云南的中外关系作为办好矿务的前提。

弥乐石接到回复后，对魏光焘的合作态度表示赞赏。但认为云南金银各厂，不下10余处，自己虽在云南居住时间较长，未能洞悉其详细情况。而且厂地随时变迁，更难以与以往情况相比。故在回文中再次请求魏光焘开列云南厂矿详细名单，以便酌情办理。他说：

> 既承贵部堂允为彼此合办，则中西事同一体，所有云南通省之厂，除官绅开现办者不计外，其余金银各厂之厂名、地名，共计若干，某厂隶某属管辖，各距该属若干里，自应仍请贵部堂札行司局，详细查明，幸勿遗漏开单，详请照复，以凭核办。③

对于魏光焘回文中所提及的和云南地方民众的关系问题，弥乐石也在复照中做了说明，并表示愿意慎重、妥善料理好与当地百姓的关系：

> 至滇省风气民情，本总领事亦略知悉。此次合办厂务章程，总以准情酌理，使地方得享无穷之利，而无丝毫之害。开办处所，自近及远，自少至多，体察情形，渐次推广。断不操之过急，致滋疑虑也。④

鉴于弥乐石再次请求开列云南厂矿名单，魏光焘令云南布政使司和云南金银矿务总局妥速核议，详细回复。云南布政使司会同金银矿务总局查核后，向魏光焘回禀：各属厂务，除现在官绅已开现办者不计外，其余全省未办金银各厂，虽然有管辖的地方和以前厂名的称呼可以稽查，但地理位置究竟坐落何处，距离各该属的路途远近，以往都未据该

---

① 《云贵总督魏光焘等致弥乐石复照稿》（光绪二十七年五月二十四日），《云南档案史料》1986年第13期，第3页。

② 同上。

③ 《法领事弥乐石致云贵总督魏光焘等复照》（光绪二十七年六月八日），《云南档案史料》1986年第13期，第4页。

④ 同上。

地方官员禀报有案，现在所属地方无法开明，已由局行饬各属地方官逐一查明禀报。只能先就有案可稽的各属所辖厂名、地名开具清单，回复弥乐石查照。同时，云南矿务总局向魏光焘提议："本局同酌议滇省未开金银各厂，现议中西合办，自应由弥总领事将合办一切章程，先行妥拟，明晰开列，彼此再行面商，详加酌定，据为合办之准，则裨期因地制宜，于地方有益，乃足以昭慎重，而免将来窒碍。"①

对于中方合办云南矿务一事，督办云南矿务唐炯奉命与法国总领事弥乐石商谈时，曾言明"已开之处不侵占，未开处购地开采。"②并因中国财力难以自行推广举办，上奏清政府："不如准招洋股合办，明定章程，尚不至尽失利权。即中外臣工条奏所言，亦大致相同。"③清廷以唐炯所奏不为无见，故下谕：

> 应准如所请办理，惟以后续行勘办各矿，必须妥订合同，自宜先行查勘，确有矿苗处所，详载合同，不得任意开采。仍专立公司名目，以杜含混。并请饬下魏光焘、李经羲会同唐炯，将合办章程悉妥议。④

光绪二十七年（1901）七月，法国总领事拟定了中西合办云南厂务章程，总计21条。中文合同首句中，对于合办云南矿务要旨的陈述，闭口不谈外国本身的利益，而盛言中方利益所在，其目的和用意亦不言而喻。合同中说：

> 矿厂为地方自然之利。云南办厂器具粗笨，办不得法，故无起色。现由大法、英设立云南厂务公司，派委总领事官弥充当总办，来云南会同大清云贵督部堂魏、云南抚部院李、云南矿务大臣唐商

① 《云南布政使司、云南矿务总局呈》（光绪二十七年七月八日），《云南档案史料》1986年第13期，第5页。

② 《政务处为议复法员到滇开矿原折抄转咨》（光绪二十七年六月二十五日），《云南档案史料》1986年第13期，第7页。

③ 同上。

④ 《清实录·德宗实录》卷484，光绪二十七年六月戊申。

议，由英法两国商人合集股本，聘请高等矿师，制备精巧机器来滇开办。所立条款虽与从前定立之矿务总章微有不同，然照此办理，厂务必有起色，地方生意必能兴旺，滇省课税必能加增，百姓沾利不少也。①

唐炯接到弥乐石送来开厂条款后，经过仔细阅览，认为条款大致可行。但第二款中的内容规定：除所有云南现办之铜厂、从前开办现已封闭之金银铜铁煤厂和有矿未开之厂三项官厂外，"如有民人管业之私厂，愿卖与公司开办，应由本公司查看，一面照会滇省大吏知照，一面会同该地方官公道议价，立约购买。其开办年限临时酌定"②。唐炯认为绝不可行，致函魏光焘请求删除。并向魏光焘陈述了此条款难以接受的理由。他说：

> 缘自滇乱后，除个旧锡厂多系已业外，民间经批准及私行开采者铜矿最多。虽属管业，究系官山，愚民嗜利，罔知利害，若准其购买，流弊滋多，深虑地随厂去，不独彼以为已地不肯分息也。③

弥乐石所拟第六款铜价随市核定，唐炯认为也是对中国利权的损害。他指出：云南金课最轻，据《云南通志》所载，金沙江等七个金厂每年征收课金100两2钱（除潞江、锡版、蒲草三厂封闭外，年止收课金29两）；乐马等15座银厂每年定额征收白银24000两，实际只能征收19900两；太和等四厂未定课额，每年只实收白银1300两。这些课金的征收，均未按照《大清会典事例》中规定的二八抽课的比例。故唐炯向魏光焘建议此次定议应遵照会典所载比例征收课金，方可不失中国利权，增加政府的财政收入。

此外，唐炯还根据云南的地方情形，在弥乐石原拟条款的基础上，

---

① 《弥乐石拟中西合办云南厂务章程》（光绪二十七年六月二十五日），《云南档案史料》1986年第13期，第9页。

② 同上。

③ 《唐炯为删增法领所拟开厂条款致云贵总督魏光焘函》（光绪二十七年七月三十日），《云南档案史料》1986年第13期，第13页。

拟定增加七款，呈送魏光焘阅览。魏光焘对唐炯所拟增加七条深表同意，遂派刘翻译送交弥乐石核定，并另备说帖，说明章程中的具体问题。他在回复弥乐石的函件中说：

> 前接贵领事送来章程底稿，迟至月余始定者，因关系云南通省大端，官绅集议多次，本部堂、部院体念贵总领事乃中英法三国居间之人，深恐为难。故凡有碍于西专益于中之处，均竭力苦口百方调解，其中有不能不略为变通，以顺舆情。总期彼此相洽，将来办事顺手，故将应增应改之意，另具说帖，以表推诚商榷至意，并望此事早成，谅贵总领事熟悉滇情，一看说帖，自必明白。俟另日再请矿局司道前来商议。至原章程内改易数处，与本章无大出入，不过欲求周备，非故为挑剔。倘词句中与彼此通章不能尽合，尽可说明商酌。①

魏光焘给弥乐石的说帖中，对于合办矿务章程考虑尤为周详。一方面，基本肯定弥乐石所拟条款的合理性。另一方面对章程中应增应改的原因从三方面向弥乐石做了分析。

首先，他认为此次中外合办云南各项矿务，与指定所开各处矿厂不同，而且是中、英、法三国独享利益，不许其他国家的公司分沾，故所获利益尤其优厚，那么中国云南应得利益也必然比以前公司所获利益更大，足以和以前矿厂相区别。这样办理，"则国家欣愿，英法友谊益见亲笃，可免百姓猜疑，且见悦服乐从，公司方能久安"②。

其次，云南矿务既然归公司专门办理，对于利益的分配理应在章程中体现出公允和妥当，唯其如此，方可杜绝他国以中国获得利益不均和有失中国自主之权为名，"群起挽越，垂涎争竞"③。如果有其他国家参与竞争的情形，中国也可以拿出公平的合办章程与之辩论，让其无理可

---

① 《云贵总督魏光焘等致弥乐石领事函稿》（光绪二十七年九月二十五日），《云南档案史料》1986年第13期，第15页。
② 《分解矿务章程说帖底稿》（光绪二十七年九月二十五日），《云南档案史料》1986年第13期，第18页。
③ 同上。

辩。那么公司可以长久的享有专利，预先消除不必要的争端。

最后，此次英法集股，云南出地，英法不占地而只推广商利，云南能够分沾利益而不丧失主权，英法公司这样办理，两得其利，必为世界所称道。况且公司之所以能够获利者，均由矿地而产生。没有矿地，利润也无从产生。因此云南作为产生财赋的源泉，获得利益不应过少。

以上是魏光焘从情理方面对章程的一种认识和思考，具体章程的办理方面，他在说帖中，给弥乐石提出了以下问题的解决方案。

第一，租地。中、英法合办云南矿务，云南出具矿山出财之源，英法集股在资金方面进行投资，在通商和中外友好之中，仍然存在利益的区别，因此双方应该严格遵守公理，章程和办法也理应至为妥当。但章程中关于公司购地归入公司，虽然声明满限交还，但魏光焘经过细心考察后，发现这种规定仍有诸多不便，需要商榷。其一，云南风气未开，英法两国又是邻国，历来关系友好，云南官员也深知并无借此夺占中国土地之意，但当地百姓愚昧无知，仍难以消除其猜疑之心。如果公司购买土地，云南百姓必然会到处讹传此事。认为外国人购买中国土地逐渐增多，云南土地全部将为其所收购，尽夺中国利权。即使云南官方明示晓谕合办分利，百姓未必肯信。在这种情况下，一旦有不法匪徒从中借此煽动诱惑，必定会对中外合办造成不利。其二，云南百姓趋利，不明大义，虽然所开矿山本系荒地，但一经签订合同勘测购买，即会怀疑荒地为产矿最旺之区，顿时会产生奢望，故意将荒地据为宝地，甚至有人执意不肯出售，官府亦难以阻止。而本地的固执、顽冥绅士，又暗中串联阻挠，公司又岂愿多此口舌，而令官府从中作难。其三，现许诺合办矿务时英法独享之利益，就是因为两国和云南界址相连，唇齿相依，关系格外友好，英法也表明和云南的关系尤其和睦。如果公司自行购地，其名不顺。不仅云南百姓大多会产生猜疑，而且欧美和亚洲一些国家难保不垂涎觊觎。倘若其他国家借此声称中国已经许诺英法占地，也必欲在云南或其他省份援照办理。这样，不独中国方面没有合理的解释，即便英法两国的良好动因也会被浮言所淹没。其四，公司办理矿务，山地由云南官方向民间议租，公司既免除了议价之烦，如果遇到业主刻意刁难，地方官员可以用情理和时势加以劝导，租价不致过于高昂。将来办矿所得利润，官府也可以给予业主一定的红利。如果土地一经商议购买，业主疑为宝山，不肯轻易以贱价出售，业主的欲望很难满足，官府对于固执的百姓也难以强迫其出售。其五，云南官方不惜巨款愿意代英法公司租赁矿山，也是考虑到公司办事顺手和永远杜绝争衅之意，的确是一番良苦用心。否则，公司如果愿意购买，合同80年期满后，仍然是中国产业，云南官方难道不愿意获得如此之便宜而耗费巨资租赁呢？至于矿厂外开设道路所用地段，与矿山不同。矿山作为出财之地，中国既然已经收税分利，理应代出租价。而道路是为公司办运机器矿产及方便工人之用，况且所用租价即出于矿山所得之利益，故魏光焘建议"此项应用地段，理应滇官代租，公司备价"①。

第二，出井税。魏光焘指出，英法公司既然独享矿厂利益，而云南矿产中最丰富的即为金银，各厂投入资金不大，而见效很快，公司能获得更大的利润。那么，出井税对中国而言也是必不可少的一项税收，还得与英法两国妥议抽收。出井税从矿砂中抽取，是云南土地中所产，与土货并无区别。各国土货本国一律征取一定的税收，这是世界各国的通例。如果没有获利先征税，必须知道有矿砂才能抽税，没有矿砂则税无可抽。如果矿砂较旺，则公司利润相对丰厚。既然获得了利润，也不必吝惜出井税。中国和外国所征税收，均系随货抽收，并不根据商人获利与否。中国土货各地均征收厘金，此次中西合办矿务，属于土货范畴，但中方业已免除了各项厘金。这样，公司所获利润甚多，而中国的利源已经丧失不少，故对于出井税务必由中国和英法妥为商定。魏光焘查阅了矿务大臣唐炯以前遵照会典则例，拟定为值百抽二十，本为中国旧例。但因弥乐石嫌收税过重，故魏光焘经与云南巡抚李经羲商议后，格外予以减轻，改为值百抽七，也是参考中西酌中而定。至于海关税收值百抽五，乃是入口洋货税则，并非土货税则。中国土货税收比洋货较重，加上各处厘金更重。现在中国免除公司厘金税收，如果再以土货援照洋货税则，似乎有失公允和妥当。

第三，分余利。魏光焘认为，章程原拟中国云南共合35股，表明看来似乎股份不少，实则股份仍然较少。因英法公司提取股利八分，加

---

① 《分解矿务章程说帖底稿》（光绪二十七年九月二十五日），《云南档案史料》1986年第13期，第18页。

上提用厂本十分，公积十分，这些均系除去费用和税课之外，以盈余全数作为百分，其所提分数均为大股。而中国作为出矿的地主，花费巨款租山作为英法公用，名为合办，但除税课之外，仅得小股余利三十五分，未免有失公允。况且云南百姓计较一锱一铢之利益，目睹矿务赢利，而滇中在三十五分小股中仅分余利小股十分，必定失望不已。如果现在请求将先提各利章程减少，担心股东以洋款作为借口，致使弥乐石为难。故魏光焘建议"请增余利五股以稍示厚于云南，庶滇人欣服，益于公司日后办事有益"[1]。照此办理，股东在八大股之外仍得六十小股，除掉五小股，余利在六十股中分摊，各股减少数量不多，云南百姓欢欣，对于公司的猜忌之心逐渐消释，英法公司可以获利良多。

第四，矿厂词讼。公司在讲解合同和照办时如果产生歧误，应由中国和英法方面派人会同剖断，方能昭示公允。至于公司矿厂雇佣的上下人等，除了工程师和办理重要事务的外国人，其余皆为雇佣本省和邻省华人。魏光焘认为这些人员大多粗野，不好约束，难保不会违犯条规。但因事涉较小，并非如匪徒之类的重犯可比，必须经过官府讯断始能平息。如果由英法公司自行办理或擅自用刑，恐怕很难折服其心，并因而产生积怨，因小事而酿成大祸，公司受累不堪，云南官方亦心有不安。因而魏光焘建议：

> 无论厂中何事，有无牵涉西人，但事出华人，或受屈控诉，或误犯厂规，公司难以劝诫，均应由就近该管地方官速行审理。如华人涉西人之事，华人归地方官讯办，西人亦应剖质，一切照西人寓华约章办理，务归平允。无持强偏袒等事，华人自然心服，西人亦不受累。乃合公司在华经商之理分，彼此不致嫉忿猜疑，庶几永远相安。[2]

第五，保护弹压。魏光焘认为，英法公司在云南开厂较多，所办工

---

① 《分解矿务章程说帖底稿》（光绪二十七年九月二十五日），《云南档案史料》1986 年第 13 期，第 19 页。

② 同上。

程西人来往日渐增多，或由此厂到彼厂查勘一切，云南地方官相隔较远，未能周知。道路之间，倘若无人保护，安全问题尤其重要。故魏光焘建议："凡来去游历各人，近则由公司知照地方官，远则知照省吏，俾得预为照料，此为永保平安起见，并非牵制。"① 另外，矿厂大多位于荒僻山中，地方官员鞭长莫及，很难专门派人保护。故魏光焘提议在厂中设立精壮保卫人员，任用华人帮带，费用不多，可以起到保矿卫厂的作用。一旦遇有匪徒滋事，厂勇难以弹压时，由公司致电或呈送文报告知省府官员，从速调派士兵前往镇压。如果征调外国军队，不仅仓促之间很难赶到，而且必将惊扰地方百姓，增添更大的纷乱。故魏光焘向弥乐石事先声明不用在厂中驻守外国军队。他说："无事先驻西兵，费用既大，尤恐无事转而生事。"②

第六，稽查。魏光焘指出，英法与中国合办矿务，彼此应推诚相待。公司已有年终派人算账的规定，稽查本应从略。但章程内有由总公司别设公司之事，各矿各厂间有所不同，既然抽收井税，必须派人监督收解，每届年终派人开始核算，不太妥当。况且出砂或多或少，或分存或合储或转运，头绪也比较纷繁，办理也务必整齐划一，这些均非年终派人查算所能悉知。于是他向弥乐石提议：

> 由滇酌派委员驻厂监抽井税，稽查出入，则西人信义更可彰明，云南官民自无猜疑。所派人员但有收税看账之权，并不干预工程银钱诸务，于公司似无窒碍。如果该员于应理职事外有不合之处，可由公司通知省吏复查属实，随时撤换。此为彰明信义、杜猜划一起见，欲公司与云南官民永久惬洽，并无干预揽越之意。③

魏光焘给法国总领事弥乐石提交的这份矿务章程说帖，从租地、税收、股份、矿厂词讼、保护弹压、稽查六个方面详细说明了中国和英法合办矿务应该注意的细节问题。从其内容可以看出，魏光焘一方面对于

---

① 《分解矿务章程说帖底稿》（光绪二十七年九月二十五日），《云南档案史料》1986年第13期，第19页。
② 同上。
③ 同上书，第20页。

中外合办云南矿务持比较积极的态度，但另一方面极力维护中国利权，尽量避免因合办矿务而引发中国利权的丧失。

法国总领事阅览魏光焘送来说帖后，除基本肯定魏光焘的主张外，还提出了一些反对意见，表示"碍难遵允"。他认为，开办矿厂，"非一二富商之财力可冀图成，必望股票畅销，巨资大集，得以如法展布，事乃有济"①。而股票的筹集难易在于所定章程。商人唯利是图，将来刊布章程出售股票之时，有利则商人争先购买，无利则观望不前。弥乐石认定自己原来章程所拟中国红利，已经极为优厚，为其他公司所不及。现在又允许增加值百抽五的落地税，分给中国的利益非常公允。此外，弥乐石还对魏光焘说帖中提出"分余利"的说法表示反对。他在回复中说：

> 公司办矿，除工本外，机器之进口有税，矿产之落地有税，出口有税，概系资本之所输，不知垫用若干始获分利。若于向有定章之税数而必增之，酌分余利之股分而又减之，似未得其平允。②

由于弥乐石坚决反对，魏光焘和李经羲经过商议后，只好同意其意见。遂向弥乐石作了回复：

> 昨准贵总领事送来清折商改各项，极为周密。此事关系久远，筹议本不厌详。其中或应即照办，或碍难曲允，或以于公司有碍，不得不屈为勉从，且有语义重复，应行酌删，字句欠妥，应加改易之处，均已详细斟酌分别粘签注明，并将应删应改各款，复加拟定，另缮一折，送请贵总领事查阅。至津贴一层，前经面议，已承允诺。兹特另立专条，增入章程，并于另折缮明，统祈酌核见复为盼！③

① 《弥乐石致魏光焘李经羲函》（光绪二十七年十月二日），《云南档案史料》1986年第13期，第20页。
② 同上。
③ 《魏光焘致弥乐石函》（光绪二十七年十月十二日），《云南档案史料》1986年第13期，第20—21页。

对于魏光焘提出的法文矿章中的语义重复和字句欠妥的意见，弥乐石表示："法文以简明为主，所用字句，向有一定之理，未可意为增减。"① 还有，章程第一款末所载"分利完税暨中国国家民人嗣后自觅之矿，应听开办"这两节，弥乐石表示可以允许增添。其余内容弥乐石没有同意。此外，弥乐石还要求魏光焘仍然遵照原文声叙股本采用海关平，这也是为大股商人入股平码划一考虑，津贴款项也断难遵用关平，不必载入章程之内。

之后，魏光焘派道员兴禄前往弥乐石寓所，与其当面商定矿章之事。兴禄随带云南官方和弥乐石双方以前交涉资料以及来往函件，逐条逐字与弥乐石进行了辩论，斟酌增改各节，基本达成一致。唯有第十四款"所出各矿，按市价估计值百抽五之落地税"一节，弥乐石坚不允许。要求按照出井价本核算，所关数额多寡悬殊，双方未能定议。两天后兴禄又前往会晤弥乐石，经过再三商酌后，将第十四款的条文改为"公司办出矿质，凡金银、铜铁、煤、白金、火油、宝石朱砂，无论成色，均按本质每百抽五为落地税"②。

矿务章程商定后，弥乐石准备于光绪二十七年（1901）十一月二十日下午三点钟亲赴洋务局拜会魏光焘与云南巡抚李经羲，当面商谈，并将法文矿章带来和中文矿章校对，如无参差，双方定议。但魏光焘在回复弥乐石的函件中，表示自己和李经羲均有要务在身，且矿务章程虽然经过兴禄等人两次当面商谈，大端已定，字句中还有需要斟酌的几处地方，饬令兴禄等人"即于二十日两点钟趋诣遵寓，妥为商订。是日即请贵总领事勿庸移玉来局，应俟议妥，饬刘翻译成法文，送请核对后，再行约期面定可也"③。

光绪二十七年（1901）十二月十二日，法国总领事弥乐石依据谈判情况，将矿务章程缮写了法文三册，照会魏光焘、云南巡抚李经羲和

---

① 《弥乐石致魏光焘等函》（光绪二十七年十一月八日），《云南档案史料》1986 年第 13 期，第 21 页。
② 《兴禄与弥乐石面议落地税禀》（光绪二十七年十一月十四日），《云南档案史料》1986 年第 13 期，第 21 页。
③ 《魏光焘复弥乐石函》（光绪二十七年十一月十九日），《云南档案史料》1986 年第 13 期，第 22 页。

矿务大臣唐炯，请求商议后上奏清廷，"并将送到法文添缮华文，配作三份，盖用骑缝，并年月关防，以二份存贵部堂、部院暨矿务大臣备案，以一份照复本总领事，并抄送奏稿存案为要"①。

此次交涉过程，总计历时七个多月，双方辩论达十几次，最后定章25款。这些条款要旨在于"均中外之利便，弭闾里之猜嫌，明地主之谊分。"②魏光焘为了避免因合办矿务而引起云南民众的疑惧，故在交涉中和法国总领事弥乐石推诚布公，和衷商榷，往复斟酌，尽可能在矿务章程中将一些细节问题谈明，并载入章程之内。因合办矿务涉及中外关系，稍有不慎，即会留下隐患。正如他所说："此时多一番研求，即日后少一番缪辖，实为交谊之道。"③光绪二十八年（1902）正月，魏光焘将交涉矿务情形上奏清廷，将弥乐石所拟《中西合办矿务章程》呈送清政府，并请旨饬下外务部，先将会议章程详加复核，等待英法公司将云南矿产查勘完毕，绘图开单交于魏光焘后，再由魏光焘等人分别核明，另行具奏。

魏光焘此次和英法公司合办矿务交涉，是在极其艰难的情况下进行的。首先，云南作为矿产资源极为丰富的边疆省份，历来是中国的重要利源之一。魏光焘任云贵总督时期，正是举国上下锐意改革、图谋新政自强之时，他深知面对丰富的矿产资源，如果坐守待困，终究会被外国所攘夺。故有自办矿务之构想，试图预先保护中国利权，但因云南民间采用土法开采，往往得不偿失，事费工半。而且云南财力十分匮乏，不能广集公司，加之风气未开，官民皆不肯研习西方先进的开采技术。官方开办难以筹拨巨款，又聘用不到精于采矿的人员。外省的富商大贾，云南官方曾多次设法招徕，但大多裹足不前。矿产开发已成为当时云南官员深感棘手的问题。其次，中法议办滇越铁路后，法国方面深感矿务和铁路相需为用，担心英方从中角逐，致失先著，因而合集公司乘机并

① 《法领事弥乐石抄送法文矿章的照会》（光绪二十七年十二月十二日），《云南档案史料》1986年第13期，第22页。

② 《外务部收云贵总督魏光焘文》（光绪二十八年二月初四），"中央研究院"历史语言研究所：《中国近代史资料汇编·矿务档·云南·贵州》，"中央研究院"近代史所1960年版，第3225页。

③ 同上。

议，"已隐挟一不容坚却之情，垄断独登之势"①。此时对于魏光焘而言，中国自办矿务力顾不及，拒绝与外国合办又容易造成外人误解，只好"因其图谋最急，不欲失权之际，先允所请，以慰其隐婉，示必争以抑其贪"②。他认为在外国强逼之下，能够获得一分范围，日后即可减轻一分顾虑。故在与英法交涉过程中，始终以防范、保全和均利作为谈判的底线。他指出：

> 防患则永禁洋兵弹压，战事私济，敌人平日夹带禁物，妨碍田庐坟墓各节，居先保权，则公司不购买尺寸土地，不侵占官民已开利益。除允办各矿外，不任意含混妄指中国自设公司，诸听照常办理各节，居先均利，则各矿分立帐目、支费科利，均不得牵混计算，矿税派滇员稽收，准查核出产数目、铜斤，除供京运外，应先尽各省购用，出口矿产，入口料件，概照海关税则完纳。③

这几点，正是外方并不看重的内容，而对于云南来说，则是必须争取的利益。在其他条款的磋商过程中，魏光焘或据理驳正，或援义引申，或专条增订，并未放弃与英法方面的抗争。而弥乐石作为总领事，在云南居住已久，洞悉情事。初到云南时，"外则甘言柔论以诱成，内则狡谋刻意以餍欲"④。后来看到魏光焘等人察悉其隐曲，于是反复改变计划，时而闪烁尝试，时而施以恫吓和讹诈。双方商谈事定后，又以华洋词义间多所遁饰为借口，得步进步，并多次以停止商谈请求英法另派专员挟制中方。面对法方的威逼，魏光焘采取刚柔互用之术，曲折相持，用情理与弥乐石相周旋，终于使其在有限的条件下接受了云南官方的意见。

在谈判中，分利一节，魏光焘提出以百分中二十五分报效国家，以

① 《外务部收云贵总督魏光焘文》（光绪二十八年二月初四），"中央研究院"历史语言研究所：《中国近代史资料汇编·矿务档·云南·贵州》，第3227页。
② 同上。
③ 同上。
④ 同上书，第3227—3228页。

十分津贴云南省财政，应该是获得了优厚的待遇。而对于较有把握的矿税，弥乐石谈判时语涉含糊，力求减免。实际所谓百分者，系提取最厚股利，一切无定费用和十成公积，才开始进行分派。如果英法公司得不到大量利益，很难有剩余利润中国可以获得。魏光焘又考虑到云南锡、铅各厂办有成效，如果明显夺取滇民生计，也为公道所不容。于是通过分利的方式将这一问题引出，以便为日后和英法进一步交涉留有余地。谈判时双方争持不下，经过持续日久的谈判，达成的谅解主要有以下四项。

第一，弥乐石提议禁止中国公司延聘矿师、贷用洋款。借口别国洋人盗用华商名义妨碍英法公司办矿。这实际上是英法力图获得全部权利，以为华人贫拙，如果不借助其财力和技术，势必很难支撑而陷于困境。对此，魏光焘针锋相对，认为这一建议于理不顺，于情不恕。经过多次磋商后，双方才商定合办矿务别国不得参与股份，开采矿产时专用英法矿师。

第二，英法方面提出运矿自修铁路，接通滇越干路。魏光焘认为滇省风气未开，议办滇越铁路已经十分棘手，现在又横添枝节，表示实在难以认同。弥乐石宣称陆运艰阻，非同意接通铁路干线，矿务不能振兴。坚持要求议则先定、事则缓行，但看到魏光焘固执不许，又请求在章程内声明，将来议章准办。魏光焘等人深恐言语含糊，导致日后外人要挟，经过设法调停后，遂商定："俟干路成时商议专章，然必须章程妥洽，奏奉国家核准，方能开办，并禁止售票，搭载客货，预存限制。"①

第三，关于英法提出的"公司自买山地，萃两国财机"的说法，魏光焘表示很难接受。他借口云南百姓愚昧无知，如果听任外国购买山地，其举手之劳即可将云南全部宝藏尽归于彼，外人根蒂更加稳固，而云南地主无权，今后即便有复兴的机会，也很难和外人交涉。况且英法和云南百姓自行交易，其中纠葛尤多，既然允许其购买私产，那么章程中所说"必经核准始能交办"之语也就成了一句虚语。故在此问题上，

① 《外务部收云贵总督魏光焘文》（光绪二十八年二月初四），"中央研究院"历史语言研究所：《中国近代史资料汇编·矿务档·云南·贵州》，第 3229 页。

魏光焘等坚执不可，只同意按照民间租价代为公平租赁，土地由云南官员指交，价格由公司照给，逾限三年，原地归还业主。弥乐石认为各省办矿公司，均准许购地，若等云南官方租交，按年核交租值，不仅极为烦琐，而且给办矿带来很大不便。但魏光焘答以甘任其难，并声称非此则难保安固。经过辩驳后，弥乐石始同意了魏光焘等人的主张。

第四，对于税收的争辩是此次合办矿务中双方争论最为激烈的问题。弥乐石提议按照价本值百抽五完纳矿税，公司所谓价本，比如投入千金资本办矿，无论开采的矿质市场价值数千金、数万金，但公司在交税时仍然按照一千金的资本值百抽五。这与核计矿质根据市场价格征税，中国所获得的利益相差天壤之别。开始，魏光焘等人在谈判时援照《大清会典》所载条款，以十分抽二抵税，之后又按照市价值百抽五定议。弥乐石均坚持不允。并声称海关税系按照价本抽税，并以山西福公司矿章为例，拒绝答应中方要求。对此，魏光焘等人反问弥乐石："矿质系中国土产，焉能比例洋货福公司仅办山西二府矿务？此则揽办全省，若照价本收税，实与值百抽五字义不符。"① 双方对此争论不休，最后达成妥协，议定按出井、出炉矿质，每百抽五抵纳税课。这样征收，虽然看似公允，但毕竟需要自行变价，对于中国而言难免多费周章。弥乐石在税章方面没有得逞后，又通过其他途径试图蒙混取巧，提议由英法公司三个月交税一次。魏光焘力争派人分矿监收，查核矿质出数，比对该厂账目，弥乐石认为此点过于苛刻，不得已而后应允。

对于魏光焘等人在矿章问题上和英法的争辩，弥乐石深表不满。之后，他致电法国公使照会中国外务部，斥责魏光焘和云南官员在合办矿务问题上一味作难。但魏光焘在合办矿务问题上极为审慎，意在尽力保护中国利权，防患于未然。在分利、纳税的交涉过程中，秉持"利所必争"的原则，但囿于事势、国势，在某些问题上也只好曲意迁就，有所妥协。此外，当弥乐石提出英法独专利益的建议时，为了防范其他列强借机侵犯中国利权，魏光焘始则据理力争，经过反复筹计后，决定采取

---

① 《外务部收云贵总督魏光焘文》（光绪二十八年二月初四），"中央研究院"历史语言研究所：《中国近代史资料汇编·矿务档·云南·贵州》，第3229页。

"以市德预戢纷纭"的办法，堵塞了其他国家借故渔利之机。

为了防范英法公司利用已订合同向中国提出非法条件，魏光焘和弥乐石商定合同条款后，双方钤印互换，但并未签字署押，等待奏奉谕旨批准合同，并在会议章程另立专条，声明英法公司愿办各矿须经矿师勘会界址呈送魏光焘详细查核无误后，载入合同，指交开采。他在给清政府的奏疏中指出：

> 原恐一经订立合同，该公司恃有成约，任意指索，致滋流弊。现在矿章甫经议竣，该公司派出查勘，各矿师均未回省，弥乐石即以兼程入京，难保不怂其驻京公使向外务部催请先订合同，以目下时势而论，似宜俟臣等核定该公司可办矿厂若干处开具清单，另行奏明立案，方与订立合同办法较为周妥，亦与现议相符。应否饬下外务部于核议矿务章程未经覆奏，请旨以前先与英法驻京使臣订明此节，以免临时周折之虞。①

光绪二十八年（1902）二月二十二日，法国总领事弥乐石携带所有和魏光焘等人订立画押开办矿务的合同到达北京，通过法国公使鲍渥致信于中国外务部，函称：

> 敬启者：兹因本国总领事官弥乐石兼充云南公司代理携带所有与滇省大吏定立画押开办矿务之合同，昨已抵京，意在请将所定合同，由中国国家批准。因此本大臣拟欲带引弥乐石领事官至贵外部面晤贵爵大臣，尚望贵爵择订日时示知，以便趋赴为荷。②

弥乐石和中国外务部取得联系后，请求外务部尽快签订合同。外务部表示矿地未定、不便先议章程，应等矿师在云南勘明矿产，由云南方面开单奏咨到日，再行核办。弥乐石认为云南全省矿地，非一二年所能

---

① 《外务部收云贵总督魏光焘文》（光绪二十八年二月初四），"中央研究院"历史语言研究所：《中国近代史资料汇编·矿务档·云南·贵州》，第 3230 页。
② 《外务部收法使鲍渥信》（光绪二十八年二月二十三四日），"中央研究院"历史语言研究所：《中国近代史资料汇编·矿务档·云南·贵州》，第 3237 页。

勘遍，未经定章以前，英法公司难以花费巨资聘请矿师前去勘察。外务部官员坚持先勘查矿地，不准揽办全省。经过多次磋商，弥乐石才答应将澂江、临安、开化、云南、楚雄等府以及元江州、永北厅总计七处，载入章程等一款内。将原来所议"嗣后别国公司概不准来滇办矿，改为嗣后别国公司概不准在该公司所指之地勘采，以清界限"①。弥乐石又恐所指地段未必均有矿产，向外务部提出如所指之地没有矿产可以开发，请求另外指拨地段抵销，并将来办有成效，应请逐渐推广。外务部为了打破英法公司专利之计，认为弥乐石所拟办法尚属可行，故在章程第一款内叙明，准其互抵，但先后统计仍以不得超过七处为限。除此之外，待各矿开办有效，税数报效并无短缺，方可推广办理。谈判中，弥乐石又提出原来商议包办云南全省矿产，矿利较为丰厚，故英法公司愿意缴纳京铜150万斤，并津贴员弁兵勇护厂银二万两，现在既然改为七处，请求减去京铜三分之二，并免缴津贴银两。外务部官员认为"京铜系解部要需，保护矿厂亦在在需费，未便遽议减除"②。双方就此问题争执不下，经过多次磋磨后，弥乐石仍以体恤商情为由，坚持要求减少京铜缴纳数额。最后双方议定，英法公司每年缴纳京铜100万斤，护厂费由公司发给，不拘定二万两之数。外务部和魏光焘电文沟通后，魏光焘表示同意。遂将原议第六款、第二款照此改定，又在十八款内添叙弁勇费用，由公司发给。章程十八款原议公司可在附近地方招募土勇，遴选中西武官各一员，会同管带。经过商谈后，改为公司可禀请地方官，在附近地方招募土勇，遴选武官一员管带，以杜竞争干预之弊。

外务部将交涉情况上奏清政府后，清廷下谕：

> 外务部奏遵议滇省隆兴公司矿务，与法员弥乐石磋商，不准揽办全省，指定澂江、临安、开化、云南、楚雄等府及元江州、永北厅七处，岁缴京铜一百万斤，护厂费用由公司给发，并由地方官在附近地方招募土勇，遴选武官一员管带，以杜竞争干预之弊。从之。③

---

① 《外务部复奏稿》（光绪二十八年五月十六日），《云南档案史料》1986年第13期，第29页。

② 同上。

③ 《清实录·德宗实录》卷499，光绪二十八年五月己巳。

　　弥乐石和中国外务部经过面商后，将云南隆兴公司删改合同章程交于中国外务部。外务部详细酌核后，将章程分别改订，另缮清折，呈送弥乐石。弥乐石阅看后，于光绪二十八年（1902）三月二十八日三点携带矿务章程底稿与中国外务部再次磋商，面谈时，双方商定允许章程改订。之后，外务部将章程抄录清单，函送弥乐石，并希望其翻译成汉文，送交外务部，以凭核对。① 弥乐石也将矿章法文清单草稿照录一份，专函附送，请求查核。并请求将法文矿章核对清晰无误后，再抄三份，以符原议。②

　　外务部接到弥乐石法文矿章后，经过和汉文核对，发现第二条漏写"饬查果无窒碍"六字，第五条漏写"词讼命盗争殴"等案。故函请弥乐石查照约章，将漏写的十七字添写入内，弥乐石表示愿意接受，将漏写之字重新添入章程。

　　弥乐石与外务部交涉完毕后，外务部将画押汉洋文章程一份下发云贵总督魏光焘。魏光焘当即咨会督办云南矿务大臣唐炯，并督同司道和洋务局人员进行了详细校对，章程各款和原章没有较大出入，应即遵照办理。但第一款内载："公司寻出之金银煤矿、白金、白铜锡及火油宝石、朱砂矿，如云南府、澂江府、临安府、开化府、楚雄府、元江直隶州、永北厅七处矿产，云南大吏允奏请国家，给该公司承办等语。"矿产类白金、白铜、锡三项经查明后，原章中并未列入。弥乐石在云南很早就觊觎此三类矿产，尤其是锡矿。云南锡矿的开采中国商人已经办有成效，聚集砂丁极多，中国商人在经办时也经常发生争端。魏光焘认为："一旦许与外人开办，此风一播，即将物议沸腾，而后衅且有不可思议者。"③ 故请求外务部将白金、白铜和锡矿三项的开采在章程中删去，以维护中国百姓的利益。他说：

---

　　① 《外务部致法国领事弥乐石函请将改订矿章译汉送署》（光绪二十八年四月二十四日），"中央研究院"历史语言研究所：《中国近代史资料汇编·矿务档·云南·贵州》，第3241页。

　　② 《外务部收法国总领事弥乐石函送法文矿章清单》（光绪二十八年四月二十六日），"中央研究院"历史语言研究所：《中国近代史资料汇编·矿务档·云南·贵州》，第3242页。

　　③ 魏光焘：《咨外务部》，杨毅廷：《滇事危言·初集二·矿务》，载沈云龙《近代中国史料丛刊》第六十二辑，文海出版社1971年版。

弥乐石在滇年久，非不深知其情，而利厚生心，辄复涎伺，曲予剖折，彼亦无辞，故允删去锡矿一宗。继又虑其以白金、白铜影射，故并三项全删。彼已就范，是以四月元电声明，金银铁煤文油宝石朱砂之外，不可听其含混。旋又发电，又以临安锡厂已有成效，关系华民生计，外人不得开办，复赘声明。切恳照办在案，乃弥乐石反覆无常，以滇中屡次磋磨议定之章，在京含混增入，滇中万难遵办，应请查照滇中前定原章及曾经议删情节，切实照会英法公使，转饬弥乐石，仍将三项删除，以安滇民而戢后患。[①]

外务部经过与英法公使磋商后，英法方面拒不答应删除。魏光焘的电请无异于虎口夺食，难以阻遏英法的贪欲之心，中国方面在交涉无果的情况下只好与之定约。

[①] 《外务部收云贵总督魏光焘文·请删改云南矿务章程》（光绪二十八年七月二十三日），"中央研究院"历史语言研究所：《中国近代史资料汇编·矿务档·云南·贵州》，第3253页。

第七章　坐镇两江

　　光绪二十八年（1902）十一月，魏光焘调任两江总督。十一月二十八日，魏光焘将云贵总督关防暨王命旗牌、文卷、书籍等派委云南府知府胡泰福，由其代交新任云贵总督和云南巡抚，自己即于十二月初三日由昆明起程，一路到达湖南故里。和家人稍聚数日后，即从湖南邵阳出发，渡过沅江，署理两江总督张之洞于十二月二十四日札委江苏候补知县洪通声前赴湖北武昌迎接魏光焘一行。到达武昌后，张之洞又派人驰往远迎，一面饬上元、江宁两县主责雇工匠，将督辕内黝垩一新。①光绪二十九年（1903）二月十四日过芜湖，十五日过大胜关，在大胜关小住，察看山川要隘。上元、江宁两县派人赴下关官轮船码头伺候，南京全城文武官员清晨即齐集江岸迎接。十六日午时，魏光焘所乘轮船驶入南京江面，各官纷纷登船向魏光焘致意。之后，魏光焘登岸，乘车进入两江总督衙门。②

　　二十二日，署理两江总督张之洞派委江宁府知府罗章、署中军副将丁华容将两江总督关防、两淮盐政印信、钦差通商大臣关防并王命旗牌和文卷等呈送魏光焘，开始了其主政两江的时代。

　　魏光焘坐镇两江，是由边缘走向中心的重要人生转折，也是其数十年宦海生涯的巅峰。两江总督，作为清代封疆大吏中级别较高的职位，总管江苏（含上海）、安徽和江西三省的军民政务，官居从一品，地位比较显赫。魏光焘初任江督，即励精图治，开启了两江地区的政治新风。魏光焘莅任不久，《申报》就对其主政伊始的情况进行了追踪

---

① 《远迎节钺》，《申报·上海版》，第 10705 号 2/12，1903 年 2 月 10 日。
② 《帅旌莅止》，《申报·上海版》，第 10741 号 2/14，1903 年 3 月 18 日。

报道：

> 金陵访事友人云：两江总督兼南洋通商大臣魏午庄制军，秉性谦抑。下车伊始，遍谒各同寅，甚至佐杂微员、千把末弁，亦必谦光下逮，略分言情。本月某日，在节辖设席，柬邀将军、都统、织造暨粮盐两道、筹防支应局总办、常备军统领宴会。次日，各员诣辕致谢。越日，制军复至各衙门局所投刺谢步，其谦德诚加人一等哉！顾御下甚严，门稿签押，一律革除，公事不准家丁与闻，改用委员分司其事，各官晋谒，责成巡捕官禀报，不用执帖，司阍人某日手颁硃饬，严禁门包，如敢故违与受，一体重办。各项公务，皆委文案办理，承其乏者，皆由滇随节至此，惟洋务仍延原任刘忠诚公所请幕宾，加倍致送修金，相戒不受包苴，以励廉节。①

魏光焘担任两江总督时期，正是清政府举办新政的高峰时期。任内，他按照朝廷旨意，实力举办新政，包括整顿盐政、创练新军、筹建三江师范学堂、整改江南制造局，以及整顿防务等举措，均成效显著，为两江地区的新政做出了重要贡献。

第一节　整顿盐务

一　打击盐枭和会党

有清一代曾长期实行纲盐引岸制度，其间虽有道光年间两江总督陶澍的票盐法改革，但后来因受鸦片战争和太平天国起义的影响，票盐制在长江下游地区并未推行。② 而在长江下游地区，旧盐制早已暴露其弊端，清政府对盐课的搜刮进一步加剧，盐斤加价，导致两淮和长江中下游地区私枭充斥，太平天国时期尤为猖獗。盐枭以贩卖私盐为生，"余贷出盐处，每斤不过二三文，私贩售之内地，亦不过八九文，而官盐每

① 《制府新猷》，《申报·上海版》，第 10767 号 2/14，1903 年 4 月 13 日。
② 邵雍：《中国近代土匪史》，合肥工业大学出版社 2012 年版，第 90 页。

斤在三十文左右"①。官盐与私盐之间的巨大差价，促使盐枭敢于铤而走险，牟取暴利。为了对抗官府缉私，盐枭广结党羽，购置武器，往往"联樯结队、乘风破浪、闯越关卡"②。盐枭最初的主要活动即传统的贩运私盐和护私，但自光绪以后逐渐发展为开场聚赌、劫人勒赎、抢掠商民等，给广大民众的日常生活带来了极大危害。

魏光焘任两江总督后，多次饬令地方官员认真缉拿盐枭。光绪二十八年（1902）五月间，活动于江苏常州、江阴等地内河一带的盐枭首领曾帼漳"开堂立会，诱约多人，遣党肆行抢劫，意在纠集巨股，以图抗拒"③。而会党首领崔得沅、李金标、熊满堂等人设会拜盟，同曾帼漳结为死党，分别盘踞地方。魏光焘访查确实后，密派补用直隶州知州王世绶、候补都司徐宝山带领水师炮队，并饬令统领护军正任福山镇总兵杨金龙调派管带护军副左旗副将纪步高、正右旗副将赵自新各带士兵，乘坐瀛洲兵轮，迅速前往捕拿。又调署福山镇总兵丁华容选派得力士兵乘坐策电小轮，督率水兵溯流堵截。同时电令各地文武官员协助缉捕。徐宝山带兵进港后，拿获匪党4名，夺获匪船6只，驻军通州所属的芦泾港。正好浙西缉私营候补都司张有基、苏州镇游击张占魁各带营船相助，经过侦查后，获知匪首曾帼漳和熊满堂率同党羽，驾船在白茅沙浅滩一带据险抵抗，徐宝山立即带领士兵驾船前去镇压。曾帼漳下令党徒开枪射击，列队而拒。徐宝山激励士兵奋勇还击，王世绶、纪步高也各自带领士兵分路进行夹攻，匪徒遭受打击后大败而溃，曾帼漳在战斗中受伤而逃。此次剿匪，当场杀死和溺毙匪徒数十名，擒获匪首熊满堂，头目彭志三、张云心、关朝栋、张得荣、杨宝春，以及伙党28人，夺获匪船16只，伪印、旗帜、枪械多件。不久，署理通州直隶州知州王仁东也在辖区内捕获盐枭头目罗少臣和两名匪党。魏光焘饬令将先后拿获各犯押解到省，发交营务处候补道夏将济，会同江宁府知府罗章进行审讯。熊满堂供认开立天目山聚众堂，纠集党徒入会。不久即与曾帼

① 李文治：《中国近代农业史资料》第一辑，生活·读书·新知三联书店1957年版，第356页。

② 《申报》，1893年3月10日。

③ 中国第一历史档案馆、北京师范大学历史系：《辛亥革命前十年间民变档案史料》上册，中华书局1985年版，第266页。

漳合股，曾在崇明县境内强抢恒丰典当铺，获得赃物后均分。此次带领匪船拒捕，确系实情。彭志三、张云心、关朝栋、张得荣、杨宝春、罗少臣在审讯过程中，或供认充当会中头目，接受曾幅漳授予的扫江侯、副元帅等各项职务，有的承认入会后参与贩卖私盐和行劫活动，有拒捕杀人行径。

江宁知府审讯完毕后，将情况上报魏光焘。魏光焘核实了犯罪情节，查照律例后，将熊满堂等 7 名人犯首先正法，枭首示众，并严饬各营迅速缉捕曾幅漳及其余党。随后，管带浙江缉私营补用副将周远明，会同署理江阴知县郭曾程督率士兵拿获匪首崔得元，如皋知县单儒绅捕获匪目李金标。魏光焘指示将二犯解省发审。魏光焘正在办理期间，接到清廷谕旨，有人奏称江苏盐枭和会匪充塞引岸，劫掠商民，但事招抚，恐滋后患，令魏光焘和江苏巡抚恩寿妥为筹办。魏光焘将前次办理情况电奏清廷，并声明将崔得元和李金标分别犯罪轻重后办理。之后，魏光焘令营务处候补道和江宁府知府审讯后，崔、李二人均供认充当头目，为曾幅漳经理山堂事务，接济会内军火，多次抢劫获赃。并供称前次拿获匪党吴茂生、刘得发、张海涛、曾四、宗明富俱系曾幅漳悍党，犯有伙众抢劫、窝藏首匪和当场拒捕等罪行。审明案情后，魏光焘批示照章正法枭示，以昭炯戒。对于情节较轻、罪不至死的人犯，魏光焘拟定了年限予以监禁，以免流放脱逃继续为害。

光绪二十九年（1903）六月，有人上奏江苏松江府南汇县一带枭匪扰民，请求查办。清廷以"枭匪出没，瞽不畏法，不亟剿除，大为民害"① 指令魏光焘、恩寿遴派干练之员前往密查，严捕首要，务获惩治。南汇县位于上海对岸，濒临江海，常有匪徒出没于此，其中以土枭居多。清末以来土枭分成了南北帮名目，开始仅是贩运私盐，从事走私活动，后来逐渐发展到聚众赌博，依附者日渐增多，南北帮之间争权夺利，互相械斗，严重危害当地社会稳定。对于该地的情况魏光焘早有所闻，光绪二十九年（1903）五月间，帮匪在南汇境所属的周浦发生内讧。魏光焘获知后，飞饬江苏候补道杜俞赶赴上海，相机调度，妥筹进止。杜俞抵达上海后，因浦东一带外国教堂林立，商栈云集，并非用武

---

① 《清实录·德宗实录》卷518，光绪二十九年六月甲子。

之地，若稍有不慎，即会酿成中外交涉重案。而此时南北帮匪早已闻风
远逃，余匪也散逃无踪。魏光焘体察情形后，认为只可捕拿，不便攻
剿。指示杜俞不动声色，多方筹划，将北帮客匪全部解散。并出示晓
谕，对于匪帮羽翼大力剪除，胁从者采取宽大政策，以分化匪帮势力。
"一面将确实眼线密交飞划营管带徐参将锦堂收用，以备捕缉。饬令暂
驻周浦以北之龙王庙一带，俾资震慑。"① 又责成盐捕左营管带吴家正
广布侦探，将北帮匪首邓海青在长洲、昆山两县交界的大驿地拿获，押
解回省，并由苏州府严刑审明后，照章正法。因周浦龙王庙等地系匪帮
聚集之区，魏光焘派调盛字营勇一旗扼要进行驻扎，随时打击匪帮势
力，稳定当地人心。

　　之后，魏光焘认真总结和分析了江苏滨江临海地区盐枭游勇肆意横
行及官府多次剿捕难以彻底根除的缘由，他认为：

　　　　推原其故，实因匪船迅疾，飘忽靡常。苏省仅有苏防五营及太
　　湖水师，分布苏松常镇太五府州属，各有分防汛地，守卫局卡、保
　　护教堂之责，兵力本极单薄。遇有股匪滋事，必须于各营酌量抽
　　拨，及至调集队伍前往剿捕，而匪踪业已远飏，彼速我迟，往往缓
　　不济急，尤恐涓涓不塞，将成江河，为患何堪设想？②

　　为此，魏光焘决定招募一营士兵，专门负责缉捕盐枭和游匪，以收
因地制宜之效。因江宁现有的督捕水路营哨颇为得力，故仿照这支营哨
部队，在江苏省招苏捕一营500人，略照江宁规制，以240人作为水
师，配设灵便快船30艘；以260人为陆师，分为三哨，遴选熟悉情形、
朴诚勇敢的将官作为管带，认真训练，专备雕剿。遇有匪徒，即行迅速
搜捕，这样可以迅速消除枭匪势力，对于维护地方安宁具有积极意义。
部队所需饷项，魏光焘指令江苏布政使竭力筹备，以保证剿匪正常、有
序地进行。

　　前次魏光焘派人缉捕曾帼漳之时，虽然捕获了众多枭匪和会党头

---

① 《宫中档光绪朝奏折》第十八辑，第264页。
② 同上书，第267页。

目，但曾帼漳受伤逃逸。魏光焘因其在逃未获，行踪诡秘，故悬赏3000元出榜通缉，并密派营务处候补道夏时济收买眼线，访查密捕。曾帼漳因被官军击败，巢穴已毁，悍党大多也被擒获伏诛，深感穷迫无路，加之两江地区文武官员查拿甚紧，故潜行向长江上游逃窜。时任湖北巡抚端方于光绪二十九年（1903）冬侦知曾帼漳流窜至湖北信息，饬派在任候补知府夏口抚民同知冯启钧选派士兵，购置眼线，带兵进行堵截，设法严拿。随后冯启钧拣派委员试用布库大使许振慈督率队伍眼线，并派哨弁徐升、队长李和生等分路踩缉，又密委丁忧湖北试用知县徐之荣、陈毅协同访拿。光绪三十年（1904）三月，冯启钧探悉曾帼漳在湖南宁乡县地方藏匿，密派线勇并分派士兵迅速前往，商同宁乡县督带士兵合力围拿，曾帼漳于三月十三日夜束手就擒。经押解回到湖南省城长沙，由端方派试用知县许寿田、洪述祖，都司黎元洪等人带兵乘坐轮船赴湖南提解，一面电商魏光焘委派道员夏时济到湖北会同审讯。曾帼漳对犯罪情节供认不讳，经过讯问后，在湖北正法枭示。这一长期蔓延于长江下游地区的盐枭和会党势力终于被彻底消灭。

二 改革盐政

两淮地区的盐课，作为江南的大宗饷源收入，自清初以来即备受重视。清人蒋廷锡指出："今日之盐最得利多而济国用者，莫如两淮。"[①] 道光年间，两江总督陶澍也认为："两淮盐课之重，比如两江之地丁。"[②] 可见，盐课在清政府的财政收入中占据重要地位。正因为如此，产生的腐败现象也最多。清代盐务，沿袭明代旧制，实行引岸专商制。在专商制度下，有了盐引这一计划经济下的生产与运、销许可证，即可充分利用价格双轨制达到聚敛财富的目的。[③] 晚清时期，盐业俨然成为官商勾结获取巨额利益的重要途径。魏光焘对此颇有清醒的认识。他说："其引界被邻盐占销，私贩囤积，官商侵渔，亦为积重难

---

① 蒋廷锡等：《钦定古今图书集成·经济汇编·食货典·卷213盐法部》第693册，上海中华书局1934年版，第6页。

② 陶澍：《再请复设两淮盐政折》，《陶澍集》上册，岳麓书社1990年版，第285页。

③ 马俊亚：《区域社会经济与社会生态》，生活·读书·新知三联书店2013年版，第323页。

返之弊薮。"① 魏光焘之前的历任两江总督虽然多方经营，因时补救，大力打击缉私和疏销，但北盐引额并未恢复，每纲仅销售正额 29 万多引，南盐每年销售 40 万引，仅能勉强满足销售额数。

魏光焘担任江督后，正是清政府财政极为困顿之时。他对当时两江地区的财政状况经过细致调查后，发现"以入抵出，不敷甚巨。赔款固罗掘已穷，其拨补厘金一项无着之款，各省积欠至三百数十万两之多，催提罔应，改拨未准，腾挪乏术"②。严峻的现实迫使魏光焘对两淮地区的盐务进行大力整顿，以弥补财政亏空的现状。为此，他采取了几项振兴盐务的举措。

首先，根据各局征收盐业课厘的数额，严格制定考核制度，将征收盐课厘金的多少作为对官员考核的标准。

其次，裁并闲散厘卡，尝试拓展业已废除的引岸，设法堵截私贩运销食盐，并规定商人本金不许积压。打击盐枭和私贩团伙，以及囤积食盐危害国家利益的商人。税务人员如果亏短课项，不仅要受到参劾，而且还要将亏短数额追回。

最后，在通州、泰州、海州所属各场捆盐之所，五河、正阳、仪栈和金陵下关过盐之区，饬令各员认真经理，期收实效。

此外，魏光焘还对当时盐业引岸做了充分调查。南盐各岸，大多处于溢销状态，西岸大约 4 万引，皖岸大约 3 万引，鄂、湘两岸各自 2 万多引，总计增收课厘加价等项，安徽可以获得白银七八十万两。如果畅销的情况和以前一样，年收入可增至一百万两左右，这是南盐的大致情况。北盐就五河、正阳两处厘卡而言，厘金收入已经超过正额，征收款项有所盈余。为了进一步增加北盐税收，魏光焘决定在正额 29 万多引之外，试加 5 万引，以期逐渐恢复旧额。淮南边界，市场多被川盐和粤盐所占据，因这两地的食盐质量较好，价格较低，故百姓乐于购买，很难立即予以禁止。

光绪三十年（1904）二月，魏光焘接到清政府谕旨："有人奏，淮北盐务售私，积弊固结难除，请饬查究等语，著魏光焘按照所陈各节彻

---

① 《宫中档光绪朝奏折》第十八辑，第 757 页。
② 同上。

底清查，据实具奏，认真整顿，以除积弊而肃鹾纲。"① 魏光焘饬令两淮盐运使恩铭会同委员江苏候补道程龢对于原奏内容进行查实。

原奏折中声称，淮北售私，以海分司承办的江运，商人邓应举承办的邳州、宿州、睢州和桃州四岸，南海同知汪咏沂承办的同善源为三大宗，前任两江总督鹿传霖参办徐绍垣和邓应举朋比售私，足以惩戒私贩者。不料至今海分司承办江运之盐，照常售私，有的以添补徐绍垣在任亏空为借口，或冒称功盐出运，或借捆票盐运还之时，暗地逾越所借之数，其售私由于各钱庄伙同潜入海分司密议。对此，恩铭和程龢经过核查后，向魏光焘禀报：海分司承办江运，除来全北盐历来归板浦、中正两场购运，由场运到西坝，经过沿河各卡掣验，海分司按月开报。盐到坝后，也每月开报其出湖之盐，先经过杨庄、顺清河两卡掣验，经过验票后才能放行。近日卡员查验认真，积弊也已基本扫清。至于功盐出运到坝，斛重包数先开报运司，然后由海分司按旬开报，层层予以钳制，已经改变了徐绍垣在任时违章自运功盐出湖的情况。现任署理海分司黎鹏变售积存功盐，均系发交商贩购运，从海分司领取票证，截角申缴。商贩出售的价格，虽然经过钱庄经手代缴，其出盐一切，钱庄从来不加干预。还有，票盐借捆若非江运栈盐脱销，不能向票贩借用，徐绍垣在任时经常报请脱档，多次借用票盐。当时江运盐进栈出栈，并不按月通报，借少运多之事，已是司空见惯。其后署理海分司缪延恩因江运脱档，曾经借用捆票盐三次，之后均按数拨还。黎鹏到任后并未借捆一包，确实没有借江运售私盐和代填徐绍垣亏空之事。

对于原奏中所说邳州、宿州、睢州和桃州四处改为官办，仍然遵照商人邓应举的办法，额捆责成商贩增重，额外借捆补斤，员司上下作弊，官贩不敢与抗一节。恩铭等经过查证后，发现邳、宿、睢、桃四岸自从改归官办后，额捆票盐斤重均按照章程交付，运盐过卡，必须凭票检查捆数、运数是否符合，这与邓应举时紊乱法度售私情况不同。凡是捆盐过秤，归各商栈秤手专门管理，由商贩和秤手亲眼观看过秤情况，颗粒均关系到商贩的利益，很难增重一分一毫。补斤一项，因四岸在坝购盐，所用秤的砝码有所不同，用江苏砝码在四岸售盐，与漕码稍有不

---

① 《清实录·德宗实录》卷527，光绪三十年二月庚戌。

同，并且沿途胶船上车，洒耗食盐甚多。遂由海分司决定每年捆运补斤盐六十包，其补斤的税课和盐价运费，由海分司转给场员捆买到坝，分司起存江运栈，由运司发给执照运往四岸，同票盐一律掣验，买盐售盐，银钱出入均列册报，丝毫不能增减，员司上下也无从舞弊。

参奏中的另外一条是，同善源的盐本，系漕运衙门办理善举的引数，历来由海分司交于商贩代办。徐绍垣担任海分司职务后，汪詠沂通过非法手段获得了领办，借同善源为名，与徐绍垣勾结售私，比邓应举情况更为严重。徐、邓售私案披露后，受到了严厉处置，但汪詠沂一直逍遥法外，变本加厉地进行售私活动，加价调捆，弊端百出。而且依仗漕运总督委办，更加肆无忌惮。此外，徐绍垣寄顿在淮北的财产，皆为汪詠沂代为经理。对于这一说法，恩铭等人向魏光焘汇报：光绪十八年（1892），因办理同善源候补知府汪镇病故，汪詠沂奉命接办。当时的规定是，计票盐 1 万引，是在淮北额引 296982 引之内，盐由场员领价，捆运送坝，旨在减轻成本，不能加价。若偶尔遇到临浦、西临缺产，由盐场改拨赴运济销，与票贩一律办理。盐运出场后，经过各卡，检查严格，非有大票拒不放行。由坝出湖，先经过西坝卡员过秤后，由杨庄、顺清河两卡检查验票，由于管理严格，故借票夹带私货者已基本消除。汪詠沂服官多年，对于所管同善源票盐遵照章程包缴，剩余利润解充漕运总督署中作为善举之用，从无亏短，其本人也多次请求辞去这一职务，但因没有合适人选，故并未准许。并表示"如果胆大势横，岂能仍令管办？"① 至于徐绍垣在淮北所寄存的财物，前经梳理海州分司缪延恩查明，坐落太平中富的南方洋地方，置有盐池三户，分别是福德公、宝昌信、庆有余，自案发后即被列为抵偿亏空池商，曾具禀请求领取价格，分为 10 年缴清。前任海运司程仪洛以缴价年份过远，饬令照时估价，召变现银，将其归于库款，但并未召集到领户。现已有海运司会同海分司招商认领，缴价归官。此外查无徐绍垣户名寄顿之资，汪詠沂也并无代为经理之事。

原奏中对于徐绍垣亏空害商一事也进行了参劾。奏疏称：

① 《宫中档光绪朝奏折》第十九辑，第 400 页。

尤为害商者，莫如徐绍垣党羽，因徐绍垣亏空交代数十万金，伊等通同设法勒派商款各数万金，又有六纲摊派之款，余尚陆续抽填，汪詠沂引徐绍垣党羽袁景福假充贩伙，代为维持，前年诿称整顿捆运，减轻成本，在运署私进条议，并设收发局，摊派票贩款用三万两之多，暗中抽款代垫。①

关于这一情节，魏光焘也派恩铭等人进行切实核查，结果如下：

徐绍垣亏欠交代案内，开列垫用票贩应缴缉私勇粮，原垫银 69405 两，除去已收己亥年纲贩所缴银两外，仍然亏欠白银 53032 两，当时是按照庚子、辛丑、壬寅、癸卯、甲辰五纲核算，每引缴纳白银四分，由票贩禀认，接着已经按纲共收缴白银 44301 两，还欠 8731 两。应在甲辰纲内按引摊收，此外并无勒派、摊派票贩认缴之款。至于袁景福，本在淮南经理湘岸首事，票贩王复记以淮北票业需人稽核，于光绪二十八年（1902）邀请袁景福到西坝管事。袁景福管事之时，徐绍垣已被流放日久，俩人既非同党，也非汪詠沂勾引充当贩伙，其收发局一切章程，均由前任署理海分司缪延恩禀请商贩遵守无异，收发局的开支报销，没有三万两之多，也无从抽款为徐绍垣代垫亏空。

此外，原参奏折中还提道，收发局设立之初，几乎酿成命案。票贩捆盐成本反加运盐，尤为迟误。壬寅纲尾二成，到癸卯年补用票贩，因历年受到剥削深重，成本折耗，两年来因亏损而倒闭者甚多，近又增加收发局耗费，商情更加难以活跃，深恐每年厘课和摊派赔款而被贻误。对于此条，经过查实后，魏光焘上奏陈述了真实情况。那就是，前任盐运司程仪洛因票贩、垣商买盐卖盐，私相授受，加斤贴色，导致流弊日渐严重。而垣商又从中任意勒索，以致票贩成本逐纲增加，几乎难以支撑。故程议洛决定在板浦设立收发局，制定章程，代为收发，以杜绝奸商把持盐业，减轻票贩的成本，并未发现有酿成命案一事。光绪三十年（1904）接运壬辰尾纲、癸卯全纲，历时六月，已经全部运完，比以前速度快了很多。收发局的设立经费，是从裁提票贩原捐津贴和裁撤局商人员的费用中凑补的，每年大约白银 1 万两，实

---

① 《宫中档光绪朝奏折》第十九辑，第 401 页。

用实销。并非摊派票贩成本。收发局未设以前，每包 5 钱 7、8 分及 6
钱不等，设局后每年只计仅 4 钱 9 分，票贩成本实际比以前减轻，盐
商的困境逐渐得到舒缓。如果进一步认真缉私，对于充裕饷源无疑极
为有利。并且据盐运司禀称，淮北盐务多年运销积疲和滞销，而自经
设立收发局以来，光绪二十九年（1903）的销量即大为增加，为二十
余年来所未有，这也是淮北盐务的一大转机。光绪三十年（1904）盐
务开始筹办之际，魏光焘已督饬海分司严禁指垣采买，将收发局事务
认真考究，"凡局中委员、司事用度开销，核实裁减，力求不紊旧章，
不扰贩力，缉私除弊，随时加意经营"①。以尽量改变以前盐务混乱的
现象。

魏光焘派人认真调查后，认为参奏者所陈各节均系徐绍垣任内玩
法所致，业已被前任两江总督刘坤一汇案参革。现被参各款，或属以
往之事，或并无其事，遂上奏请求不予追究。同时，为了防范盐务弊
端的滋生，他还力主严厉打击私贩和私池，严加堵击，以免侵占官销、
损害正当商人利益和影响政府税收。而且因收发局作为商贩聚集北盐
出入的重要场所，关系重大，尽管暂时没有加价摊派情况，难保日久
弊生，故魏光焘督饬海运司随时进行考核，力筹整顿，以保证盐务的
正常运转。

光绪三十年（1904）二月，江苏在籍翰林院编修张謇为了振兴江
北盐务，向魏光焘呈文，陈述盐业公司办法、变通盐法，设厂造盐。在
文中，张謇力请仿照外国制盐方法，改变中国落后的旧式手工制作方
式。他说：

> 伏查江北商务，以盐为大宗。近数十年私枭充斥，十倍于前。
> 其故皆由出盐之地，分歧四散，难于稽查。欲仿纱厂之法，设厂筑
> 造，雇人聚煎。又以盐出于卤，非先多为蓄卤之计不可。闻日本向
> 有盐田，近有兼用美国造盐之法，故于二十九年四月，亲至日本各
> 产盐处所，周咨博考。其法不恃天而恃人，实较中国为优。以之设
> 厂聚煎，似有把握。然试以语人，往往疑信参半，非设法试验，明

---

① 《宫中档光绪朝奏折》第十九辑，第 402 页。

效众著，无以开风气而昌实业。①

除请求魏光焘改变盐法外，张謇还向商部称述了自己变通盐法、设厂造盐的构想，商部上奏清廷后，清廷下谕：

> 商部奏，据江苏在籍翰林院修撰张謇条陈盐业公司办法，拟变通盐法，设厂造盐。一切煎法、运法、销法，由公司禀请盐政立案等语。两淮盐课，为帑项大宗，关系重要。著魏光焘督饬运司将所陈各节，妥筹议奏。②

魏光焘遵照清廷谕旨，饬令署理两淮盐运使恩铭筹议变通盐法之事。恩铭等经过商议后，向魏光焘汇报：第一，两淮盐务作为东南地区财赋的第一大宗收入来源，举凡京协要饷和新旧洋款，从盐务收入中提取的数额有七八百万两白银。在此财用匮竭之际，如果运销引数昔畅今滞，课厘收入昔多今少，当然应该设法变通，以求得增加国家收入。"今考淮南、鄂、湘、西皖四岸历年销数，不过四十余万引，上年极力整顿，已销至五十余万引，淮北销数亦增，业据通纲票贩认加新引五万，似盐务方有通畅之机，并非窒塞之会，倘改变成法，未能确有把握，公家每年千百万固有之课厘加价，设有短绌，从何筹补？"③ 第二，恩铭还对张謇条陈中有"盐业公司"字样的说法提出了质疑。张謇于光绪二十九年（1903）与同人集资购买吕四场旧垣商李通源的垣产，当时只是请求改名为"同仁泰垣"，并无公司字样。而且盐务场运，也有相关规定，诸商各有花名，"非有票不得为场商，向来各场垣产商人集股收盐，皆以垣为名"④。故张謇所办吕四一垣，仍然应该照旧以"同仁泰垣"作为花名，不必另立名目。第三，对于张謇条陈中所提议的设厂造田，仿照日本制盐新法，防止灶丁偷漏和

---

① 张謇：《为设立盐业公司并筹改良之法呈江督文〈清光绪三十年（1904）〉》，李明勋、尤世玮：《张謇全集1·公文》，上海辞书出版社2012年版，第55页。

② 《清实录·德宗实录》卷528，光绪三十年三月庚辰。

③ 《宫中档光绪朝奏折》第十九辑，第818页。

④ 同上。

杜绝私盐的主张，恩铭认为：淮南上色场分产数，经常出现短绌现象，灶丁偷漏食盐，为私枭提供来源，杜绝这一弊端，全赖于随时认真查缉，"果能设厂聚煎，使私盐无从透漏，产数加增，亦属善法"①。但两淮地区位于海滨，地域辽阔，处处有盐可以开采，人人都能煎制，也并未设厂造田所能全部杜绝私产。但吕四一垣，仅有一垣，已由张謇承买，处于整顿额产的目的仿照日本新式方法设厂造田，为聚煎之计，应由张謇自行试办，将来有无效验，再行考察。第四，张謇条陈中提议煎法、运法、销法一切，准公司酌量更易，禀请盐政立案。恩铭认为：两淮盐务，以煎法、运法、销法三项为主，就煎法而言，如果张謇现在拟定设厂造田，那就意味着更换食盐煎制方法，但现办只有吕四一垣，那么吕四一垣的煎法，允许其自行开办，至于其他各场的煎法以及此外场运各商运法、销法，历来有定章可循，未便予以改革。

恩铭将情况上报魏光焘后，魏光焘也认为：

> 两淮盐法，历经前贤殚精竭虑，著有成规。近年所收课厘加价等项，每岁约八九百万两，为江南大宗饷源，即鄂湘西皖四省洋债赔款亦均赖此凑济，原未可轻易更张。惟南盐现虽畅销，纲引尚多积滞，如果得人经理，因时变通，设法改良试办一隅，无碍全局，似当尽穷变思通之议，以期补救。今该修撰张謇请办吕四一垣，设厂造煎，应令仍名同仁泰垣，暂就吕四一垣试办，不必牵及他场，亦无庸别立公司名目。②

张謇的建议因恩铭和魏光焘的反对并未推广。在当时清末新政的大背景下，举办实业，利用外国先进的技术改革盐务，进而扩展利源，增加国家的财政收入，无疑是比较明智的选择。但作为封建大吏的魏光焘，墨守成规，故步自封，并未听取张謇的合理建议，将两淮地区的盐政改革向前推进，确实是极为惋惜的。

① 《宫中档光绪朝奏折》第十九辑，第819页。
② 同上。

第二节　两江近代教育的推进

一　筹建三江师范学堂

南京作为"人文荟萃、士林渊薮"的六朝古都，在中国文化教育史上曾经辉煌一时。早在东晋建武年间，南京就已建立了太学，而且极一时之盛。之后，传统教育一直处于国内领先地位。晚清时期，由于民族危机的日渐加重，改良维新思潮汹涌澎湃，而变科举、兴学校，引入西方教育模式，创建近代中国高校，已是大势所趋。1901 年，清政府厉行新政，颁布《人才为政事之本》的兴学诏书，谕令各省督抚学政兴办各级学堂，三江师范学堂就在这样的背景下应运而生。

三江师范学堂的创始者，是清末新政时期先后担任两江总督的刘坤一、张之洞和魏光焘。

光绪二十八年（1902）五月八日，刘坤一邀请张謇、缪荃荪、罗振玉等江苏学者、名流商议兴办学堂事宜，达成共识：兴学育才的主要困难是师资匮乏和资金短缺，而开办高等师范学堂，不仅可以为各级学堂培育师资，而且也比办理高等学堂减省一半经费。刘坤一在当日给张之洞的书信中通报了此次商讨的经过，力主"兴学应从师范学堂入手"[1]。随即刘坤一向清廷上奏《筹办学堂折》，呈请在督署江宁创办师范学堂。不久，刘坤一病逝。张之洞署理两江总督，继续大力兴办教育，于 1903 年 2 月上奏《创建三江师范学堂折》，开宗明义，重申了"师范学堂为教育造端之地，关系尤为重要"[2] 的观点。强调兴办教育必须"扼要探源"，把握先后次序，"惟有专力大举，先办一大师范学堂，以为学务全局之纲领，则目前之致力甚约而日后之发生甚广"[3]。并奏请在江宁省城北极阁前勘定地址，创建一所三江师范学堂，凡江苏、安徽、江西三省人士均可入堂受学。张之洞的奏折获得清廷准许后，三江师范学堂仿照北洋学堂章程，延聘日本教习 12 人，挑选本省

---

①《刘坤一遗集》第五册，第 2229 页。

② 张之洞：《创办三江师范学堂折》，载《南大百年实录》编辑组《南大百年实录·中央大学史料选（上卷）》，南京大学出版社 2002 年版，第 5 页。

③ 张之洞：《创办三江师范学堂折》，第 5 页。

科举出身的中国教员 50 人，互相讲习，先练教员。预定学额 900 名。前三年先招收速成科、本科，以满足各州县小学教育之需，第四年招收高等师范本科，以备中学教员之选。学堂由翰林院编修缪荃荪任总稽查，进行筹建。1903 年 9 月，三江师范学堂正式挂牌成立。

三江师范学堂成立后，校舍建设尤为重要。这对新任江督的魏光焘而言，也是其关注的重点。因张之洞任内确立建造各项房屋，必须能够容纳学生 900 人，物料装饰建筑计划由湖北师范学堂堂长胡钧拟定，胡氏的蓝图系仿照日本帝国大学，派人按式绘图。魏光焘派江宁布政使李有棻饬令工匠对建筑工程经费进行预估后，需要花费白银 30 多万两。魏光焘认为："若照洋房间数改造华式约需银 18 万两左右，值此度支奇绌，不独造屋无此巨款，即将来常年经费需款浩繁亦恐难以为继。"[1]于是他和学务处经过会商后，以原定三省学额 900 名，分为三班召集入堂，这样建造房屋也可以次第增添。首先按照分班学生人数选择必不可少房屋分别起造，参照日本帝国大学样式建造。经过核实估计，共需工料槽平银 98500 多两，魏光焘指定在江宁筹饷捐输款内解存库银 58000余两，尽数动拨。不足部分经费，由江宁布政使设法另外筹集。

经费解决后，三江师范学堂校舍修建很快开工，进度颇为迅速，光绪二十九年（1903）十二月一日，《大公报》报道，已完成"洋楼五所，局面极其宏敞"[2]。光绪三十年（1904）一月二十五日，《东方杂志》报道，工程尚未完全竣工，但"校舍俱系洋式，壮丽宽广，不亚日本帝国大学。建筑之费，初定二十万两，后因推广规模，再支十五万两，现正赶工，明年秋间即可落成"[3]。当时日本东亚同文会也对三江师范学堂兴建的情况作了报告，指出"五百十四室大校舍及职员住宅，已完成一半，来年二月即可竣工"[4]。1904 年，添建理化讲堂一所，由中国教习蒋与权负责绘图。8 月间，一处走廊被雨水冲塌，学堂新总办徐乃昌禀请魏光焘派人查勘。因中日教习均不愿居此危屋，故暂借昭忠

① 《魏光焘奏筹建江南三江师范学堂经费折》，《南大百年实录》编辑组：《南大百年实录·中央大学史料选（上卷）》，第 6 页。
② 《大公报》，光绪二十九年十二月一日。
③ 《东方杂志》，光绪三十年一月二十五日（1904 年 3 月 11 日）。
④ 财团法人霞山会：《东亚同文会史》，昭和六十三年，第 366 页。

祠临时使用。魏光焘于 8 月 31 日派候补道穆少若前往查验三江师范学堂工程，发现工程监督查宗仁有疏忽之责，经过补救，工程于 10 月间全部竣工。

建成后的学堂主要建筑有：三层西式钟楼，这是当时学堂的主楼。亦称一字楼（按形状取名），后称南高院，目前仍在东南大学本部内；二层西式楼的教习房，是外籍教习的居室，位于东南大学西校门内；二层西式方形楼，形似口字，所以也称口字房，位于东南大学图书馆附近，后焚于大火。20 世纪 20 年代，就在其附近建起更美观的图书馆；以后又在图书馆的对面建起了科学馆。四座美观的大楼坐落院中，在当时的南京已十分壮观，所以人们从那时起就叫这地方为四牌楼。①

魏光焘在担任两江总督一年半的时间内，正是三江师范学堂建校和开办的关键时期。他对于该学堂的创建方略和原则，基本沿袭了刘坤一、张之洞的办学方针，萧规曹随，并未进行较大的变更。对于建校及开学前繁杂的筹备工作，魏光焘积极组织实施，有条不紊且卓有成效。首先，因三江师范学堂首次招聘中国教习仅录取 20 名，较预计的 50 名之数相差甚远，故魏光焘指令两江学务处发出晓谕，命各地方官员再次保荐科举出身人员，于光绪二十九年（1903）四月底全部集中江宁，"特再行考试一次，以广搜罗而昭公允"②。三次续考总计录取教习 50 名，加上张之洞任内录取的 20 名，共有 70 名。③ 基本解决了师资缺乏的问题，为三江师范学堂的顺利开学奠定了基础。其次，汉文总教习在学校的运行中起着至关重要的作用，魏光焘对于总教习的选聘也极为重视。师范学堂原来拟定聘请通州举人范肯堂充任汉文总教习，但后来范因另有他任，故魏光焘决定改聘湖南进士吴獬担任此职，并令两江学务处发去聘书，请其来校担任总教习。最后，魏光焘还做出了"择日开学"以及中西教习"互换知识"的规定。

光绪二十九年（1903）六月，学堂聘用的菊池谦二郎等 11 名日本教习到达南京，学堂总办杨觐圭于六月十九日召集日本教习和中国教习

---

① 南京市鼓楼区政协文史资料委员会：《鼓楼文史》第 5 辑，1993 年印刷，第 111 页。
② 《申报》，光绪二十九年三月二十八日。
③ 王德滋：《南京大学百年史》，南京大学出版社 2002 年版，第 15 页。

开会，除明确日本教习和中国教习各自承担的课程外，还确定中日教习彼此以"学友"称呼。六月二十五日，三江师范学堂正式开学。因本年度尚未招收学生，故所谓开学，也只是华洋教习互相教练、互换知识。日本教习在中国教习的指导下学习中国语言文学和经学，中国教习向日本教习学习日语、教育、博物、卫生、物理、化学、图画、手工、理财等学问。从光绪二十九年闰五月开学起，到三十年六月止，经过一年的练习后，教员基本能够恪遵规则。魏光焘又对教员进行了核实讲求试验，从 70 人中筛选了 56 名留校任教。按照奏定优级师范学堂章程，分别派为正教员、副教员、助教员，作为师范学生的教习。专门讲授中国经史、文学、舆地、算学、体操等课程。学堂修建工程结束后，魏光焘令各教员先行入住学习，秋后考取三省学生 300 人入堂，作为第一次应招人数，分习一年速成科、二年速成科、三年本科，学成陆续派充各州县小学堂教习，到第四年即添置高等师范本科，以备各处中学教习之选。魏光焘还深刻地认识到了师范学堂对于两江地区中小学教育的重要性。他指出："盖中小学堂之学生，程度日以加深，则师范学堂之教员养成，亦刻不容辍。此学堂实为三省中小学堂命脉，所关固不能不加意经营也。"①

三江师范学堂是中国近代最早建立的高等师范学堂之一，对于推动两江地区的近代教育事业的发展起到了重要作用。继任江督周馥对魏光焘等人创办三江师范学堂的功绩曾评论曰："大江南北，文人渊薮，开化较早，风气易移。自经前督臣魏光焘、署臣端方极力提倡，承学之士，翕然成风。"② 1905 年，周馥因总督之称两江，遂将学校名称改为两江优级师范学堂。先后由江苏候补道徐乃昌、江宁提学使李瑞清担任监督。李瑞清以"视教育若生命，学校若家庭，学生若子弟"自勉，曾亲自书写校训"嚼得菜根，做得大事"。李瑞清主持两江师范期间，悉心兴学育才，学校规模日以扩大，最多时有在校生千余人，教学成绩卓著，为江南各高等学堂之冠。1911 年辛亥革命爆发，学堂于次年停

---

① 《宫中档光绪朝奏折》第十九辑，第 826 页。

② 《周馥奏陈两江师范学堂情形折》（1906 年 10 月 1 日），《南大百年实录·中央大学史料选（上卷）》，第 18 页。

办。三江师范学堂总计历时近十年，先后有毕业生 2000 余人，为江南三省培养了第一批优秀师资。著名科学家秉志、国学大师胡小石、国画大师张大千等均为该学堂早期的学生。

二　添置军事学堂

晚清时期江苏的军事学堂中，以水师和陆师两所学堂开办最早。江南水师学堂创建于光绪十六年（1890），是在洋务运动中诞生的一所培养科技人才的军事学校。江南陆师学堂的创建稍晚，是在甲午战后的 1896 年，张之洞奏请在南京设立。这两所军事学堂连年均按章程办理。魏光焘认为："外国学堂，凡习武备者，皆须先习普通。"① 故于光绪二十九年（1903）在陆师学堂内增添普通学科，令有志于学习陆师的学生先行肄业，作为陆师学生的预备，其大致仿照日本成城学校的办学方式。魏光焘对陆师学堂进行考察后，认为"各防营所派陆师学堂毕业学生，往往情意隔阂，不尽其用"②。因近年南洋选派学生留学日本，从成城学校进入士官学校毕业的人数较多，又经过多次派人阅看日本行军大操后，感觉耳目一新，与当时陆师学堂中专门练习德国操法相比，其军事趋向差别较大。于是魏光焘决定仿照日本士官学校章程设立学堂，定为武备速成科，所有学生，皆从各防营中挑选，定额为 240 名，分为将弁、兵目两级，并分为马、步、炮、工、辎重等门类，雇用日本教习 2 人，于光绪二十九年（1903）冬正式开学。

武备速成科用士官学校毕业生为助教，开设的功课为军制、地形、测绘、战术、兵器、筑城、算学、东文马学、卫生、兵棋、野外要务和马步炮工各种操典。将来学成后，学员回到原来营房，根据成绩的优劣，分别高下，选派为将官，以收到因势利导之效。此外，在武备速成科学堂中，还设立了战术研究会，选取各营现有营哨官讲求实习，暂时借用南京城内昭忠祠作为学舍，令江宁布政使建造新学堂。并在学堂之南建造洋式兵房四座，调拨常备右军一二营附属驻扎，作为学生实习的场所。因武备速成学堂的学生，大多亲身经历过战斗，与陆师学堂从民

① 《宫中档光绪朝奏折》第十九辑，第 826 页。
② 同上书，第 827 页。

间招收的学生有所不同，故魏光焘决定改定军制，认真整理，以期获得实用之效，与陆师学堂同时并重。

三　改设江南实业学堂

清末时期实业学堂的概念内涵较为广泛，大致包括了农、工、商、矿等科。在清末设立的各类实业学堂中，一般真正包含以上各科的高等实业学堂并不多，较为常见的是农、工、商、矿单独设立，或二科、三科并设而侧重于某一科。在清末江苏实业教育发展中，大致形成了偏重农业学堂和商业学堂的结构。① 江苏作为传统农业经济发达的地区，自甲午战争之后，农业经济结构也发生了一些变化，江南地区逐渐发展起以蚕桑为主导产业的丝织业、织布业等。苏北自新政推行以来，漕运总督陈夔龙在清江浦设立蚕事推广实验场，同时举办苏北种植牧养工艺公司，逐步调整传统产业结构，注重引进良种，推广种桑、养蚕，发展以蚕桑、养殖为主导的农业经济。

魏光焘对实业教育也极为重视。他认为："中国此时欲图自强，则凡各级学堂皆须同时并举，不学专门，不足以抵制外洋之人才，不学普通，无以培植专科之根底，师范为全国读书之种子，实业又百姓生计之本原。"② 而且，他深刻地认识到了实业对于国家强盛的重要性。他说：

> 强国之道，首在富民，致富之方，不外实业，而振兴实业，莫大于农工商矿四者，近年东西各国，于振兴此等实业学堂，孜孜不倦，故财力日雄，国势日盛。③

魏光焘担任两江总督以来，看到两江地区虽然拥有丰富的物质资源，但土地资源没有得到充分利用，百姓多为游手，工商业仍然呈现疲窳之状。于是，魏光焘决定大力兴办实业学堂，逐渐陶冶人才，进

---

① 刘正伟：《督抚与士绅：江苏教育近代化研究》，河北教育出版社2001年版，第192页。
② 《宫中档光绪朝奏折》第十九辑，第829页。
③ 《前两江总督魏奏江南格致书院改为实业学堂折》（光绪三十年），陈元晖：《中国近代教育史资料汇编·实业教育·师范教育》，上海教育出版社2007年版，第67页。

而为国家的富强奠定良好基础。光绪二十五年（1899），江苏巡抚恩寿在前任江宁布政使任内，将已撤销的高等学堂改建为格致书院，造就了不少实业方面的人才。魏光焘认为格致主要讲求理论知识，而实业更加切合实用。此外，清廷此时也对实业学堂的创办较为积极。光绪二十九年（1903）十一月，管学大臣张百熙曾在会奏重订学堂章程的奏折中声称，实业学堂有百利而无一弊，最宜注重。光绪三十年（1904），商部又上奏设立高等实业学堂，考取学生入堂肄业。在清廷的大力推动下，魏光焘决定将格致书院改为江南实业学堂，分设农、工、商、矿四科，招收学生120名，分科进行学习。并为学生配备了各科标本、仪器、材料等，作为学生考验之用。因格致书院原有学生，许多已担任府县各学堂教习，新设实业学堂学生数量已经为数较少，其中有曾经学习矿学专业的学生，对于格致理论已有一定基础。故决定实业学堂中的矿学一科，即以原有学生专门练习农、工、商三科，另外延聘日本教习和技师分班教授，先学习普通一年，然后再学习专业知识三年，四年后毕业。毕业考试优秀的学生，由实业学堂保荐到京师实业学堂深造，以资成就。实业学堂的管理人员，魏光焘因现办商务局奏留江苏候补道刘世珩讲求实业，曾经派赴出洋，对于农工商各学极力实心举办，认真核实，故委任其兼管学堂事务。江苏候补道黎经诰曾随前任出使大臣李盛铎在日本办理外交多年，留心学科和学堂规制，委任为学堂总办。并加派江宁布政使黄建笎督办其事，以重责成。实业学堂的开办经费、常年费用由魏光焘指令在商务局所储官商合办通州大生纱厂息银中筹措发放。

江南实业学堂的农学科非常注重农业科学实验，其附设的农业试验场，试验田达180亩，而实验科目及种类则不一而足。仅农事试验一项，即分水田试验、陆田试验、木框试验3种，所涉及的实验物种有普通作物、特有作物、蔬菜、果树、有用树木、草花6种。通过试验，培养学生的农业专业知识和技术，同时，又在江苏改良及推广近代农业科学技术。[①] 此外，江南实业学堂商科的兴办，对于开启商智、促进江苏地区商业的发展起到了重要作用。正如苏州商务总会章程中所指出的：

---

① 《督抚与士绅：江苏教育近代化研究》，第194页。

"学堂也，讲习所也，陈列所也，皆为商界下新种子也。"①

四　江宁高等学堂坍塌案

江宁省城高等学堂，开始筹建于光绪二十八年（1902），由时任两江总督刘坤一奏请而设。之后因扩充学堂规模，故添建洋楼、化学堂、仪器房，作为学生习学图绘之所，至光绪二十九年九月报修竣工。竣工不到一年，突然于光绪三十年（1904）三月初六架梁倾圯，压死学生 1 人，重伤 5 人，轻伤 6 人，此事引起了江苏各界人士和舆论一片哗然。有人曾将此事以"投函"的方式披露于报端，称"江南高等学堂因工程委员章邦直侵蚀工款，以腐朽两截之断木为梁，以致崩陷"②。此件工程贪污案不仅涉及工程委员章邦直一人，且与收验工程的知县侯谋有很大关系。讲堂落成之时，魏光焘派委侯谋收验，当时章邦直的侵蚀之声已经传言甚多，沸沸扬扬，路人尽知。但侯谋漫不加察，对章建造的工程并未详细勘验，即为之出具工料坚实之印结。故各界一致认定侯与章有平分侵款之事。其次，章邦直在担任高等学堂提调时，极力压制学生，对学生颐指气使，导致该学堂学生程度在江南各学校中最为低下。《警钟日报》曾有人记述：

> 犹记开堂之日，仆亦参观典礼，堂中设孔子位。先是，各官教习拜毕，旋见章高声大呼曰："你们这班学生，也来拜拜孔圣人。"学生闻言，俯首帖耳，趋至位前，叩头如捣蒜。方退归，章又大呼曰："你们这班学生，再上来拜见制台大人。"学生仍俯首帖耳，屏息下气，至魏制军座前跟跄跪下，叩头如捣蒜。夫以自命高尚之学生，而章直以如此贱辱之口吻呼之，学生覥然人面，不复知人间有羞耻事，则无怪章邦直视学生如草芥，视讲学如儿戏也（以上诸事均在建讲堂之前）。③

---

① 《苏州商务总会试办章程》，转引黄逸峰《旧中国民族资产阶级》，江苏古籍出版社 1990 年版，第 133 页。

② 《江南依隐吏·投函》，罗家伦：《警钟日报》第二册（第二版），中央文物供应社 1983 年版，第 681 页。

③ 同上。

此外，章邦直建讲堂的同时，在其居宅大兴土木，建造一座洋楼。此事学堂之中人尽皆知，但并无一人过问。究其根源，在于当时学堂总教官压制学生，不许议论政治。学堂讲堂坍塌之后，章邦直家中洋楼巍然如故。

对于此次讲堂坍塌之事，时任两江学务处司道、江宁布政使黄建笎因外界舆论甚大，不敢隐瞒，向魏光焘禀请传集工匠由县进行审讯，以查明章邦直承造此项工程，有无侵克营私情节。魏光焘立即上奏清廷："查学堂屋宇为中外教习及考取学生朝夕肄业所居，宜如何拣选工料，认真修造，以期坚固。今章邦直承办前项洋楼化学堂，领款一万五千余两，工竣未久，坍塌酿命，若非工料偷减，即属办事草率，难以姑容，相应请江苏候补直隶州章邦直先行革职，勒令赔修，以示惩儆。"①

之后，魏光焘饬令黄建笎、江安粮道胡延会同学务处将倒塌的洋楼折卸，按照原估工料银7900多两，由章邦直如数赔缴，另行建造完固。之后，魏光焘因调任闽浙总督，此案移交署理江督周馥办理，周馥指令江宁知府罗章提木匠高长松讯明后，认为"此项工程当日领价购料，系在逃之任祥森经手，章邦直发价包工，并无侵扣，委因工匠不谙造法，以致倒塌"②。端方担任两江总督后，以章邦直赔缴为名，竟然将其予以开复。其奏折中称：

> 伏查章邦直监修图画堂房屋，因工匠不谙造法，遂致坍塌，本难辞咎。惟查明发价包工，实无侵扣营私情事，既经缴款赔修，尚属自知愧奋。查该革员历署海州、高邮篆务，整顿捕务，颇著政声，前年江北大水为灾，经奴才檄派办理海州平粜事务，皆措置欲如，若以一眚废弃，殊为可惜。查河南候补知县郑祖光承修晋省学堂贻误工程，经前山西抚臣张曾敭奏参革职看管，归案讯办。嗣以责令赔修蒇事，复经奏请随案开复。三十年十一月初八日钦奉朱批：著照所请，该部知道，钦此。今革员章邦直因工程倒塌赔修完

---

① 《宫中档光绪朝奏折》第十九辑，第282页。
② 《两江总督端方奏革员章邦直赔修工程请开复片》，《奏设政治官报（6）·折奏类（三月初四日第一百五十五号）》，文海出版社1965年版，第71页。

竣，与郑祖光事同一律，自应援案奏请开复，以彰赏罚。①

如此一件与学生性命攸关的工程案，章邦直被魏光焘奏请革职后不到一年时间内竟然开复原职，确实耐人寻味。章邦直作为学堂修建的负责人，无论如何亦难辞其咎。还有，魏光焘离任后，对工程案的审理也是疑点重重，周馥声称领价购料的关键人物任祥森负案在逃，承担了一切罪名，验收工程的知县侯某也并无任何责罚。此案发生于清末新政时期，官员的贪污舞弊和官场的互相包庇比比皆是，故章邦直能够逍遥法外也是必然的了。

第三节　两江防务建设

一　整顿南洋军制

甲午战后，有感于中日《马关条约》的丧权辱国，署理两江总督张之洞于光绪二十一年闰五月二十七日（1895 年 7 月 19 日）向清政府上奏，痛陈和约之害，并提出了九条"力求补救之策"，其中第一条即为"宜亟练陆军"。建议用一年的时间在全国仿照德国陆军建制编练陆军 30000 人，并拟就江南情形编练 10000 人的陆军。随后，张之洞开始着手编练新式军队，但因经费不足，编练 10000 人的设想未能实现。张之洞通过招募和从卫队、护军营中选拔精兵等措施，编成了一支"江南自强军"。该军有步队 8 营，每营 250 人，分为五哨；马队 2 营，每营180 骑，分为 3 哨；炮队 2 营，每营 200 人，分为 4 哨；工程队一营100 人。② 合计 13 营，兵力为 2860 人。当时张之洞聘请春石泰等 35 名德国军官为自强军教习和担任营、哨两级指挥官，营制饷章，全部仿照德国军制。光绪二十二年（1896），张之洞调回湖广总督本任后，自强军交由两江总督刘坤一续练。光绪二十七年（1901）六月，清政府调自强军赴山东归袁世凯节制督练。

---

① 《两江总督端方奏革员章邦直赔修工程请开复片》，第 71 页。

② 《自强军营制饷章》，中国社会科学院近代史研究所中华民国史组：《中华民国史资料丛稿专题资料选辑第二辑·清末新军编练沿革》，中华书局 1978 年版，第 40 页。

此时因端方在湖北训练新军方面已经颇负盛名，各地前往湖北学习新军和请调人才之差官不绝于途。魏光焘受任两江总督伊始，即派出代表赴湖北学习取经。① 并亲自致书于端方，向其求教练兵之法。他说：

> 今日自强之策，首在练兵。东南数省军容之盛，兵学之精，惟鄂为最。客岁舟次汉皋，幸得与窥其盛，宏规远略，津逮无涯，益用钦佩。此间兵力单薄，教法亦多缺略，不完之处，节经增营督练，逐加整理，并拟添练工程队，补所未备。惟肇事之初，取法贵上，特饬守备张家峻来鄂采取章程，并就贵标工程队中聘请教习数人来宁督练，尚乞俯赐照察，饬该队将领等示之规则，俾作指南，并于教习中选派上驷，俾作导师。他日南洋兵备得觇进步，皆大贤之赐也。②

南洋自强军自调归直隶总督袁世凯节制后，两江地区的防务部队显得尤为单薄。魏光焘任内，尽管采取了"改营为旗"的举措，但兵力仍然不敷分布。魏光焘认为当此防务吃紧之际，应该酌情增募兵力。于是，他派留江补用参将魏荣斌驰赴湖南，按照湘军营制招募 6 营，总共6000 人。③ 又委派江南陆师学堂毕业学生王继美和刘泽沛分赴安徽招募士兵 2 营。魏光焘将魏荣斌所招 6 营命名为"江南武威新军"，派往镇江驻扎。王继美、刘泽沛因系安徽籍人士，出身学堂，勇丁则由颖、寿一带招募，哨弁则由学堂挑选，即名为"江南武威新军左右翼"④。这支军队驻扎省城。两支军队全部按照新式操法训练，俟练习纯熟后，听候调遣。因武威新军为新募之军，故军纪较为松散，严重影响到军队的战斗力。兼统江南武威新军左右翼钱德培对此有较为深刻的认识。他指出：

---

① 张海林：《端方与清末新政》，南京大学出版社 2007 年版，第 390 页。

② 《两江总督致端方函》（光绪二十九年），端方档案，端552，函8，《寻常杂附》，转引自张海林：《端方与清末新政》，第 390 页。

③ 《两江总督魏奏派员招募江南武威新军片》，《东方杂志·军事》1904 年第 2 期，第59 页。

④ 《中华民国史资料丛稿专题资料选辑第二辑·清末新军编练沿革》，第 247 页。

窃维法久则弊生，弊之最著而未易除尽者，于今日为练兵，练兵之弊，以缺额为通病，凡旧有之营，欲求其不缺一人，恐绝无而仅有，无论如何严查，彼必设法蒙蔽，使统军者防不胜防，此职道力辞新湘军之所由来也。该军除中旗坐营不短一人，可表天日，此外则实未敢代为具结，即以大帅通饬扎行箕斗须分指部，身长须量尺寸，此法亦非三两日派员验对，不能查出临时雇顶之弊，倘于数月派员一查，查时已早得信，谁不能立时不足顶替。且箕斗有似是而非者，仍不足以免含混。①

为了改变武威新军中的弊端，钱培德向魏光焘提出了八条解决办法：

1. 印箕斗指纹另列一册；

2. 花名年貌、籍贯、身长尺寸、口音、三代向习何业、曾否读书识字，从前曾否投营合列一册；

3. 放饷派支应局委员监放；

4. 弁勇均应存饷，每月每名存银一两；

5. 查验箕斗须随时派候补人员或营务处提调等员出其不意前往查察；

6. 新募之军，不准如老营兵勇不领号签随时出入，漫无稽考；

7. 每日出操须全营到操；

8. 官弁不准擅离营次。

魏光焘认为钱培德所拟八条确为整顿军纪的良法，遂下令将其抄行各军，遵照办理。

军队操练方面，清廷认为日本陆军大可师法，乃令全国军队改用日操，废弃德操。光绪二十九年（1903）十二月二十五日，兼办护新各营旗营务处、金陵炮台总台官王世绥向总统南洋续备护军新兵等营旗杨金龙禀称，南洋各营旗操练方法不一，有训练德国操法者，有练习英国操法者，也有按照日本操法训练的部队，操法参差不齐。其中日本操法原系仿效德操训练，斟酌损益，糅合了其他国家操法之长，而弃其所

① 《两江督宪魏通饬整顿营伍札》，《南洋官报·南洋公牍》1904 年第 19 期。

短，实为一种较为完备的军队训练方法。他指出：

> 即如肩枪手法，日操改尚右肩步伐，改尚弯腿，腿固便于操，亦易进攻，且可养其气力。夫兵凶战危，事贵专一，使锋镝交战之际，习德操者以德操应，习英操者以英操应，习日操者以日操应，号令不一，参互错乱，害事何可胜言？故兵贵精不贵多，而不练与无兵同，练贵专而不贵杂，而不一与不练等，是操练之贵在划一明矣！现在北洋、湖北及各省之操，均系东洋教习，而学生游历考求，往东洋者为最多，即南洋将弁学堂，亦系东洋教习，各营旗之杂用英德操者，习之日久，自当娴熟，将来将弁学生一出，势必处处尽改日操，则从前所习德英各操之已有成效者，一旦尽归无用，不几徒费操习之功乎？当此训练认真之时，不如先将各营旗之习英德操者，趁早改习日操，以归一律。免其一改再改，一旦有事，虽仓猝征调，彼此合营同心同操，庶军容既整而胜券可操，即无事时各营合操，并无二致。亦可大壮观瞻，一转移间练成劲旅，实于操防大有裨益。①

　　对于王世绶的建议，魏光焘极为重视，他亦深感当此内讧外侮交迫之秋，时艰孔亟，操练军队当属急务，而南洋军队的营制和饷章已很难适应近代化战争的需要。因此，他通令南洋各军操法，一律改练日操，以归划一。其次，仿照日本师团成法，从新改定。为了使南洋部队军制更加完善，魏光焘首先挑选各营将官进入江南将弁学堂，研究战术。分遣文武将士亲赴日本阅操，或选派人员去日本留学，以借鉴日本军队的训练方法。并遴选陆师学堂和国外留学回国的毕业生分带营旗，进行试办。经过一年的整顿后，南洋部队的整体素质有了较大提高，"各处风气渐开，考求亦渐得条理"②。于是，魏光焘决定乘此机会将全省军制一律改编，使其与练兵处制定的办法相吻合，同直隶、湖北联为一气。

---

① 《两江总督魏饬南洋各营一律改练日操札》，《东方杂志·军事》1904 年第 3 期，第 42—43 页。

② 《中华民国史资料丛稿专题资料选辑第二辑·清末新军编练沿革》，第 247 页。

南洋各军一律改练日操的命令下达后,引发了江南陆师学堂的"改操风潮"。陆师学堂自光绪二十二年(1896)开办以来,一直采用德操训练,当时仍不废弃。第四期学生鉴于全国军队均已改用日操,为将来出路计,遂上书总办要求也改用日操,以期学归实用。总办罗长琦以事关变更制度问题,故向魏光焘请示。魏光焘对于陆师学堂学生的请求已有允可之意,不料此事被学堂内德国教官知悉,认为一旦改用日操,德国教官将会因之失业,故向驻南京德国领事汇报了此事。德国领事旋即拜访了魏光焘,谈及此事。魏光焘的答复是:"现在中国军队已全部改用日操,学堂也应划一办理。"① 但德国领事声称:"贵国改用日操想必已有成效,余不妨电告公使,请其电致我国派兵舰一试。"② 魏光焘见其语含威胁之意,当时默而不答。翌日,魏光焘以德籍教官合同期限未满为由,指令陆师学堂总办对学生严加管束,不准有越轨行为。但学生仍推举代表二人面见总办,力陈中国人体格不如德人魁梧,举动步伐率多牵强,日本人身材和中国相似,易于学习。并从学生前途和国家前途出发,痛切陈述,跪而求之。学堂总办对于学生的请求非但不予同情,反而将全体学生诬为"革命党"。并将学生代表毛志明、朱静安二人立时关闭起来,其余学生则一律勒令解散。这一处理决定传出后,全体学生为之哗然,一致表示反抗。有的提出再派代表向总办要求,有的主张全体出动向总办质问,不达目的不止,并要求释放代表以平民愤。正在议论纷纭之际,监学谢西园跑来大声警告说,如有不服从命令、擅自行动的人,即以"革命党"论罪。这时,总办已调来军警把学堂紧紧包围,严密监视,学生在内外压迫之下,只得含愤而散。这次学生的请愿没有获得成功。

南洋地区的军队,自强军归北洋训练后,所存各军,总共有常备军12营2旗,兵力6752人;续备军20营17旗1哨,人数为13851名;武威新军兵6营2旗,人数3572名。总计部队人数为23995名。魏光焘经过统筹全局后,决定分立二军,江南为一军,江北为一军。规定:

---

① 谌秉直:《回忆清末江南陆师学堂有关情况》,载全国政协文史资料委员会《文史资料存稿选编》第16辑,军事机构(下册),中国文史出版社2002年版,第197页。

② 同上。

每军步兵两镇，镇分两协，协分两标，标分三营，营分四哨，哨分三排，排分三棚；另炮兵一协，骑、工、辎重兵各一标。计步兵每棚一十二人，两镇四百三十二棚，凡正兵一万三百六十八人。炮、骑、工、辎亦每棚一十二人，而标或三营两营，皆系两两分配，以备可分可合，有事分拨两镇，无事合练一处，大抵仿照北洋办法，而以南北地形不同，故骑兵较少。①

此外，魏光焘奏请就常备左右两军和续备、护军正四旗兵数，先在江宁编练第一镇。不久因左军奉调赴湖南，故开练者只有步兵一协，炮、骑、工各一营。很快新编军队营房建成，如法进行操练，已经具备了初步规模。等左军回防后，第一镇练兵即可足额。然后就武威新军加拨其他营，从中挑选，在镇江开练第二镇，并补足炮、骑、工、辎全额，江南一军也基本得以练成。江北一军应就清江练第三镇，徐州练第四镇，炮、骑、工、辎也分配足额。这一军兵数，除了徐州防营大致可以备用，将其严格裁汰留用外，应该全部仿照北洋章程，专门招募土著士兵。统计一军步、骑、炮、工、辎战兵，共17000多人。加上员弁、匠役、伙夫等，全军共有28000多人，每年需要军饷16684918两白银。对于江南旧设营务处，魏光焘也请求趁此除旧布新之际，另外开启新规。仿照北洋军队设立参谋、执法、督操三处，仿照湖北新军设立经理一处，各派专员分司共事，选派知兵大员总统。并选派在外国陆军各学校、江南陆师、将备学堂的毕业生，以备顾问而资阅历。由于人才缺乏，故在两镇五协十三标等处参谋官皆为拟设，将来全军编成后，可将学堂学生根据程度深浅分派各处。并且建议："惟是一军两镇，已隐合日本两师团之制，徒以经费支绌，故战兵额数仅能比一师团。炮、骑、工、辎，需费较多，故所定兵额尤少。此为惜费起见，战时必需将五项一律增加，则一军可得两军之用。"②

魏光焘关于编练军队的建议上奏练兵处后，练兵处将其意见转呈清廷：

---

① 《中华民国史资料丛稿专题资料选辑第二辑·清末新军编练沿革》，第248页。
② 同上。

原奏所称江南拟练第一、第二镇，江北拟练第三、第四镇，分立二军等语，此时镇数无多，暂可不必编军。前经臣等奏准，各省编立镇数，按成镇先后，依次排列，俾之同条共贯，脉络相联。今该督拟设江南两镇，系就常备、续备、武威等军增改，目前尚未足额；江北两镇，则汰留徐防各营，其余尚须招募，尤应熟察情形，妥为筹画，毋令参差糅杂。候各镇陆续编成，规模完备后，再行按照臣等前奏，排列镇数，俾免两歧。①

二　部署江宁省城内外防营

清政府自举办新政后，曾多次谕令各省督抚将军一体改练洋操，以期整军经武，起衰振敝。魏光焘也认为："国势之强弱，视夫武备之废兴。"② 早在陕甘和云贵任内，他即已对武备极为重视，也取得了一定成效。调任两江总督后，魏光焘尤以整顿武备为急务。上任伊始，他于光绪二十九年（1903）四月初四调阅了分防省城内外的护军新兵步队各营旗演习新操阵式。在演练过程中，各营号令严密，兵勇精壮，大致均有可观，枪炮的命中率也很高。但他认为演练也存在一些缺点，军队步伐参差不齐，士兵手眼的配合难以到位，以致阵法分合进退未能符合规范。他对于演练情况分别优劣和赏罚后，勒令限期进行学习和整顿。通过此次调阅，魏光焘推究了演习过程中出现诸多问题的原因，主要在于平日防汛部队缺乏灵活机动的实际行动，还有军队中将官意见歧异所致。为此，他决定将省城内外防营部队进行统一整顿，使其能够在战斗中发挥应有的作用。

金陵作为南北通衢的水陆要隘，拥有一支训练有素、装备精良的卫戍部队以备征调之用，尤为关键。原有驻扎防军和练军，分布于城关内外营汛之地，多达数百处，驻防士兵极为分散。而练兵的一个重要方法即是集中训练，宜聚不宜散，士兵分散势必难以达到预期的训练效果。他指出："此项兵勇，不为之分别归并，岂惟不足以重操防，抑虑散漫

---

① 《中华民国史资料丛稿专题资料选辑第二辑·清末新军编练沿革》，第248页。
② 《宫中档光绪朝奏折》第十七辑，第80页。

无稽，隐滋有名无实之弊。"[1] 但要保证防营士兵经常操练，必须设立一个专门的负责机构才能保证训练的顺利进行。魏光焘认为江宁省城辽阔，华洋杂处，教堂林立，急需设立警察分扎巡防，然后可抽调零星防营士兵，屯聚数处，专门从事训练。

经过缜密规划后，魏光焘督饬司道迅速妥善议定警察章程，并入原有的保甲局统筹办理。这样可以分别名目，各有责成，也能使营务日有起色。但魏光焘又虑及江南作为湘、楚军昔日建功之地，不仅营哨将官皆为湘军和楚军旧部，即便督标、候补、先锋坐食薪饷者也有很多。战事结束后，历任两江总督和江苏巡抚因其曾著有战功，并未过分加以裁遣。这些湘、楚将士依仗"汗马微劳亦颇自矜负，攘臂顿足，争言卫、霍之事"[2]。如果一旦将其全部摒弃，于情于理都很难办理。这些旧式军官，在清末编练新军的过程中，也是一个很难妥善处理的问题。尽管在军营中参用西式操练方法，但这些将官均属旧式军人，思想顽固和保守，很难接受和融入现代的军事观念和训练方法。于是就出现了这样一种现象："学生之视将弁，则以为旧式难用于今时；将弁之视学生，则以为空谈未见诸实效。"[3] 魏光焘对于南洋因积重难返而在风气和进步方面落后于北洋和湖北的情况甚为痛惜，而在除旧布新的大时代面前，为了改变这一现状，他决定在军营中设立练将学堂，命令各营自行挑选稍为文化的将官，轮番加以训练，待其掌握新式训练方法后，令其向士兵再行传授，让旧式士兵和将官接受和认可新式训练，通过潜移默化的方式，逐渐改变旧式军官和士兵落后的军事观念。

在新旧交替之际，如果将官全从新式学堂中挑选，一时很难实现。魏光焘决定从日本聘用正副教习2人，来到省城，即行开办。并将现驻镇江的常备右军3000人移调省城驻扎，饬令该军统领江苏候补道杜俞督练新操，作为倡导新操的典范。待这支部队练有成效后，再抽调其他部队逐渐推广。这次魏光焘在设立的练将学堂、警察和训练新操的各部队中，添设了炮、马、工程、辎重各兵，为其提供了住房，配备了行军

---

① 《宫中档光绪朝奏折》第十七辑，第80页。
② 同上书，第81页。
③ 同上。

所需的背包、操衣、锄铲、棚帐、桥梁、地雷等各项器具。同时，为了节省军费，魏光焘还将江苏全省的续备和巡警各军酌情予以裁并，以期收到实效。

三 巡视沿江炮台

东南地区的军事形势，历来凭借长江天险和敌方对峙。清代平定江南后，先后在盐城、板浦、莞渎、孔望山、黑关等地驻军把守。道光中叶后，清廷于江南一带屯驻重兵，修筑炮台，建造船只。先后有内洋水师、外洋水师、江南水师、太湖水师、长江水师之兵制，并修建吴淞、江阴、镇江、金陵等炮台。自1840年鸦片战争以来，沿江炮台在诸列强的坚船利炮攻击下，不堪一击。江苏海防基本上是"有海无防"。外国船舶可以自由地进出沿海港口，对沿海地区和内地进行政治渗透、军事侵略和经济掠夺。

晚清时期，江苏的炮台总共分为四路：吴淞口、江阴、镇江、金陵。其中吴淞口炮台兼有防海守江的任务，"面海负塘，控南北洋来路，为由海入江第一重门户，形势甚为险要"[1]。而吴淞口的南石塘、狮子林两座炮台，作为长江的第一门户；江阴的黄山顶及大小石湾各炮台，为第二重门户；象山、焦山等处炮台，是镇江的锁钥；乌龙山、下关口等处，则是金陵的保障。由于这些炮台对于防务的重要性，魏光焘也是极为重视。因这些炮台历时已久，炮基间有损裂和修理尚未如法，魏光焘派人估勘工程，迅速将其补葺完善。

为了进一步了解炮台建设的详细情况，魏光焘亲自于光绪二十九年（1903）四月十六带印出省，乘坐兵轮前往各炮台悉心考察，逐一试验，并先行通饬经过地方文武官员，屏去一切供应。魏光焘逐台履勘后，发现许多炮台"或依山设守，或近水扼防，要皆凭借，明暗各别，即炮位之前膛、后膛，亦多错杂不齐，未能配搭一律，惟狮子林一处，炮位台基悉合新法，其余各台，虽屡经改修，尚不无因陋就简之处"[2]。他向江苏文武官员征询意见，有人认为应该一律加以改造，全部仿照外

---

① 沈桐生：《光绪政要》卷31，宣统元年（1909）上海崇义堂石印本。
② 《宫中档光绪朝奏折》第十七辑，第354页。

国新式炮台设置；有的建议撤去旧台归并炮位。魏光焘认为务必讲求新法，方能起到预防的作用。但也深感"事繁工巨，非一蹴所能就，且帑藏支绌，筹款维艰"①。此外，旧设炮台，有应该及时改设者，有应当相地添设者，还有急需加以整顿者，不一而足。其中乌龙山的头台、圌山关的明台、黄山顶的台垒，虽然在地理位置上控扼形胜，但炮台耸立山坡，高环墙垒，大炮露列山顶，没有丝毫遮蔽，敌人一望即可全部暴露，能够使兵力集中射击。这种虚实洞见的情形为兵家之大忌，"以有定之炮台，击无定之战舰"②的防务设施难以适应近代化战争的需要。于是，魏光焘决定仿照外国新式炮台设置，将明显的一些墙垒全部撤销，就山覆土，筑成斜势，使敌人无从窥测。并在炮前设立了钢甲作为保护，修筑往来隧道，改建兵房和弹药库，以免出现意外攻击。改设炮台后，敌人难以获取我方信息，而我军施放枪炮也比较灵活。此外，崇明口作为长江口的重要之区，以前设立的南石塘和狮子林两座炮台，均位于长江南岸，炮弹的射击力度，很难到达北岸。而北岸又无险可守，仅有鱼雷和水雷分布于水中，以之御敌，难以达到很好的效果。魏光焘察看地形后，该地有崇宝和石头两处沙滩，位于两洪之中，如果仿照外国的新式炮台，另外建筑一座浮台作为呼应，敌人舰船到来后，可以四面环击，这样南北两岸的防务都能得以兼顾。魏光焘认为，炮台作为西方国家的专门学问，往往随着火器的改变而随之变化，炮台测量之精，工程之密，如果没有深入的研究，很难掌握其中的设置和使用方法。因而储蓄有用人才、设立炮法学堂也是刻不容缓。上海制造局原来曾设有炮法学堂，之后改为炮队营，专供差使。可惜这批人才没有得到很好的任用。故魏光焘向朝廷提议规复上海制造局的炮法学堂，造就一批可资任用的炮法人才，作为未雨绸缪之图。还有，魏光焘力主炮台需要顾及后路，以防敌人乘虚袭击。他以晚清时期旅顺、威海和大沽炮台失陷的史实，训诫炮台驻防将士应该经常逐细履勘，何处可以登岸？何处可以来攻？何处可以堵截？并将一些蹊径险阻了然于心，这样不至于临时设置而造成军事上不应有的损失。

---

① 《宫中档光绪朝奏折》第十七辑，第 354 页。
② 同上书，第 355 页。

对于魏光焘巡视沿江各要隘，重视国防建设的远见卓识，《申报》曾予以高度评价：

> 今者魏午帅由滇省移节白下，以目今时势内忧外患，相逼迭乘，慨然奋发有为，下车之初，儁谦自矢，属员晋谒，无论职之大小，概以礼貌相加，又革除门稿、签押等名目，所有公事，不准家丁与闻，改用委员，分别办理。铃辕之内，固已弊绝风清矣！而犹恐营务废弛，军实不整，并各局所之有名无实，徒耗国帑而无补时艰也。不惮勤劳，策骑出辕，分诣洋火局、机器制造局巡视一周，复登雨花冈、附郭山、狮子山次第阅勘炮台，详察形势，每至一处，必令军士演炮，有不如法者亲为指示。……夫今之身为督抚者，非必无济变之才、虑患之识，或中于暮气，老成持重，雍容高坐镇之名，或抱负奇才，好大喜功，号令有不时之诮欲。如午帅之励精图治，勿贪逸豫，勿事纷更，孜孜以整饬戎行，讲求武备，为目前救时之策，盖戛戛乎难哉！……追记新猷，非敢为午帅颂，惟愿凡为督抚者，皆以午帅之心为心，则中国其庶有豸乎！①

四　购置新式船舰

南洋水师原有军舰，不仅样式老旧，而且多数吃水较深，不堪使用。时任署理两江总督张之洞曾说："此等师船，既不足为外海制胜之资，亦不足为长江守险之用。外国兵轮往来长江者甚多，见之徒为窃笑。而薪饷、煤、油及修理各费，岁靡巨款，实为可惜。若不及早改弦更张，以后永无振兴之望。"②

光绪二十九年（1903）二月，张之洞曾上奏清廷，请求将积存裁船经费订购长江浅水新式快船。具体办法是，用各局现存之款，买镑生息，按期付价。以裁停无用各轮之费，分年抵还。既可以获得利息，又能免除英镑的昂贵。这样不用另外筹集分文款项，也能获得新式船 4

---

① 《论两江总督魏午帅亲巡各要隘事》，《申报》1903 年 6 月 4 日（清光绪二十九年暨癸卯年五月初九），第 10819 号。

② 苑书义等：《张之洞全集》，第 1517 页。

艘。5 年后并可余存百万，10 年后每年存得巨额款项。这不仅有益于增强长江地区的防务，同时可以增加江南地区的财政收入。清廷对于张之洞的意见极为重视，谕令魏光焘妥善办理。之前，张之洞曾向东西两洋船厂多方考校后，以日本川崎船厂报价较低，与其签订了购置合同。魏光焘认为订购军舰关系重大，故对于原订合同的考究不厌精详，派筹防局司道将合同清单，督同谙熟制船的人员，逐细查核。其中有声明增改各节和应添备各件，会同日本驻宁商务总办和日本川崎厂委员详细商定，在合同和清单内逐一添裁，分别缮写汉、英文合同 3 份，署名盖印，双方执为凭据。对于应提局厂存款 100 万两之事，张之洞原奏中建议兑换成金镑，存放上海汇丰等银行。魏光焘认为镑价涨落不定，因此所存金镑并未获取利息。如欲存镑，必然高抬镑价，一旦镑价低落，仍须将原款退还，这样存镑不太合算。故魏光焘建议变通存银，每届付期购金，兑给随市作价，可免高抬镑价的情况。于是，指令筹防局派人将提集各款先后交存汇丰银行，原来议定存一年者以 4 厘计息，不足一年者以 3 厘 5 毫计息，且按年计息，每年只作 10 个月付息。经过和汇丰银行商定后，每年照 12 个月行息，按月 5 厘，也比张之洞原议利息有所增多。但必须存放一年后方能提用，因而在订购新式快船时，应向对方兑付的第一期船价，只能先由筹防局垫付，等存款一年期满后，再行提取，将筹防局垫款归还。以后应付船价，也照此办理。这样对于筹防局的经费并未损伤，而购船的存款也可以获取更多的利息。魏光焘按照合同规定，遴选熟悉船务的人员赴日本厂家进行监造，等第一船竣工，经过试验坚固后，若与合同条款无误，即可再行续造三船。

光绪三十年（1904）六月十一，魏光焘派人与川崎造船所代表在江宁正式签署订造炮舰的合同。约定第一艘军舰造价 315000 日元，后续三艘的单艘造价 299325 日元，均以日元作为结算货币。① 但因为中国方面付款的拖延，直至签约一年之后，订购的第一艘军舰才在川崎造船所神户船厂开工建造，中方派饶怀文（天津水师学堂驾驶班二期，曾任北洋水师"策电"蚊子船帮带）、萨君谦（江南水师学堂管轮班四期）等南洋水师军官赴日驻厂监造。1904 年 11 月 6 日，第一艘军舰"江

---

① 陈悦：《清末海军舰船志》，山东画报出版社 2012 年版，第 201 页。

元"号成功下水，并于次年的 2 月 5 日通过航试宣告竣工。之后，继任两江总督根据查验结果补定了部分设计改进条款，与川崎造船所签订了续订续造合同。

五　添防江阴、镇江要隘

晚清时期，长江沿岸自从中外通商以后，门户洞开，上海作为商埠，名为外国的租借地，但治外法权一直未能收回。西方列强为了争夺长江沿岸的各项利权，展开了激烈的角逐。大凡外国商力所能触及的地方，即为其国家势力范围所控制之处。光绪三十年（1904）前后，日、俄两国为争夺中国东北地区，关系骤然紧张，战事一触即发。在这一紧要关头，西方各国也翕然蠢动，派出兵舰几十艘游弋于中国南洋海面，甚至常有一二艘、三四艘驶入内江。此事引起了两江总督魏光焘的高度警惕，他立即采取随时因应的举措，布置防务，以防外人进犯。对外仍然以镇静处之，内则预为筹备，以期有备无患。为了进一步增强要地的防务力量，魏光焘亲赴长江下游相度形势，对要隘各炮台分别利弊，凡应更换和修改的炮台，均采取了相关措施。

长江险要，江阴以上，专门有赖于山峦，江阴以下，则凭借沙滩以据守。长江海口较广，达 200 里之远。崇明岛居中扼塞，许多沙帛横亘 100 余里，水线分为南北两道，从海口溯流至江阴水面较为狭窄，江流一束，始有山险可扼，为长江下游最重要的门户。南岸滨江，黄山五峰壁立，第一峰炮台为迎击下游之首冲，曾安放一尊 250 镑重的后膛炮。营务处夏道声向魏光焘禀报，黄山第一峰所设 250 磅子炮门、炮位漏火，弹子出口，翻转不定，导致很难命中，施放五六出之后，就会出现炮门滞涩不灵等弊端，请求将原炮撤除。但营中统领则认为并无夏道声所说诸端，将原炮撤除实为可惜。魏光焘当即谕令汪乔年、李世由一起前去亲自演试，查清有无此等情况。1904 年 4 月 28 日，汪乔年、李世由会同统领和总台官郑伦如法演试，总计施放子弹两出，空响四出，均无疵病。该炮台原定每出装用栗色火药 200 磅，经过多次试演后，所有弹子翻转炮门，滞涩不灵，夏道声所述情况确有其事，而且弹子往往不能到靶而弹箍散脱于炮膛之内。总台官郑伦认为主要原因在于药力过猛所致，于是每出改用栗色药 170 镑，仍然用原制炮门钢塞，经过再次试演后，各种弊端全部消除。但还有一个问题，就是该炮每三分钟始放一出，比较迟缓。树立的靶子在 2000 码之外，导致准星被炮筒所掩蔽，难以瞄准。于是，试演人员向魏光焘请求在该炮台左右添设百镑子快炮两尊，以资得力。魏光焘听取汇报后，做出指示：

> 查炮位之设，原期精利，而最要尤在命中，庶足以致远攻坚，该炮既有瑕疵，即同虚设，且间有前后数次演放不过火之事，必如何始较灵速，必如何始能瞄准，亟应悉心根究，以资利用而免遗弃。至该台左右添设百镑子快炮两尊，既昭周密，且可辅该炮力之所不逮。惟向位是否扼要，台址是否敷用，位数是否相当，事关军政考核，不厌精详。札局遴委干员刻日前往会同统领、台官详加考核，禀复核夺。①

第五峰尤为险要之地，也迫切需设立司令在此指挥，而且魏光焘认为应将一切制敌需要配备的设施安装完善："用德律风以灵消息，增照海灯以烛昏暗，治道路以捷援应。"② 以免临事仓皇。然后，由黄山而下沿江西折，横亘下游，名为长山山顶，四面没有遮蔽，可以瞭望数十里至数百里以外，山脚接连香山、中通和吴淞大道，对于雪山的通杨舍、定山之通云亭，悉览无余。为了加强该地的警戒，魏光焘下令在此安置一大望远镜，白天使用旗号，晚上以灯号为信，如有军情，随时报告，才能保证黄山司令指挥灵便。山顶有数座小峰，地理位置重要，令人增筑两三座炮台，以增强迎击下游敌人的实力。再由长山以南转西到香山、定山、绮山一带，均设立野战炮台，在山势中断之处，驻扎地营，互相依倚。黄山以下、长山以上，地势逶迤，中间有一座叫萧山的小山突起，前面俯瞰大江，后路通往小涧，地势极为凹凸不平，故应在此建立水旱雷局，在洪水流经之处多布水雷，山径歧出之处，遍设旱雷。在山顶修筑一所窥测仪器的房子，可以瞭望敌方情况，而对方难以窥测我之兵力。敌人一旦接触到合度电机，必然会损失惨重。萧山距离

---

① 《两江总督魏饬筹防局考察炮位札》，《东方杂志》1904 年第 6 期。
② 《宫中档光绪朝奏折》第十九辑，第 652 页。

黄山仅有六七里之远，我方炮力可以到达，如有敌情发生，雷炮互发，敌船很难闯过。魏光焘并对江阴要塞的防务进行了分析，他指出：

> 盖江阴本倚江为险，外则群山环抱，内则小港交流，论者每欲从黄山港口沿港筑墙，葺垒直绕县城，以作重险。不知敌人若从长山后攻入，置炮山顶，俯瞰全城，虽有高墙厚垒，何所用之固，不如并守前山，力保后路之为愈也。[1]

至于香山以外，地势更为广阔，无险可扼。只有浒浦和刘家嘴地势险要，与常熟的福山、通州的狼山遥相援应，故在此增设炮台，安置几尊巨炮，并调派一两营士兵以资防护，可以起到近援狼、福和远遮苏、常的作用。此外，魏光焘对于江阴的兵力部署还进行了布置，驻扎防营1万人，以盘龙山作为居中策应之地，军情紧急时尤须添调1万人守卫。

布置完江阴防务后不久，魏光焘又对镇江地区的炮台进行了整顿。

镇江作为江苏南北的关纽，在地理位置上和秣陵犄角相望。距离镇江城六十里的圌山关为迎击下游的第一冲，两矶头和龟山顶分别安置有无座快炮，作为防守。因吴家桥后路极为扼要，故城外设立了焦山、都天庙等多处炮台。设立象山炮台的目的，在于阻截下游东方丹徒口一带敌船，但因后来向北以东之处，涨出了一大段沙嘴，已经固结为坚土。故魏光焘决定将炮台移向东北二三里，可以有效迎击下游的敌军。圌山关对面的东生洲炮台，逼近江岸，易受江水侵蚀，下连天洑洲，中间隔有小港，旧设炮台业已坍塌，洲尾切近三江营，一到冬令时节，江水干涸，可以行驶浅水兵舰，春季则水涨潮高，可行大型铁舰，一旦敌人从此进口，可绕道仙女庙、邵伯镇，下扬州而出瓜州，即使不绕道扬州，而由三江营折至霍家桥以出沙头镇，也可以躲避圌山关东生洲的天险，从后面攻击都天庙，并逼近焦山和象山炮台。因而三江营地区的防务极为关键，必须列屯增戍。因该地原驻新湘五旗，兵力较为单薄。魏光焘于光绪二十九年（1903）添募武威新军6营，扼险屯扎，加固了该地区

---

[1] 《宫中档光绪朝奏折》第十九辑，第653页。

的防务力量。

总之，魏光焘在对沿江炮台进行视察后，认为：

> 各炮台或滨江湍急，土松岸塌，沙嘴陡涨，阻碍迎击回击，则
> 为焦山、象山低台之弊。背负山石，或挖墙过高，炮堂过宽，炮位
> 过密，隔堆太薄，或炮盘半周，不能四面环击，则为圌山、象山、
> 都天庙新台之弊。炮门炮闩、炮堂螺丝、炮针、药弹、机架、表尺
> 缺损锈涩，则为各台互见错出之通弊。[①]

经过魏光焘重新整顿后，基本合乎攻防之需。至于镇江、江阴北岸
一带的炮台的设置，本意在于和南岸收夹击之效，但是该地地势较为平
衍，没有险要可以扼守，反而会受到敌人袭击，占据南台。故魏光焘决
定加强南岸的防务力量，以防止敌人的攻击。

六　加强淞沪治安

淞沪一带地方，临江滨海，为江苏和浙江的门户，居长江之尾闾，
黄浦江横亘其中，形势甚为扼要。浦西、上海开埠后，中外商贾辐辏，
浦东地区外国教堂林立，商栈有日渐增长之势，中外皆对这一地区极为
关注。自清廷举办新政以来，各省厉行裁兵节饷举措，致使部分游勇潜
行至上海，藏匿于浦东，勾结当地地棍、盐枭等不法之徒分立帮会头
目，贩私聚赌，严重影响到百姓的正常生活，也给社会治安带来了很大
威胁。对此，魏光焘多次檄饬当地文武官员不分畛域，严拿惩办。之后
帮会头目林得胜在官府的大力剿捕下，悔罪投诚，经魏光焘奏准清廷允
准后，饬令总兵孙金彪妥为约束，谕令呈缴船械，立功自赎。[②] 正在办
理得手之际，金山县又发生了土、客交讧事件，金山知县当即派人会营
剿捕，擒斩数人，平息了事变。对于淞沪地区的治安混乱局面，魏光焘
认为：

---

① 《宫中档光绪朝奏折》第十九辑，第654页。
② 《两江总督魏、江苏巡抚恩会奏妥议淞沪地方情形并营添勇折》，《东方杂志》1904年
第6期。

该处情形既如此之重要，而枭匪滋扰迄难尽绝，若不添驻勇营，妥筹布置，万一匪徒伺隙起事，扰及租界教堂，致成交涉重案，外人藉口征兵，深入腹地，为患何堪设想。况吴淞海口仅有盛字淮勇五营，兵力本嫌单薄，值此时事多艰，何敢不严为之备，尤应添驻大支劲旅，与吴淞防军成掎角之势，方足以绥靖海疆。①

魏光焘和江苏巡抚恩寿经过往复函商后，深感该地距离商埠较近，无故增兵，深恐引起外国疑虑，滋生枝节。但此时正值防务吃紧之际，弹压保护比平时更宜严格。为了保护中外商民的生命财产安全，魏光焘和恩寿本想初拟募足十营，壮大防军实力，但因财政支绌，饷费维艰，只好设法腾挪，另行筹划。

上海原驻有沪军、骑兵各1营，加上苏捕1营，总计3营部队。这3营士兵平时防捕较为得力，但是分扎数目和地址互不统属，未能联络一气。魏光焘决定仿照湘军营制，再招募两营，分成5营，选派实心任事、谋勇兼优的将领统带，屯扎在浦东一带，进行认真训练。这样兼顾吴淞后路，号令专一，声势相连，不仅"足以靖内奸，未始不可弥外衅，建威消萌，实于时局裨益非浅"②。至于所需新增两营饷项，魏光焘督同司局并函商浙江巡抚聂缉规通力合筹。魏光焘将其意见奏准后，立即遴委统领饬令招募外地朴勇乡民，并将原有沪军等营勇从严选剔，汰弱留强，一律补足精壮，勤慎操防。

第四节　经理江南制造局

江南制造局作为晚清自强运动时期的一项重要成果，系两江总督曾国藩和江苏巡抚李鸿章创办于同治四年（1865）。它是中国近代早期兴办的规模最大的军工企业。甲午战后，中国丧失了巡防海疆的北洋水师，江南制造局地处沿海，极易遭受外敌侵扰。为此，光绪二十三年

---

① 《两江总督魏、江苏巡抚恩会奏妥议淞沪地方情形并营添勇折》，《东方杂志》1904年第6期。

② 同上。

（1897），兵部尚书荣禄提议将江南制造局迁往湖南。清廷谕令时任两江总督刘坤一等根据荣禄建议拟议办法。刘坤一认为"上海制造局及炼钢厂繁重难迁"①，如在湖南建立炼钢、洋枪、子药等分厂，又因筹款无着，只能暂从缓议，迁设计划只好暂时搁置。光绪二十六年（1900）庚子事变后，清政府深感江南制造局内迁已是势在必行。故饬令时任两江总督张之洞负责筹划此事。张之洞于光绪二十九年（1903）二月向清廷提出了一个"整顿旧厂、新造分厂"的全面计划，但不久张被调任湖广总督。这样，江南制造局的经理事宜自然落在了新任江督魏光焘的肩上。

光绪三十年（1904），魏光焘会同湖广总督张之洞联衔向清廷上疏，请求将江南制造局移建新厂，并提出了八条具体的整顿办法。

第一，移建新厂的筹款问题。因张之洞原奏声明，就沪局原有经费，将各厂裁节归并，每年可以提存白银100万两。但根据各局汇报，本省军火取给于沪局者居多，北洋也时常有调取饬造之件，其他省份也间或有索取者。况且正值日、俄关系紧张之际，对于军火的需求比平时更为增多。新局尚未建成，所有枪炮、弹药等，厂址可暂时存留，以应急需。魏光焘经过考查后，认为沪局的枪炮并非全是机器制造而成，因系历年陆续添置凑配，因此必须参用人工制造，以致所造枪炮不能精密一律。而且出产枪支速度较慢，本应早日停旧改新，以免耗费巨大财力和人力。但新厂的筹建尚未定议，只能暂时应付军需。故魏光焘主张："目前虽不能全行停办，必当渐次停造、减造，并将各项员司浮费竭力裁汰，暨将附属各小厂酌量归并裁省。"② 经过多次核算后，每年仅能节存白银70万两，不足的数额较大。于是魏光焘致电江苏、安徽、江西三省巡抚，请求三省筹款协济，以五年为限，将来三省拨用枪炮、弹药，准许用其协济的款项抵销。嗣后，江西巡抚致电魏光焘，答应每年筹款10万两，江苏、安徽两省电复各自每年筹银5万两。此外，5年内由魏光焘在江苏省藩司盐务各款项下每年提拨白银10万两，总共凑足

---

① 魏允恭：《江南制造局记》第2卷，文海出版社1969年版，第38页。

② 两江总督魏光焘、湖广总督张之洞会奏：《江南制造局移建新厂办法》光绪三十年（1904年），《中国舰艇工业历史资料丛书》编辑部：《中国近代舰艇工业史料集》，上海人民出版社1994年版，第157页。

30 万两的数额。沪局每年积存的 70 万两，无论沪关二成洋税及各司关道局额解之款盈绌如何，责成该局总办，务必设法节省经费如数提存，总计每年能够有 100 万两之数。五年后三省协款虽停，而旧局应将原有之款大约 140 万两，全数拨充新局之用。因创办新局议定枪炮、钢药兼营并造，各项出数极力扩充，开办新厂的经费已经远非当初估计的 500 万两之数所能满足。并且此后新厂的常年制造经费，仅靠沪局原有经费 140 万两，尚不足以济事，故须另筹挹注经费之法。于是，魏光焘决定将江苏制造局试办铜元的一半盈利"仍留充旧局成本，如有不敷，另筹拨济外，其原有制造款项二成洋税，及各关局认解常年经费二十万两，暨铜元一半盈余，应尽数拨充萍乡新局常年经费"①。

第二，即择地。张之洞原奏拟用安徽省宣城县属湾沚镇的启发山作为新厂址所在地。光绪三十年（1904），张之洞为筹办江南制造局新厂之事，亲赴南京，与魏光焘商议建厂事宜。他利用赴宁之便，顺道前往查勘新厂址。魏光焘接到张之洞电文后，也立即乘坐轮船赶赴湾沚镇，俩人在芜湖会齐，一起到达湾沚地方。经过勘查后，发现该地距离大江口 70 里，距内河即中江 3 里，春、夏、秋三季可以行使小轮船只，冬令时节河水干枯时，仅能运行一二百石的民船，大约运道畅通的时间一年有 8 个月之久。若在此地设厂，机器大件和煤炭可以利用 8 个月大水时赶运，并无妨碍。其余零小机件料物及造成枪支、陆路炮、各项弹药，冬天时小驳船仍然可以经常运输，绝无停阻。魏光焘和张之洞还一同登山履勘，对新厂地形做了详细考查。该地山坡较多，皆系斜坡迤逦而上，斜度大约十余丈高，行走时并不觉有攀登之劳。山顶延袤数百丈，横宽十余丈、数十丈不等，若稍加整修，即可联合为一，并不费工。土地基本是坚实黄土，没有石头，也无坟冢。只有为数不多的民间栽种小树，也大多已经荒弃不用。该地的山坡有六七处，无论建设多少新厂，均可取用不穷。在此地建厂，有"远江、近河、高坚、平广"八字之利，确实是一难得的理想建厂之地。此外，汉阳铁厂也已商议在萍乡的湘东镇创设化铁炉，萍乡铁路也已接通该处。将来建厂后，"煤铁可以兼资，至其远隔洞庭，深居堂奥，与湾沚相较，可取之处尤多，

① 《中国近代舰艇工业史料集》，第 158 页。

且近在两江辖境之内，以之建造江南枪炮、钢药新局，似较湾沚尤为相宜"①。经过慎重考察后，魏光焘和张之洞决定派人前往湘东再次进行勘察，并就近考研煤、铁性质，一面迅速购地，作为新建厂址。

第三，购机。因新建厂址移至湘东，与原来旧厂相距较远，与其挪用旧机，耗费巨大的运费，不如全部订购新机，使其更加完美。魏光焘认为："西人觇国者，以精利军械制造储藏之多寡，分其国之强弱。当此时艰孔亟，外侮频凌，此项械药，不容不力求广制多藏。"② 因此，他提议向外国名厂订购每天能造新式小口径快枪 170 支，每年制造枪 5 万支的新式枪机一全分。每天能造枪弹 17 万颗，每年制造 5000 万颗的新式弹机一全分。每年能造七生半口径长快炮、短快炮 200 尊，又每年能造十二生口径、十五生口径新式长身台炮、船炮各 20 尊的新式炮机一全分。炮弹、炮架等机，照配每日能造无烟火药 500 启罗，合英秤 1120 镑，每年出产火药 30 多万镑的新式药机一全分。应配各项强水机，称是每炉炼罐钢一吨者二座，炼西门马丁钢十吨者一座及拉钢、压钢、轧钢、烘钢等新式炉机一全分。此外，修机、翻砂等各项应用机器一律齐备，同时分向各洋厂订购，应付机价向系于签订合同后付价三分之一，机器起运时续付价三分之一，待机器全部运送到厂，安装完备，一律找付清楚。又因时势日渐紧急，军实关系重大，必须及早开造，方可有备无患。故拟与各洋厂商明机器价格分 5 年匀付，而机器则尽量在 3 年内分别先后陆续运送厂地。如果机器提前运到，而中国方面暂时未能清款，则由中方向该厂酌情付给利息。此外，购置各项机器，必须有熟悉外国机器的稳妥人员加以考校议定，方能保证机器的质量以及中西之间交涉的顺畅。因候选郎中李维格长期考求机器制造之学，娴熟英、法两国文字，人品亦端洁可信。魏光焘和张之洞公同商议后，决定派其将萍乡新局各项机器，就外洋有名各大厂分别考订议购。

第四，核计用款。一是添厂。萍乡和上海距离较远，必须添设造枪钢之罐钢机厂，添设造炮钢之西门马丁钢机厂，制造无烟弹药添设硝强水厂、磺强水厂，这两项强水是制造弹药的必须原料。添设造火瓦厂，

---

① 《中国近代舰艇工业史料集》，第 158 页。

② 同上书，第 158—159 页。

以备制造各炉之用及造青红瓦厂，以备建造各项厂屋之用。二是添机。厂址移设萍乡后，必须全部购置新机，而且现议造炮的种类增多，造炮的数量又增加了不少，当然应该多添机件。三是增添运费。厂址移建湘东后，由上海抵达岳州，水运路程较远，再由岳州到达长沙，然后由长沙入小河抵达湘东，水路迂回，经过层层转运后，费用必然较大。魏光焘和张之洞经过详细核算后，总共需要白银650多万两。

第五，用人。湘东距离上海2000多里，鞭长莫及，确实有顾此失彼之虞。故魏光焘和张之洞主张将两局分别派人承办，各专责成。但两局也应互相筹商稽考，联络一气，以免彼此产生隔阂。人员选任方面，张之洞推荐湖北试用道魏允恭担任江南制造局总办，驻扎上海，兼管筹办萍乡新局事宜。并责成其将该局原有员司工匠，严加淘汰，各厂工作切实整顿，"务将节款如数提存，随时拨解新局济用，其新局定机、购地、建造各事宜，并由该道会同筹商办理"①。同时，委派江苏候补道方硕担任江南制造局会办，驻扎萍乡，专管建设新局，安设新机，兼任稽核沪局事宜。凡是新局购地、建厂、考工、核料一切应办之事，由其切实办理，务求实际，力戒虚靡。沪局节裁支用款目，并由该局随时认真稽核。并提议：

> 大率新、旧两局虽分设两处，而本是一事，必须事事通贯，事事和衷，不得划分畛域，故两局责成皆以魏允恭为重，而令方硕辅佐之。并令魏允恭时常亲赴萍乡考察，每三个月必须亲往一次。至枪炮、药弹等厂之监造，须用外国上等工师，容臣等随时函电向外国询访雇用，俟将来派往外国游学之委员学生学成回国，即可专用中国员匠。嗣后新、旧两局总办、会办之员遇有更易，应仍由南洋主稿咨商选择，会同奏派，以昭慎重。②

第六，定枪炮式。魏光焘和张之洞与东、西洋各国武官经过详细咨询，并将各国最新式快枪，派人一一进行验放，比较其中的射击力度。

---

① 《中国近代舰艇工业史料集》，第160页。
② 同上。

发现在距离 100 米之处，日本的 6 米哩五口径新枪击透 5 分厚松木板 58 块，击深钢靶达 6 米哩，属涉及较远和穿透力最强的快枪。其次是德国的 7 米哩口径枪，可以击透木板 50 块，击深钢靶 5 米哩多，射击力度逊于日本。经过比较后，各国的快枪口径都比日本的大，而射击力则不如日本快枪。但日本快枪也有其瑕疵，那就是枪机簧各件稍觉繁多，间有不甚牢固之处，且需人工制造零部件。而德国快枪推求较为精详，全用机器制造而成，故机器零件较少。于是，魏光焘和张之洞认为："若用德国枪减少之机件，而用日枪迅疾之口径，则两美相合，更为有利无弊。"① 拟定新厂制造枪式采用日本 6 米哩五口径快枪，而机件全部按照德国减少的式样。关于造炮式样，魏光焘拟定制造陆路行营快炮两种：第一种口径 7 生半，身长 20 倍口径，行军是用车拉动，牵用 6 马，这种快炮适合在北方各省和大江以北地势平坦之处运用；第二种口径 7 生半，身长 14 倍口径，登山用马驮，平地用人拉，这种陆路快炮适合长江以南和各省山岭较多和溪田道路狭窄地方使用。此外，台炮和船炮全部采用快炮，口径也定为两种：一是口径 12 生，身长 30 倍到 40 倍。二是口径 15 生，身长 30 倍到 40 倍。这两种快炮在长江内地和海口完全可以起到御敌的作用。

第七，储备厂才。魏光焘对于新建厂的人才储备极为重视。他指出：

> 机器制造本属专门，而兵器学为军实所关，各国尤为注重。外国高等工师及学成武职，皆入专门学堂研究理法，务造精深，又亲历工厂，手治目验，征诸实用，故能智创巧述，推陈出新。但外国炮兵工厂，其中多有秘奥，不令人知，不许入学，中国素未讲求制造之学，故每创机厂，不得不募用外国工师匠目，此本权宜应急之谋，实非经久可恃之道。现既议建新厂，则制造之材必须预为储备。②

---

① 《中国近代舰艇工业史料集》，第 160 页。
② 同上书，第 161 页。

魏光焘、张之洞经与各国商定后，拟选派才优心细的官员 20 人，才具明敏、文理优通的学生 40 人，技艺优长、悟性素好的匠目 40 人，前往德国、比利时、日本分入学堂工厂。官员亲历学堂、工厂，学习管理和稽核等方法，以备回国后派充新局委员之选。学生进入学堂，分门学习造枪、造炮、造药、炼钢各项精深理论和方法，以备回国后担任新局各厂工师、监工。匠目则进入工厂学习运用机器、分司工作及修理、安配各种手法，回国后派充新局各厂领工之选。这些派出人员，学习时间以五年为限，所需旅费、学费、川资、整装、安家各费及监督翻译薪水，每年大约需要经费 10 万两。

第八，整顿旧局。魏光焘和张之洞经过商议后，拟定沪局以后只制造江、鄂两厂现有的小口径毛瑟快枪一种并弹，其专造枪弹者则只造旧毛瑟、曼里夏两种。因为这三种枪军队中使用较多，新厂建成之前，可以暂时供应。快炮只造 15 生口径，台炮 7 生半口径，陆路炮两种并弹，其余杂项枪炮、子弹均一律停造。各省如果仍然需要此等杂项子弹，由其自行向国外购买，沪局从此不再供应。以免分歧糜费。沪局所造无烟弹药，经魏光焘等人考察后，制炼虽然纯净得法，但也务必迅速改求精善，方可继续制造。沪局原产栗色炮药，经过前任北洋大臣考验后，不太适用，不宜再造。如存留炮药用完，可随时向国外购买。只有沪局所生产的弹药，为杂项枪炮、子弹及操练所必需，故责成承办之人精求制炼之方，根据实际需用的数量进行制造。船厂、钢厂仍旧办理，修理机器厂也应扩充。这三座工厂以后可以常设于沪。等新厂告成后，再将沪局制造军火各厂全部停止，改作工艺制造厂，"就其机器于制造工艺何物相宜者，即量为制造，以利民用，且收回工料价值，以资周转，则局中官用经费有限，而民间农工各业取之不穷矣！"①

魏光焘拟定了八条办法后，当即派人前往接办。但对于这一旧式机器局究竟如何重新办理，分厂应该如何建造，新机器如何购买，必须统筹全局，悉心研究，制定一个详细、稳妥的章程，方能顺利进行。为此，魏光焘给江南制造局总办做出了具体指示：

1. 工匠宜变通成法。以前枪厂每天仅制造枪 7 支，后来经过整顿，

---

① 《中国近代舰艇工业史料集》，第 161 页。

每天可以出产 10 支，如果再添设机件，每天还可以多出三四支枪，这样能够逐渐得以扩充，而且必须加以严格督饬。他指出："嗣后各厂小工作归点工，大工作则归包工，责成本厂委员率同匠首于验收时，逐件考察，稍不合度，饬令改换，如再不合，罚扣工资。工匠中有手艺优长者随时奖加工食，顽劣者斥革。"①

2. 工匠宜严加搜检。以前，江南制造局所设立的稽查处机构，不过在每天放工之时，派人看守局门，并未严密搜查，一些不肖工匠偷窃厂中财物蒙混出厂的情况时有发生。为了杜绝这种现象，急需严饬各厂员、司督同匠首随时进行稽查，在放工时如有形迹可疑者认真搜索，一旦发现偷窃行为，立即重办。

3. 库房存料物宜分别变卖。制造局库房现存有铜铁渣屑以及从前购存不合用之料，所值颇巨，亟应遴派公正员司逐渐考求，"有可设法搭用者留之，实不能搭用及笨重锈涩者，可以拍卖，得有巨款，以之生息，亦可补新厂经费之不足"②。

4. 局内护勇宜酌复旧章。制造局护勇本为防范各厂而设，自经裁撤后，由炮队营勇轮流供差，难以专心稽查。因此必须恢复旧章，酌量变改。除前各门仍派护勇看守外，其余各厂均由本厂委员遴选勤慎小工充看门、支更等事。这样由厂员节制，当然对于工作不敢疏忽，与护勇相比，不仅可以省去更多费用，而且责任到人，可以保证厂房的安全。

5. 炮队营勇宜规划旧制。制造局中的炮队营专为操习枪炮而设，名曰"炮勇"，实际仅是学徒。必须年轻识字者方可入选，"教以炮表、算法、准头步伐诸技，随时考校，俾令识艺兼资，并得局厂守御之助，立法甚善，亟应查照旧章，妥为办理"③。

6. 新厂地基物料宜绘图估核议购。因分厂工程浩大，必须将厂地绘图，以便派人前往估算工程，所用砖瓦、木石等料，尤须格外斟酌，应在建厂地方就近议购，以节省运费。

张之洞和魏光焘上奏移建新厂办法后，清廷下谕：

---

① 《两江总督魏饬江南制造局总办沈筹议整顿裁并事宜札》，《东方杂志》1904 年第 3 期。

② 同上。

③ 同上。

湖广总督张之洞、两江总督魏光焘会奏遵筹江南制造局移建新厂办法，妥商定议。计筹款、择地、定机、核用、用人、定枪石、储备厂才、整顿旧局八大端。下所司议。①

练兵处首先对筹款问题提出了质疑。练兵处认为，根据张之洞和魏光焘原奏筹款办法，从上海制造局每年提取经费 70 万两，江西等省每年协拨 30 万两，即使该款毫无短少，五年之内也只能凑够 500 万两，剩余 150 万两从何筹集，并未详细声明。况且江西等省协济之款，将来在拨用军火时划抵，这部分款项不过是预先挪用，仍属有名无实。此外，新局一旦办成，必然每天制造新式器械，此后常年制造之款，势必超出以前旧局数倍，原有经费尚不能满足制造局之用，而仅凭铜元一半余利借资挹注，恐怕很难有所济用。并指出："万一彼时偶有不给，则军火官厂与工艺各厂不同，既未便拨归商办，而外人耳目所属，即停办亦有不能。"②

对于厂址的选择，练兵处认为应以运输畅通作为首先考虑的因素。江南制造局原来的厂址，在内河通畅的年份，每年也只有八个月的转运时间，已经甚为不便。萍乡虽然属于两江地区辖境，但地理位置较为偏远，张之洞和魏光焘等人并未亲自前往履勘，"其土性之坚实，地址之平广，是否足与湾沚相埒？"③ 而且萍乡和湖湘接壤，水路迂回弯曲之处甚多，办理新厂时机器的运入和日后军火的运出，必有诸多阻滞之处。还有，萍乡位于江西和湖南交界之处，常有会匪和游勇出没其间，如果没有重兵防守，万一有匪徒窃发，军火重地，关系尤其重要。至于江南制造局旧有厂址弃之可惜，倘若再购地设建武库，则上海既存旧局，湘东复设新局，而湾沚又别立支局，"以一局分而为三，非特费用增加，所拟之款恐必不敷用。且湾沚地非深邃，设局既有不宜，而欲以已成之军械分存于此，似非慎重军储之道"④。

原奏新厂全部购置新式机器的问题，练兵处认为"购机之大小，当

① 《清实录·德宗实录》卷 530，光绪三十年五月己卯。
② 《中国近代兵器工业档案史料》第 1 册，第 299 页。
③ 同上。
④ 同上。

以出械之数为凭，而需械之多寡，又当以用器之人为断"①。并且做了一番估算：如果购买的新机每年能够制造枪支5万，炮240尊，火药30多万镑，总计五年下来，即可以制造25万支枪、1200尊炮和150多万镑火药，足够满足30万人之用。经过日积月累的制造后，数量更大。而各省编练的军队是否能达到这个数字，此时尚很难预计。此外，订购军火机器，很难考校。不是售主多方冒价，就是机件不全，即使开具详细清单，仍然难以保证没有疏虞。并指出："万一巨机率行订定，将来付价为难，非失信外人，即重认利息，甚至停工待款，已事可征。"②

此外，对于制造枪炮式样、用人、储才整顿旧局等方面，练兵处均提出了相应的意见。总之，认为："建厂一事，军实所系，大局所关，际此时艰，库储奇绌，欲筹一劳永逸之法，固不可因陋就简，尤不可穷大而失据。"③请求朝廷派出专员前往各处详细考求，通盘筹划，务使谋定而后动，款不虚靡。

清政府对魏光焘和张之洞的建厂计划与练兵处的议复进行慎重考虑后，决定派兵部侍郎铁良前往各地详细查勘，研究和选择可充新厂的地址。铁良由安徽湾沚来到江西萍乡，最后选定安源邻近的杨家场，作为新厂基址。他在给清廷的奏折中说：

> 湘东在江西萍乡县境之西，自湖北武汉溯江而上，经岳州入洞庭，复历湘阴、长沙。至湘潭县属之株洲镇，计水程九百八十里；由株洲陆行至醴陵，由醴陵循铁路抵湘东，共一百五十里。如由株洲舟行，经湘河渌口、醴陵以达湘东，则共一百八十五里。该镇原勘厂基，地名杨家场；嗣又添备二处，曰峡山口，曰朝天柱。峡山口地约一千三四百亩，濒河地势稍低，水大时恐致冲刷，朝天柱在峡口山之西，地约六百二十余亩，土质尚坚。惟较峡山口尤为洼下，均无足取。杨家场局面最广，约可得平地三千余亩，三面界山，一面傍水，以中心估计，距铁路约六、七里，就该处全局而

---

① 《中国近代兵器工业档案史料》第1册，第299页。
② 同上书，第300页。
③ 同上。

论，远隔大江，深居堂奥，地势高旷，土质坚凝，界内庐墓稀少，除建厂外，隔山余地，尚可扩充。东临大河，足供厂用。其西北隅之泉塘湾，流泉清洁，于造药及汽锅亦甚相宜。安源煤矿即在邻近，去安源四十里，闻尚有铁矿可开。而由武汉至株洲，江湖运道，四时可通，由株入湘东河，虽河水涨落无定，不免节节盘驳，然装载一二百石之船只，亦尚可往来。且闻萍株铁路本年四月间即可造齐，是陆运亦尚便。具此格局，自较湾沚为胜。①

　　铁良的建议获得清廷同意后，魏光焘开始了建厂的具体规划。他派魏允恭办理江南制造局兼筹萍乡新局事宜，并札令整顿旧局，将原有员司工匠严加淘汰，各厂工作切实裁并停减。节流款项如数提存，随时拨解新局济用。魏允恭到任后，对旧局进行了大力整顿。第一，裁撤冗滥人员。将局中委员几十人、司事100多人，除分派各厂所办事外，其余因裙带关系进入厂中领取薪俸而并无办事能力的津贴员司和差遣委员悉行裁撤。并将一些在各厂所"挂名支薪水，并未到差办事人员"②，饬令支应处一概停止薪水，以昭核实。第二，对厂所分别予以裁并。江南制造局中的各厂，名目虽然不同，但所有工作大多互相维系。诸如枪、炮两厂所用枪管、炮管，其毛坯全部出自炼钢厂，而配件又多造于熟铁、铸铜铁等厂，其他类似情况很多。魏允恭到差后，亲历各厂进行视察，并巡阅了华龙子药厂。认为栗药、黑药两项局内存造尚多，目前可以停造。因栗药主要是为炮台预备而储存，并非急切待用之项。而且松江药库还存有栗药九万几千镑，完全能够满足各炮台几年之用。于是，他提议将栗药造够三万镑后，饬厂停造，以节省经费。黑毡火药，松江弹药库存放尤多，达二十六七万镑，可以保证数年使用。故决定停止制造，以节省工料。因之前魏光焘曾饬令江南制造局制造铜圆，添机广铸，必须特设专厂。但设立铜圆铸造厂度地建屋，不仅耗费工料，而且迁延时日。为此，魏允恭提议就江南制造局原有厂屋设法腾匀，将"炮

① 转引自彭江流《萍乡近现代史撷录》，萍乡市文化局1992年版，第25—26页。
② 总办魏允恭：《禀整顿沪局兼筹萍局情形》（光绪三十年五月十九日），《中国近代舰艇工业史料集》，第161页。

弹厂改为铸钱厂，但将该厂所设各类机器分隶炮厂及铸铜铁、子药等厂，留原有锅炉房屋斟酌修改，即可应用。"① 第三，裁并工匠。江南制造局各厂拥有工匠2000多人，栗药和黑药既然已经准备停造，炮弹厂又拟迁并，故裁撤工匠已是势在必行。因局中所用工人，大半由艺徒逐渐推升，手艺较差，留在厂中难以发挥应有的作用，故裁撤也无足可惜。一些手艺尚优、工作勤谨的人员，决定照常留用，作为将来新厂需用。此外，因筹办铜圆开设工厂需用工匠较多，如果全部招聘生手，不熟悉机器使用，势必耗费大量款项。故魏允恭建议在江南制造局中挑选一些能够熟悉使用机器的人员，作为铜圆厂的工作人员，以收到驾轻就熟之效。第四，核实购买料物。江南制造局中的料物，按照规定，各厂所需料物，均须预先估计，禀明总办后，由总办批饬库房承办，并设立议价处派人会同议价，选择最为廉价者与之订购。但后来由于承办之人未能核实，遂即裁撤。魏允恭到任后，对于此事也极为谨慎。首先遴选在局多年、操守端谨的人员管理库房事宜，另外选派妥善人员总司稽核，密查煤、铁各所收发，对于各项弊端进行了认真整顿。为了规范购办物料的制度，拟定照章设立议价处，在局中公务厅开办，派委提调并选局中廉政干练的人员多名，会同考察，将购置各项事宜妥定章程，按月约期会议估价，预将各行家字号查明，列写一表，详细考核。并由魏允恭随时密访市价，以证虚实。诸如煤、铁等局中必需品，根据情形，如遇市价便宜，即可预期多加订购，以免商家临时囤积居奇。其余凡与制造关系不大者，概不准任意多买。各厂的用料，也应格外节俭。魏允恭将前任办理局务道员沈邦宪列造的"机械制造表"进行了检阅，觉得立法尚善，故决定继续沿用，并饬令各厂每到库房领料，必须声明制造某项军火若干，请领某项料物若干，库房按表核算数目相符，然后给领，如果只缮写领条而不注明用处，无论数目多少，一概不准徇情照发，以杜绝取巧和重视库储的料物。第五，切实筹办铜圆。制造局中的经费提拨新厂后，截留下来的很少。为了补充旧局经费，魏光焘曾奏定添铸铜圆，将盈余拨归使用。魏允恭体察情形，将腾挪厂房、考察机价

① 总办魏允恭：《禀整顿沪局兼筹萍局情形》（光绪三十年五月十九日），《中国近代舰艇工业史料集》，第163页。

各节向魏光焘做了详细汇报。但制造局中旧有铸造钱币机器，如熔铜、轧钢、铸饼等项，均须修改，斟酌添派。此外，光边、印花两种机器，急需向各厂订购，限六个月交货。之后，魏允恭接到清廷电谕，指示因光绪三十年（1904）关税短绌，照案提节，局用难以应付，饬令速定铸钱机器，提早交货。魏允恭因厂中购置机器料物和开办一切需款浩繁，拟将局中近年裁节提存汇丰银行的 52 万两白银，全部拨归铸钱成本和机器价值，乘时举办，不必另筹经费。并探询市面镑价，如果合宜，预先购存，备付铜圆机价。对于所用提调人员和监造委员的任用，魏允恭也极为慎重，他向魏光焘提议均在本局各厂委员中选择熟悉机器、操守端谨者，责令兼管，并不另给薪水，以省开支。为了调动铜圆局工作人员的积极性，建议在铜圆局开办一年后，遵照江南铜圆局章程，提出余利一成，作为员司、工匠花红，以示鼓励。第六，江南制造局的收入，主要依赖于江海关二成洋税和司关道局三厂长费。洋税按照海关收数的多少提存二成，拨充局用。海关收数没有定数，因而制造局的这一笔收入也不稳定，光绪二十八（1902）、二十九年（1903）税收最旺，局中进款也较多。但从光绪三十年（1904）正月开始，收款数目急剧下降，这对于江南制造局的影响极大。故魏允恭除了再三核减局中员工薪水、华洋工资、勇役口粮、学堂经费、杂项局用等外，向魏光焘提出了如下解决经费困难的方法：

> 查有南洋兵轮"登瀛洲"、"保民"、"普陀"、"威靖"等四船，薪粮每月合银一万一千五百两，向在二成洋税项下动拨，由江海关按月扣出，发轮船支应所转给，前年冬间各轮禀饬裁停后，薪粮照章扣存，以备购造新式快船之用，现在局中筹办分厂，经费万绌，拟请札饬江海关，自五月份起，提存二成洋税，除划出金陵机器局经费外，其余尽数拨归局用，所有海关扣出四船薪粮另行筹拨。俟局中铜元开办能获余利，再行提出养船经费，俾与本年奏案相符。又江海关短解二十四年份三厂常费银十六万两，并恩专案，亦拟请专案札催该关迅筹补解，以济急需。至于各营台兵轮及金陵军械所应需军火，拟请俟后无论何项，先行禀明批示，果系万不可少、急于待用之件，再行札局遵办。其有迳行咨会职局并未奉到宪

批、宪札者，概不承造。此外各厂不急之物，可缓之需，一经查实，均即立饬停减，俾工料可期节省，用款不致虚靡。新厂提款关系极重，既奉宪台会奏定额，自应赶紧提存，以备拨用。拟自本年五月份起，就收款内按月摊提，随时拨存殷实商号，作为新厂存款，不许擅行动用。至于新厂购机，议妥立约先付定银，自应照章办理。惟虑局款甫经筹提，尚未提有足数，职道拟俟临时另向银号设法挪借应付，即由沪局在提存新厂经费内分月拨还，以清界限。①

魏允恭整顿江南制造局的办法和建议，魏光焘基本表示同意。但对其中几点提出了质疑。首先，提成花红一事，魏光焘认为，省局酌提花红，原定为3厘3毫，之后又拟提红8厘作为十成，以八成归总办、员司、工匠、夫役及留作常年修理局厂开支、局勇亲兵薪粮等用，其中员司、工匠也只有三成，并未得到司局复议，本无提出一成专作花红之事。魏光焘指出："譬如岁获盈余百万，按一成即须提红十万，即员司、工匠照八成作十酌提三成，亦有二万四千金之巨，岂不骇人听闻！"②制造局添设铜元厂，为了调动工作人员的积极性，纵然在事员司、工匠应该给予一定的额外奖励，也只应酌量提成，多提花红不仅有亏正用，而且和制造军火同在一局，一则优给花红，一则仅给薪工，两下相形见绌，对于同在一局的员工不甚公平，势必会影响其他员工的情绪。正如魏光焘所说："亦恐给红者未必真能奋勉，向隅者势必转有藉口。"③其次，魏允恭请求将四船薪粮拨归局用的建议，魏光焘也以与成案不符，且目前财力不足为由予以否决。

魏允恭接到魏光焘的批示后，根据其意见，将江南制造局原有的13个厂裁并为7个，为了开辟经费来源，又将原来的炮弹厂改建为铸钱厂。西木栈归并库房管理，皮带房并归机器厂，另外添设了考工处以研究厂务，改设巡警处以加强警卫等。

---

① 总办魏允恭：《禀整顿沪局兼筹萍局情形》（光绪三十年五月十九日），《中国近代舰艇工业史料集》，第164页。

② 《两江总督魏光焘对魏允恭禀〈整顿沪局兼筹萍局情形〉的批语（光绪三十年六月）》，《中国近代舰艇工业史料集》，第165页。

③ 同上。

尽管魏光焘、张之洞竭力主张江南制造局内迁计划，但因张之洞权势日重，早已为清廷所疑忌，因而江南制造局内迁之举，遭到了清廷内部满族官员的群起反对。加之此时两江总督魏光焘离任，之后江督屡有更动，延续多年的江南制造局迁设新厂计划终于中途搁置，江南制造局未能摆脱旧式的经营方式，依然维持着死气沉沉的局面。

第五节 关注日俄战争及应对

光绪三十年（1904），日本和俄国为了争夺中国东北地区，爆发了日俄战争。2 月 8 日，日本舰队在韩国仁川港与俄国军舰交战，陆军士兵开始从仁川登陆。当日深夜，日本舰队对停泊在中国旅顺口的俄国舰队发起进攻。9 日，日军舰队在仁川歼灭两艘俄舰。当晚，俄国决定对日宣战，次日正式宣战。10 日傍晚，日本也对俄宣战。日俄双方进入了正式的战争状态。

早在日俄战争爆发前的光绪二十九年（1903）十一月，魏光焘接到日本驻沪领事小田切密电，声称日本为了维持东方和局和满洲、朝鲜事宜，日本外务部大臣小村代表日本政府与俄国进行了多次交涉。表示日本政府始终不渝地坚持中国对满洲和朝鲜的国家主权，要求日、俄两国必须尊重中国主权领土完整，以及日本在和约中所取得的在满洲应得之权，俄国并不得阻碍。并指出："诅俄迄今不肯听从，并且不肯将满洲案情与别国协商。在日本政府，以事关东方大局，且所商事宜本与俄国屡次自经声明者相同。而今拒不允，日本岂容甘从？除再向俄国求其反省外，业饬在华钦使内田，速将前情面达庆邸，并告自今以后，紧要情形必当随时奉闻，以资考量。"[1] 魏光焘深感日俄谈判已经决裂，战争一触即发，认为此事关系甚大，遂致电将小田切的密电发送直隶总督袁世凯和外务部，请示应该如何应付。袁世凯接到魏光焘的电文后，向外务部力请对于中俄冲突采取局外中立的态度。他在给外务部的电文中

---

[1] 《江督魏光焘致外部日俄交涉势将决裂请示方略电》，王彦威、王亮辑、李育民、刘利民等点校整理：《清季外交史料》卷 179（光绪二十九年十一月），第 7 册，湖南师范大学出版社 2015 年版，第 3295 页。

声称：

> 迭接江督电称：俄日有役，我居局中固难，局外似宜不妥，两害取轻，愿闻其略等语。日俄开战后，日船在各口购备物件，宜如何应付？日议为中国主权，我恐未能脱然局外。乞向枢府妥议速示。又电嘱饬北洋兵船分防江阴、吴淞两口。当先径复以附俄，则日以海军扰我东南，附日则俄分陆军扰我西北，不但中国立危，且恐牵动全球。日俄果决裂，我当守局外。如日船在各口购备战物，地方官应按局外公例行文诘阻。如用兵力强办，我亦无可如何，但不可由我接济及由我明许。至无论将来如何，必须先从局外入手。倘有不测，因势应付。至北洋各船，不足当大敌，俄日交战后，或恐掳胁我船以相助，宜先深藏内港，相机调用。如泊口外，适足饵敌招衅，请审裁等语。是否有当？祈核政示遵。①

袁世凯的主张获得了清政府上层的支持，清廷下谕：

> 现在日俄两国失和用兵，朝廷念彼此均系友邦，中国应按局外中立之例办理。著各直省将军督抚，通饬所属文武，并晓谕军民人等，一体钦遵，以笃邦交而维大局。毋得疏误。②

就在日俄双方摩擦频仍、战事已在进行的光绪三十年（1904）正月十八日，商约大臣盛宣怀致电约请两江总督魏光焘，向清廷奏陈"安危大计"内容，并请列名。电文称：

> 江宁魏制台：洽电悉。俄胜，东三省必明目张胆为俄属，且恐直逼长城。日胜，彼靡饷流血所夺之地，岂能拱手还我！各国擅维均之势，必有一番举动。如胶失而旅、大、威、广随之，实堪焦

---

① 《直督袁世凯致外部日俄开仗我应守局外祈核示电》，《清季外交史料》卷179（光绪二十九年十一月），第7册，第3295—3296页。
② 《清实录·德宗实录》卷525，光绪二十九年十二月丙子。

虑。查欧洲遇有此等大举动，必设大会公议，我非战国，例当入议。目前惟有请派重臣，以考求新政为名，赴各国面递国书，以维均势之说，东三省开通商埠利益均沾为宗旨，乘其胜负未分，先站地步，伦贝子正将就道，如可兼办，尤无痕迹。弟拟电奏，若得一二疆臣会衔更可动听。除电端、岑两帅外，如愿列明，再将全稿电求核定。乞速示。①

盛宣怀的电文得到了魏光焘、岑春煊、端方、吕海寰等人的积极回应。魏光焘立即致电盛宣怀，陈述了自己对于日俄战争的看法。他在电文中说：

啸电，深佩谋国至计。三省久应开通，方足以谋永固，俄胜，祸患固不可测；日胜，纵能力践英日盟约，以保全中国领土毫不侵略为主，中国亦岂能永杜俄患，况日以流血所得，诚如公言，不能拱手还我，是今日之谋，保三省亦即所以保卫全国，事不宜迟，应由电入告敝处，自当附名，除专使外，并宜令各驻使协助，更宜先从美国入手，发电后再密达伍公，如交议，望为赞成。②

正月二十三日，以两江总督、南洋大臣魏光焘为首，署理两广总督岑春煊、兼署湖广总督端方、工部尚书吕海寰、商约大臣盛宣怀等一批朝廷重臣，向清廷上奏，密陈筹议日俄战争对策、分析日俄战争形势、密筹收回东三省及日俄停战后拟办善后事宜等问题。魏光焘等在奏折中指出清廷"降中立之诏，守局外之例，权宜应变"③是行不通的。"惟默观近日时局，岌岌可危，有非中立所能避免者。"④接着，魏光焘等

---

①《盛宣怀致魏光焘电（光绪三十年正月十八日）》，夏东元：《盛宣怀年谱长编》（下册），上海交通大学出版社2004年版，第803页。

②《魏午帅来电》，顾廷龙主编，《续修四库全书》编纂委员会编：《续修四库全书1572集部·别集类》，上海古籍出版社2002年版，第660页。

③《赵尔巽全宗档案·第134号卷》，中国第一历史档案馆：《清代档案史料丛编》第八辑，中华书局1982年版，第402页。

④《清代档案史料丛编》第八辑，第402页。

以日本吞并朝鲜和甲午战争之例，论述了侵略者言而无信之后指出："盖霸国举动，专尚势力，不尚信义，自古皆然。"而且认为，经过此次战争之后，无论日、俄哪一方获胜，都会耗费巨大的财力和物力，所占据的东北之地，必将以东北不在局外、中国以弃置不顾为借口，俄国认为东北系在日本手中夺得，日本也将称从俄国方面得之，而并非取自中国。如果就东北一隅而言，俄国如果战胜，固然会明目张胆地将东北占领，中国方面也没有正当的说法向俄国索回；至于全局而言，日本一旦战败，则东亚局势会发生重大变化，欧洲列强各谋私利已日见强烈，中国将会更加不堪侵略和掠夺；俄国战败，势必会产生泄愤取偿的心态，那么新疆、蒙古就处于危险之中了。"而日本东省派兵代守，权力所至，何异虎去狼来？"[1] 因此，魏光焘断定，日俄战争中，无论哪一方取胜，对于中国方面都是极为重要的。为此，魏光焘从外交角度，力请朝廷利用国际关系采取均势政策，以避免此次战争给中国带来巨大危害。他指出：

> 日俄之战，关系全球，胜败既分，各国必出而干预。查西历一千八百十四年维也纳大会，一千八百五十六年巴黎大会，一千八百七十八年柏林大会，其始皆二三国之争端，而其后率变为列强之交涉。今各国注重远东，或将乘此机会，援例踵行，妥筹均势。我若只顾目前以中立为已足，或仅空言照会驻使，不能与诸国政府直商办法，则将来各国开会之日，恐被屏居局外；既居局外，他人无论如何逼处，我唯有听受之责，而无驳诘之权，祸变之来，何堪设想？[2]

接着，魏光焘等阐明对美国政府所谓"保全我国土地主权"声明的看法，承认这一声明对中国而言并非不是一个好的消息。但也认为，中国的领土主权依靠外国政府来保全，那么中国的土地已经难以自存；中国的主权尚且借助他人而保全，则中国的主权必将在很大程

---

① 《清代档案史料丛编》第八辑，第402页。
② 同上。

度上旁落。而且以晚清以来的时势为据，指明外国力图侵犯中国主权的野心：

> 试观胶、旅、威、广诸地，未经占据之前，各国何尝不力陈此说，以相慰藉，及既有事，所行尽反所言。至俄在东省，阳称睦谊，阴肆狡谋，覆辙匪遥，尤为殷鉴。即日韩新约，亦何尝不以保全土地主权为言，而实去名存，何以立国？盖强之遇弱，往往以甘言巧语漫为踞弄，沉溺其志，迷乱其识，以徐逞其和平侵占之图，弱国于此若不猛省奋发，机势一失，无可挽回，外鉴高丽，内观胶旅，成事俱在，不可讳也。①

魏光焘等人请求朝廷利用美国政府的声明作为口实，起而相持，据理力争。建议迅速选派亲重大臣，借考求新政为名，赴欧美各国面递国书，以维持"均势"劝说各国，并以东三省开通商埠、利益均沾为宗旨，恳请各国派出使臣设会评议。其中大致有如下四点：

> 1. 俄国退兵本有约期，近订美日两国商约有中国特允开设商埠数处之明文，是东三省为我主权所在，外国亦经承认，不得误认东三省为中国已失之地。
> 2. 俄、日兵连祸结，牵动全球，有损商务，中国特请各国调停，早令息战，以保和平，东三省一带人民财产，经缘日兵队蹂躏，应如何抚循偿恤之处，亦应议及。
> 3. 请以中国北京为各使会商之地。
> 4. 会议既定，战事既息，中国允以东三省遍开商埠及厂栈路矿诸项利益以为酬劳，唯公同认定于中国土地主权不得稍有妨碍。

魏光焘认为举办这一欧美国家会议对于中国而言，保持东三省的主权和领土完整是保卫全中国土地的最佳良方，而对欧美列强来说，保持中国领土完整也不失为永远保持其在东方秩序稳定的一种良策。在向欧

---

① 《清代档案史料丛编》第八辑，第 403 页。

美国家寻求支持的同时，魏光焘等人还向清政府提议选择最大新政切实举行数事，痛除旧习，以动天下之视听。通过这种方式向欧美列强展示中国发愤自强之意，以便有利于国际交涉，在日俄战争中尽可能减少中国的损失。魏光焘等人的中肯建议，从国际外交方面着手，试图通过欧美列强的斡旋和调停，阻止日、俄两国侵占中国东北。但其建议并未受到重视，清廷在日、俄两国的压力下，听从了直隶总督袁世凯的提议，采取了严守中立的态度。

日俄战争正式爆发后，清政府明降谕旨，严守中立，所有各省及沿边各地方，令将军督抚等加意严防，慎固封守。凡有通商口岸及各国人民财产、教堂，一体认真保护，随时防范。① 魏光焘接奉谕旨后，除了整顿以前的防务设施外，为了进一步加固两江地区的军队建设，又在常备右军中添设马队 1 旗，人数 125 名，派千总任廷琇管带；将骑兵右旗改为营，增添士兵 214 名，驻防上海；镇江炮台招募雷勇一哨，人数 100 名；江阴、吴淞等处添募雷勇 388 名，并修换、添购了雷具、电线、电箱等军用设施，以备不虞。又因标营裁存练兵不敷分布，遂在江苏抚标军营添勇一哨，人数 100 名。并先后接准江南提督及松山、狼山、福山各镇，"以提标中副两营，每营裁存练兵三百二十一名，援光绪二十六年成案，各添募练兵一百七十九名，合成五百名；苏、松镇标，原存练兵三百名，添募一百名；狼山镇标，原存练兵二百十四名，添募一百名；福山镇标，原存练兵三百十三名，添募一百名"②。

日俄战争期间，尽管中国方面以中立之策希图自保，但中国面临的形势并不乐观。英、美、德、法等国乘日俄在东北激烈角逐和厮杀之际，也蠢蠢欲动，派出几十艘大战船在中国海面一带游弋，其中尤以英国兵舰最多。且时有传闻德国兵舰在上海"暗赁华人，勒订合同，倘开往北洋，遇有战事，不准登岸"③ 之说。魏光焘对此极为警惕，立即饬令上海道袁树勋进行密查。魏光焘认为，四国列强选择这一时机集结兵

---

① 《清实录·德宗实录》卷 525，光绪二十九年十二月丙子。
② 《宫中档光绪朝奏折》第十九辑，第 192 页。
③ 《江督魏光焘致外部请商英使勿派战船入长江电》，《清季外交史料》卷 182，第 3346 页。

船，固然以观战为名，但列强之间也是各怀鬼胎，互相疑忌，英、美方面担心德国和法国在战争中帮助俄国，而德、法两国也深虑英、美助日，这是列强之间的一种互相牵制防御之计。不久，英国提督带领兵船五号进入长江口向上游行驶，并派出雷艇四号进入长江江面。之后，又在吴淞口一带停泊大量兵船。魏光焘深恐其他国家相继而来，进入长江，导致中国居民产生疑惧心理，给地方和商务带来不良影响。遂令袁树勋和驻上海领事进行协商，英国领事答复系为游历，不能阻止。于是，魏光焘只好致电请求外务部和英国公使加以协商，以后请勿派多艘入江，以免居民震动。

光绪三十年（1904）八月，日、俄两国舰队在旅顺展开激战，俄方败绩，其雷艇"格罗苏福意"号和巡洋舰"阿斯科"号于 12 日开赴上海躲避。因清政府宣告"中立"，上海道袁树勋即按条约规定，要求俄军舰于 24 小时内出口，否则，按"满洲"号办法，立即拆除军械。[①] 俄国领事于 13 日回复，根据清政府颁布的局外条规的相关内容，拒绝拆除军械，表示俄舰因受伤进口修理，不受 24 小时的限制，只同意在俄舰修竣之后 24 小时内出口。[②] 对于俄方提出的解决方案，日本坚决反对，认为中国如果准许俄国尽行修复，使其恢复战斗力，有悖于中立条规关于交战国兵船只能行驶至最近口岸的规定。日本政府并照会上海道袁树勋："或令俄军舰立即出口；如不愿，则不许修理，并起卸一切军器、子弹、紧要机器，停泊口内，直至战毕。"[③] 并表示若不能就以上两方案择一而行，日本将采取适当手段，自行解决，由此引发的争端，概由中方负责。

因日本方面态度强硬，中国外务部即刻电饬驻沪俄国总领事，令其"迅速照办，切勿延宕。倘再稽时日，是俄船自违公法，设有人藉口，以致侵及中立界内，牵动一切事端，应由贵国担其责任，均于中国无涉。"[④]

① 郭太风、廖大伟：《东南社会与中国近代化》，上海古籍出版社 2005 年版，第 505 页。
② 台湾"中央研究院"近代史研究所：《中国近代史资料汇编·清季中日韩关系史料》第 9 卷，"中央研究院"近代史研究所 1972 年印行，第 5909 页。
③ 《收南洋大臣致外务部电》（七月初七），《清光绪朝中日交涉史料》卷 79。
④ 《外务部致雷萨尔俄泊兵舰如不愿出口应令拆卸军装照会》，《清季外交史料》卷 184，第 3370 页。

尽管中方业已照会俄国，但俄方首鼠两端，声称须俟工程师会同海关决定修期，全不遵办。并向上海道诡称已与中国政府议准各船分别修竣，先后于 24 小时出口。

魏光焘认为俄国方面的这一请求，实出中立国所许战国师船限制之外，碍难照办，遂令袁树勋严词驳复。他说："此时迁延日久，刻下风声甚紧，万不能任其纠缠，自坏中立。今午雷艇限期即满，倘不出口，即应立起军火、机器。"① 魏光焘因俄国有意延宕，即使与其再三协商，只能是徒费时日，而且势必引发诸多后患。既然雷艇限期已满，故魏光焘决定按照袁树勋的来电请示，如果俄国舰艇再不出口，迫令其立即拆卸军装，并令巡洋舰依限出口，否则勿庸修理，一并拆卸。同时将办理情况致电外务部："现俄船末次限满不出，只得迫令将军装拆卸。俄若不遵，则是俄人自背公法，日船如来，或起冲突，不与中立国相关。倘因此酿祸，牵动地方，一切事端，无论至何地步，咎由俄人不遵公法，中国决不担其责任。"②

袁树勋遵照魏光焘的指示，在要求俄舰出口的期限过后，再次与俄国领事谈判，对俄舰的维修时间又展限 5 天，宣布 8 月 28 日正午 12 时为俄舰修竣出口的最后期限。对于中方的这一决定，日本公使内田表示强烈抗议，指责中方未与日方商议，擅自允许俄舰延期出口，要求中方承担由此产生的一切责任。③ 就在日本提出强烈抗议之时，俄国领事接到本国政府指示，于 24 日向袁树勋声明愿意解除俄舰武装，两船将于当晚 7 时一律下旗，撤退守护兵丁，请袁树勋知照税务司和俄国领事会商两船拆卸具体事宜。在俄舰"格罗苏福意"号和"阿斯科"号卸去军器、守护兵丁撤退后，其修理工程仍将续行照修，两船的水手则按"满洲"号办法，一部分遣送回国。④

---

① 《江督魏光焘致外部俄舰末次限满拟令拆卸军装电》，《清季外交史料》卷 184，第 3370 页。

② 同上。

③ 《外务部收日本内田使照会》（光绪三十年七月十四日），《清季中日韩关系史料》第 9 卷，第 5936 页。

④ 《收沪道致外务部电》（七月十四日），《清光绪朝中日交涉史料》卷 79。

第六节　增设"虔南厅"

清代的地方行政区划，在继承明制的基础上，做了新的变动。就江西而言，新的举措主要是增置"厅"。

江西虔南地处赣粤边界，东邻龙南、信丰，西南与广东翁源、连平、始兴、南雄接壤，九连山脉盘桓境内，重冈峻岭，森林茂密，封建统治势力薄弱，是流民聚集之地。① 道光二十八年（1848），岭北分巡道李本仁禀请江西巡抚吴文镕奏准，修筑观音阁城，派赣州府通判坐镇，以龙南之大龙、新兴、太平3堡，信丰之镇南、杨溪、步口、回戈4堡为其分防地。通判驻防观音阁，加强了对该地的军事镇压力量。道光二十九年（1849），移来守备一员同驻，用意更加彰显。观音阁作为江西的险要之地，地理位置偏远，是省城的南门户。观音阁城在龙南县之西，东距县治55里，东北距信丰县治200里，而兼辖信丰的杨溪等4堡，纵约30里，横40多里。龙南的大龙等3堡，纵约百十里，横160多里。总计辖境纵横100多里，由西向南，同广东的南雄、翁源、连平、和平等州县接壤，路程从60里到90里不等，其间形势袤延，山谷丛杂。加之地方贫瘠，民风强悍，历来是影响江西社会稳定的重要之源。

魏光焘主政两江后，该地常有粤东会党和土匪窜入境内，煽诱当地不法之徒，倡谋不轨，且因地形关系，出没无常，流动性较大，劫掠无常。官府缉捕时此拿彼窜，导致强势者流为盗贼，贫弱者难以维持正常生计。这种情况的长期延续，使得该地俨然成为化外之区。魏光焘推究其因，主要在于该地："县领幅员太广，防范难周，通判虽有听断缉捕之责，而命盗重案，仍须由县审办，事权不属，呼应不灵，敷衍因循，治理益坏。教养兼失，隐患实深。"② 为了加强对该地区的严格管理，清除地方乱源，魏光焘决定因地制宜，对于该地的行政建制进行调整。他饬令吉南赣宁道亲自对该地的地形进行了全方位勘察，又经其本人仔

---

① 江西省行政区划编纂委员会：《江西省行政区划志》，方志出版社2005年版，第65页。
② 《宫中档光绪朝奏折》第十七辑，第451页。

细考察后，向清廷上疏，请求将观音阁通判改为虔南厅抚民通判，即以原来所辖龙南县所属的大龙等 3 堡、信丰县所管的杨溪等 4 堡的地方，拨归虔南厅抚民通判管理，由其专门负责该地的行政事务。所有刑名、命盗和抢劫案件，统归该通判审办，参缉由赣州府审转。7 座堡垒原有的田地、山塘应该征收的正杂钱粮款项，令龙南、信丰二县查明额征数目，造册呈报，拨归该通判催徵，由赣州府考核。因赣州府通判本系要缺，故改设厅治后，仍然定为繁、疲、难要缺，由外选派官员升调。新建厅治后从龙南县教谕中选派一人作为学官，不设训导。科举考试方面，即在龙南县减少文童招生名额 8 人，信丰县减少定额 4 名，全部拨归虔南厅学录取。信丰县原设杨溪堡巡检，本在兼辖境内，应该隶该通判统辖。此外，将赣州府照磨移至厅治，兼管监狱事宜。观音阁旧城东西相距 40 丈，南北仅 10 余丈，将其略加修葺，借资防守。并将应设坛庙、秩祀、衙门和监狱酌情加以改造，派出防营驻扎于此，负责巡防边界，弹压地方，守护仓库、监狱，缉拿命盗案犯等事务。同时在该地大力开垦荒地，开辟更多利源。多设学堂以开通风气，编查保甲以维持社会治安。

第七节　开办镇江警政

清末新政时期，因旧式绿营和保甲局已很难适应现代城市管理的需要，故以正规的巡警来代替旧的保甲制度已是势所必然。在建立现代警察制度方面，直隶总督袁世凯可谓始作俑者。他将天津的新军改变为巡警，并聘请日本警视厅警察作为训练顾问。由此，天津警察成了直隶乃至全国的范本，清政府遂谕令各省仿效直隶办理警察。江苏境内警察的出现，首先是在南京。编练伊始，警兵只有 142 名，保甲巡勇 135 名，仍照保甲章程，按段稽查。[①]

镇江警察的开办，始于光绪三十年（1904）四月初一。魏光焘指令常镇太道郭道直在镇江设立巡警局，按照西法一律办理。当时设有巡警兵共 230 名，由英国人督率管理。城外滨江一带之地，从金山起到英

---

① 叶楚伧、柳诒徵：《首都志·警政》卷六，正中书局 1935 年版，第 528 页。

国领事署为止，英国租界不在其内。日夜巡防该处，并将该处所有的乞丐全部驱逐。路上则点用油灯，并施行救火等事。① 设立警察的费用，每月约需 4000 元，筹款的大宗，主要来自于房捐。而抽收房捐的地方，则以警察所管之地为限。因为警察所管地段内，悬挂洋牌的产物甚多，故常镇太道和英国驻镇江领事脱来满协商后，由其转告各洋人，对于抽收房捐之事，不得无故进行阻挠。

镇江警察设立后，英国驻镇江领事脱来满出具了告示。声称：

> 本领事因见华官所行之事甚为有益，谓在地界以内之西人产物，亦可得巡警保护之力。各巡警均由挑选而来，且以西人为警察长，亦由上海选聘者也。

> 本领事定将警察所为之事，详载于册中。若彼等所为不合，则必转告各西国房主，令其无庸纳捐也。

> 西人在新租界得有产物，亦在此地界之内者，自四月初一起，须照章纳捐，照每月租价抽十分之一，每三月征收一次。②

镇江警察局勇于四月初一正式分段棱巡，警察开办伊始，外间讹言纷起。其中最有影响力的当属所谓"鸡、鱼、猪、蔬等摊，闻欲迁入菜场交易，以清街道"③。于是，镇江各摊贩群起反对，相约一同罢市，作为要挟。之后一些商贩、百姓和当地不法之徒麇集于警察学堂左右，官员无法解散。此时，警察局勇骤然开枪射击，杀死百姓数人，激犯了众怒。罢市者一怒之下放火焚烧警察学堂，并波及火药房，声势震动数里之外，警察学堂执事人员也各受重伤。当时租界内栅栏业已紧闭，罢市百姓也颇知此事与洋人及其他人无关，并未加害。正好当晚从辰时至未时，大雨如注，火灾未受蔓延。京口副都统奇克伸布闻变后即排导出城，劝谕商民开张贸易，同时将此事向魏光焘做了汇报。并和常镇太道

① 《中外日报》（光绪三十年四月一日），刘萍、李学通、孙彩霞：《辛亥革命资料选编·清末社会思潮（上册）·辛亥前十年报刊资料选》第六卷，社会科学文献出版社 2012 年版，第 390 页。

② 《中外日报》（光绪三十年四月一日）。

③ 《镇江开办警察纪事》，《中外日报》（光绪三十年三月二十七日）。

经过商议后，出具告示，宣称菜市任由商户自行迁移，政府不予勉强，各大商铺依然闭门罢市，这时商民皆有借此求免警察房捐之意。故官府再次告称警察、菜市全部暂停，请求商铺开门营业。但因外间谣传仍有许多，乡民聚集，商铺担心开张后再有意外之事发生，故仍各怀观望之心，不敢开门贸易。

四月二十六日傍晚，镇江地方政府又出示了六言告示："警察尚未上街，菜市听便迁移。谕汝商民人等，依旧各安生业。毋再轻听谣言，致干查拿究治。如有妄言收费，尽法严惩不贷。"① 告示贴出后，商民仍以并无停止警察、菜市明文，依然聚闹。此时闹事，究其根源，对于商铺而言，虽然对于警察抽收房捐一事不满，但敢怒而不敢言，罢市非其本意，只是受到摆摊小贩之逼迫，不得不从众；至于摆摊商人，也不过想停止小本生意一两天，以求免迁入菜市，并非有意闹事。主要是一些不法之徒的煽动和诱惑，而导致了逼迫一律罢市的活动。

延至二十七日清晨，镇江南门外乡民，因闻知外间谣传警察将起粪桶捐、扁担捐，以及地方官奉上台委办乡团之亩捐，又传言警察局人员有戕杀平民之事，遂各负耒耜入城，以备格斗。魏光焘指示驻扎镇江的武威新军，晓谕乡民，城中业已安堵，力劝百姓回乡，不得任意闹事，乡民始半途而返。常镇太道郭道直见此时商铺仍然关闭，只得又出具六言告示："顷据府县会禀，各摊仍准照旧。菜市盖造房屋，本道另有公用。尔等各安营生，勿受奸民愚弄。"② 罢市百姓看到告示后，以为菜市虽可通融，但警察依然如故。所以仍然聚众在街市游行，虚声恫吓，不准商铺开门。镇江府县见此情形惶恐万状，急出一四言告示："警察菜市，一律俱停。尔等速散，各安营生。"③ 告示一出，商民深感罢市目的业已达到，且有武威新军沿街巡查弹压，遂于二十七日午后一律开市。这一因设立警察而导致的民变遂告结束。此后，地方政府将所有在此次民变中受伤人员，全部送往大英医院诊治。并将善后事宜向魏光焘做了详细汇报。

① 《续志镇江闹事情形》，《中外日报》（光绪三十年四月一日）。
② 同上。
③ 同上。

魏光焘将此次民变爆发缘由及办理情况上奏清政府后，清廷下谕：

> 镇江为通商口岸，五方杂处，警察之设，本不容缓。该地方印委各员，于此等要政，应如何审慎周详，因势利导；乃限迁菜摊，致匪徒借端滋闹，迫令各店罢市，至有焚毁局屋器械，互毙人命情事，实属办理不善。委员候补知县窦镇山、从九品俞箴玺、署丹徒县知县洪尔振，著交部议处。江苏常镇道郭道直、镇江府知府祥福，著一并交部议处。仍著认真整顿，遴委妥员接办，务除积弊而收实效。①

对于镇江开办警察过程中出现的问题，创刊于光绪三十年（1904）的《扬子江白话报》第 1 期和第 2 期上面，刊有《警察怪现状》小说的前两回，即《办警察官吏发大财，议妓捐举人初献策》和《钱统领咨送警察章程，王外委投充巡兵教习》。第一、二回的主要内容是镇江道台郭道直夤缘谋得此差，两江总督魏光焘奉旨要求各地举办警察新政。郭道直听从幕僚建议通过妓捐和房捐筹款。小说第五回又写郭道台和委员们商议，在镇江西城外起两个小菜场，委了一个叫鲍效先的委员办理，许多瓦木匠头都来恭维，想谋包工程。南京张木匠谋妥此事，建议两个菜场分两次造，第一个工程用不完的零碎材料，可留在第二个工程上用，又说可先建城外大闸口的工程，拆城墙砖盖菜市房子，可省俭不少。鲍委员便派大儿子充监工，城墙砖石用了三分之一，其他皆变成金银，入了鲍委员私囊。② 这一小说从侧面生动地反映了当时镇江开办警察出现的问题，但毕竟是一文学作品，其史料价值固然有限。

总之，此次镇江因设立警察而引发民变，主要还在于当时风气未开，地方百姓保守，误听谣言所致。同时也反映出了在晚清大变局的形势下，如何规范警察制度，向百姓普及西方文化和制度，使其转变落后的习俗和社会风尚，也是政府和官员们理应切实履行的一件要务。正如

① 《辛亥革命前十年间民变档案史料》上册，第 268 页。
② 习斌：《晚清稀见小说鉴藏录》，上海远东出版社 2013 年版，第 232 页。

《中外日报》所评论的：

> 识者谓警察乃奉旨举办之件，且系保卫地方之善政，菜市则为清理街道，有裨卫生起见，而人乃指为大害，非惟小民难与图治，毋亦居民未曾受有警察教育之所致欤！若夫专制国之警察之不能办理尽善，则固非商民所及知也。①

第八节　处理南洋商务纠纷

魏光焘作为两江总督、南洋大臣，除了主要办理江苏地方的政务外，还须对南洋地区出现的商务问题进行料理。

清末，外商和华商在中国内地合股营业，共同经营商务者，仅有铁路和矿产开发两端。中外设厂制造之利，久为洋商所垂涎，所未获利者，也为保护中国商人生计的需要。光绪二十八年（1902），中英双方谈判商务时，英国公使马凯再三要求在南洋地区开办商务，在两江总督刘坤一的坚持力拒下，才在第八款、第九节中载明："洋商用机器制造，只能在通商口岸。"但仍然出现了外国商人勾串华商，妄图内地设厂，或有借其资本、意图亏蚀管业者。对此，魏光焘查阅了清末新政时期颁布的《公司商律》，其中第 57 条所载，原系按照英约第 4 款购买股票办法，只是该约第 8 款内既然载有"洋商用机器制造，只能在通商口岸。"这两项内容同载一约，经过前后互相参照解读后，魏光焘认为："内地华商所设公司，不应附设，其义自见，今商律内仅论附设，深虑洋商朦串，各省一时不及领会，一经开端，即难坚拒，不可不杜其渐。"② 于是，他请求商部核明条约，申明商律第 57 条中规定的内容含义，咨行各省一体备查，以免误会。

对于外商在中国设立工厂之事，在籍翰林院编修张謇深谋远虑，虽然承认商部所奏定的商律第 35、38 条和第 57 条，规定了外国人附股于中国公司，应和中国商人一同遵守中国商律和公司所定规条，其中隐含

---

① 《续志镇江闹事情形》，《中外日报》（光绪三十年四月一日）。
② 《商部声明商律内洋商附股字义咨两江总督魏文》，《东方杂志·商务》1904 年第 5 期。

收回治外法权之意。但他从中国的具体国情出发，向魏光焘阐述了自己对于此事的意见：

> 惟中国今日国势不竞，商智不开，而内地各行省地大物博，农工商实业可兴之利正多，华人势散力薄，偷懦惮事。设外人各以其高掌远蹠之资，行其捭阖飞箝之策，勾我奸商，借给资本，出名择要设立公司，复明目张胆遵律附股。即使一一遵我商律，而在我可以图强之资，已转而供人殖民之用。由是而思，贵大臣咨请商部于五十七条中国人不加"在口岸"三字为必不可少，具于治外法权之意亦尤为满足，否则麻木守旧，商方畏公司之名若避仇，无赖少年正藉商律之说以勾外，设有支离，变成交涉，国势不足以达理，商部必因之损名，是又不得不先事绸缪，宁为过计而毋为不及者。①

魏光焘将自己和张謇的意见上奏商部后，商部对此极为重视，当即对《公司律》第57条进行了核查。其中规定：第一，中国人设立公司，则凡洋商勾串华商妄图内地设厂，借词借款等弊，各该地方官即应详查呈报，不容稍涉含混，致蹈覆辙；第二，外国人有附股者，此无论英约第4条意义相合，即历稽各约款，华商公司无不准洋商附股之专条，则公司律不得不顾及此而著为此条；第三，即作为允许中国商律及公司条例，是于不能禁阻洋股之中，为挽回主权之计。尽管公司律的意思很明显，但商部向魏光焘表示：

> 现在订章定律，莫不力求审慎，按奏定路矿章程，内均载有"华洋合股，洋股不得过于华股之数，又不准以土地抵借洋款"各条，盖深恐权因股重而倒持，地以借款而削弱，特明定界限以范之。至英约第8款第9节于机器制造一层，隐以"口岸"二字，为内地之对镜，当时议约既难明著，内地不得制造数字，则目前定律，岂能显言内地公司不能附股，况此节下文专注在厂税，而公司

---

① 《外务部·咨达商部头等顾问张謇议商律等情由》，"'中央研究院'近代史研究所"档案馆藏件，馆藏号：02-13-051-02-012。

律五十七条专注在中国人公司以力保主权，则与英约所载不相干涉，即合观词意，亦两无触背，律取隐括，体例所限，碍难如约文之可著边际。①

商部向魏光焘解释后，对其做出了指示：之后如有洋商希图内地设厂，自应按照约章规定作为依据，若华商公司附搭洋股，应该执定律条与之协商，而洋商也不至援照律文规定作为其在内地设厂的狡辩。并指出："是在各将军督抚达权济变，操纵有方，就约文律意而会其通，庶几主权可保，相应咨明贵督，希即分别查照办理。"②

光绪三十年（1904）二月初六日，翰林院侍读学士恽毓鼎向税务司呈称，江苏运河一带河道深通、沟洫纵横，运河沿岸百姓经常在农闲之余掉舟挖取，用以治田。这样官府省去了挑浚河道之劳，而百姓也可以得肥苗之用。但自从小轮开放行驶后，所烧煤滓沿途倒入运河淤泥之中，民间百姓仍然照常取用，对于农作物的损伤很大，百姓逐渐认识到煤滓对于良苗的危害后，导致大河行轮之处，百姓不再挖淤，支河沟渠积淤不多，于是经常发生百姓争夺之事。恽毓鼎认为：

> 计小轮一日应烧煤四五吨，大者更多，其滓以五成计算，是每轮每日常有四五千斤滓煤入水。现今华轮、洋轮往来如织，淤河一寸，旱时水不能上，潦时易于泛滥，农田常受数寸之害，至河道浅阻，行轮亦将受其弊，届时再谋开浚，工程必大，费用更巨。天下之患，当其始时忽而不觉，及其既著，补救甚难，往往如此。伏思小轮行驶内河，所以推广商务，在今日万无禁阻之理。惟倾煤入水，查照上海天津租界河巡章程，皆行明禁。如有违犯，送领事官办理，分别议罚。盖泰西公法，最重河道办法，特严内河等处，自应照办。③

于是，他请求商部咨行两江总督魏光焘，札饬各关道会同税务司查照租界河巡章程，永远禁止小轮倾煤入水，违者照章议罚。并咨行各国领事官，令洋商各小轮一体遵守，并将这一禁令推广至各省内河及长江、鄱阳、洞庭诸湖，并海轮近口 100 里内皆可一律照办，以改变水道阻滞的情况，使农业生产和商务均受其益。魏光焘接到商部指令后，立即札行各海关道严格按照商部禁令执行。

光绪三十年（1904）四月二十一日，浙江巡抚聂缉椝向魏光焘咨称，英商麦边分行在绍兴等地背约开设违章运货、领事索偿亏耗一案，饬据委员查取废单，将"所载不得出入海口"等句涂抹，复刻"出吴淞口"红印，请求魏光焘迅速饬令江海关彻底予以查办。魏光焘认为英商的这一举措严重违背了相关通商条约，令江海关迅速予以查清回复。江海关向魏光焘详复："洋货入内地，请给子口半税单，由吴淞出海行运，系德、美商运舟山火油之案创始，已奉总署核准照办。迨后援请只能照案给发，至此项税单，原盖红戳，与现办情形不符，可否另拟酌改，请示。"① 魏光焘当即派人将南京海关规定的"由沪运浙洋货应转运宁关完半税入内地"一节按约进行了详细考查，并将戳式如何酌改的办理情况向聂缉椝做了回复。他指出：

> 运洋货入内地完半税者给单，沿途呈验，不再重征。不完半税者，仍须逢关纳税，遇卡抽厘。是所执之单，系为验免税厘之据，该商若不呈单请验，各关卡既无从知其业已完税，即与偷漏无异。故善后约匿单少报，应将同类之货，全数入关。今即照二十四年案，沿途虽准售卖，然过第一子口，该商仍应报明在何处售卖何货若干，由关卡注明，单上盖戳放行。入匿单不呈，仍应照约办理。②

并且，魏光焘还依据中日《马关条约》的相关规定进行了说明。那就是外商运货到地，虽然允许其暂租栈房，但所谓暂租者即指所运一次，或准其租用行栈暂时存放，这主要考虑货物运到后，没有寄存之

---

① 《两江总督魏咨浙江巡抚聂查复英商运货文》，《东方杂志》1904 年第 6 期。
② 同上。

所，故也是为外商提供些许方便。但行栈不仅归中国商人所有，而且货物也只能暂时存放，不能由中国商人代为经理销售。如果外商始终承租该栈，又由中国商人代为售货，那么等于外商开设的行栈。此举也与中英《烟台条约》所载"洋商不准在内地开设行栈"的规定不符，而且此条也经英国驻京公使通饬各领事知晓，有案可查。魏光焘认为英商的这种借暂租栈房的行径无非遂其影射之谋，必须严加制止。

此外，魏光焘对英国商人私自涂抹税单、刻制印章的欺诈行为表示了极为愤慨，令聂缉椝严格处理，以防范英商的违约之举。

第九节　办理"苏报案"

光绪二十九年（1903）上海地区发生的"苏报案"，为一件轰动国内外的大新闻。《苏报》创立于光绪二十二年（1896），创办人为胡璋，馆址设于上海英租界内。开始之初，大多报道一些市井琐事和作奸犯科的社会新闻，曾因刊登黄色新闻和敲诈勒索被人控告，声名大受影响，销售困难，故于1900年出售于陈范。此时，学生运动兴起，革命声浪日渐高涨。为了适应形势的需要，1902年4月，蔡元培等在上海成立了中国教育会，不久又创办了爱国学社，聚集许多革命青年在此学习。1903年2月，《苏报》设立《学界风潮》专栏，专门传播各地师生反封建斗争的信息，很快"革命排满"也见诸报端，这样《苏报》逐渐演变为爱国学社的言论机关。之后，《苏报》积极报道学生运动，大造革命舆论，连续发表了一系列具有强烈革命色彩的文章，尤其对邹容的《革命军》进行了大力宣传，这引起了清廷官员的注意。

光绪二十九年（1903）五月二十日，两江总督魏光焘致电外务部：

> 光焘前查，有人在上海创立爱国会社，招集群不逞之徒，以革命流血为宗旨，时在张园演说，而日本留学生亦多附和。当饬沪道设法查禁，并密拿为首之人，嗣据该道禀覆，两次走商领袖美古领事，饬禁张园演说。嗣又及于徐园、愚园，复饬会审廨切商工部局，设法示禁，始一律停止。旋准湖广督署来电，询得匪党数百人谋运军械，勾结会匪，煽乱长江一带，复由光焘密饬水陆

各营严为戒备，各地方官切实清查，现尚安靖如常。此种风气近日侵淫渐广，要在地方文武清其匪类勾结之源，杜其枪码接济之路，其技自穷。至倡首演说之人，自应惩办一二，以正人心而遏乱萌。惟既藏身租界，必得工部局签允，方能措手。焘已委员赴沪，会同袁道，将扰坏地方，即不能保全商务之故，反覆向其开导，或不至终于庇护，仍责令该印委等缜密妥速办理，冀以仰纾宸厪。魏光焘谨叩。①

外务部将魏光焘的电文呈交慈禧太后阅览后，下谕：

朝廷锐意兴学，方期造就通才，储为国用。乃近来各省学生潜心肄业者固不乏人，而沾染习气肆行无忌，正复不免。似此猖狂悖谬，形同叛逆，将为风俗人心之害。着沿海沿江各省督抚，务将此等败类严密查拿，随时惩办。所有学堂条规，并着督饬以认真整顿，力挽浇风，以期经正民兴，勿误歧趋。是为至要。②

接着，魏光焘又深感演说虽禁，"复有苏报刊布谬说，而邹容所作《革命军》一书，章炳麟为之序，尤肆无忌惮，因饬一并严密查拿"③。时兼湖广总督的端方并致电魏光焘，建议将《苏报》收回改为官办，以控制舆论。电文称：

沪社奉旨拿办，仰佩为国扶教盛心。但闻此辈党羽众多，阴有巨魁在内主持，必须责成沪道知会上海领事及工部局密行设法诱拿数人，自易解散。但操之过急，必图反噬，惟公深筹密计之。再此间汉报多逆说，已收回官办。上海苏报系衡山陈编修鼎胞兄所开，悍谬横肆，为患非小，能设法收回自开至妙。否则，我办一事，彼

---

① 《为查办上海爱国会社事》，《清代军机处电报档汇编·收南洋大臣魏光焘电（光绪二十九年五月二十五日）》第28册，第306页。
② 《清实录·德宗实录》卷516，光绪二十九年五月庚辰。
③ 胡道静：《上海新闻事业之史的发展》，《上海市通志馆期刊》1935年第2卷第3期，第960页。

发一议，终无了时，其他各报能联络之更好。①

魏光焘虽然奉清廷之命拿办爱国学社和报馆诸人，但苏报馆位于公共租界之内，清政府不能直接行使职权。为了慎重起见，魏光焘派候补道俞明震赴上海，会同上海道袁树勋向各国领事交涉副署拘票（因华官在租界内拘提犯人，其拘票须经领袖领事副署，并由捕房协拿）。各国领事以案犯为国事性质，开始坚执不允，后各领事经过广泛讨论后，做出决定：如果租界之案，在租界审办，尚可酌行。于是与中方订立条约："所拘之人，须在会审公堂由中外官会审，如果有罪，亦在租界之内办理。拘票乃经领袖领事副署，由会审公廨交请巡捕房执行。"② 五月二十九日下午，中西捕探在苏报馆将司账程吉甫捕获。早在二十六日俞明震来沪捕人时，风声已很紧，章士钊、汪文溥、黄宗仰、蔡元培已先后离开上海躲避，只有章太炎毫无畏惧，坐以待捕。故此次搜捕中，章太炎当场被捕，捕探并从女学报馆中，捕获陈范的儿子陈仲彝和钱宝仁等三人。邹容原先住在爱国学社，学社与教育会分裂后，搬出学社，与张继同住虹口，听到章太炎被捕，表示不愿置身事外，要与章生死相共，次日即自动赴捕房投案。

捕人之后，魏光焘又密谋封禁《苏报》，7月4日（农历闰五月初十），魏光焘电嘱《新闻报》美国董事福开森，"切商各领事，务将该馆立即封闭"。同日，袁树勋又亲访美、英领事。美领事献策，该案"唯有公廨正式指令，方可封闭"。6日（农历十二），清政府当局所请律师怀特及古柏至英、美租界会审公廨，说是《苏报》仍然妄登悖逆不道之说，请求会审公廨临时发布禁令，禁止《苏报》发行。美领事古纳表示同意，由谳员孙建臣签发封条，英陪审官迪比南副署，并由美、英总领事联署，交工部局执行，工部局未即执行。7日（农历十三），袁树勋以工部局蔑视公廨、不从堂谕，饬令会审停堂，勿讯别案，逼使工部局改变主张。当日下午，公廨未开庭，邻近中午，工部局只好

---

① 《光绪二十九年五月二十八日兼湖广总督端方致两江总督魏光焘电》，载《苏报鼓吹革命清方档案》，中国史学会：《辛亥革命》（第一册），上海人民出版社1957年版，第444页。

② 《上海新闻事业之史的发展》，《上海市通志馆期刊》1935年第2卷第3期，第960页。

派遣捕探封闭苏报馆。此为轰动一时的"苏报案"。

"苏报案"爆发后，如果按照上海道袁树勋和外国领事签订的协定，很快即可以判决，不外监禁数年而已。但此时的清廷官员对于革命党人已是痛恨至极，急欲将其置之死地而后快。以湖广总督端方的态度尤为鲜明，他致电魏光焘，请求饬令上海道将所获革命党人"设法解宁为第一要义，将来惩办轻重在我"①。并叮嘱魏光焘电饬上海道"速行设法妥筹解宁，一面尽法惩治，一面奏闻。事关机密，万望速断"②。端方不仅向魏光焘施压，同时致电请求张之洞严厉镇压革命党人。他说："此事关系太巨，非立正典刑，不能定国是而遏乱萌。请公密商政府，速加断定，务令逆徒授首，不使死灰复燃，大局幸甚。"③

张之洞将端方的密电奏闻清政府，清廷电令魏光焘迅速提解严惩。张之洞认为此事的关键在于美国董事福开森，故致电请端方"飞电该洋员，务须设法即日将五人点交上海道解宁，勿稍迟缓，致令狡脱"④。不久，因革命党人聘请律师代为辩护，端方急电魏光焘寻找律师与革命党人抗辩，请求"务将该犯解宁，归中国自行办理"⑤。同时，为了取得外国列强的支持，端方又致电美国人福开森："六犯确系中国著名痞匪，竟敢造谣毁谤皇室，妨害国家安宁，与国事犯绝不相同，不应照在租界犯案在租界受罪之例办理。请将此意密告担文律师，坚持到底，务令交犯，由沪道解归江宁，听中国办理。"⑥并请求福开森"以全副精神妥密筹办，为中国除此巨患，以荷优奖"⑦。

① 《光绪二十九年闰五月初八日兼湖广总督端方致两江总督魏光焘、江苏巡抚恩寿电》，载《苏报鼓吹革命清方档案》，中国史学会：《辛亥革命》（第一册），第445页。
② 《光绪二十九年闰五月初八日兼湖广总督端方致两江总督魏光焘电》，载《苏报鼓吹革命清方档案》，中国史学会：《辛亥革命》（第一册），第446页。
③ 《光绪二十九年闰五月初八日兼湖广总督端方致内阁大学士张之洞电》，载《苏报鼓吹革命清方档案》，中国史学会：《辛亥革命》（第一册），第446页。
④ 《光绪二十九年闰五月初十日内阁大学士张之洞致兼湖广总督端方电》，载《苏报鼓吹革命清方档案》，中国史学会：《辛亥革命》（第一册），第412页。
⑤ 《光绪二十九年闰五月十一日兼湖广总督端方致两江总督魏光焘电》，载《苏报鼓吹革命清方档案》，中国史学会：《辛亥革命》（第一册），第449页。
⑥ 《光绪二十九年闰五月十一日兼湖广总督端方致福开森电》，载《苏报鼓吹革命清方档案》，中国史学会：《辛亥革命》（第一册），第449页。
⑦ 同上。

尽管张之洞和端方等人急于将革命党人解送南京严加法办，并一再催促魏光焘迅速办理。但魏光焘深感此事涉及中外交涉，将人犯解送南京并非易事，他和上海道袁树勋商议后，袁树勋认为"其中委曲甚多。"于是他力主缓办，不可操之过急。在给端方和江苏巡抚恩寿的电文中说：

> 盖界内拿犯，最为棘手，此次允为签拿，已属难得。惟彼既须会讯明确，方能拟办。中外法律不同，办法即难遽定。倘我操之过急，彼转持之益坚。昔年拿办黄遵宪可谓前鉴。此时总宜先使讯后，勿复干预，方可由我惩办。①

此外，对于端方的紧急催逼，魏光焘采取了拖延之计，将球又踢给了端方。认为此事涉及中外交涉，致电端方："领事无不秉命公使，务望尊处电香帅，切商英日美各使，俾内外协力商办，使各领不致推诿刁难。"②

除了魏光焘的委婉劝告外，道员俞明震和上海道袁树勋也极力支持缓行交涉。他们在给端方的电文中说：

> 各犯解宁，自是正办，非分别次第，步步逼紧，恐难合拍，未敢激切，转误事机。现同福开森筹思婉商，徐图解宁办法，虽无把握，竭力维持，事关大局，不敢稍松。沪上刑出多门，异常棘手。③

尽管魏光焘和上海道对于将革命党人解宁一事深感难以办理，但军机处依然催促甚紧，深恐在租界定罪、受罪，列强"袒护轻纵，逆焰愈炽，后患更大"④。电嘱端方和魏光焘令律师担文切实辩论，务必交于

---

① 《光绪二十九年闰五月十二日两江总督魏光焘致兼湖广总督端方、江苏巡抚恩寿电》，载《苏报鼓吹革命清方档案》，中国史学会：《辛亥革命》（第一册），第413页。

② 《光绪二十九年闰五月十二日两江总督魏光焘致兼湖广总督端方电》，载《苏报鼓吹革命清方档案》，中国史学会：《辛亥革命》（第一册），第414页。

③ 《光绪二十九年闰五月十三日道员俞明震、上海道袁树勋致兼湖广总督端方等电》，载《苏报鼓吹革命清方档案》，中国史学会：《辛亥革命》（第一册），第415页。

④ 《光绪二十九年闰五月十四日军机处致兼湖广总督端方、两江总督魏光焘电》，载《苏报鼓吹革命清方档案》，中国史学会：《辛亥革命》（第一册），第416页。

中国自办。不久，俞明震经过与外国领事交涉后，向魏光焘汇报称只能等过堂后，方可力争解宁。魏光焘对此深感为难，在给端方的电文中流露出了办理此事的苦衷。他说：

> 枢电再三催促，颇虑外间放松，似未明办事苦衷。弟初意未即会衔具奏者，诚以令出自上，倘外间办理稍有不符，未免有伤国体。拟俟尽力办到地步，再行奏明，非抗他也。应如何电奏，仍恳代拟一稿寄阅。①

美国董事福开森也极力支持魏光焘的意见，认为端方提请的将革命党人迅速解往南京、听从中国办理的建议，于大局实有窒碍。他建议：

> 该犯既在租界拿获，须先在租界会讯，得其实供，中外折服，然后始能设法解宁。此时未审之先，外务部万不可稍涉孟浪，转滋贻误。此次获犯封馆，根据已稳，步步渐逼，乃为至计。千祈宪台将此中艰难情形，切实速达外务部及张宫保，无须再向京使催托。俟沪讯后，再请京使为力。②

此后，魏光焘多次致电端方，阐明了以朝廷大体为重，采取步步紧逼之计，等待过堂后方可和列强协商解省一事。由于魏光焘、福开森和上海道袁树勋的一致意见，迫使端方只好同意速行会讯，尽早定案。

7 月 15 日，第一次会审在租界会审公廨进行。章炳麟、邹容等在森严的戒备下被提上公堂，古柏代表清政府指控《苏报》和章、邹污蔑皇上、诽谤政府和图谋不轨。章炳麟在公堂面对指控，坦然承认自己对光绪皇帝的不屑一顾，邹容也自认《革命军》之作。因章炳麟的辩护律师来不及准备辩护词，公廨宣布 7 月 21 日续讯。

就在会讯之前的 7 月 11 日，魏光焘、端方、恩寿向清政府会奏办

① 《光绪二十九年闰五月十五日两江总督魏光焘致兼湖广总督端方电》，载《苏报鼓吹革命清方档案》，中国史学会：《辛亥革命》（第一册），第 417 页。

② 《光绪二十九年闰五月十六日福开森致兼湖广总督端方电》，载《苏报鼓吹革命清方档案》，中国史学会：《辛亥革命》（第一册），第 418 页。

案情况，申明等待会讯后，再行设法协商解往南京审办。但清廷谕令："速筹解宁承办，勿任狡脱，以儆狂悖。"① 这道谕旨实际上否定了魏光焘等制定的"步步紧逼"的办法，魏光焘只好改弦易辙，认真地从事解宁交涉。当时，第一次会讯日期已定，只好照常。讯后，魏光焘撤回俞明震，并给袁树勋一道命令，如果袁不能将章等交涉引渡，押往苏州惩办，便要降职问罪。7 月 20 日，袁树勋与美国领事古纳约定次日同各领事会商。7 月 21 日的会讯因此已无必要，故第二次会讯一开堂，古柏即以案外另有交涉为由，请求改期会讯，会讯因此中断。

7 月 21 日，魏光焘派袁树勋携带照会与各国驻沪领事进行谈判。英国领事康格告知袁树勋，此事本可商量，但因魏光焘、端方等已通知驻京公使，只能请示公使后方可进行谈判。与此同时，英、日、美三国公使也向外务部推托，声称等待驻沪领事报告。这导致了京、沪两地的谈判均陷于扯皮状态。

为了说服洋人交出革命党人，张之洞致电端方，向其指示谈判要领。他说：

> 按中英条约，中国罪犯逃至香港，经中国官知照洋官拘拿，须先在港审明，果系罪犯，然后交中国审办。此系在外国境内，故须过审然后交犯，若在中国境内，虽系租界，其中国人民仍应归中国管辖，故遍查条约，并无租界交犯章程。诚以租界仍属中国地方，其有中国罪犯，本可由华官自拿自审，后洋人虑中国差役入界骚扰，亦只有先行知照领事签票之章，并无会审交犯之条。庚子年秋，在汉口租界内捕拿票匪，亦但由领事签字，并未会审，其明征也。查上海公堂章程，有华人涉讼，其案情与洋人无涉者，领事不得干预等语。此次上海各领事尚知大体，顾全大局，而工部局硬欲干预此案，竟欲以上海租界作为外国之地，显系有意占权，万难迁就。查历年以来，上海租界工部局遇事侵我主权，不遵条约，不有公理，视为固然。闻此次上海洋人私议，深虑此案中国必向其公使及其外部理争，一经揭破，恐将工部局历年攘夺之权从此削减，可

---

① 《清德宗实录》卷517，光绪二十九年闰五月壬寅。

见外人亦自知理屈。我能趁此次极力争回此项治权，将来再有缉拿匪犯之事，便易措手。①

可见，张之洞对于此事的筹划要比端方和魏光焘等人技高一筹。他对于谈判的指示，既有条约依据，又有以前案例为证，还从外国侵犯中国主权的高度认识到了这一问题的重要性。此外，张之洞试图借此次交涉，从外国手中收回所谓的治外法权，这是端方和魏光焘诸人所未思考的问题。

在张之洞主张的启示下，魏光焘等人又进一步寻章摘句地做了补充。他查阅了中英、中美相关条约内容，阐明了引渡的合理性。他说：

> 查英美条约均载有通商各口有中国人民潜匿各该国船中房屋，一经中国官员照会领事官，即行交出，不得袒庇。是匿在船房之内尚应交出，岂有在口岸地方，转行干预。况洋泾浜设官章程，又复详载明确。此等重犯与洋人无干，应交中国地方官审办。两国交涉惟凭条约，虽公法亦为所限。今该犯等按照条约、章程，均应交归中国自办，领事工部局实不应违背约章干预。约载既只交犯，各使亦无庸详核案情。②

如果抛开"苏报案"中清政府捕拿革命党人、封闭苏报馆的事实，不带任何感情色彩考虑，各国使领、工部局干预"苏报案"，无论是参与镇压，或是拒绝引渡，确属侵犯中国主权、干涉中国内政的行为。因此，对于魏光焘诸人而言，一方面，他们对于有意颠覆清王朝的革命党人恨之入骨，力主将其引渡而由中国自办，但另一方面对于外国列强侵犯中国主权的行为或多或少的有所抵制的意图。而西方列强之所以拒绝引渡革命党人，主要目的在于维护其业已获得的利益。正因为如此，在"苏报案"中，出现了清政府与列强之间既合作又冲突的尴尬局面。列

---

① 《光绪二十九年闰五月二十七日内阁大学士张之洞兼湖广总督端方电》，载《苏报鼓吹革命清方档案》，中国史学会：《辛亥革命》（第一册），第427—428页。

② 《光绪二十九年六月初五日两江总督魏光焘致兼湖广总督端方电》，载《苏报鼓吹革命清方档案》，中国史学会：《辛亥革命》（第一册），第430—431页。

强为了继续维持清政府的统治，使自身利益不致因这种统治被推翻而遭受损失，故同意清政府镇压在租界的革命党人，并直接参与捕拿。同时，为了不使清政府染指自己的既得权益，又要求把这种镇压限制在一定范围之内而拒绝引渡。魏光焘深为洞悉其意，他在给端方的电文中指出："盖彼系争界内之权，非实惜各犯之命。我退一步，虑彼即进一步，不得不稍予相持，徐图转圜之法。"① 故争取既得权益当然是列强首要考虑的方面。

而在"苏报案"引渡问题上，各列强之间出于各自国家利益的需要，也产生了分歧。美国在中国利益较小，为便于今后扩大在华利益，它乐于示好清政府。其驻沪总领事古纳秉承本国政府的方针，利用领袖领事的地位积极支持清政府对革命的镇压，极力赞成引渡。英国领事康格始终反对引渡，其态度则是由于英国有其在长江中下游和上海租界的权益需加保护而产生的。工部局直接控制着租界，所以它不允许清朝当局插手界内之事。代理英国驻华公使焘讷里在给英国外交大臣蓝斯唐侯爵的电报中说："虽然我们现在还没有关于两名被告指控的细节，俄、法和其他一些公使赞成引渡。这样的行动可能会在上海引起混乱，付诸实施（指引渡行动）可能会使武装力量登陆。"② 蓝斯唐在回电中明确指示："不管是否坚持与道台达成的协议，我们必须拒绝同意引渡。"③ 也就在中外谈判的关节点上，在北京发生了政治犯沈荩被清政府刑部杖毙之案。消息传出，引起国内外舆论哗然。英国的态度更加强硬，蓝斯唐致电焘讷里："考虑到最近在北京实施的野蛮处决，以及与道台达成的协议已构成拒绝移交的充分理由，我们不能容忍将苏报案关押者移交给中国当局。"④

鉴于英国方面的强硬态度，作为两江总督的魏光焘，在引渡问题

---

① 《光绪二十九年七月初二日两江总督魏光焘致兼湖广总督端方电》，载《苏报鼓吹革命清方档案》，中国史学会：《辛亥革命》（第一册），第433页。

② 《英国外交文书苏报案资料辑译·焘讷里先生致蓝斯唐侯爵（7月25日收）》，周勇：《邹容与苏报案档案史料汇编》（下册），第633页，重庆出版社2013年版。

③ 《英国外交文书苏报案资料辑译·蓝斯唐侯爵致焘讷里先生（7月25日收）》，周勇：《邹容与苏报案档案史料汇编》（下册），第640页。

④ 同上书，第642—643页。

上，除了与美国驻沪领事古纳积极寻求支持外，还与英国方面进行了协商，力图打开缺口。他于 1903 年 8 月 8 日给英国代理总领事满思礼致信，请求依照条约内容，将人犯交于中国方面办理。他在信中说：

> 在与列强签订的条约中，明确规定：中国民人因犯法逃在香港或潜住英国船中者，中国官照会英国官访查严拿，查明实系罪犯交出。通商各口倘有中国犯罪民人潜匿英国船中房屋中，一经中国官员照会，领事馆即行交出，不得隐匿祖庇（《天津条约》第 21 款，1858 年）。两国立约的目的是解决国际争端，条约中清楚写明缔约方要遵守前约。另外，袁道台已经宣布章、邹诸犯的供述和《苏报》中的煽动性言论，对此您也早已知晓。意图造反者都会以此为托词。今国家败类充斥，如不严惩，必将群起仿效，国家永无宁日，中外同受其害。根据条约规章和此案的特殊情况，罪犯应移交中国政府处理，将叛乱消灭在萌芽状态，以保国家和平。我们之间出现的任何问题，都应本着友好的精神处理，以维护和平。诚望阁下切商工部局，遵照条约规章，令其交犯，以敦睦谊。[①]

满思礼在回复魏光焘的书信中指出："阁下引用《天津条约》的第 21 款，但是我要指出的是这些被告没有躲避，而是已经被逮捕，目前在中国政府在租界设立的会审公廨中，由中国政府指定的中国官员主持审理。"[②] 也就在同一天，英国外交部照会清外务部："照得苏报馆六犯，前经贵大臣于上月十二日会晤时，商请本国政府按约交出，归中国地方官办理。此事业经详酌，所请一节，本国政府不能允从。"[③]

尽管英国外交部已经拒绝引渡一事，但魏光焘依然和英国驻沪总领事满思礼进行交涉。他认为审讯与惩罚罪犯是中国固有的权力，他国不

---

① 《英国外交文书苏报案资料辑译·魏总督致满思礼代理总领事（翻译件）》，周勇：《邹容与苏报案档案史料汇编》（下册），第 664—665 页。

② 《英国外交文书苏报案资料辑译·代理总领事满思礼致魏总督》，周勇：《邹容与苏报案档案史料汇编》（下册），第 666 页。

③ 《中英等交涉苏报案当事人文电·英外交部致清政府照会》，中国第一历史档案馆：《历史档案》1986 年第 4 期。

应篡夺。而且，他还以中英贸易作为和满思礼交涉的筹码，以期取得英国领事的支持。他说：

> 大英帝国占据中国贸易的70%，这有赖于中国的繁荣；中国的安宁对于中英贸易至关重要。两国互利明显与在中国享有贸易特权的英国人有关。只有两国官、商、民互信，和睦和友好，贸易繁荣才可能维持。阁下、总领事和我本人在处理公务时，都应本着互益的精神。
>
> 本案中的罪犯犯有最严重的官、商、绅、民同愤的煽惑谋逆罪，他们意在煽动叛乱，这对商业将造成灾难性的影响。俄、法等国愿意移交。英国素与中国关系密切，更应贯彻条约规定，同意移交，官、商、民必将对此深表感激。①

满思礼对魏光焘的意见并未予以支持，而表示此案目前在由北京政府和各国公使处理，推诿称自己收到专门指示无权讨论此案，只能将魏光焘的书信寄给英国公使。

魏光焘的意见被英国领事拒绝后，为了挽回局面，张之洞向湖广总督端方致电，称："以上海索交六犯，商办为难，属敝处商诸政府，在京设法。嗣采各使口气，皆虑交出后仍置重典，故不肯放松。万不得已，拟以监禁免死之法，商令务令六犯交出，由我自办。"② 他试图以这种方式和各国使领交涉，但已无济于事。此时，美国的态度也发生了很大转变，由原来的支持引渡转而倾向英国的意见。英、美两国政府先后训令其驻华使节不得同意交人。清廷迫于形势，只好放弃引渡的要求，由外务部与英国公使萨道义进行商谈，将章炳麟、邹容免除死刑，仍在租界会讯定判。魏光焘为了进一步争取本案的主动权，致电外务部，请求定案后仍归中国方面办理。电文称：

---

① 《英国外交文书苏报案资料辑译·魏总督致代理总领事（翻译件）》，周勇：《邹容与苏报案档案史料汇编》（下册），第668页。

② 《光绪二十九年七月初五日内阁大学士张之洞致兼湖广总督端方电》，载《苏报鼓吹革命清方档案》，中国史学会：《辛亥革命》（第一册），第435页。

查此案本已供证明确，会讯后即须定案，前奉阳电，曾有监禁发遣分别办理之议，萨使亦有既免死罪，讯定后便可结案之语。将来会讯定案后，即就监禁发遣而论，亦应归地方官按律办理，非租界会审公堂所能了结，此层若不先与商明，诚恐未易就范。昨被告律师缄致沪道，坚请释放。而各领复含糊推诿，又称已在京商定办理，可应仍请大部与各公使切实商定办法，电示饬遵，俾各领不至藉词推宕。①

之后，会审公廨设立了额外公堂，魏光焘派上海县知县汪懋琨为主审官。于 12 月 3、4、5 日与廨员会同英国翟副领事连续进行了三天会审。为了集中迫害章炳麟与邹容，额外公堂以钱允生和陈吉甫两人并非《苏报》主笔和馆主，仅是司账，现已关押四月，故当堂予以释放。对于章、邹二人，英国翟副领事主张监禁不能超过三年，并请求将龙积之、陈仲彝一并开释。魏光焘闻知此情，当即饬令汪懋琨会审时坚持将章、邹二人永远监禁，龙积之归另案请示办理。同时密令汪懋琨遵照约章中"华人案犯由华官审判、洋员观审"② 之例，预拟堂谕。汪懋琨按照魏光焘指示，到堂宣示堂谕后，英国翟副领事以未与其商定为由，将堂谕阻留，率请将章、邹监禁三年，否则不予答应。魏光焘认为，章、邹所犯极重，照律不但应该处以极刑，而且必须连坐家属。堂谕声明正逢万寿恩科，将其减刑办理，实为国恩宽大。"况领袖前奉非公使复文，曾声明倘审得果有罪名，当按照中国律法予以应得之罪。虽为该犯求贷一死，立论尚属和平。"③ 对于章、邹的判处，中国方面业已减刑，但翟副领事仍不同意，并提议将"永远监禁"改为减少监禁年期。魏光焘认为英国领事的这种行为不守约章，而且明显违背了公使的原议，于是他致电外务部请求筹划补救之法。

三次会审之后，上海代理领袖比利时总领事因"苏报案"悬而未决，故照会各国领事，最后进行一次会审。并表示，如果此案再不断

---

① 《中英等交涉苏报案当事人文电·南洋大臣魏光焘致外务部电》，中国第一历史档案馆：《历史档案》1986 年第 4 期。

② 同上。

③ 同上。

结，须将案犯释放。这一照会给清政府造成了很大压力。魏光焘认为比利时总领事的照会与"档案、约章均属不符，实属无理取闹"①。在外国公使和领事的压力下，清政府被迫予以让步。之后，魏光焘又致电外务部，请求转商英国公使，由英国公使饬令上海领事："纵不永远监禁，亦当将监禁年限从最多者商定，以示惩戒。此实为保全地方商务，请勿误会。"② 他试图通过这种方式求得苏报案的了结。

此时，驻沪各国领事对于此案的判决意见纷纭。魏光焘致电美国领事古柏，密商办法时，古柏声称各国领事无权，加之意见不合，请求由中国外务部和驻京公使断结。魏光焘反问既然领事无权，为何催促议结此案，而且欲将人犯释放。对于判决章、邹监禁期限的问题上，魏光焘毫不放松，尽力争取较长的监禁年限。他在给外务部的电文中说：

> 查此案英使前向钧处面称永远监禁太重，应酌减年限断结。若由内间与公使商，彼既云永远太重，则酌减当亦不能过少；若由外商，势必仍执二、三年之说，不特年限太少，不足以示惩儆，且由外议而未合，欲再宽展年限为难，不如就执英使请减年限之说，询其宜减为若干年，如较外商为多，再与磋商宽展几年，即可就此定案，纵或未能过宽年限，但能多禁一年即可稍示一分严意。③

不久，上海县知县汪懋琨声称应判决章炳麟和邹容永远监禁，但是，英国方面不同意，判决没有生效。后来，舆论纷纷指责将章、邹长期关押而不判刑有违法律和道德，工部局也放出风来，说再不宣判就要释放人犯。清廷外务部担心前功尽弃，这才接受了英国公使的意见，同意缩短刑期。1904 年 5 月 21 日，汪懋琨会同英国副领事德为门等审讯，宣布判决章炳麟监禁三年、邹容监禁二年，罚做苦工，自到案之日起算，限满释放，驱逐出租界。"苏报案"至此收场。

魏光焘办理完"苏报案"后不久，正是清政府举办新政的关键时

---

① 《中英等交涉苏报案当事人文电·南洋大臣魏光焘致外务部电》，中国第一历史档案馆：《历史档案》1986 年第 4 期。
② 同上。
③ 同上。

期，也是清廷与地方督抚之间关系出现严重危机的时刻。自庚子事变两宫回銮后，尽管清廷承认东南督抚和外国列强签订的"互保"协定并未违背上谕，但对于东南督抚势力联络一气与中央相抗，心中不无芥蒂，决心打破东南督抚对财政、军事的垄断，重建中央集权的军事支柱。于是在光绪三十年（1904）六月颁布谕旨，命铁良南下借考察江南制造局移建新厂之事，将东南各省进出款项和各司库局所利弊逐一查明。并令铁良"于经过省份，不动声色，将营队酌量抽查"①。

　　光绪三十年（1904）七月十九日，铁良抵达上海，根据清廷指令开始查办。七月二十日，清廷下谕："调两江总督魏光焘为闽浙总督。署闽浙总督李兴锐署两江总督。"② 正当铁良在两江清查制造局、府库、抽查营制之时，身为两江总督并具体负责制造局迁移事宜的魏光焘却突然被调离，其中关系，自然耐人寻味。对此，时人曾做了分析："夫对调之命，而适于铁良正在查办制造局时。就事论事，则南洋大臣之对制造局总须北洋大臣共之，而不能与两湖总督共之。"③ 深刻地分析了魏光焘去职的原因，即在于他与清廷及袁世凯在制造局控制权问题上的矛盾。对于魏光焘调离两江的深层次原因，宫玉振在《铁良南下与中央集权》一文中指出：

　　　　魏光焘被调离江督更深层次的原因，则在于他与清廷及袁世凯在军费、营制问题上的尖锐矛盾。张之洞已经提醒魏光焘"非力筹巨款断难了局"，而魏光焘不但未筹款项以应付铁良之提取，相反却授意各省藩司于铁良到来之前迅速假造清册，弥补亏空，以为敷衍之计。此事腾播于报章之上，遂人所共知，清廷对于魏光焘之恶感由是更深。另外，如上所述，湘军已为勇营制度的象征，而湘系首领魏光焘则成为勇营制度的主要维护者和"划一营制"的主要障碍。清廷要想完成军事集权，首先就必须打破湘系势力对江南的盘踞，改变湘军"独树一帜"，"不受领导"的局面。由此可见，在

---

① 朱寿朋：《光绪朝东华录》，第 5207 页。
② 《清实录·德宗实录》卷 533，光绪三十年七月戊午。
③ 《东方杂志·社说》1904 年第 7 期，第 148 页。

魏光焘身上，集中体现了清廷、袁世凯与东南督抚在中央集权问题上的诸种矛盾，魏光焘也因而成了中央集权政策的第一个牺牲品。①

当然，魏光焘被调离两江总督，还有一个重要原因就是在"苏报案"的办理问题上并未获得清政府的满意。诸种因素的叠加，终于使清廷痛下决心，将魏光焘排挤出了两江。从此，魏光焘也从人生的巅峰跌落了下来，开始显露出了宦迹的凄凉境遇。

---

① 宫玉振：《铁良南下与清末中央集权》，载《江海学刊》1994 年第 1 期。

第八章 最后的宦迹：调任闽浙总督

魏光焘调任闽浙总督，已经预示着其宦海生涯即将走向尽头。魏光焘离开前的八月二十日，南京满汉文武官员预备在湖南会馆设宴公饯，与其叙别。这也是当时南京官场的惯例，公饯时将宴请南京的众多达官贵人，宾客满座。而公饯所需花费，均由江苏的上元和江宁两首县承担，每次开支耗资巨大。此次给魏光焘饯行，南京官场尽管按照惯例举行，但由此惹出了一出魏光焘"怒斥县主"的事件。详细情况《申报》曾有报道："上元县赵大令以所费过多，先日贸然将成帐呈于督署，制军询以本帅侍从：谁向贵县索钱，大令对以无人，制军谓：既无索钱之人，呈帐何为？即将大令斥退。旋传材官，投新督行辕将军衙门辞宴，李督询悉其故，立用德律风传询黄方伯，一面函请制军，切勿介意，劝驾再四，制军始不复辞，方伯先已传大令入辕，严词申饬，宴时又怒责两县主不能办事，大令惧，恳首府罗太守代为缓颊，始免谴责。"①

光绪三十年（1904）九月，魏光焘正式交卸了两江督篆，并择期为四子办理了婚事。先前，魏光焘的第四子和淞沪厘捐局督办陈亦渔的女儿曾有文定，故此次魏光焘决定在离任前择期毕姻。行聘之时，"悬灯结彩，热闹非常"②。婚礼仪式场面宏大，在江南机器局排齐仪仗，行亲迎礼，苏松太兵备道袁海观和地方文武各官尽皆前来祝贺。③ 吉期过后，魏光焘起节赴闽，即命眷属返回湖南故里。④ 自己由南京起程，

---

① 《邑令被谴》，《申报·上海版》第 11310 号，1904 年 10 月 11 日。
② 《之子于归》，《申报·上海版》第 11323 号，1904 年 10 月 24 日。
③ 《上海官场纪事》，《申报·上海版》第 11327 号，1904 年 10 月 28 日。
④ 《闽督起节》，《申报·上海版》第 11310 号，1904 年 10 月 11 日。

行抵镇江时，接到军机大臣电传，遂遵旨航海，于九月初六抵达福建。九月初七，魏光焘正式开始了宦途中的最后一站。从两江调任闽浙总督，对魏光焘来说，其心中的抑郁之情自是难以言表。抵任不久，他在给侄儿芝九的信中写道："……此间地方凋敝，物力维艰。视江南财赋之区，颇为难治，然亦只好尽心力以为之。特是服官数十年，履洁怀清，天人共鉴。自到两江后，人言指摘，有玷声名，抚衷殊耿耿耳！"[①]可见当时魏光焘之心迹。在闽浙总督任内，魏光焘并未因个人的境遇而沉沦，而是依然坚持勤谨任事。在其辖境内积极办理新政，直至最后被开缺回籍。

第一节　整顿福建军队

福建水师提督设立于清代康熙元年（1662），当时有军队 1 万人，驻扎在闽南沿海一带。清政府当初设置福建水师提督，旨在控扼台湾和澎湖列岛，梭巡洋海。至清末时期，福建海军尚未设立，水师提督所统军队，不过石溅驳船舢板，即使负有巡视海洋的职责，但仅限于沿海一带，只是虚应故事而已。光绪三十年（1904），署理闽浙总督李兴锐因福建陆路提督驻扎泉州，与水师提督所驻之厦门相距甚近，故上奏请求将陆路提督移驻厦门，将原有水师裁并，归其兼统，择要巡汛，可以节省诸多饷银。清廷将其奏疏交于政务处、练兵处进行商议后，谕令"将水师提督一缺，即行裁撤。其陆路提督，改为提督福建全省水陆军务，节制各镇，驻扎厦门，以符体制"[②]。

魏光焘任闽浙总督后，遵照朝廷谕旨，咨行陆路提督黄少春和水师提督曹志忠分别办理。并上奏朝廷，饬部颁发提督福建全省水陆军务节制各镇之印一颗，"俟颁到后，随将水陆提督原印二颗，咨部缴销"[③]。并将所有福建水师现存十五营所属将官和士兵归并陆路提督管辖，同陆路营汛一起酌量裁并，择要进行巡防。

---

① 政协邵阳市委员会：《古今中外宝庆人》上卷，岳麓书社 2005 年版，第 163 页。
② 《清实录·德宗实录》卷 533，光绪三十年七月戊寅。
③ 《宫中档光绪朝奏折》第二十辑，第 225 页。

魏光焘在闽浙总督任内，对于武备极为重视。他认为："自强之要，首在练兵；而练兵非预储将才，终无实济，武备学堂实为练将根本。"①于是，他对福建武备学堂进行了视察。其讲堂、操场各项功课均合乎现代化军队之需，学堂学生对于军械、测绘等重要技术和枪炮子弹的运用，皆能得其理法，野外之射击、行军攻守之机宜，也颇能知其要领。魏光焘认为该武备学堂的成效，反映了当时福建在新政方面风气已开，决定对其中办理有功人员酌情予以奖赏，以示鼓励。但在视察过程中，他也发现了学堂中存在的一些问题，主要是操场因限于地势，未免过于狭窄，影响到学堂的训练。于是饬令该学堂总办和负责人员对操场加以扩充，方能合法，并随时认真训练考核，以期收到实效。

为了延揽军事人才，魏光焘将其在两江总督任内重用的江苏候补道陶森甲调赴福建差遣，帮助办理福建军务。

魏光焘就任闽浙总督伊始，即饬令各营将领实力整顿营伍新操。光绪三十年（1904）十月初三、初四两日，魏光焘对福建常备军左镇各营步队和炮队以及右镇工程队调集校场，逐一进行了检阅。又于二十日赶赴长门阅看常备军右旗各营步队，发现两镇演习新操进止步伐"尚属整齐，变换阵势亦极灵便，演放枪炮亦皆连环应节，于站击、跪击、卧击等式体格姿势尤极合宜"②。之后又检阅了各营将官和士兵使用洋枪打靶的情形，也大多命中率较高，训练也较为认真。魏光焘视察后，将才技出色的官兵分别予以奖赏，以示鼓励，其间有技艺生疏者即予以革换。饬令各统领督率将士加意训练，以期精益求精。

对于福建督标城守各营，魏光焘经过调阅后，虽然不如常备军整齐划一，但对于布阵打靶也间有所取。但在此次调阅过程中，魏光焘也发现，常备军军制虽经前任总督议改，但尚未划一，所用器械，也大多没有齐备。而练兵处现已颁发《编练常备军新章》，认为必须根据福建的饷力妥为筹办。此外，福州一口，控扼福建全省，形势险要，魏光焘亲历马江下游一带察看各处炮台后，大致尚属周妥，只有金牌后路，仅恃崖石一处，防务较疏。其中台基、炮位未能处处布置得宜，子药库建置

---

① 《宫中档光绪朝奏折》第二十辑，第 424 页。
② 同上书，第 425 页。

处所有几处未尽合法。炮位、药弹各台，多未完备。魏光焘认为出现这种问题，"固因闽省筹款维艰，措施匪易"① 所致，但在海疆多事之秋，海军一时很难恢复，守口仅恃炮台，不敢因噎废食而稍有疏懈。于是，他饬令司道设法筹划，择要整理，以加强福建地区的防务。

第二节　派送日本留学生

甲午战后，尤其是庚子事变之后，随着民族危机的加深，各地督抚对教育社会功能、教育目的以及教育发展规律等问题的认识进一步深化，提出了国民教育的思想；其人才观亦随之发生了深刻的变动："专才"的内涵超越技艺层面，扩大到政治及各项实业领域。② 在这一时代大背景下，魏光焘的教育观念也得以深化。他指出：

> 自强之本，端在育才，育才之方，尤资广学。欲开通风气，培养人才，非各省各属，多设中小学堂不可，欲多设中小学堂，非多储教员不可，欲多储教育，非多派学生出洋专习师范不可。③

随着新政时期各省风气的逐渐开启，官费和自费出国留学者逐渐增多。福建是离东洋最近的省份，但官费留学生在全国各省中人数最少。署理闽浙总督李兴锐任内，仅选派留学生15名，其中12名学习速成师范，以3名学习理化和政法，速成科已于光绪三十年（1904）七月间送往日本。魏光焘到任后，深感福建作为理学名邦，从前文教昌明，英贤辈出，士风也在东南各省中为优。他认为："当此世局变迁，时艰日亟，固不能不存旧学以端士习，亦不能不参新法以育通才。"④ 于是，魏光焘将福建全省学务进行了详细调查，发现各地所有学堂并未实力举行，

① 《宫中档光绪朝奏折》第二十辑，第425页。
② 贾小叶：《晚清大变局中督抚的历史角色：以中东部若干督抚为中心的研究》，上海书店出版社2008年版，第249页。
③ 《奏为闽省筹款选派学生赴日学习师范专科并请编发教科书等事》，中国第一历史档案馆：《军机处录副奏折·光绪宣统朝》，档号：03-7224-043，光绪三十年十二月二十三日。
④ 同上。

即使有些业已举办者，也不过将书院的名目改为学堂，山长名目改为教习，仍不过敷衍塞责而已，未能核实整顿。魏光焘经过详细考察后，分析了办理学堂的难度，主要在三方面：一是经费困难，二是缺乏教员，三是没有课本。为了改变这种情况，魏光焘严饬各地务必将学堂认真举办，经费设法妥筹。学堂教员作为办学的一个重要环节，必须予以高度重视。就福建全省而言，总计有九府二州和几十个州县，以每县一所学堂，每所学堂一位教习，大致需要几十名教员。此外，福建语言全系方音，如果聘用其他省份教习，也因语言不通而不相宜。故除了多派本省学生出洋，专门学习师范以备教员之选外，更无其他办法。魏光焘决定督同学务处司道从省城师范、高等两所学堂肄业学生中进行挑选，经过考试后，选择年龄在 30 岁以内具有初步中学根基、略通东西国文者 40 人，派赴日本学习师范，以 30 名学习速成科，10 名学习完全科。经与出使日本大臣杨枢电商后，送入日本东京宏文、经纬两所学堂学习，等其学成回国后，作为各地中小学堂教习之用。魏光焘考验完毕后，派人监督照料，准予光绪三十一年（1905）正月由上海东渡。留日学生的川资和学费，每年大约需要两万两白银。尽管当时福建库款空虚，入不敷出，但魏光焘以学习师范为全省人才命脉所系，故饬令福建布政使："无论何款项下，先行提款万余元，预交半年学费，以后陆续筹寄。"①魏光焘深刻地认识到了师范教育的重要性，他指出：

> 譬犹士庶之家，诸事务从节俭，而至为子弟延师就学，则虽多费亦所不辞。况当此需才孔亟之时，蓄艾疗疴，尚虞缓不济急，师范为国民教育根本，尤非速储教员，不能望教育之普及也。②

此外，魏光焘还极为重视学堂教材的使用。他认为学堂课本必须划一，方能有所适从。于是他请求朝廷饬令学务大臣编订教材，颁发各地，以资应用。而且他建议：

---

① 《奏为闽省筹款选派学生赴日学习师范专科并请编发教科书等事》，中国第一历史档案馆：《军机处录副奏折·光绪宣统朝》，档号：03 - 7224 - 043，光绪三十年十二月二十三日。
② 同上。

近年日本骤致强盛，实由全国人皆有忠君爱国之心。观于其国明治二十三年所颁之教育敕语及其国人所著之伦理教科书，则皆本中国古圣贤所述之伦常道德以为根本，用能强国势而固民心，足见其各项科学虽多取法欧美，而德育一科，仍必资我圣教中国，近年学生往往习于嚣张恣肆，殆于圣贤根本先未讲求，于蒙养之年无以育成其孝悌忠信之气质。①

于是，他请求将中国经书小学和日本所著伦理书互相参酌，择要编辑，定为中国伦理教科书，分作浅、深二种，颁行各省，作为蒙小学堂课本。以便起到正人心、端士习的作用，进而为国家和社会的稳定奠定良好的基础。

第三节　福建中外交涉

一　福建官脑局交涉

樟脑作为福建林业的一项重要产品，五代时就已经成为贡品。清末，樟脑因其特殊的化学价值，特别是在火药上的特殊用途，逐渐受到重视，在国际市场上的价格也逐渐看涨。甲午战后，台湾被日本侵占，在日本政府的支持下，日本商人在台湾哄抬樟脑价格，并不断有人到福建采购樟脑，在福建民间引发一股砍树熬脑之风。② 古田县樟树"大者每株可售千金，小者亦可售数十金"③。霞浦县"樟脑盛行，砍斫数十寮，历十余年而不尽"④。建安县"大樟制油及脑，每年约有万余金，各处至县，由溪载船，转运至省，装轮船出口外国及香港等处，省垣销售至上海，香港多销外洋较广"⑤。

福建地区的樟脑产业，向归本地人林朝栋开设的裕本樟脑公司办

① 《奏为闽省筹款选派学生赴日学习师范专科并请编发教科书等事》，中国第一历史档案馆：《军机处录副奏折·光绪宣统朝》，档号：03-7224-043，光绪三十年十二月二十三日。
② 屈春海：《清末福建官脑局兴办始末》，载《历史档案》2003年第3期。
③ 余钟英：《古田县志》卷20，震文江记印务局1942年排印本。
④ 徐友梧：《霞浦县志·卷18·实业志》下册，1930年排印本，第3页。
⑤ 王宗猛：《建安乡土志·商务》，福建省图书馆藏手抄本。

理。但因采用土法熬制，亏损甚重。光绪二十七年（1901）初，日本驻厦门总领事上野专一和技师爱久泽直哉向时任闽浙总督许应骙提议，由福建政府收购本地公司，设立官脑局，并由日本技师爱久泽直哉专理制炼销售事宜。经过与外务部的沟通和交涉后，光绪二十八年（1902）闰五月二十七日，福建官脑局在厦门正式成立，中日双方签订了《福建官脑局试办章程》。之后，中日双方又签订了《延聘日本技师合同》《福建官脑局借款合同》。福建官脑局开办一年多时间内，并未设厂制炼樟脑，根本无利可言，加之日本方面爱久泽直哉不遵守合同，越权行事，致使福建官脑局一片混乱局面。署理闽浙总督李兴锐只好向外务部请求解除原订合同，辞退日本技师，停止官脑局的运行。但日本领事不仅借此对中国大加恫吓和威胁，而且，日本驻华公使内田康哉亲自出面向外务部递交节略，声称："官脑局之创设，即以查私为骨髓，爱久泽派日人缉私，乃是按章程认真办事，并无不妥，已派往内地之日人，断难轻易撤回。如中方坚将爱久泽辞退，一切后果由中方承担。"[1]

魏光焘就任闽浙总督后，对要求收回撤废官局照会一事，认为："如仅为便于开议并非作为仍旧接办之据，即先行收回，以示和衷，亦无不可。"[2] 他主张重新开议中方应遵循的原则是："无论如何商办，总以无碍中国主权，不背各国章约为准。"[3] 魏光焘的这一建议得到了外务部的首肯，于是日本方面与魏光焘派出的福建地方官员进行了一番曲折而艰难的磋商，最终于光绪三十一年（1905）九月初十日双方正式签署了合同五条，官脑局案即告结束，内地日人也于签字之日起二十五日内撤出。

就在魏光焘与日本方面周旋之际，光绪三十年（1904）十二月，外务部致电魏光焘："十一月支电，照会日使未覆。顷来署面称，现值新脑上市，闽省仍抽厘金，究竟情形若何，希电复。"[4] 魏光焘认为，

---

① 外务部档：《致爱久泽技师》（光绪三十年五月二十二日），转引自陈小冲：《日据时期台湾与大陆关系史研究（1895—1945）》，九州出版社 2013 年版，第 64 页。

② 外务部档：《署闽浙总督信》件（光绪三十年十二月初七）。

③ 同上。

④ 《光绪三十一年正月初九日（1905 年 2 月 12 日）外务部收闽浙总督魏光焘文》，刘传标：《中国近代船政大事编年与资料选编》第 24 册，九州出版社 2011 年版，第 8763 页。

官脑局早已裁撤，中外商人分赴福建各地购运民脑，未领取三联单者，必须遇卡抽厘，系按照中日签订的约章办理。此外，魏光焘还接到福建洋务局人员的禀报，日本商人高月一郎于光绪三十年九月二十三日在南台税厘局报运第七、第八两次樟脑共 131 箱，重量为 13600 斤；脑油 256 箱，重 14848 斤。应该缴纳税厘白银 69 两 3 钱 7 分 9 厘 2 毫，曾经向税厘局承诺照纳，但时隔日久，并未缴纳。十一月二十日，高月一郎又报运第八次樟脑 59 箱，重 5900 斤，脑油 122 箱，重 7076 斤，应缴纳税银 31 两 1 钱 4 分 5 厘 4 毫，又复认而未缴。对此，魏光焘立即指示洋务局人员向日方发出照会进行办理。同时，魏光焘致函日本领事，请求核查高月一郎所运之樟脑，"是否官局前存未运之货，抑系自行购办之货，如系自行购办之货，既未请领三联单，何以并不遵章完厘？"①日方领事回复，声称福建官脑事宜现正由日本驻京公使和中国外务部讨论，尚未决定，在没有决定之前，日本领事表示不便擅自做主。接着又向魏光焘致函，对高月一郎未缴厘税一事做出了说明：

> 以高月一郎未缴运载樟脑，未缴厘税一语，当经本领事电达敝国驻京公使，一面先行函复在案、兹奉代理公使松井电开，此事已向外务部讨论。此事一俟内田公使回任之日，自应妥商办法。当此未行决定之时，地方官要徵厘税，未免愈滋纠葛，徒重纷繁。请即电行知照福建地方官，不可抽厘。②

同时，日本方面还向庆亲王奕劻征求了意见，获得同意。并派人拜访了外务部尚书那桐，那桐向日本面允此事。故除了通知魏光焘高月一郎仍然免于缴纳厘税外，并请求转达财政局知照，以免因此事而发生纠纷。

对于日本方面的意见，魏光焘表示难以接受。他认为：

---

① 《光绪三十一年正月初九日（1905 年 2 月 12 日）外务部收闽浙总督魏光焘文》，刘传标：《中国近代船政大事编年与资料选编》第 24 册，第 8765 页。

② 同上书，第 8766 页。

　　樟脑系属土货，除系官局旧办未运之脑，方唯照章免税。此外无论华洋商人，贩运过卡，均应照完厘税。今该日人高月一郎所运之脑，迷请免厘，自系前次官局购存，惟该脑系于何时由何处所买，买价若干，卖价若干，获利若干，何以从未报明。且查现运之脑，既称第七、第八等次，则必先有第一次至第六次所运之脑，计时当在官局未撤以前，所有前此六次所运之担数、斤数，以及买卖价值，均应分别查取确数，以便将来归入官局成本，一并计算，以昭核实。①

　　于是，他向外务部请求立即照会日本驻京大臣，查照施行。外务部同日本公使经过多次磋商后，日本方面回复："先将照会收回，仅为便于开议起见，并非作为仍旧接办之据，亦不能认作为不仍旧接办之据。"② 日本方面并表示：

　　本大臣允与闽督所见相同，又闽督允认，在官脑局办事之日本人，地方官须以礼相待，不得仍前欺侮，并由官脑局所运之脑，嗣后概不抽厘二端，则闽督所称开议宗旨，总不得有碍中国主权，并须与中外各国条约不相违背，本大臣亦可允认。即电闽督，先将照会收回，从速开议，以期妥速办结。③

　　外务部面对日本的强硬态势，只好指示魏光焘将照会收回，选派妥员，与日本领事妥速开议。魏光焘派人和日本领事经过商谈后，基本接受了日本方面的要求。此次官脑局交涉遂以中国利权的丧失而告终。

二　遏制日本传教士的违约行径

　　甲午战后，各国列强掀起了瓜分中国的狂潮，日本乘机将福建据为

① 《光绪三十一年正月初九日（1905年2月12日）外务部收闽浙总督魏光焘文》，刘传标：《中国近代船政大事编年与资料选编》第24册，第8767—8768页。
② 《外部致闽督魏光焘希派员与日领议收脑局电》，《清季外交史料·卷178》，第3421页。
③ 《为官脑局事》，《清代军机处电报档汇编·发闽浙总督魏光焘电》第26册，第114—115页。

自己的势力范围。在福建各地除了拥有各项特权外，日本传教士还在福建各地违约传教，此事引起了魏光焘的高度警惕。而福建正当南洋之要冲，各国人民游历和经商者络绎不绝，交涉之事日益繁多。正是在这种开放的环境中，各国的传教活动也遍布福建全境。加之漳州和泉州等地出洋谋生者达几十万人之多，因在外国侨居已久，大多已加入外籍。籍民和教民的日渐增多，势必影响社会稳定。而且在清政府和外国签订的条约中，日本向无准在中国传教之约，但借口最惠国条款，其僧侣在漳州、泉州一带收徒布教，赁屋设堂，无视条约内容，在福建内地肆无忌惮地从事传教活动。

魏光焘早在两江总督任内，日本僧人在福建内地传教问题就已经引起了他的重视。他多次向日本领事致电，请求制止这一行为。但日本领事仍然援照中日条约中的第25款，认为"应得一体均沾"。面对日本的无理辩解，魏光焘向日本领事发出照会。在照会中，他对光绪二十二年（1896）《中日通商行船条约》第25款进行了详细分析。他认为条约中虽然有：

> 中国如有给予别国国家或臣民优例豁除利益，日本国家及臣民亦一律享受之语，细核约意，明指两国交际及臣民应享商务利益而言，若各国之以耶稣、天主两教来华传习，皆意在推广其宗教，故明立专条，不惮烦劳，不惜耗费，为尽其教中义务起见，初无利益可图，传教既无所谓利益。日本佛教又为中国所旧有，约内复无此传教专条，何得以日本臣民应与各国享受利益一语移作应行传教之据。况查光绪二十九年中日通商行船条约续约第九款，系将通商行船条约第二十五款重为声说，内载日本国政府官员、臣民于中国允与别国政府官员、臣民通商行船、转运工艺以及财产之一切优例豁除利益，无论其现已允与，或将来允与，一体均享，完全无缺等语。两约参观，更可见优例豁除利益，系专为通商行船、转运工艺及财产立说，与传教两不相涉。①

---

① 《两江总督魏照会日本领事文》，《东方杂志·宗教》1905 年第 3 期。

此外，魏光焘还对光绪二十二年（1896）通商行船条约第 4 款的内容进行了解析。其中载有"日本臣民准在中国通商口岸所定外国人居住地界之内租地起造礼拜堂、医院、坟茔"等内容。也就是说，条约已经明确限定了传教范围，如果在内地传教，无疑践踏了条约内容。魏光焘请求日本领事详细参照条约内容，"断不能将有明文者置而不论，而撰约外之词"①。而且，自从日本僧人传教收徒以来，屡生事端，给当地的社会稳定构成了很大威胁。此外，他还向日本领事指出，如果继续允许日本僧人在福建内地传教，"将来必蹈教与教讧、教与民讧之覆辙"②。进而会影响到中国和其他国家的友好关系。尽管魏光焘以条约内容为依据，严正声明日本的违约行径，但日本依然置之不理，交涉无果。

魏光焘就任闽浙总督后，立即通饬福建各地："凡遇一应词讼，一体持平审理。"③ 魏光焘并多次照会驻厦门日本领事"按约驳阻"，电请外务部进行核查。外务部"亦以该约第二十五款与传教无涉，不能强为牵引，照会日使驳论，内外坚持，冀可稍伸补救"④。

三　福建矿务交涉

福建矿产，以煤铁为最旺。泉州府属，以前曾经矿师测验，煤铁矿苗，有 150 里宽广。距离厦门约在 120 里地方，有金、银、锡、铅、水银、屏风石等矿。而上游四府，延平、建宁、邵武、汀州极多，几乎无地不矿。为了有效开发福建的矿产资源，光绪二十八年（1902），闽浙总督许应骙因中国官商对于矿务素未讲求，不肯以巨资投入矿产开发为由，认为："与其归华商承办，召集洋股，而洋人决不愿附，不如由洋商承办，而华股转可多招。"⑤ 于是，在许应骙的主持下，中法双方签

---

① 《两江总督魏照会日本领事文》，《东方杂志·宗教》1905 年第 3 期。

② 同上。

③ 《闽浙总督魏奏办理闽省交涉各案情形片》，《东方杂志·外交》1905 年第 4 期。

④ 同上。

⑤ 《外务部收军机处出闽浙总督许应骙折·邵武等属矿务妥定章程招法商承办》（光绪二十八年三月初二），"中央研究院"历史语言研究所：《中国近代史资料汇编·矿务档·四川·福建》，"中央研究院"近代史所 1960 年版，第 2979 页。

订了合办矿务合同，其要点为：采矿区域，福建省内建宁、邵武、汀州三府，采矿期限为 50 年。期满后一切矿山财产无代价交还福建矿务官政局。中法两公司权限为：华裕公司专司购买矿地，大东公司专司矿产开采，章程订立后有效期为 3 年，在此期限满后仍未进行开采，得准许其他公司开采。资本方面：华裕公司出购地资本 8 万元，大东公司出开采资本 740 万元。收益分配方案为：大东公司每出股票百张，需付给华裕公司两张半，矿务官政局两张半，无须给值，纯益 8% 归官政局，25% 付给国家作为报效，其余再作分配。采矿种类：大东公司前期三年指定的矿产。其他权限：得以修筑铁路和到达最近水口的铁路支路。①

尽管中法签订了合作开采矿产的合同，但法商大东公司不遵部章缴纳照费，由此而引发了双方纠纷。法国公使吕班照会外务部，声称"闽省有司与矿务公司大有损碍，迄今数日仍未稍更。是以将邵武金矿公司经理人顾尔燮呈请赔偿禀呈，照请贵爵查阅。"② 外务部令闽浙总督魏光焘查核办理。

其实，早在光绪三十年（1904）十一月十一日和十二月初二，魏光焘先后接到驻福州法国领事高乐待的照会和节略后，曾札行福建商政局，询问此案原委。福建商政局对于法国领事所列条款逐条进行了回复，其文如下：

> 查开办矿务，实为兴利之举，闽省合办建、汀、邵矿产，但使恪遵合同，而有利益，断无疑阻之理。按合同末条声明，如有疑惑，以华文为凭，则各条意义，自应照华文译解。该合同第十四条内载，所有公司承办各矿，应完一切课税银数，应声明志愿遵照中国外务部及路矿局奏定章程办理。又二十一条内载，凡矿务总局现定章程条例，华裕、大东两公司均应遵守。③

---

① 上海东亚同文书院：《支那经济全书》第十辑，东亚同文会明治四十一年（1908）发行，第 859—860 页。

② 《外务部收闽浙总督文·法商开办邵武金矿应遵部章缴纳照费》（光绪三十一年正月初五），"中央研究院"历史语言研究所：《中国近代史资料汇编·矿务档·四川·福建》，第 3007 页。

③ 同上。

魏光焘还查阅了光绪二十八年（1902）外务部奏定矿务章程，以及中法合同，发现其中规定有："请领开矿执照，视成本之多寡，酌提百分之一缴纳照费。"① 魏光焘认为此乃载明之款，法国公司理应遵办，本无可疑。而且，建、汀、邵三地的矿产，法国公司方面自从签订合同后，迟迟不肯勘验，之后勘定邵武金矿尚可开采后，又因不愿缴纳照费以致延搁。这种因缴费问题引起的损失本应由法国公司方面负责，但法方却以此无理要求中国方面赔偿损失。此外，魏光焘还详细阅览了法国领事的照会和节略，法方主要担心照费一旦缴纳，以后中国续定矿章，可能会提高税课，也必将令法国缴纳，这样商力会更加艰难。魏光焘洞悉法国方面的顾虑后，决定以光绪二十八年外务部奏定的矿务新章作为定准，并与中方签订的合同进行了比较，凡是章程所载各项课税，合同内有可相抵者，即不必重纳。比如合同第五条规定的华裕公司将大东公司所送每百张抽五张股票之半数转送官局；大东公司将红利股票每百张抽八张呈缴官局；第六条华裕公司将大东公司所得之红利股票每百张抽二十五张，报效中国国家。这些条款和矿务章程第六条的矿产出开税、第十八条净盈余之二成五报效，似乎可以相抵。其矿产货物出口暨开矿所用物料，均照纳关税，以及租买矿地，完纳矿地租税，这些都是章程里面所规定的，合同中也全部载明。唯独应缴纳百分之一的照费，载于章程第二条，而合同中则以一切课税银数，志愿遵照奏定新章办理。合同中的规定对于照费并未分别，较为模糊。尽管如此，魏光焘认为各省承办矿务的中国和外国商人均按照矿章缴纳照费，此次法商公司也不应例外。于是，他向外务部请求照会法国公使："至将来续定矿章，如有增加课税规例之事，自可与该公司无涉。"② 并请求商部颁发开矿执照来到福建，以凭转发给领，早日开办。对于法商公司提出的赔偿要求，魏光焘坚持认为："该公司自吝照费，致延时日，应自任其咎，现犹妄禀索偿，实属无理取闹。"③ 故请求外务部照复法国公使，转行驳斥，

---

① 《外务部收闽浙总督文·法商开办邵武金矿应遵部章缴纳照费》（光绪三十一年正月初五），"中央研究院"历史语言研究所：《中国近代史资料汇编·矿务档·四川·福建》，第3007 页。

② 同上书，第3008 页。

③ 同上。

并令以后务须恪守合同，以免发生纠纷。

外务部当即于光绪三十一年（1905）正月初十向法国公使吕班发出照会，请其转饬经理人早日照章呈缴，以便咨行商部缮发执照到闽，"转给该公司遵领，俾得早日开办，至此外续定矿章，在该公司订立合同以后，并未强令该公司遵照，并章转行饬知经理人无应过虑"①。

就在中法间有关缴纳照费的争执时，同时期内尚发生了几桩意外的事件，福州部分士绅愤于法商垄断闽省上游三府的广大矿区，虽托名华商，实归法人所独办，至表不平。因借口此次争执，发布匿名揭帖，攻讦华裕公司闽绅林蕃、龚铭义二人，指其出卖矿产，为乡邦罪人，并攻讦闽省的官吏。其中说：

> 闽不肖子林蕃协同龚铭义，引导法商魏池承办福建省上游三府矿务，虽托名官局所办，实在法人势力圈之内。若林蕃者，贪近利而迷远害，若官吏者，受小利而忘巨害，若吾闽之绅民，则利无一毫，而害有万端，推原祸始，则林蕃一人实当之矣！……夫林蕃原无授人土地之权，然而燎火之焰，起于一星，林蕃则潜手蹑足，为救火之贼徒；骤溃之河，坏于一隙，林蕃则引类呼群，为穴堤之么蚁。噫！林蕃者，马江出洋学生也，龚铭义者，纨绔子弟福建南路之盐商也。铭义视林蕃若灵蓍，奉之而尸其祝；林蕃视铭义为犬豕，缚之而吮其膏。……吾辈怀桑梓之乡，守祖宗之土，鹰鹯必逐，毋姑息以养大奸，狼虎在山，则藜藿必为不采，所愿我乡长大人协力同志，设法绝其根本，楚弓必归楚得，人谋不若己谋，灭星火以克燎原之酋，塞蚁穴以固障河之力，是今日之事欤！是今日之事欤！②

揭帖中并列举法商办矿，有十大患，吁请全闽士民仿效日本收回东京至横滨间铁道的前例，力逼政府废约，"一面自集资本，必合众之力

---

① 《外务部发法使吕班照会·开办邵武金矿应缴照费》（光绪三十一年正月初十），"中央研究院"历史语言研究所：《中国近代史资料汇编·矿务档·四川·福建》，第3028页。

② 中华民国史事纪要编辑委员会：《中华民国史事纪要（初稿）·民国纪元前五年（1907）》，中华民国史料研究中心1981年版，第750页。

以胜之"。另外，魏光焘又将前与顾尔燮谈商设置福州自来水事作为罢论，法国领事高乐待因而借此抗议，法国公使吕班亦照会外务部，指摘福建官民对法商办矿"种种作难、多方阻碍"，向中国外务部表示抗议。

之后，法国方面因外务部态度强硬，且魏光焘已经允许大东公司除去遵缴照费及合同内规定的税款外，其他税项皆可免纳，态度已转趋软化。光绪三十一年（1905）正月十四日，高乐待照会魏光焘，对中国政府所采取的新的立场，认为满意，唯请求将大东公司准开办矿务的期限，展延一年。驻京法国公使也和外务部直接谈判。不久，双方议定，大东公司按照光绪二十八年（1902）二月外务部定章，付给照费，并言明除照费以及合同内详载各税外，该公司不付他项税款。至按照合同，期限将满，中国政府格外体恤，准予展限 24 个月，如再逾限，将此合同作为废纸，不得再请展限。[1] 凡以前因施行章程互相争执，概置不论。并由法使吕班与庆亲王奕劻交换照会，以为凭证。缴纳照费的争执，遂告中止。

此后，欧洲的国际情势日趋紧张，越南境内也迭起事故，而大东公司法商并无开办建、邵、汀三府矿业的具体计划。其前所派遣的矿师顾尔燮离开福建后，勘矿的活动实际已告停顿，甚至已经勘妥的邵武金矿，也延宕废弃，一直并未遵照前次协议的原则，请领开矿执照，正式开工。光绪三十一年（1905）五月，福建商政局总办鹿学良，鉴于法商所揽三府的矿地，区域太广，在限期内断难开办，曾与法国领事高乐待商议，拟将矿区稍为减缩，改为两府，高亦表示同意，但不久高即卸职回国，所以这次谈判并无任何的成议。光绪三十三年（1907）十月二十日，三府展限办矿的期限又告届满，但法商迄无开矿的任何消息，外务部因即根据闽浙总督松寿的电咨，照会法使潘苏纳，将大东公司所订办矿合同"作为废纸，不得再行展限"。福建建、邵、汀三府矿权，至此遂告正式收回。

---

[1] 《外务部收商部文·华法合办建汀矿务合同满限应否照约作废》（光绪三十一年十二月初九），"中央研究院"历史语言研究所：《中国近代史资料汇编·矿务档·四川·福建》，第3057 页。

光绪三十一年（1905）正月二十一日，清廷下谕："闽浙总督魏光
焘，著开缺回籍，另候简用。"① 魏光焘被开缺，依然和其两江任内铁
良参奏大有关联。铁良自南下回宫复命时，奏请将其开缺。对此，《申
报》也曾有报道："魏督宪、夏中丞之开缺，系铁侍郎复命两宫时奏
请，然其奏请原由，未得确实消息。"② 但据《申报》记者推测，皆因
魏光焘在两江任内，未能善用幕僚，以致两江政事积弊甚深。至于魏光
焘开缺的真实原因，并无官方资料加以印证，故《申报》记者的这一
说法仅限于一种推测和臆断。

魏光焘的闽浙总督任期虽极为短暂，但勤政爱民的政治作风始终未
改。对此，《申报》记者通过采访时人，对魏光焘闽浙总督任内的情况
作了客观报道：

> 福州访事人云：闽浙总督魏午帅下车伊始，励精国治，群僚无
> 不惮其丰裁，退食之余，时亲临大学堂、武备学堂、师范学堂以及
> 军装各局，悉心勘阅，巨细靡遗，每次出辕，仪仗甚为简略，是亦
> 封疆大吏中不可多觏者也。③
>
> 福州访事人云：闽浙总督魏午帅莅任以来，勤求民隐，日前轻
> 车减从，至北关外观音亭，召乡中耆老详谘地方利弊及民生疾苦情
> 形，继又至开化寺周访民情。是日，藩司周子迪方伯、程能彝太守
> 随侍于侧，爱民之意于此可见一斑已。④

福州士民闻知魏光焘被开缺的消息后，以郑祖仁为首，福州绅士
80 余人联名禀请当时的福建主政官员据情向清廷代奏，吁请朝廷收回
成命。其禀词中称："自魏督宪莅任以来，廉公俭勤，于内治外交、整
军兴学不遗心力，士民方喁喁望治，兹闻解任，依恋同深，伏思朝廷任
用疆臣，原为绥靖地方起见，今魏督宪之用人行政，即为军宪所亲见，

---

① 中国第一历史档案馆：《光绪朝上谕档》第 31 册，广西师范大学出版社 1997 年版，
第 9 页。
② 《魏督夏抚开缺原由》，《申报·上海版》第 11452 号，1905 年 3 月 8 日。
③ 《闽中小志》，《申报·上海版》第 11361 号，1904 年 12 月 1 日。
④ 《大帅恤民》，《申报·上海版》第 11387 号，1904 年 12 月 27 日。

而街谈巷议翕然如一，当亦军宪所稔闻者也，况海疆重任，知兵宿望，正堪与军宪共济时艰，仁等不揣冒昧，谨据众论佥禀，吁留恳请军宪大人据情电奏，以顺舆情。"①

尽管福州士民恳切挽留魏光焘继续督闽，但因此时魏光焘已失去了清廷的信任，地方官员亦表示无力回旋，魏光焘的宦海生涯就此宣告终结。

①《禀留闽督福州》，《申报·上海版》第11469号，1905年3月20日。

第九章　回归桑梓及晚年

魏光焘被开缺回籍时，已是 68 岁，行将古稀之年。他交卸篆务后，取道沪江，换坐福安轮船于 1905 年 3 月 18 日清晨驶抵镇江，镇江地方文武官员循例登舟谒见。之后，换民船前往金、焦二山游览胜迹，小作逗留。① 然后继续向上海行进。抵达上海后，江南提督率地方文武各官前来晋谒。言谈中，曾有官员颂扬说："大帅中兴耆宿，虽偶为所拘，然建牙拥节，仍在指顾间耳！"② 魏光焘听完后，慨然而叹曰：

> 鄙人束发从戎，自分男儿裹革，岂意功名？马背扬历兼圻，今垂垂老矣，奉职无状，屡欲具疏乞骸，则时局艰难，非臣子息肩之日，何幸圣恩高厚，许我还山，犬马余年，及生归骨，于愿足矣！惟此次铁钦使衔命南来，过润校魏荣斌一军，坐作进退，颇不隃越，钦使就阵前择一躯干较弱之兵，面询洋枪、机括各名目及装卸诸法，兵对应如响，而钦使乃以该军废弛奏参。狼山镇李定明，宿将也，富年驻军关陇，已知其治军有能名，洎乎移镇狼山，兵民交爱，其所部之军，钦使以阻雨，故既不点验，又不校阅。乃亦以缺额侵饷等词奏请严惩，此鄙人所为耿耿也。③

魏光焘的这一番叙述，确是发自肺腑之言，字里行间浸润着清政

---

① 《前闽督魏制军过润（镇江）》，《申报》1905 年 3 月 27 日（清光绪三十一年暨乙巳年二月二十二）第 11471 号。

② 《前闽督魏制军过沪余议》，《申报》1905 年 4 月 8 日（清光绪三十一年暨乙巳年三月初四）第 11483 号。

③ 同上。

府及铁良对自己不公正待遇的一丝怨愤之情。铁良南下名为阅兵，实则借机侵夺汉人督抚的权力，将其排挤于清政府权力之外。清末新政时期，清政府为了强化中央集权，逐渐收回各省督抚的军政大权，其用意极为明显，正是在这样的背景下，魏光焘终于成为清政府封建专制体制下的牺牲品。魏光焘逝世后，《顺天时报》有则报道也值得仔细玩味："适铁良阅兵沿江各省，至宁，向公索重贿，公不理，铁大恨，劾之。调闽浙，铁至闽，复索贿，公仍不理，铁又劾之。遂有开缺、另候简用之旨。"①

究竟铁良有无向魏光焘索贿，并无史料加以印证，但从清末新政时期官员腐败的情况来看，这种可能性还是存在的。据《大陆》报透露："铁良此次在鄂贿赂一层，查无实据。惟送古玩字画者，一概全收。尤喜刘石庵、恽南田字画，凡有家藏刘、恽真迹者，被官场搜罗一空，无不获厚利云。"② 当然这也并非魏光焘被开缺回籍的主要因素。此外，《东方杂志》记者在铁良南下之前魏光焘的活动也有所报道，曾称：

> 如初六日，本报政界纪闻载，钦差南来之预备条下云：江督魏午帅日昨札行宁、苏、皖、赣四省藩司，备将库储正杂各款，查明数目，赶紧造具四柱清册两分，如有腾挪亏空，速即设法弥补剪饰。上海金陵制造局、江南银元局及其他各局所，务将现办实在情形详细具报，从前所有库弊，务必迅速革除浮滥开支，亦即迅速裁汰，员司人等，尤当力除怠玩，通饬各属遵行等因。③

《东方杂志》通过记者之口，简要陈述了魏光焘在铁良南下之后的活动。但这则消息可靠与否，尚需其他史料加以印证。而且，对于此事，我们很有必要联系清末新政时的具体环境来进行分析。清末新政举办之时，举国上下财力皆极为困顿，魏光焘在两江办理一系列新政，也是在财力极为匮乏的情况下进行的，不免有腾挪款项之举，也在情理之

---

① 《前闽浙总督邵阳魏公已薨矣》，《顺天时报》，中华民国五年（1917）五月十二日。
② 《铁良搜罗字画》，《大陆·纪事》1905年第2期。
③ 《铁侍郎南下之关系》，《东方杂志》1904年第8期。

中。还有，此篇报道文末还有："窃闻侍郎此行，或疑其真意，在于集权中央，以为预防家贼之计。"① 这一说法，应该是点明了铁良南下的真正用意，那就是借机加强中央集权，削弱地方督抚势力，而魏光焘首当其冲，成为其眼中钉、肉中刺，也是必然的了。对此，《大陆》报曾说："铁侍郎之来，传说不一。日本报至疑其此行，与东事有关系。然知则谓袁督与东南各督意见不协，因运动政府派铁南下，以汲收东南各督之权，宗室良弼素主强满抑汉之策，故又利用此举，以实行其宗旨。今集权之说未必能行，而搜刮之巧，已见一斑矣！"②

铁良回京后，向清廷呈递奏折 13 道，许多因留中不发。我们今天很难看到其奏折中内容，但从清政府下发的上谕中可以看出，他对江苏军队的检阅情况颇有微词。据 1905 年正月 20 日的上谕称：

> 铁良奏遵旨抽阅江苏等省营务情形一折。据称陆军以湖北之常备军为最优，河南之常备军步队六营、江南之常备军步队四营、江西之常备前军步队四营粗有可观，苏州、安徽之常备各军、江南之护军四旗、新湘五旗废弛最甚，其余各营操法，亦多平常；水师则湖口差强，余均较逊等语。各省营伍，迭经严谕督抚等认真整饬，勤加训练，不啻三令五申，乃除湖北陆军外，其余各省积习迄未力除，实属有负委任，湖广总督张之洞夙抱公忠，所练陆军独能出色，深堪嘉奖。至苏州、安徽之续备军、江南之护军四旗、新湘五旗如此废弛，殊堪痛恨。所有各营统领，江苏候补道松峻、候补总兵费金组、罗吉亮、补用参将徐万福着一并革职，费金组一员情节尤重，着革职永不叙用，不准投效各营。其余帮统以下各员，着该督抚查明严参。安徽各营统领福山镇总兵李定明茫无阅历、军纪异常懈弛，李定明着即革职；统领南洋武威新军留江补用副将魏荣斌不谙操法，嗜好甚深，平日不到操场，且有空额情事，着即革职，并着将空缺兵饷，严行提返。该督抚等均着严行申饬。各省督抚务当振刷精神，将水陆各军及武备学堂切实经理，按照练兵处奏定章

---

① 《铁侍郎南下之关系》，《东方杂志》1904 年第 8 期。
② 《铁侍郎南下之问题》，《大陆·时事批评》1904 年第 7 期。

程悉心教练，以期养成劲旅，饷不虚糜。经此次严饬之后，倘再仍前玩泄，罔知振作，惟各该督抚是问。懔之！钦此。①

从此道上谕可见，铁良南下阅兵，对于魏光焘所辖苏州部队的成见极深，许多将官在铁良的参奏下失去了统兵之权。尤其应该注意到的是，铁良及清廷对于新湘军和武威新军的处罚更有深意。徐万福、罗吉亮、魏荣斌均是跟随魏光焘多年的部属，久经战阵，深受重任。此次大力予以革除这批将领，清廷试图借机排挤魏光焘的用意不言自明。这道上谕，是对魏光焘本人的一次警示，也预示着魏光焘的宦海前程基本走到了尽头。

两江总督一职，自湘军攻破天京后，历来由湘军人物所担任，曾国荃、刘坤一等成为其代表人物，故当时曾有"非湖南人不可为江督"之说。由于长期的积弊所致，的确造成了一定的消极影响。魏光焘出任江督之时，积弊已成，政事颓废已非止一日，尽管其在任内勤心任事，大力革除，但已回天乏术。对此，有人曾评价说：

> 以往湘军人物，实已无可用者，惟午帅曾及侍杨石泉制府，其后又曾侍左文襄，遂以两江畀之，而非其宜也。年余之间，中外人事，啧有烦言，午帅遂终不安其位而去。天下皆以为午帅不能胜此任，窃谓今日之局，不能全归狱于午帅，盖两江吏治，自沈文肃逝后，即已丛脞，积疾而至今日，废之，其弊遂以大显。午帅固非其人，然平心论之，以江督副王之重任，今日一二品大臣中，谁足胜其任者耶？②

魏光焘回到湖南原籍后，定居于宝庆府城（今邵阳市）东郊湖山别墅。城内亦备有四合院一所，附以池塘竹树，额曰"亦吾庐"，取东晋陶渊明诗"众鸟欣有托，吾亦爱吾庐"之意，息影十年，以至寿终。

光绪三十三年（1907），孙中山领导的资产阶级革命党人已在各地

---

① 《上谕恭录（82）》，《大公报天津版》1905年2月25日。
② 《论江督与湖南人之关系》，《东方杂志·内务》1904年第9期。

发动武装起义，清政府在其政权面临危难之际，朝中大臣多次上奏起用退职的深孚众望、功勋卓著的耆宿官员，一些被开缺官员大都重新被起用，魏光焘当时也在保奏起复之列。《顺天时报》曾做了简要报道：

> 政府各大臣迭次保奏起用退职各员，均蒙恩准。日前，某中堂又奏保前闽督魏光焘为湘军宿将，历任艰巨，毫无贻误。现在湖南宝庆府闲居，当此国事吃紧之际，正宜起用，以为助臂等语。业邀恩准矣！①

《申报》对于清廷起用魏光焘的消息也有一则短报："日前政府大臣议商，现在封疆大吏尚属需才，查开缺闽浙总督魏光焘才能素著，众望相孚，遇有相当缺出，应即奏请起用，以收得人之效。庆邸颇以为然。"②

但魏光焘自从被铁良弹劾后，已经深刻地体会到了宦海沉浮、人生无常的古训，故决心辞不赴命。

在家闲居期间，魏光焘仍然关心时局的发展，关注着国家的命运和前途。在湘路问题中，魏光焘反对借贷外债，支持集款自办。1905年，清政府从美国合兴公司收回粤汉铁路权，由湖南绅商集资兴筑。之后，邮传部尚书盛宣怀假借"利用外资开发实业"为名，公开大举外债，并建议将以前各省铁路公司集股商办铁路之权从人民手中掠夺过去，名为"收归国有"，实为重新出卖。当时湖南绅商在同盟会会员的倡导下掀起护路运动。湖南咨议局联名先后两次致函魏光焘，请求其入都请愿，以保护中国利权。其函云：

> 敬启者：里居暌隔，奉教已遥。山斗隆名，时用纫翼。伏辬平泉清晏，兴居康和，引企珂乡，颂祝无量。近日迭接旅京同乡电四国银行代表晋京，急催借款画押，邮部选派湘籍司员陈毅等签注合

---

① 《复保起用魏光焘》，《顺天时报》1907年第1713号。

② 《拟起用魏光焘》，《申报》1905年11月13日（清光绪三十一年暨乙巳年十月十七日）第11702号。

同，舆论大哗，通电力拒，已于席祠开会票举代表曾继辉、粟戡
时、石秉均、周广询、曹惠、陈家珍、王尹衡、文斐八君刻期先后
出发，与外、邮等部直接交涉，期达拒款目的。惟京外同乡之意，
兹事关系全湘命脉，非得声望素著者与之俱往恐无以收效。伏念
公耆德硕望，远近所推，敝局为代表舆论机关，不敢缄默，敢援浙
路公举王文勤（文韶）、陆春江（元鼎）二公入都之例，奉屈我公
一行，并请曾君继辉造庐劝驾，尚乞俯允所请，惠然启行，以保权
利而弗份榆。不胜迫切待命之至。①

之后，又二次恳请魏光焘以家乡利益为重，迅速到省，商议入都请
愿之事。其函云：

敬启者：前因湘路拒款废约一事，公请曾君继辉奉函叩谒，恳
求入都代表全体人民意思，为全省保障利权。项得曾君来函，详述
垂询路工股款情形，荩虑周详，慷慨自任。侧闻金诺，凫藻莫名。
伏维杖节西陲，绾符南镇，勋绩铭于竹帛，讴思遍于海隅，兹以松
菊之余闲，出谋梓桑之公益，老成报国，不避艰危，辰佶远猷，天
颜有喜，商洛皓首，以兴汉唐。且华颠而悟，秦前哲芳踪于今未
坠，耆英佳话，寰宇欢传，岂惟湘人实深嘉赖。安车莅止，为日匪
遥，忻忻之诚，曷期有极。敬迓驺从，恭请台安。②

宣统二年（1910）八月初五，湖南全省绅耆士庶公推代表曾继晖、
陈今柱持咨议局议长谭延闿等函件至金潭原籍请魏光焘"前往代表舆
情，以救危险。"魏光焘激于民族大义，当即驰赴长沙，并代表民意上
奏，奏词中明确提出："现在湘路公司兴工集款既有成效可稽，是仰遵
先朝遗训，不借外债，实为名正言顺。如必执未定之草约，以为唯一之
主义，甚非所以保元气而固民心。一旦以外款输入，使湘省亿兆人生命

① 《致魏光焘君》，杨鹏程：《湖南咨议局文献汇编》，湖南人民出版社2010年版，第
602页。
② 同上书，第610页。

财产均无保存之日，势必纷纷诘难，谓前此赎路无款，则以责之吾侪小民；乃于基础既立之余，辄又顾而之他。民虽至愚，何能甘心？方今预备立宪，首务听从民便，若不从其便而又拂之，甚未可也。"① 这一奏疏，对清政府大举外债表示竭力反对，并力陈其后果，且对重新从人民手中收回铁路权亦表示了极大的愤慨。当魏光焘应邀赴省时，新化人游陆曾写诗以劝。其诗为：

> 新添韵事唱云根，吟罢秋凉日已昏。
> 为甚殷勤重劝驾，旧臣落落糜裘存。
> 环海风潮变更奇，诸公衮衮策安危。
> 明知锁国非长计，可有涓埃答盛时。②

武昌起义爆发后，各省独立的消息每日雪片般飞至清廷，清军斗志全无，人有戒心。摄政王载沣庸懦优柔，踌躇不定。隆裕皇太后举行御前会议，召集王公大臣、军咨府、陆军部，商议应对各省独立之事。据《钏影楼回忆》中的记载：

> 隆裕太后道："自从太皇太后、先皇帝殡天以后，皇上幼冲，我是一个妇人家，幸赖摄政王辅政，及诸位王公大臣相助治理。三年以来，内外相安，不料武昌革命党忽然起来，本想不难平定，谁知这几天一夕数惊，江西、安徽、云南各省，都电告独立，廕昌也没有告捷的电文，人心慌乱已极。我想命岑春煊到四川去，魏光焘到两湖去，这都是老成宿望，诸位意下如何？"
> 老庆王奕劻抢先说道："太后所见极是。岑春煊、魏光焘，都是老练有识的人，着他们遵旨迅速启行就好。"③

于是，清廷在宣统三年（1911）九月十二、十三两日连发谕旨，

① 魏联石：《记先父魏光焘二三事》，载中国人民政治协商会议邵阳市委员会文史资料研究委员会《邵阳文史资料》第3辑，1984年版。
② 政协邵阳市文史学习委员会：《宝庆史话》，2003年版，第99页。
③ 包天笑：《钏影楼回忆录》，生活·读书·新知三联书店2014年版，第447页。

一道谕旨称："湖广总督著魏光焘补授，迅即赴任，毋庸来京陛见。"① 接着又下谕旨："魏光焘未到任以前，湖广总督著王士珍署理。"②《大公报》报道了魏光焘对清廷的态度："新授湖广总督魏光焘昨来电，内系奏陈到任后之种种施设，惟对于兵权，则云仍由本省总督节制，以资调遣，不宜由内阁总理遥制云云。玩其意旨，似欲总揽鄂省兵权，然朝廷尚未定夺。"③ 之后，清廷中有人以"湖北地方重要，魏光焘精力就衰，恐难担负"④ 为由，请求任命锡良派赴湖广总督，"另予魏光焘以稍轻位置，庶免贻误事机"⑤。尽管清廷已经决心再次起用魏光焘，但魏光焘此时已对清政府完全失望，而且其思想也发生了重大变化，由清王朝政权的忠实拥护者开始逐渐倾向于同情革命。故电陈清廷后并未积极回应清廷的要求，而是在家过着安享晚年的快乐生活。对此，《申报》曾评论说："前清两江总督魏光焘现住宝庆城内，对于清廷素不满意，每与故乡父老谈及复汉伟烈，目舞眉飞。惟自以年力已衰，不能执鞭从诸志士后，深以为恨云。"⑥

　　袁世凯就任中华民国临时大总统后，曾派人礼聘魏光焘赴京任事，魏光焘因不齿为其所用，故婉言加以谢绝。《顺天时报》对此曾有报道："昨有某达官荐举湘省魏光焘君老成硕望，经验富有，堪任参政之顾问。大总统当即允可。并作书令湖南提按使刘心源赴任时登门敦聘云。"⑦

　　魏光焘一生谨慎，回籍后取其堂名曰"慎微"，以教育子孙。他治家极严，不苟言笑，终生保持着简朴的生活作风。著名教育家杨昌济也以其为榜样，他说："魏午帅（光焘）乡居，自奉甚俭，每食四簋，二荤二素，贵贱之客皆以此款之，无不会食。每年春秋二季请客二次，酒席常以四五串为常，至贵者不过八串四百文。青年见之者则谆谆教诲，

　　① 《谕旨（83）》，《大公报天津版》1911 年 11 月 3 日。

　　② 同上。

　　③ 《魏午帅电争兵权》，《大公报天津版》1911 年 11 月 8 日。

　　④ 《北京锡清帅召见之情形》，《大公报天津版》1911 年 11 月 16 日。

　　⑤ 同上。

　　⑥ 《魏光焘赞成革命》，《申报》1911 年 12 月 10 日（清宣统三年暨辛亥年十月二十日）第 13944 号。

　　⑦ 《魏光焘果肯出山耶》，《顺天时报》，中华民国三年（1915）七月二十二日即甲寅年又五月三十日。

其言甚长，言人至四十岁则不能长进，故对长者可以绝口不言，而青年可与为善，故乐为之说也。"① 魏光焘对家人也以勤俭为训，不许奢侈浪费，全家老幼，天明必起。对子女的课业也督促甚严。每天晨起后，拿着长旱烟管到签押房书写汉隶约四百字，十年无间断。早饭前，还得阅览中外文献报章。喜欢研习天文地理，备有新式仪器，以窥测星云变幻。七十岁那年，正值家中新屋落成，还请一位日本人来家放了电影。

魏光焘待人谦和，不论贵贱，皆能以礼相见。张謇拜谒后曾评论曰："魏貌腴畅而有善气，似五十七八人，其年已六十七，与南皮同岁，言论之间亦老于世故。"② 回籍后，还经常邀集一些文人老友经常在书楼吟诗作赋，或品评金石书画，聊以自娱。尤喜与文人交往，王闿运、王先谦等人在其居乡期间皆有来往。野史中曾有一段记载魏光焘交往的故事：

> 魏午庄罢官乡居，不问时政者垂二十余年。某中将投刺请谒，延入，午庄方临盆濯足，不一言。事毕，曰："将军颈间血斑累累，殆百战之伤痕耶？"曰："然，安敢谓百战。"尚欲有语，阍者报客至，视刺，王益吾也，午庄赤足不及穿袜，倒屣出迎，携手入室，欢谈而别。从者笑曰："新将军不如旧翰林。"③

这段野史自是有趣，但史料本身的可靠性也值得怀疑。因为魏光焘自光绪三十一年（1905）开缺回籍到1916年逝世，前后不过十年，但史料中却说"罢官乡居不问时政者垂二十余年。"明显与史实大相径庭。尽管如此，也可以或多或少从侧面反映出魏光焘的交往圈和内心世界。

魏光焘生前著有《慎微堂诗稿》、文稿、奏议、笺启、日记、杂记和《新疆志略》十四卷等，准备付梓，但因遽尔去世，未能迅做处理，以致散失无存。叔祖父魏源的著述在其逝世后遗失民间，被安徽桐城派

① 杨昌济：《达化斋日记》，湖南人民出版社1981年版，第73页。
② 《柳西草堂日记》，《张謇全集》编纂委员会编：《张謇全集》第8册，上海辞书出版社2012年版，第533页。
③ 陈赣一：《新语林》，上海书店出版社1997年版，第118页。

学者萧穆（字敬孚，桐城诸生）在市中购得。魏光焘闻知后，携带重金前往相求。萧穆笑着回答说："父祖之业，固宜传之子孙，何言财乎？"①遂慨然赠与魏光焘。魏光焘从萧穆手中所得魏源遗著，究系何书？这点已难以考证，但可以肯定并非《元史新编》，这从魏光焘的《元史新编叙》中能够得到印证。《元史新编叙》中说：

> 论次略就而殁，稿落仁和攻氏，已而复入于莫君祥芝。光焘承乏新疆，闻王益吾祭酒言，亟寓书索还。值国家多故，鞅掌不遑，藏存久之。岁丁酉，始嘱欧阳辅之，邹改之两茂才校刊，凡八阅寒暑，徐克蒇事。②

魏光焘受任两江总督后，途经上海，首先拜访了这位慷慨捐赠的萧穆，曾与其纵论古今时事达三天之久。至于他生前捐资刊刻的《杨忠愍集》《海国图志》《平定关陇纪略》《勘定新疆记》以及《元史新编》，现藏于各大图书馆。

1916 年（民国五年）农历三月十五日，魏光焘病逝于家中，享年80 岁。葬于邵阳北乡赤水辉山（现属新邵县）。

魏光焘开缺回籍后，著名文学家王闿运曾为其撰写一联：

> 十五年节钺归田，无地起楼台，清德竟同刘武慎；
> 八旬内沧桑屡变，一生逢丧乱，褰裳愿礼魏元君。③

这副对联高度概括了魏光焘一生的事功与德行，对其的评价也甚为中肯和客观。

---

① 姚永朴：《萧敬孚先生传》，闵尔昌：《碑传集补》，载沈云龙《近代中国史料丛刊（991—1000）》，文海出版社 1973 年版，第 2873 页。
② 魏光焘：《元史新编叙》，魏源：《元史新编·卷首》，光绪三十二年邵阳魏氏慎微堂刊刻。
③ 王闿运撰，马积高点校：《湖湘文库·湘绮楼诗文集》（五），岳麓书社 2008 年版，第 75 页。

结束语

晚清时期，在西方列强的坚船利炮和世界近代化思潮的冲击下，中国社会面临"三千年未有之变局"。魏光焘作为湘军集团中的重要成员，是在与太平天国作战的烽火中逐渐成长起来的一位高级军事将领和封疆大吏。改革开放以后，随着思想解放潮流的涌动和深入，学界除对以往太平天国起义和回民起义的研究进行深刻反思外，且出现了对晚清农民起义对立面进行探讨的热潮。多维度、广视野地对曾国藩、左宗棠、李鸿章及其集团人物的探讨成为目前中国近代史研究的热点和焦点。作为湘军重要人物的魏光焘，也理应引起学界的广泛关注。

魏光焘早年参与镇压太平天国和陕甘回民起义，这是其初露头角的时期。在这一时期，其主要事功集中于军事方面。收复浙江、率部与太平军侍王李世贤作战、攻灭太平军余部汪海洋部，在许多战斗中初步显示了其领军、治军才能。奉调陕甘后，即追随左宗棠镇压陕甘回民起义和捻军起义。在战争中，其领军、治军才能进一步得以充分体现。担任平庆泾固道后，一方面着力恢复和发展农业生产，办理善后事宜。尤为可贵的是，他致力于以军事力量稳定地方的同时，也深刻地认识到了文化秩序与社会环境对恢复和发展地方经济的重要作用。庆阳大成殿和文庙的重建，修复了受战争影响而业已失范的中国传统文化，创建泾州考棚，不仅是一件惠及当地广大儒生的善举，而且从文化层面稳定了陇东社会；三关口车路和瓦亭关隘的修建，大大改善了当地的交通条件和防务设施；"左公柳"的种植，对于改变陇东乃至西北地区的生态环境起到了重要作用。其治理陇东的思想，即采取"文武并用"之术，力图用"文治"而补"武力"之不足。这一方略的运用，对于当时战后的陇东地区而言，无疑是切实可行的有效之策。魏光焘治理陇东的成功，不仅使陇东地区很快摆脱了战争造成的创伤，也为晚清时期该地区的进一步开发奠定了坚实基础，同时也为其积累了丰富的从政经验。

新疆建省后，魏光焘在左宗棠和刘锦棠的大力举荐下，担任建省后第一任新疆布政使。当时，新疆巡抚刘锦棠因湖南原籍祖母年高病笃，且因久经战阵，积劳成疾，故治理新疆显然力不从心。因此，新疆建省和军务善后的许多事务落到了魏光焘的肩上。他对于规划新疆建置、城垣修建诸多繁重工作均历任其艰，不辞劳苦。护理新疆巡抚期间，更是身兼重任，在战后复杂而又动荡的局势下，妥善料理前任遗留善后问题，推进新疆地区的开发，积极加强防务建设，以及与俄力争边界等一系列举措，显示了其卓越的政治才能。鉴于塔城自建省后屡生变端的事实，他从维护社会稳定的角度出发，力主塔城改归新疆巡抚管辖，虽因塔城副都统额尔庆额多方阻挠，但最终实现了事权统一；罗布淖尔的开发，改变了该地长期愚昧落后的面貌。魏光焘离任后，继任新疆巡抚陶模、饶应祺、潘效苏诸人，继续将罗布淖尔作为新疆地区开发的重点，在魏光焘开创的基础上，稳步推进。尤其是光绪二十八年（1902）七月新疆巡抚饶应祺奏请设官建置后，罗布淖尔正式归入中央政府行政管辖。从此，该地的战略地位亦得到了加强，成为青海前藏地区重要藩篱，也为西北关内增设了一道稳固的屏障。交通方面，陆路与新疆南路各城四路通达，形势相连，毫无阻滞。水路方面，从罗布淖尔舟行直达库车、莎车等地，贸易往来十分便利。伊犁作为边要之区，防务更是重中之重，魏光焘对此也是精心筹划与布置，试图维护边疆地区的稳定与安宁；帕米尔界务事关国家领土主权，魏光焘面对俄方的违约入卡，据理力争，毫不示弱，最终迫使俄方退兵。魏光焘护理新疆巡抚时期的诸多建设，为后来新疆社会的稳定奠定了良好基础。之后其他历任新疆巡抚，继续以新疆建设和防务为中心，进一步推动了新疆地区的开发和近代化。当然随着时代的变迁，举措有因有革，但大致遵循和延续了建省之初的规划，有效维护了晚清时期新疆的稳定局面。

魏光焘自新疆回籍后，即在湖南家乡以奉亲归养为志。甲午战争爆发后，李鸿章的淮军累战皆败，迫使清政府不得不重新起用能征惯战的湘军老将。魏光焘作为长期征战南北的宿将，遂成为清政府可资倚重的力量。清廷连发五道上谕，下令魏光焘募军北上，抵抗日本侵略军。在清廷的多次催促下，魏光焘只好移孝作忠，在丁忧未满"请求终制"
却"碍难准行"的情况下，不顾自己已经56岁的年纪，急忙召集旧部，
募集新湘军3000人，于光绪二十年（1894）九月开赴山海关，取道锦
州，兼程北上辽东抗日。军行3个月，冰天雪地，奔驰万余里。与日军
拼死血战牛庄，表现了魏光焘作为旧时代一位军人强烈的爱国之情。

魏光焘主政陕西期间，正是维新变法的重要时期。因亲历了甲午战
争的创痛及战败的刺激，其思想发生了重大变化，积极顺应历史潮流，
在陕西力图求变，锐意革新，以民生为重，开启了陕西维新变法的新时
代。组建游艺学塾和崇实书院，以"中体西用"的思想培养和教育学
生，创办陕西中学堂，试图从文化层面改变中国落后之状；大力编练新
军，采用新式操法训练士兵；整顿陕西经济，以民生为重，储粮备荒、
整顿陕西鸦片厘税等，对于陕西经济的发展起到了重大作用；为了恢复
和发展关中地区的农业经济，重振昔日的经济繁荣之象，将关中的水利
和基础工程建设作为施政的重点。华州、华阴水利设施的兴建，解决了
困扰农业生产发展的重要难题；龙洞渠的修复，进一步扩大了土地灌溉
面积，成为农业经济发展的重要保障；基础设施方面，修治沧龙河、修
整道路以及朝邑黄河防护措施的加强等，既保证了人民的生命财产安
全，也在一定程度上改变了关中地区的社会环境。为了改变晚清官场的
陋习和劣政，严厉惩处陕西不法官员，为陕西营造了一个良好的政治环
境；庚子事变爆发后，魏光焘一面大力加强西北地区防务，同时派兵北
上勤王。正是由于其抚陕期间的一系列惠民举措，以及整饬吏治、创办
学堂等活动的开展，使得当时的地处西北一隅的陕西颇显维新气象。时
任陕西学政叶尔恺评曾评论曰：秦省大位如魏午帅，人颇忱毅，亦极开
通，李芗垣方伯亦尚清正，故吏治较他省为优也。其弟叶尔憬亦论曰：
"秦中当道，如午庄中丞、芗垣方伯，均力尚维新，人亦和平中正，办
事踏实。"这一评价，是对魏光焘陕西施政方针中肯、客观地评判。

辛丑和议后，魏光焘奉命督滇。魏光焘督滇之时，恰逢清政府朝野
上下举办新政的重要时刻。面对云贵地区落后而复杂的政治和经济环
境，魏光焘首先将云南社会的稳定作为施政的重点之一。因云南边境游
匪势力扰乱，致使云南边境长期处于动荡不安的状况，给当地百姓的正
常生活带来了极大的困扰。对此，魏光焘一改以往剿匪的方针，改革了

剿匪部队军制，提高了剿匪部队的战斗力。之后，在魏光焘派兵大规模的迅速出击下，游匪势力遭受了沉重打击，尽管未能彻底肃清，但在一定程度上起到了震慑动乱势力的作用，基本保证了边境地区的社会稳定。云南课吏馆作为对任职前云南地方官员的培训机构，旨在整顿吏治、提高官员素质，魏光焘也是积极因应朝廷政策，大力举办，以期改变云南的政治环境。编练新军作为新政的一项重要内容，在当时云南经济极其困难的情况下，魏光焘也是竭力布办。在条约制度的束缚下，面对世界现代化思潮的冲击和西方列强的步步紧逼，腾越开关已是大势所趋。魏光焘在无奈开关之际，着力加强腾越关防的管理，以最大限度保证开关后中国的利益。昆明教案、滇缅界务争端交涉、滇越铁路谈判、中英矿务交涉、中法矿务交涉，均是事关中国领土主权和利权的重要事务，魏光焘面对强敌，在交涉中毫不示弱，以理抗争，在弱国外交的局面下，为中国赢得了部分领土和利权。此外，主政云南期间，一如既往地以文化作为富国强兵的良方，向日本输送留学生、旧式书院改造为高等学堂，开启了云南近代高等教育的先河。为云南乃至全国培养了大量杰出的新式人才，为云南的教育近代化做出了重要贡献。

出任两江总督，是魏光焘宦海生涯的巅峰，也是其由边缘走向中心的重要旅程。此时，也正是清末新政向纵深发展的重要时期。任内，他厉行整顿两淮盐政、推进两江地区的近代化教育（筹办三江师范学堂、军事学堂、改设江南实业学堂）；成功部署两江地区的防务建设（改革南洋军制、整顿江宁省城内外防营、巡视沿江炮台、购置新式船舰、添防江阴、镇江要隘），推动了江苏军事近代化的进一步发展；为了让旧式江南制造局在新政的背景下重新焕发生机，魏光焘与张之洞联手改革江南制造局的管理、人事，虽因清方官员铁良的插手最后功亏一篑，但这种努力也是值得肯定的。日俄战争爆发后，魏光焘与盛宣怀等人向清政府奏陈"安危大计"，从外交角度，力请朝廷利用国际关系采取均势政策，以避免此次战争给中国带来巨大危害；战后，又采纳张謇建议，与张之洞等人向清廷奏请预备立宪，刷新中国政治，以图自强。为了维护赣粤边界虔南地区的社会稳定，因地制宜，对于该地的行政建制进行调整；开办镇江警政，成为江苏较有影响的一项举措。"苏报案"是一件轰动中外的事件。作为两江总督的魏光焘只能遵照清廷意旨办理，与西方列强协商革命党人引渡之事，全程参与了整个事件的过程。如果抛开"苏报案"清政府捕拿革命党人、封闭苏报馆的事实，不带任何感情色彩加以考量，各国使领、工部局干预"苏报案"，无论是参与镇压，或是拒绝引渡，确属侵犯中国主权、干涉中国内政的行为。因此，作为清政府体制中的成员，魏光焘在苏报案中的活动也是可以理解的。

闽浙总督是魏光焘宦途中的最后一站。在福建，他大力举办新政，积极推动福建近代化的进程。同时，面对出现的福建官脑局案、日本在福建传教问题以及矿务开发中的交涉事宜，以相关条约为依据，与西方列强据理力争，试图维护中国利权，防范列强进一步实施对中国的侵略。

总之，魏光焘作为晚清时期尤其是中后期一位重要的封疆大吏，历经道光、咸丰、同治、光绪、宣统以及民初时代。在晚清大变局的形势下，其人生经历、宦海生涯无不深深地打上了时代的烙印。他在与农民起义军作战的烽火中历练、成熟，积累了丰富的治理边疆的经验，使其具备了优秀的封疆大吏的素质和能力。他治理西北和西南边疆的诸多建设性举措，对于当前实施的西部大开发战略，具有弥足珍贵的借鉴和参考价值，而且对于维护西部地区的社会稳定有着十分重要的启示意义；他顺应历史潮流，能够"因时而变"的思想，对于改革开放时代思想观念的转变，也不无裨益。魏光焘外交方面与列强抗争的部分成功，在很大程度上改变了所谓"弱国无外交"的固有观念和思想，对于我们今天处理外交关系、发展与世界各国间的关系有着重要的参考价值；反抗外国侵略、保卫国家领土主权完整是每一位中华儿女义不容辞的责任，在这方面，魏光焘也为我们做出了楷模。他不顾年事已高、在家守制的特殊时期，面对日本侵略，毅然挺身而出，北上抗日，与日本侵略者拼死血战。这种在国家危难之际，以国家利益为重而抛弃个人利益的爱国精神，值得我们每一位中华儿女仿效和学习。当前，国际局势风云变幻，各国间军事冲突此起彼伏。魏光焘积极抵抗侵略、筹办防务的爱国行为和远见卓识，对于当前的中国国防建设也有着重要的借鉴意义。党的十八大以来，党中央高度重视培育和践行社会主义核心价值观。习近平总书记多次作出重要论述、提出明确要求：中央政治局围绕培育和弘扬社会主义核心价值观、弘扬中华传统美德进行集体学习。而"爱国"作为社会主义核心价值观的重要内容，对每位中国人来说，都是义不容辞的责任和义务。因此，对魏光焘爱国主义精神予以充分地认知、传承，具有强烈的时代和现实意义，也是弘扬社会主义核心价值观不可或缺的重要一环。

附录 魏光焘生平活动大事年表

道光十七年十月三十日（1837 年 11 月 27 日）

生于湖南邵阳隆回县金潭乡。少年丧父，弟兄 6 人，光焘居长。因家境贫寒，曾进山砍柴，下河淘金。

咸丰六年（1856）19 岁

受母亲之命弃学从戎，赴曾国荃军营投效，随从曾国荃镇压太平天国起义。

咸丰九年（1859）22 岁

因在攻占江西吉安府城中有功，被曾国荃保举，以从九品选用。不久，即赶赴蒋益澧军营效用。负责办理营中军装支应，后又办理营务。

咸丰十年（1860）23 岁

五月，增援平乐府有功，奉旨以县丞补拔，并赏戴蓝翎。

咸丰十一年（1861）24 岁

正月，攻克贺县有功，解广西省城石达开大股之围，以知县补用，并赏加知州衔。

同治二年（1863）26 岁

攻克浔州府城得力，以知州尽先补缺。不久，说降据守广西贵县的反清势力黄三。之后，随从蒋益澧由湖南进兵，进入浙江境内。援助左宗棠部收复了浙江全境，并负责办理湖州善后。

同治四年（1865）28 岁

率部进入福建，收复了长泰县城和漳州府城。经左宗棠等保奏，以道员留闽浙，遇缺即补。十月，因攻克浙江武康等城池多处，赏给"扬勇巴图鲁"名号。

同治五年（1866）29 岁

正月，由上杭县星驰追剿太平军，驻扎于永定一带。之后，与太平军汪海洋部血战获胜。乘胜收复广东镇平县，进兵嘉应州。接着，魏光焘会同各路清军合围嘉应州城。

同治七年（1868）31 岁

在汉口办理营务，训练马队、制造炮车，以备马战和车战。准备就绪后，随即由湖北经过河南，进入陕西境内，驻守临潼县，并奉命兼办耀州采运。

七月，率四营兵力到达宜川，镇压西捻军袁大魁部。

十一月，率部渡河直趋槐柏镇截剿回民军，在示保川大败回民军。

同治八年（1869）32 岁

四月初五傍晚，率队潜师出发，黎明时分抵达老岩窑前面 30 里的马蹄沟。指挥部将夺隘而入，攻占了马蹄沟。随即攻破逼鹞子川。

五月十七日，会集各营，分路直逼老岩窑，智取袁大魁据点老岩窑。因功被左宗棠保举，署甘肃平庆泾固道。

十月，负责重建庆阳大成殿。

同治九年（1870）33 岁

正月，率部抵达环县。到达白家湾，逼近页城子。下令各营播鼓发号，一齐冲进窑洞，大败回民军。之后，分营扼扎驿马关，会同留防各营侦缉回民军残余势力。

十一月，捐资修建泾州考棚。

同治十年（1871）34 岁

三月，实授甘肃平庆泾固道。

四月，修复固原文庙。

十月，因攻克金积堡累有战功，例给军功记录三次。

同治十二年（1873）36 岁

在陇东下境内大力贯彻左宗棠的命令，种植树木，一直延续到光绪四年（1878）。

光绪元年（1875）38 岁

增修三关口车路，改善了当地的交通环境。

光绪二年（1876）39 岁

修建会宁平政桥。

光绪三年（1877）40 岁

重修陇东边陲的重要关隘瓦亭。三年大计案内，保荐卓异。

光绪六年（1880）43 岁

新疆南北两路一律肃清，被奏保交部，照一等军功，加一级，记录三次。又因本任俸满，并案送部引见。

三月二十日，光绪皇帝派王大臣验放。

三月二十一日，复奏以回任，准其卓异，加一级注册候升，蒙皇上召见一次。

九月初六日，蒙左宗棠向朝廷奏举，以平庆泾固道魏光焘接署甘肃按察使一职。

光绪七年（1881）44 岁

正月二十四日，补授甘肃布政使之职。

光绪十年（1884）47 岁

新疆改设行省，为第一任新疆布政使。

光绪十一年（1885）48 岁

四月二十六日，到达新疆省会迪化（乌鲁木齐）就任。任内，修城建衙，设郡县，建官制，举军政，定饷章；整顿邮政，兴办学校；开矿、屯田、畜牧、堪国界，开辟罗布淖尔千余里地方。

十二月十日，因治疆有功，赏加头品顶戴。

光绪十二年（1886）49 岁

十月初五日，奉旨记录一次。

光绪十三年（1887）50 岁

在山东赈捐第二十二次请奖案内，请准三代正一品封典。

光绪十四年（1888）51 岁

十二月，奉旨护理甘肃新疆巡抚。

光绪十五年（1889）52 岁

正月二十二日，奉慈禧太后懿旨，赏加一级。

光绪十六年（1890）53 岁

七月十一日，奉旨一级记录三次。

十月，向清廷上疏，请求开发罗布淖尔地区，以稳固新疆边防。之后，负责查实伊犁善后贪污案、布置伊犁防务，组建博达书院，派人从内地购买了经、史、子、集等书，以便士人学习。

光绪十七年（1891）54 岁

四月，以亲老多病，奏请开缺回家探亲。之后，派塔城屯防副将张怀玉赴塔城办理交接事宜。英俄两国对中国帕米尔地区展开激烈争夺，急派张鸿畴带兵驻防苏满。

六月，俄国派马兵从三路越界侵边。魏光焘于八月初五日照会塔什干总督，提出强烈抗议，严正指斥其称兵越界行为。在魏光焘的强硬态度下，俄方自知理屈，只好撤兵。

十二月初九，交卸巡抚篆务回家。

光绪十八年（1892）55 岁
十二月三十日，在家料理母亲丧事。

光绪二十年（1894）57 岁
秋，中日甲午战争爆发。

八月初一，奉旨招募湘军，率旧部三千，统带出山海关，取道锦州，进辽东，扼守牛庄，与两万日寇血战一天，因众寡悬殊，援兵不至，退驻田庄。清廷念其孤军奋战，不计胜败，邀免治罪。兼命接统其军，合计万余人，移驻山海关，军威再振。

光绪二十一年（1895）58 岁
二月，奉旨接统湘鄂各军。

五月十三日，补授江西布政使。

闰五月十八日，奉旨总统湘鄂各军，驻扎山海关。

七月十一日，补授云南巡抚。

八月十九日，调补陕西巡抚。随即奉旨督办援甘军务，入都觐见一次。

十二月，光绪皇帝特赏"福"字荷包、银锞、银钱、食物等件。

光绪二十二年（1896）59 岁
六月，回归陕西巡抚本任。在陕西改革防军和练军，将防练各军实力裁并。

十二月，恩赏"福"字一方。

光绪二十三年（1897）60 岁

正月，启动兴修陕西华州、华阴水利工程。

十月，创建陕西"崇实书院"，以为陕西造就人才。之后，又创办了陕西"游艺学塾"，并负责制定了相关章程，以资遵守。

十二月，恩赏"福"字一方。

光绪二十四年（1898）61 岁

六月，维新运动的高潮时期，魏光焘按照京师大学堂的办学原则和规章制度，在西安筹建了一所陕西中学堂。

十月，组建陕西新编军队，并设立随营武备学堂，正式开学。

十二月，恩赏"福"字一方。

光绪二十五年（1898）62 岁

设立陕西武备学堂，制定了 10 条简明章程。正月，学堂从贡院迁入校舍，正式开学。

九月，俸满入朝，召见三次。恩赏克食跪军机垫坐船入座听戏，特颁御书"福"字一方，"脂玉如意"一柄，江绸袍褂料全套，双龙瓷盘一件，及荷包、瓷瓶、铜炉等物。

十月三日，奉旨署理陕甘总督，召见一次。

十二月到陕甘总督任。

光绪二十六年（1900）63 岁

四月，因前在陕西巡抚任内，解清甘饷，奉旨奖叙，给予寻常加一级记录三次。

八月初三，署理陕甘总督。时值庚子事变爆发，奉命募兵北上勤王。八国联军攻陷北京后，慈禧太后携光绪皇帝仓皇西逃。魏光焘派兵沿途迎护，一直到达西安。

闰八月，魏光焘因勤王有功，实授陕甘总督。

十月十四日，调补云贵总督。

十一月赴行，光绪皇帝召见三次。赏假一个月，便道回家归省。

光绪二十七年（1901）64 岁

二月，回到原籍隆回金潭村。

五月初二，赴云贵总督任。在云贵总督任内，大力维护云南社会稳定，清除粤边游匪、剿抚腾越边境土匪。为了提高官员的素质，设立云南课吏馆。因应清廷办理新政的旨意，采取编练新军、派遣留学生和创办新式学堂。任内，他尽力办理云南的中外交涉事务，诸如腾越开关、办理昆明教案、滇缅界务交涉、滇越铁路谈判、中法云南矿务交涉等。

光绪二十八年（1902）65 岁

四月，奉旨兼署云南巡抚，并署云南提督学院。

十一月初十，调补两江总督，兼充南洋大臣、盐政大臣、兼总理各国事务大臣。

光绪二十九年（1903）66 岁

二月十六日，抵南京，二十三日接任。

这年，在湖南途中，奉到颁赏"福"字一方，又"福寿"字一方，在武昌途中，奉到皇太后颁赏御书"松寿"字一幅，"福""寿"字各一方。

闰五月二十八日，奉到皇太后赏御书牡丹折扇一柄，纱袍褂料各一袭。

九月初六，奉到颁赏江绸库缎各一匹，绛色江绸一匹。

十二月年例，奉到皇太后颁赏御书"融和"字一幅，"福""寿"字各一方，"介寿"字一方，石青江绸、酱色江绸各一匹。

在两江总督任内，大力整顿两淮盐务，推进两江地区的教育事业，加强两江的防务建设，同湖广总督张之洞联手改革江南制造总局。日俄战争爆发后，为了避免战争给中国带来巨大损害，采取积极的防备和应对措施。奉命办理苏报案，参与办理此案的整个过程。

光绪三十年（1904）67 岁

五月，奉到颁赏石青实地纱一匹，蓝直径纱一匹，牡丹折扇一柄。

七月二十三日，奉旨调署闽浙总督。

九月初六日抵福州，初七日接任视事。

十一月初九，奉旨实授。

十一月初十，皇太后颁赏"万寿如意"一柄，"福""寿"字各一方，花衣一袭，袍褂料一套，恩赏从一品荫生以嫡次子景岱承荫。

十二月年例，奉到颁赏"福"字一方。

闽督任内，负责整顿福建军队、选派日本留学生、办理福建官脑局交涉、遏制日本传教士的违约行径、福建邵武金矿交涉等事宜。

光绪三十一年（1905）68 岁
奉旨开缺，另候选用。

宣统三年（1911）74 岁
十月初四，奉到九月十三日上谕，补授湖广总督。未赴任。

民国五年（1916）79 岁
三月十五日寅时，卒于邵阳城东湖山别墅。

参考文献

一 史料类

中国第一历史档案馆：《军机处录副奏折》（未刊）。

中国第一历史档案馆：《光绪朝朱批奏折》，中华书局1995年版。

台北故宫文献特刊：《宫中档光绪朝奏折》，台北故宫博物院1974年印行。

中国第一历史档案馆：《光绪宣统两朝上谕档》，广西师范大学出版社1997年版。

中国第一历史档案馆：《清代官员履历档案全编》，华东师范大学出版社1997年版。

中国第一历史档案馆：《清代军机处电报档汇编》，中国人民大学出版社2005年版。

中国第一历史档案馆：《庚子事变清宫档案汇编·八国联军侵华卷》，中国人民大学出版社1999年版。

"中央研究院"历史语言研究所：《中国近代史资料汇编·矿务档·四川·福建》，"中央研究院"近代史所1960年版。

"中央研究院"历史语言研究所：《中国近代史资料汇编·矿务档·云南·贵州》，"中央研究院"近代史所1960年版。

国家档案局明清档案馆：《戊戌变法档案史料》，中华书局1958年版。

故宫博物院明清档案室：《义和团档案史料》，中华书局1958年版。

中国第一历史档案馆：《清代档案史料丛编》，中华书局1982年版。

周勇：《邹容与苏报案档案史料汇编》，重庆出版社2013年版。

中国第一历史档案馆：《清实录·德宗实录》，中华书局1986年版。

《光绪朝各省设立武备学堂档案》，《历史档案》2013 年第 2 期。

中国第一历史档案馆、北京师范大学历史系：《辛亥革命前十年间民变档案史料》，中华书局 1985 年版。

水利电力部水管司、科技司、水利水电科学研究院：《清代黄河流域洪涝档案史料》，中华书局 1993 年版。

朱寿朋：《光绪朝东华录》，中华书局 1984 年版。

中国第一历史档案馆、福建师范大学历史系：《清末教案》，中华书局 1998 年版。

《云南档案史料》1986 年第 13 期。

中国家民委《民族问题五种丛书》编辑委员会、《中国民族问题资料·档案集成》编辑委员会：《中国民族问题资料·档案集》第 2 辑，《中国少数民族简史丛书》第 11 卷，《民族问题五种丛书·及其档案汇编》，中央民族大学出版社 2005 版。

王彦威、王亮：《清季外交史料》，书目文献出版社 1987 年版。

"中央研究院"近代史研究所：《清季中日韩关系史料》，"中央研究院"近代史研究所 1972 年版。

"故宫博物院"文献馆编印：《清光绪朝中日交涉史料》，"故宫博物院"文献馆 1932 年版。

《奏设政治官报（6）·折奏类》，文海出版社 1965 年版。

刘锦藻：《清朝续文献通考》，商务印书馆 1936 年版。

王铁崖：《中外旧约章汇编》，生活·读书·新知三联书店 1957 年版。

昆冈：《钦定大清会典事例》卷 259，光绪二十五年石印本。

王延熙、王敏树：《皇朝道咸同光奏议》，上海久敬斋 1902 年石印本。

杨家骆：《义和团文献汇编》，鼎文书局 1973 年版。

杨鹏程：《湖南咨议局文献汇编》，湖南人民出版社 2010 年版。

易孔昭：《平定关陇纪略》，光绪十三年刊本。

左宗棠：《左宗棠全集》，岳麓书社 1996 年版。

陶模：《陶勤肃公奏议遗稿》，载沈云龙编：《近代中国史料丛刊》，台北文海出版有限公司 1990 年版。

杨云辉点校：《刘锦棠奏稿》，岳麓书社 2013 年版。

梁小进主编：《曾国荃全集》，岳麓书社 2008 年版。

苑书义等：《张之洞全集》，河北人民出版社 1998 年版。

杜春和、耿来金、张秀清：《义和团资料丛编·荣禄存札》，齐鲁书社
　　1986 年版。

《陶澍集》，岳麓书社 1990 年版。

李明勋、尤世玮：《张謇全集》，上海辞书出版社 2012 年版。

刘坤一撰，陈代湘、何超凡、龙泽黯、李翠点校：《刘坤一奏疏》，岳
　　麓书社 2013 年版。

王闿运撰，马积高点校：《湖湘文库·湘绮楼诗文集》，岳麓书社 2008
　　年版。

谭其骧：《清人文集·地理类汇编》（第四册），浙江人民出版社 1987
　　年版。

蒋廷锡等：《钦定古今图书集成·经济汇编·食货典·卷 213 盐法部》，
　　上海中华书局 1934 年版。

宓汝成：《中国近代铁路史资料（1863—1911）》，中华书局 1963 年版。

陈元晖、高时良、黄仁贤：《中国近代教育史资料汇编·洋务运动时
　　期》，上海教育出版社 2007 年版。

朱有瓛：《中国近代学制史料》第一辑下册，华东师范大学出版社 1986
　　年版。

中国史学会：《中国近代史资料丛刊·中日战争》，新知识出版社 1956
　　年版。

中国史学会：《中国近代史资料丛刊·回民起义》，上海人民出版社
　　2000 年版。

戚其章：《中日战争·丛刊续编》，中华书局 1994 年版。

方国瑜：《云南史料丛刊》，云南大学出版社 2001 年版。

李文治：《中国近代农业史资料》，生活·读书·新知三联书店 1957
　　年版。

《南大百年实录》编辑组：《南大百年实录·中央大学史料选（上卷）》，
　　南京大学出版社 2002 年版。

中国社会科学院近代史研究所中华民国史组：《中华民国史资料丛稿专
　　题资料选辑第二辑·清末新军编练沿革》，中华书局 1978 年版。

沈桐生：《光绪政要》卷 31，宣统元年（1909）上海崇义堂石印本。

《中国舰艇工业历史资料丛书》编辑部：《中国近代舰艇工业史料集》，上海人民出版社1994年版。

刘萍、李学通、孙彩霞：《辛亥革命资料选编·清末社会思潮（上册）·辛亥前十年报刊资料选》，社会科学文献出版社2012年版。

中国史学会：《辛亥革命》，上海人民出版社1957年版。

刘传标：《中国近代船政大事编年与资料选编》，九州出版社2011年版。

李之勤：《西域史地三种资料校注》，新疆人民出版社2012年版。

秦孝仪：《革命文献·第九十辑·抗战前国家建设史料：西北建设》，中央文物供应社1982年版。

杨凌霄：《乙未循回纪略》，《近代史资料》1958年第3期。

程履丰：《雪泥鸿爪》，抄本，甘肃省图书馆西北文献部藏。

慕寿祺：《甘宁青史略·正编》，兰州俊华印刷厂1948年版。

杨昌济：《达化斋日记》，湖南人民出版社1981年版。

闵尔昌：《碑传集补》，载沈云龙：《近代中国史料丛刊（991—1000）》，文海出版社1973年版。

中华民国史事纪要编辑委员会：《中华民国史事纪要·民国纪元前十三年至前十四年（1898—1899）》（初稿），中华民国史料研究中心1975年版。

张灏、张忠修编：《中国近代开发西北文论选》，兰州大学出版社1987年版。

浙江省通志馆编，浙江省地方志编纂委员会整理：《重修浙江通志稿》第12册，方志出版社2010年版。

薛观骏：《宜川续志·卷末》，民国十七年石印本。

惠登甲撰，马啸校释：《庆防纪略》卷下，天津古籍出版社2011年版。

张精义纂修，刘文戈审校：《庆阳县志》，甘肃文化出版社2004年版。

宁夏史料丛刊：《民国固原县志》，宁夏人民出版社1992年版。

马福祥：《朔方道志》，上海古籍出版社1991年版。

王学伊：《固原州志》，宣统元年刊本。

白银市地方志编纂委员会李金财、白天星总校注：《靖远会宁红水县志集校·会宁县志续编卷之十二》，甘肃文化出版社2002年版。

甘肃省志编委会：《甘肃省志·公路交通志》，甘肃人民出版社 1993 年版。

袁大化修，王树楠、王学曾等纂：《新疆图志》，上海古籍出版社 1992 年版。

尉犁县地方志编委会：《尉犁县志》，新疆大学出版社 1993 年版。

吴廷燮：《新疆大事记补编》，中央民族学院少数民族古籍整理出版规划小组 1983 年影印本。

《秦中书局汇报·明道》，光绪二十四年。

杜振荣：《西安市军事志》，三秦出版社 2003 年版。

西安市政协文史委员会：《西安文史资料》第 21 辑，陕西人民出版社 1998 年版。

西北大学历史系（原中国社会科学院陕西分院历史研究所）：《旧民主主义革命时期陕西大事记述（1840—1919）》，陕西人民出版社 1984 年版。

西安市档案局、西安市档案馆：《陕西经济十年（1931—1941）》，煤炭科学院西安分院印刷厂 1997 年版。

张灏、张忠修：《中国近代开发西北文论选》，兰州大学出版社 1987 年版。

叶遇春：《泾惠渠志》，三秦出版社 1991 年版。

陕西省地方志编纂委员会：《陕西省志·第十三卷·水利志》，陕西人民出版社 1999 年版。

刘子旭总编，徐汝芳、李俊副总编，傅文永主编：《项城文史资料》总第 16 辑，《袁世凯家族诗文辑》，中国人民政治协商会议项城市委员会 2008 年版。

温克刚、翟佑安：《中国气象灾害大典·陕西卷》，气象出版社 2005 年版。

荣孟源、章伯锋：《近代稗海》，四川人民出版社 1985 年版。

杨虎城：《续修陕西通志稿》，《西北地方文献丛刊·西北稀见方志第 7 卷》，兰州古籍书店 1990 年影印本。

云南课吏馆：《全滇纪要》，光绪三十一年冬月排印本。

李根源：《永昌府文征》，云南美术出版社 2001 年版。

黄序鹓著:《海关通志》，共和印刷局 1921 年版。

龙云纂，牛鸿斌、文明元、李春龙等点校:《新纂云南通志》，云南人
　　民出版社 2007 年版。

《中国海关通志》编纂委员会:《中国海关通志》，方志出版社 2012
　　年版。

腾冲县志编纂委员会:《腾冲县志》，中华书局 1995 年版。

云南省地方志编纂委员会总纂:《云南省志·卷三十二·海关志》，云
　　南人民出版社 1996 年版。

《云南省志·商业志》，云南人民出版社 1993 年版。

中国社会科学院近代史研究所《近代史资料》编译室:《云南杂志选
　　辑》，知识产权出版社 2013 年版。

李根源:《新编曲石文》，云南人民出版社 1988 年版。

云南省教育会排印本:《滇录》，1933 年版。

杨毅廷:《滇事危言·初集二·矿务》，沈云龙:《近代中国史料丛刊》
　　第六十二辑，文海出版社 1971 年版。

陈悦:《清末海军舰船志》，山东画报出版社 2012 年版。

江西省行政区划编纂委员会:《江西省行政区划志》，方志出版社 2005
　　年版。

叶楚伧、柳诒徵:《首都志·警政》，正中书局 1935 年版。

余钟英:《古田县志》，震文江记印务局 1942 年排印本。

徐友梧:《霞浦县志》，1930 年排印本。

王宗猛:《建安乡土志》，福建省图书馆藏手抄本。

云南学务处编印:《云南高等学堂改良章程》，光绪三十二年排印本。

包天笑:《钏影楼回忆录》，生活·读书·新知三联书店 2014 年版。

魏源:《元史新编》，光绪三十二年邵阳魏氏慎微堂刊刻本。

全国政协文史资料委员会:《文史资料存稿选编》第 16 辑，中国文史出
　　版社 2002 年版。

魏联石:《记先父魏光焘二三事》，载中国人民政治协商会议邵阳市委
　　员会文史资料委员会《邵阳文史资料》第 3 辑，1984 年版。

政协固原县文史资料委员会:《固原文史资料》第 6 辑，1997 年版。

奇台政协文史资料委员会:《奇台文史资料》第 1 辑，1991 年版。

中国人民政治协商会议兰州市委员会文史资料和学习委员会：《兰州文史资料选辑·第二十一辑·兰州古今碑刻》，兰州大学出版社 2002 年版。

中国人民政治协商会议陕西省三原县委员会文史资料研究委员会：《三原文史资料》第 6 辑，1989 年版。

腾冲县政协文史资料委员会：《腾冲文史资料选辑》第 3 辑，1991 年版。

二 专著

沃丘仲子：《近代名人小传》，崇文书局 1923 年版。

广西民族学院民族研究室：《壮族历史人物传》，广西人民出版社 1982 年版。

魏斌：《魏家煅的小铁匠》，载欧阳文邦主编《网住那缕缕乡情》，湖南师范大学出版社 2010 年版。

魏治寰：《辉煌人生——魏光焘生平纪事》，大众文艺出版社 2007 年版。

薛正昌：《宁夏境内丝绸之路文化研究》，甘肃教育出版社 2014 年版。

袁大化：《抚新纪程》，甘肃人民出版社 2002 年版。

谢彬：《新疆游记》，新疆人民出版社 2013 年版。

方希孟：《西征续录》，甘肃人民出版社 2002 年版。

[日] 川崎三郎：《日清陆战史》，东京博文馆 1897 年版。

戚其章：《甲午战争史》，上海人民出版社 2013 年版。

袁林：《西北灾荒史》，甘肃人民出版社 1994 年版。

张力、刘鉴唐：《中国教案史》，四川省社会科学院出版社 1987 年版。

王巨新：《清代中缅关系》，社会科学文献出版社 2015 年版。

陆韧：《云南对外交通史》，云南民族出版社 1997 年版。

任佳、牛鸿斌、周智生：《中国云南与印度历史现状和未来》，云南人民出版社 2006 年版。

《白族社会历史调查》，云南人民出版社 1991 年版。

万湘澄：《云南对外贸易概观》，新云南丛书社 1946 年版。

罗群：《连贯与中国现代社会研究》，人民出版社 2013 年版。

张正藩：《缅甸鸟瞰》，正中书局 1936 年版。

朱昭华：《中缅边界问题研究——以近代中英边界谈判为中心》，黑龙江教育出版社 2007 年版。

罗养儒：《云南掌故》，云南民族出版社 1996 年版。

王明东：《民国时期滇越铁路沿线乡村社会变迁研究》，云南大学出版社 2014 年版。

邵雍：《中国近代土匪史》，合肥工业大学出版社 2012 年版。

马俊亚：《区域社会经济与社会生态》，生活·读书·新知三联书店 2013 年版。

财团法人霞山会：《东亚同文会史》，昭和六十三年。

王德滋：《南京大学百年史》，南京大学出版社 2002 年版。

刘正伟：《督抚与士绅：江苏教育近代化研究》，河北教育出版社 2001 年版。

黄逸峰：《旧中国民族资产阶级》，江苏古籍出版社 1990 年版。

张海林：《端方与清末新政》，南京大学出版社 2007 年版。

彭江流：《萍乡近现代史撷录》，萍乡市文化局 1992 年版。

夏东元：《盛宣怀年谱长编》，上海交通大学出版社 2004 年版。

郭太风、廖大伟：《东南社会与中国近代化》，上海古籍出版社 2005 年版。

习斌：《晚清稀见小说鉴藏录》，上海远东出版社 2013 年版。

政协邵阳市委员会：《古今中外宝庆人》，岳麓书社 2005 年版。

贾小叶：《晚清大变局中督抚的历史角色：以中东部若干督抚为中心的研究》，上海书店出版社 2008 年版。

陈小冲：《日据时期台湾与大陆关系史研究（1895—1945）》，九州出版社 2013 年版。

陈赣一：《新语林》，上海书店出版社 1997 年版。

三　报刊、论文

上海书店影印组：《申报》，1983 年影印出版。

《南洋官报·南洋公牍》1904 年各期。

《东方杂志·军事》1904 年各期。

《顺天时报》，中华民国五年（1916）。

罗家伦：《警钟日报》第二册（第二版），中央文物供应社 1983 年版。

吴兴勇：《魏氏家族研究》，《邵阳学院学报》2004 年第 3 期。

关连吉、刘次涵：《一八九五年河湟事变初探》，载《西北史地》1983
　　年第 4 期。

《新疆历史论文续集》，新疆人民出版社 1982 年版。

后　记

　　晚清人物魏光焘最早进入我的视线，是在北京大学攻读博士学位期间。当时导师徐万民先生承担了《清史·光绪朝人物传》的部分课题，其中之一即魏光焘。此人之前虽在我所见到的史料中屡屡露面，但稍纵即逝，并未唤起我的关注。在接触到魏光焘资料之前，包括我在内的许多学人可能对于这样一位看似无足轻重的人物很难引起重视，因为在晚清宏大的场面中，魏光焘的声名和地位远不足以和曾国藩、李鸿章、左宗棠、张之洞等所谓的"中兴名臣"相埒。直到我帮徐先生打理相关史料之时，他的面相才从我的视野中由模糊逐渐走向清晰。我发现，魏光焘在晚清历史舞台上从出场到谢幕，完整而真实地见证了当时的历史场景。其人生历程，极为阂富而丰满，他和晚清的许多重大历史事件诸如农民起义、甲午战争、戊戌变法、义和团运动、清末新政、辛亥革命始终相伴随。在晚清风云变幻的局势下，举凡政治、经济、文化、军事、外交、边疆事务等，皆与魏光焘有着密不可分的关系。其中有亲力亲为者，有全程参与者，亦有侧身旁观者，不一而足。当我整理完部分和其人有关的资料后，徐先生一言提醒梦中人，他告诉我："以后何不写一部魏光焘大传？"从此，魏光焘大传成了我心中难以释怀的一个梦想。只因其时学位论文迫在眉睫，不遑顾及其余而暂时搁置。

　　四年前，我小心翼翼地捡起了存放心中已久的这一人物的研究。开始整理魏光焘的资料长编。在接触到魏的资料后，我始深感自己的想法显得过于简单而天真，之前对魏传难度的估计严重不足。以我的功力，要解析如此一位重要人物，显然大大超出了本人的能力。魏光焘宦迹较广，从广袤的大西北穿行到祖国的西南边陲，然后游走于东南富庶之区，许多省份都留下了他的历史印记。因而关于其人的资料数量浩繁且极为庞杂，梳理费时费力，实非易事。虽则如此，心想既然已经"举意"，只好硬着头皮踉跄而行了。资料整理就绪后，开始了撰写书稿的艰难历程，前后历经两度寒暑，终于告藏。之后，阅时一年的修改，始定稿。现在呈现在读者面前的，就是这样一本既令我不太满意也必然会遭受诸多非议和批评的传记。

感谢我的博士生导师徐万民先生，认真、仔细地通读了书稿，在对书稿大致肯定的基础上，指正了书稿中的许多内容，提出了诸多建设性建议。书稿付梓前，又欣然赐序。先生严谨的治学态度和勇于激励后学的精神，使我备受鼓舞。如果这部书稿算是我治学生涯中一个微不足道的进步，那么这点小小的成绩也是和徐先生的教诲与指导分不开的。

感谢我的硕士生导师、兰州大学历史文化学院王希隆先生，先生为人和蔼可亲，治学广博，于中国少数民族史、西北边疆史、中外关系史等领域造诣颇深。自我入职兰大以来，一直默默地关心着我的学术前景。时有街头路尾的短暂诫勉，亦有欢颜相聚时的倾心传授与指导。这部书稿的成形，其中很大程度上凝聚了先生的诸多学术营养。

兰州大学历史文化学院王劲先生，已过古稀之年，每年在奔波于美国和中国两地的情况下，仍然仔细地读完了全部书稿内容，从标题、结构、内容等方面均予以指导，并就相关问题和我促膝商榷，斧正了书中的一些讹误，这种提携和奖掖后辈的精神令我感念不已。

五邑大学侨乡文化研究中心主任刘进教授，和我志同道合，虽身远而心近。刘教授身居岭南，虽然学术志趣业已转移，但依然注视着西北史地的研究。不时与我切磋西北史研究的经验和方法，加深了我对西北历史的理解，也成为促我不断积极向上的重要动力。

感谢兰州大学历史文化学院近代中国研究所的张克非先生、聂红萍先生、杨红伟先生、陈丹老师、储竞争老师、刘宝吉老师，彼此时加砥砺，使我能够得以不断进步。西北师范大学历史文化学院的郑峰先生利用假期在北京查阅资料之便，为我拍摄了部分重要史料。他的惠助，使本书增色不少。

最后，衷心感谢兰州大学社科处提供了充足的经费，本书才能顺利问世。中国社会科学出版社编辑吴丽平女士为本书的出版大力运筹，我的硕士研究生侯育婧同学对全书进行了认真、严谨地校对，在此一并致谢。